TRASH VORTEX

"Domaine français"

DU MÊME AUTEUR

HABITATIONS SIMULTANÉES, Farrago/Léo Scheer, 2002.
PÔLE DE RÉSIDENCE MOMENTANÉE, Les Petits Matins, 2007.
STRANGULATION, Gallimard, 2008 ; Babel n° 1331.
LA CONSTITUANTE PIRATESQUE, Burozoïque, 2009.
LES EFFONDRÉS, Actes Sud, 2010 ; Babel n° 1198.
ACHARNEMENT, Actes Sud, 2012 ; Babel n° 1533.
NOTRE DÉSIR EST SANS REMÈDE, Actes Sud, 2015 ; Babel n° 1950.
LES JEUNES GENS, Grasset, 2018.
BLOCKHAUS, Inculte, 2020.
BOULEVARD DE YOUGOSLAVIE (avec Arno Bertina et Oliver Rohe), Inculte, 2021.

ISBN 978-2-330-19471-0

MATHIEU LARNAUDIE

Trash Vortex

roman

ACTES SUD

I

MAIS LE DIABLE MARCHE AVEC NOUS

1

Que Dieu défende la Nouvelle-Zélande

À présent l'hélicoptère survolait la surface du lac, zébrant les flots sur son passage, rebroussant les vagues en sens contraire du courant, et imprimant, dans le gris d'ardoise que le ciel plombé faisait peser sur les eaux, les lignes tremblantes d'une écriture éphémère qui glissait et s'effaçait en suivant le rythme de progression de l'appareil.

Au moment d'arriver au-dessus de son aire d'atterrissage, simple bout de lande posé en bordure du rivage et dont les herbes rases s'effrangeaient contre une plage de galets, l'Agusta A.109 des forces aériennes de la marine néo-zélandaise mis à la disposition du prestigieux visiteur marqua un bref temps de suspension, immobile dans le vacarme des rotors. Puis il amorça un mouvement giratoire serré, tournant presque sur lui-même, s'inclina vers l'avant, gros insecte dont le nez au sol s'apprête à piquer quelque peccadille convoitée, se redressa et se stabilisa, les deux rails de ses patins descendant lentement vers la zone où, sous l'effet du souffle propulsé par l'hélice, les herbes se couchaient en ondulant par cercles concentriques sur plusieurs dizaines de mètres, jusqu'aux pieds de l'agent immobilier et du conseiller-factotum qui, debout côte à côte, l'un retenant d'une main son chapeau de feutre mou, l'autre sa casquette de baseball frappée du logo d'une équipe américaine, attendaient déjà le passager.

Ils l'observèrent s'extirper de la carlingue avant même que celle-ci n'ait touché terre, se jeter au-dehors d'un bond sans grâce, trahissant aussi bien l'homme à l'aise dans sa peau svelte et hydratée, l'organisme scrupuleusement entretenu, habitué à l'hygiène sportive des entraînements réguliers et des soins afférents, que l'absence de tout don particulier pour ce qui relève des exercices du corps.

Il se dirigea dans leur direction, sa parka ouverte, battue par le vent qui le poussait dans le dos, laissant apparaître le même costume bleu marine à la veste déboutonnée et le même genre de cravate club aux rayures bleu ciel et dorées, façon blason héraldique médiéval, qu'il portait sur la plupart des images que l'agent immobilier avait vues lorsqu'il s'était livré à quelques recherches sur Internet à propos du fortuné client qui désirait acquérir l'immense ensemble de terrains, étalé parmi les monts ceinturant toute la partie ouest des rives du lac Wanaka, dont lui, l'agent, avait été chargé de dessiner les contours et de solliciter les propriétaires privés ou publics afin de les inciter à vendre, usant pour obtenir gain de cause auprès des récalcitrants de la plus simple des méthodes de persuasion, celle qui consiste à acheter des parcelles souvent désertes – n'abritant guère que des marécages, des pâturages à moutons, des rochers, des versants couverts, selon leur exposition, de forêts de sapins ou de bosquets d'arbustes tordus sous des pentes abruptes et pelées qui montent jusqu'à deux mille mètres d'altitude – à des prix bien plus élevés que ce qu'elles valent, c'est-à-dire pas grand-chose.

Désormais, la mosaïque de propriétés ne formerait plus qu'un unique domaine dont le nouveau maître était en train de lui tendre la main en souriant, dévoilant cette même mâchoire parfaitement régulière, fruit manifeste de l'opération esthétique d'un chirurgien expert, que l'agent immobilier avait vue transformée, traficotée, affublée de fantastiquement proéminentes dents de vampire sur différents montages photographiques circulant sur le Net et réalisés par des opposants à sa personnalité controversée, connue pour ses positions politiques réactionnaires radicales et son soutien tapageur au président affairiste-nationaliste dont il avait été, durant la campagne électorale, un des plus importants donateurs et fervents zélateurs, n'hésitant pas à monter sur les podiums aux côtés du candidat pour afficher, le poing en avant, froncements de sourcils volontaires et bouche ouverte en pleine harangue comme pour mordre un ennemi invisible, sa détermination, sa conviction, tandis que son champion, près de lui, buvait du petit-lait, comme on dit, se rengorgeant derrière son masque clownesque avec cet étrange rictus bouffon et content de soi qu'il affectait en toutes circonstances possibles et que l'on aurait dit travaillé pendant des heures, devant un miroir et avec l'appui d'une batterie de coaches, de communicants, de professeurs de théâtre, non pour se donner un air noble, un air "présidentiel", encore moins pour exalter l'éventuelle grâce de ses traits en permanence recouverts d'une épaisse couche de maquillage couleur carotte, mais pour fabriquer précisément cela : un masque, qui fasse de lui une figure originale, immédiatement identifiable dans la galerie des visages en présence au sein de la sphère médiatique, une sorte de marque déposée visuelle, une face-logo imitable et reproductible, gueule de marionnette animée avec la même plasticité élastique qu'un personnage de cartoon récitant la palette restreinte de facétieuses mimiques que lui applique son dessinateur, sous un improbable toupet blond peroxydé filasse, aplati et pour ainsi dire gazeux, presque translucide – un stratus en bord de mer un matin d'automne –, dont il n'y avait aucune raison de penser qu'il ne soit pas "vrai" et qu'on aurait toutefois dit artificiel, volontairement posé là, à la façon d'un postiche outrancier et comique devenu un signe distinctif plutôt qu'une chevelure, comme si modeler, sculpter son propre ridicule avait été de sa part un stratagème visant à désarmer toute tentative de ridiculisation, et que faire de soi une caricature désamorçât donc toute caricature.

À côté de cette singulière créature politique, l'entrepreneur de la Silicon Valley avec son costume ajusté, aussi enflammé fût-il dans ses prophéties, ses gesticulations et ses proclamations, paraissait presque fadement conventionnel : par contraste avec la présence totémique et carnavalesque de la haute et massive stature vers laquelle se tournaient ses encouragements, lui-même se retrouvait à tenir le rôle de gardien d'une étiquette traditionnelle, de sorte que la vieille partition classique entre le fantasque bouffon bariolé et son monarque austère semblait s'être inversée, le pitre présumé, vêtu sobrement, servant de faire-valoir au candidat à la magistrature suprême enveloppé dans son habit de clown.

À tout cela, que l'agent immobilier avait observé comme n'importe qui le pouvait faire en tapant dans une barre de recherche quelques mots-clés appropriés, venait maintenant se superposer devant ses yeux le corps un peu nerveux qui regardait autour de lui le lac, les pans de tourbière, les langues d'herbage d'un vert quasi fluorescent sous la lumière filtrée par les nuages, les coteaux boisés, tout ce paysage qu'il découvrait et qu'il examinait sans paraître, à aucun moment, s'adonner à d'impromptus vertiges contemplatifs mais plutôt comme s'il passait l'horizon au scanner de ses exigences, prêtant une attention renforcée aux sommets dont les crêtes enneigées paraissaient le réjouir particulièrement, sans doute parce que leurs scintillements lui donnaient l'assurance qu'il n'était pas venu pour rien et que l'investissement qu'il s'apprêtait à faire était judicieux : ici, il restait de la neige.

Ici, lorsque le monde entier serait devenu une étuve où les populations déplacées suffoqueraient en cherchant un peu d'air et d'eau, lorsque dans quelques années les dernières régions tempérées seraient pleines à craquer et craqueraient, congestionnées de l'intérieur et prises d'assaut aux frontières par des hordes de réfugiés fuyant la chaleur et les guerres que la chasse aux (la lutte pour la possession des) rares ressources potables et comestibles multiplierait inévitablement, lorsque des pandémies à répétition, parfois parties d'un point zéro minuscule, anecdotique, du contact anodin entre un humain et un animal (une piqûre, une expérience de laboratoire foireuse, une ripaille malencontreuse), décimeraient des nations entières parce que leurs systèmes de santé seraient inexistants, engorgés ou dévastés par des décennies de réductions d'équipements, de moyens et d'effectifs, lorsque les foules indésirables seraient parquées en masse dans des camps ou renvoyées sous les cagnards des pays d'où elles seraient parties – ici, il resterait de la neige, il resterait la fraîcheur du lac et la paix des tourbières, le calme de la rivière et de ses grèves sinueuses serpentant parmi des prairies, les falaises et les pics surplombants, les combes dévalées par des ruisseaux en cascade, il resterait la douceur secrète, désertique et hospitalière que ménagerait l'enclavement.

De très nombreuses fois l'agent immobilier avait payé des achats en ligne au moyen de la plateforme créée par son nouveau client, même s'il ignorait alors qui il était et comment, après avoir revendu sa première société au moment où la cote de celle-ci explosait, il avait investi dans le capital d'un célèbre réseau social qui, à cette époque-là, n'en était encore qu'à ses balbutiements avant d'exploser à son tour, valant ainsi à l'investisseur aventurier, lorsqu'il avait cette fois encore décidé de revendre ses parts, une vertigineuse plus-value de cent mille pour cent et une solide réputation de visionnaire, réputation sur laquelle il s'était appuyé afin d'ouvrir son propre fonds de capital-risque et de se voir, en sus, convié à siéger aux conseils d'administration d'une kyrielle d'entreprises du même secteur, toutes d'anciennes start-up devenues de gigantesques multinationales. Dans ces sphères, il ne passait pas seulement pour un fin connaisseur de la tectonique des marchés, un habile détecteur des tendances en devenir, à l'instinct aigu, au flair incontestable, à la hardiesse ostentatoire, mais pour une sorte de Penseur, peut-être pas d'oracle mais d'orateur à l'antique, capable de persuader une communauté par son Verbe et sa Vision, de la guider, de lui indiquer, par l'exemple, la marche à suivre, martelant des idées réputées iconoclastes dans les milieux où il officiait (et où avait plutôt cours, d'ordinaire, une forme de démocratisme mol au sein duquel la vulgate néolibérale s'abouchait avec un mélange incongru de prédictions transhumanistes et d'œcuménisme moral contemplant béatement les bienfaits de son propre consensus ; où la philanthropie individuelle se chargeait de se substituer à l'État-providence démantelé ; où des gouvernements d'experts attendaient sereinement leur inéluctable approbation électorale par le biais des candidats qu'ils s'étaient choisis pour les incarner) et soutenant des théories extravagantes et simplettes qu'on prenait là pour d'intrigantes trouvailles.

Le quinquagénaire se disait "libertarien", par quoi il entendait aussi bien se faire le champion d'une conception de la liberté débridée, quasi mystique, qui irradiât tous les domaines de la vie publique et privée (les marchés et les corps, la propriété et les mœurs, la circulation des biens et les déplacements de personnes), accordant aux individus le droit le plus absolu à disposer d'eux-mêmes (à conduire sans ceinture de sécurité, à se prostituer, à porter une arme, à coucher avec tout sujet consentant quels que soient son sexe et son âge, à migrer vers où bon leur semble, à blasphémer, à prier quelque dieu que ce soit, à s'adonner sans encombre à la consommation de drogues, à se jeter même du haut de l'Empire State Building s'ils le désirent), que se raccrocher à une tradition de pensée qu'il envisageait comme essentiellement américaine, donnant ainsi, sans apparemment y déceler aucun paradoxe, à sa notion de liberté cardinale une coloration étrangement nationaliste.

L'idéologue à la mâchoire saillante, dont les chaussures en cuir, à présent, clapotaient dans les graminées humides, spongieuses, d'un coin de campagne néo-zélandaise, prétendait donc, entre autres troublantes fantaisies, que l'apogée de l'histoire américaine avait eu lieu dans les années vingt, au cours de la décennie précédant la Grande Crise, et qu'une des principales raisons du déclin qui s'était ensuivi résidait non pas dans les effets de l'effondrement économique, ni même dans celui des abominables politiques d'inspiration keynésianiste qui avaient promu l'intervention de l'État honni dans le jeu des marchés, mais dans l'attribution du droit de vote aux femmes (c'est ce qu'il disait) ; que les institutions de son pays n'étaient plus en phase avec le monde d'aujourd'hui, encore moins avec celui de demain (il disait : "je ne crois plus que la liberté et la démocratie soient compatibles") ; que la mort n'était qu'une sorte de défaut de fabrication, une maladie remédiable dont les progrès de la technologie viendraient à bout d'ici quelque temps, c'était une affaire de décennies tout au plus, comme pour les vaccins destinés à endiguer certaines pathologies coriaces, et quant à lui, il regrettait simplement d'être né un peu trop tôt pour voir la mort effectivement éradiquée (il disait : "moi, je ne vivrai que jusqu'à cent vingt ans") ; qu'en attendant, il était au moins possible de créer de nouveaux types de communautés en marge des règles astreignantes des nations : et il avait acheté une plateforme offshore, une île de ferraille, de tubulures et de pylônes, flottant au beau milieu de l'océan, en haute mer, là où les lois qui régissent les États n'ont pas cours, en vue d'y installer une petite confrérie utopique façonnée selon ses préceptes.

Peut-être espérait-il fonder une sorte de secte libertarienne. Devenir le gourou d'un petit groupe d'illuminés fidèles prêts à le suivre dans toutes ses tocades et lubies, y compris les éventuelles frasques sexuelles et autres élucubrations ésotériques que ce genre de regroupements traditionnellement suppose.

Ou bien s'y faire proclamer roi, à l'image de cet hurluberlu nommé Bates (pas Norman, celui-là, mais Paddy Roy), ancien major de l'armée britannique et vétéran de la Seconde Guerre mondiale, qui, un jour de Noël des années soixante, à bord d'un petit navire de pêche, en compagnie de quelques amis peut-être mal remis des agapes de la veille, encore avinés, l'estomac malaxé par le pudding et l'eau-de-vie de cerise, l'esprit comprimé par l'étau persistant des vapeurs du réveillon, et voyant dans cette sortie vivifiante au grand air, parmi les gerbes d'eau salée fracassées sur la coque et les rafales du vent glacé, une bonne chance de fouetter leur gueule de bois, avait accosté sur une ancienne plateforme militaire qui avait eu pour vocation de protéger l'entrée vers l'estuaire de la Tamise contre les attaques allemandes (un simple plateau métallique surmonté d'une tour de défense antiaérienne dont les canons avaient depuis belle lurette disparu, capable d'abriter une garnison de deux cents soldats logés dans des dortoirs à l'intérieur de ses piliers circulaires jusqu'en dessous du niveau des flots, si bien que certains bidasses dormaient dans une chambrée subaquatique), située à une douzaine de kilomètres des côtes anglaises dans les eaux internationales de la mer du Nord, pour en prendre possession, y établir une principauté par lui baptisée Sealand et s'en autodésigner souverain.

Sa Majesté n'entendait toutefois pas se laisser ainsi délester d'une pièce rouillée de son antique système de défense. La Couronne dépêcha une vedette de la Royal Navy pour arraisonner la base, raisonner son occupant et l'expulser de son palais maritime ; mais à leur arrivée, c'est une rafale de tirs émis depuis la plateforme par le jeune Michael, fils de Paddy Roy, qui accueillit les soldats embarqués, lesquels rebroussèrent chemin – Sealand ne vaut pas un siège – et s'en remirent, pour trancher l'affaire, à la justice du Royaume, en l'espèce à une cour de l'Essex qui dut se déclarer incompétente, l'île artificielle se trouvant au-delà de la limite des eaux territoriales britanniques et ne relevant donc pas de sa juridiction. Le Prince Bates put continuer de régner sur son indépendant lopin enveloppé par les vagues et les brumes, allant jusqu'à le doter de sa propre monnaie, de passeports – certes non reconnus, monnaie ni passeports, ailleurs que sur la plateforme –, d'une constitution, et même d'un gouvernement, avec un Premier ministre en titre, le professeur Alexander Gottfried Achenbach, un ancien diamantaire d'Aix-la-Chapelle qui, quelques années après la création de la micronation, avait décidé d'y migrer avec sa femme, portant le nombre total d'habitants à cinq, apportant sa contribution à la rédaction de la constitution locale et sa vigoureuse joie de vivre enfin dans un pays réellement libre, sans lois ni taxes, disposé à héberger les boîtes aux lettres d'entreprises ou de particuliers candidats à l'expatriation fiscale et à distribuer des pavillons de complaisance aux compagnies maritimes demandeuses, en attendant d'ouvrir bientôt un casino et, avec ça, l'hôtellerie de luxe qui recevrait les joueurs.

Puis, au bout de trois ans, Achenbach s'était brusquement retourné contre le Prince, tentant de le destituer à la faveur d'un putsch militaire, épaulé par une poignée de mercenaires hollandais et allemands à sa solde, auxquels il avait dû faire miroiter on ne sait quelle récompense et dont on imagine sans mal la mine perplexe lorsqu'ils avaient débarqué en uniformes, armés jusqu'aux dents, sur un tas de tôle oxydée suspendu à vingt mètres au-dessus des mers, au milieu des stocks de boîtes de conserve et des barils bleu pétrole au couvercle éventré servant à recueillir l'eau des pluies, d'où ils étaient repartis en emportant avec eux, prisonnier de guerre, le dauphin Michael Bates tandis qu'Achenbach prenait possession des lieux vidés par son adversaire à la façon d'un chef de junte.

Aussitôt libéré, le jeune Bates à son tour avait monté une opération afin de déloger les intrus (il disait : les "terroristes") et recouvrer son dû, livrant par surprise l'assaut en hélicoptère et, au terme d'un bref combat, sorte de *blitzkrieg* domestique, boutant l'illégitime locataire, rendant à son père son trône et l'honneur à sa patrie.

Quant à l'imposteur Achenbach, après avoir été condamné à la prison, mais il n'y avait pas de geôle sur la base, finalement jeté hors de la plateforme, il fonda le "gouvernement de Sealand en exil" en espérant qu'un jour viendrait le temps de la reconquête et des affaires juteuses, pendant que de leur côté les Bates, une fois apaisées toutes ces turbulences qui avaient, en quelque sorte, consolidé la légitimité de leur pouvoir (transformant, de fait, en récit fondateur, en geste héroïque, l'excentricité dérisoire et, il faut bien le dire, passablement imbécile d'une famille en mal de reconnaissance comme s'il avait fallu, pour donner sa caution de réel à ce pays fantoche, une part d'Histoire elle-même parodique, recelant la dose requise de fictions diplomatiques et de péripéties guerrières, avec sa mauvaise dramaturgie faite de convoitises, de trahisons et de coups d'État qu'on eût dit rejouée à partir des archétypes scellant le destin d'une nation véritable, mais à la façon d'une simulation en modèle réduit, farcesque, satirique malgré elle), s'étaient attelés à ce qui préoccupe tout royaume digne de ce nom, à savoir la succession dynastique, la transmission d'une main vers l'autre de son sceptre de cour de récréation et de la prérogative à régner sur rien, sur du vide.

Paddy Roy abdiqua donc au crépuscule du millénaire au profit de son fils Michael le batailleur, lequel n'avait pas ménagé sa peine pour défendre la parcelle à lui promise ni volé son héritage et son titre de nouveau Prince, et qui, une fois que le pouvoir lui fut échu, s'échina à rentabiliser la plateforme, à la pourvoir d'une économie florissante (il disait : "moderne"), profitant de sa position entre la Grande-Bretagne et le continent, à un endroit où transitent un bon paquet des câbles sous-marins qui véhiculent les échanges d'informations entre l'Amérique et l'Europe – soit, à l'époque, le principal flux mondial –, pour offrir à de grands groupes industriels un espace tout trouvé afin d'y entasser leurs serveurs informatiques, leurs centres de stockage de données, cette prometteuse reconversion capotant finalement à cause d'un incendie, ou d'une mésentente quelconque, voire d'une malversation financière, on ne sait pas bien, qui laissa en tout cas le souverain sur sa plateforme désemparé et las, fatigué soudain de se dépeindre en maître d'un pays qui n'existe pas, usé par cette espèce de jeu de rôle grandeur nature dans lequel ses partenaires étaient trop peu nombreux, et toujours les mêmes, ou alors trop désinvoltes. Les autres n'y croyaient pas assez pour que lui-même continuât d'y croire, si bien qu'il décida de mettre en vente sa nation, son tas de tôle dont pas grand monde ne voulait en dépit de sa situation enviable à quelques encablures du littoral, de sa vue imprenable, à tribord, sur les plages d'Albion étendues au loin, à bâbord sur l'horizon infini de la mer du Nord, se retrouvant à la fin de l'histoire avec sa plateforme sur les bras en attente d'un acheteur, d'un repreneur, d'un nouveau monarque, de quiconque voudrait bien l'en délester.

Peut-être, à l'instar du Premier ministre félon de Sealand, le libertarien exalté était-il plus intéressé par l'idée de se créer son paradis fiscal personnel ou son data center expatrié que par le fait de mettre en place une utopie offshore et de vivre une expérience communautaire ? Toujours est-il que l'agent immobilier, en le regardant maintenant faire quelques pas, sonder de ses semelles élégantes l'humus moelleux, l'herbe douce de sa prochaine acquisition, et en se repassant du bonhomme les quelques menus traits biographiques qui avaient été portés à sa connaissance, ne pouvait s'empêcher d'en éprouver un sentiment d'irréalité, non pas – tout de même pas – comme si s'était incarnée devant lui quelque créature mythologique soudainement tombée du ciel dans son espace familier, ni comme s'il se trouvait spectateur d'un phénomène paranormal de bazar le mettant en présence d'un être incongru, d'une espèce curieuse d'hologramme touristique transplanté ici afin de visiter cette contrée sauvage, mais plutôt à cause de l'intrusion subite dans son monde d'un autre monde dont l'existence lui était, se rendit-il compte, jusque-là restée douteuse, réduite à l'état de rumeur lointaine et abstraite, à un agrégat d'images exotiques et de noms sans rien derrière, à une réserve de rôles secondaires, de rubans de cotations absconses et d'intrigues mineures défilant aux heures creuses sur les chaînes d'information en continu.

Si, en quelques décennies de carrière, l'agent immobilier avait vu lui aussi sa profession évoluer, son business changer de forme, l'estimation et la présentation des biens sur le terrain largement remplacées par l'administration d'un catalogue de jolies photos et de notices descriptives stéréotypées déposé sur un site internet (et il se dit qu'au fond, il avait parfois un peu la même fonction que la plateforme de paiement en ligne qu'avait fondée son client : servir d'intermédiaire virtuel entre un vendeur et un acheteur), jamais il n'eût imaginé que la Nouvelle-Zélande deviendrait un eldorado tempéré ni que son métier consisterait un jour à composer des propriétés sur mesure pour des milliardaires parachutés, fuyant (prévoyant de fuir) l'apocalypse ou une révolution (ce qui signifie pour eux peu ou prou la même chose) et désireux de venir s'y réfugier.

Jamais il n'eût pensé que des fermes isolées, des amas de rocaille, des étangs à roseaux, des fourrés obscurs et des morceaux de lande déserte à quoi lui-même ne prêtait guère attention éveilleraient l'avidité de personnes comme le libertarien au dentier rutilant et nombre de ses pairs de la Silicon Valley, et avec eux maints autres entrepreneurs californiens ou new-yorkais, en tout plusieurs milliers d'Américains au nom desquels avaient été récemment déposés des demandes de nationalité et de permis de construire auprès des autorités un peu partout dans le pays, et qui se découpaient de larges pans de ces verdoyantes et hostiles terres australes, s'y forgeaient des domaines aussi vastes que des seigneuries médiévales, de vrais petits royaumes privatisés taillés directement dans le cadastre en suivant un tracé invisible à l'œil nu sur la peau du territoire, une sorte de périmètre sanitaire reléguant les premiers voisins, passants ou importuns potentiels à une distance arbitrairement jugée comme suffisante, plutôt que le profil du relief avec ses caprices topographiques et géologiques, dans les replis desquels, bientôt, ils feraient bâtir d'immenses maisons fondues dans la nature, les châteaux forts de leur temps (ceux-là, à la différence de leurs archaïques cousins européens, non pas érigés en évidence sur des promontoires saillants de manière à contrôler les espaces étendus en contrebas, vallées, plaines ou collines alentour, et à en être vus en retour, de toute leur hauteur intimider les environs, mais, au contraire, soigneusement dissimulés, à peine perceptibles du dehors pour qui ignore leur localisation exacte, et la surveillance s'exerçant vers l'intérieur afin d'y empêcher tout incident et tout imprévu), leur architecture faisant corps avec la configuration du terrain, scellée dans un socle minéral ou absorbée dans l'environnement végétal.

En dessous de ces résidences (ou plutôt : un peu à l'écart, enfouis à plusieurs mètres de profondeur et accessibles, depuis le corps de bâtiment principal, par une galerie secrète, ou bien par une porte blindée cachée dans une encoche de rocaille, camouflée sous des couches de peinture écaillée de la même couleur brunâtre que la terre où elle est encastrée, au flanc d'un talus anodin enveloppé sous un tapis de mousse veloutée et de fougères bruissantes, entre des racines d'arbres rongées de lichens et les éboulis de pierraille, au pied d'une volée de marches tombant dans un boyau de béton à la voûte cintrée et scandée à intervalles réguliers par des appliques murales toutes identiques, avec leurs ampoules LED enserrées dans un treillage en fer et diffusant une lumière blafarde, comme à l'entrée d'une grotte préhistorique inconnue du public et laissée aux seuls soins des spéléologues chargés de l'explorer), ils se feraient creuser et aménager des bunkers gigantesques, palais souterrains suffisamment vastes pour y rassembler leur famille, leurs proches avec eux, y entreposer de quoi soutenir des mois, des années de confinement et d'isolement total, y recréer les conditions d'une vie complète underground. Ils feraient pourvoir leur refuge de tous les conforts, cuisine équipée et chambres douillettes, suites parentales et lits king size, salons cossus aux meubles en bois, fauteuils en cuir et canapés moelleux, home cinéma, salle de sport, table de jeu revêtue de son tapis vert pour y taper le carton, faire un poker entre amis, caves à vin et à cigares, fumoir avec conduits d'aération encaissés dans le sol de la forêt du dessus et solarium artificiel agrémenté d'une plage de sable fin où patientent des chaises longues en attente de corps indolents à prélasser, salle à manger avec table de banquet pour trente personnes, des écrans dans toutes les pièces, de grands tableaux photographiques paysagers rétroéclairés insérés dans les parois pour faire oublier l'absence d'ouvertures vers le dehors, tous les luxes sauf celui de l'air libre et du ciel ouvert.

Et l'agent immobilier savait bien que l'habitat sécurisé clandestin qui bientôt serait construit ici, quelque part, à un endroit que lui-même ignorerait et choisi dans le secret par les ingénieurs de Terra Viva, l'entreprise spécialisée dans ce genre de constructions postapocalyptiques (les fabricants de la Rolls du bunker, les maîtres artisans de l'abri antiatomique, du terrier de prévention contre les tsunamis et de la caverne de protection contre les chutes de météorites, les orfèvres de la disparition douillette orchestrée) à laquelle serait confiée la tâche de construire ce petit monde en vase clos, ordonné, immuable, destiné à se substituer au monde extérieur, un monde minuscule pour tenir le monde à distance, un monde à soi pour se prémunir contre le monde commun, un monde qui soit le moins possible un monde, il savait que cette alvéole à venir (cette espèce de matrice encavée, définitive au lieu d'être originelle, cet antre de régression protectrice tellement contraire, pourtant, aux valeurs de pionniers vigoureux et pleins d'audace, chantres d'un espace ouvert à conquérir, dont s'emparer, que professent les libertariens) était, bien plus que les merveilles naturelles alentour que l'entrepreneur de la Silicon Valley embrassait du regard en feignant désormais de s'extasier, la seule raison qui l'avait poussé à prendre son jet privé pour traverser le Pacifique, atterrir sur l'aéroport de Dunedin où l'attendait l'hélicoptère réservé pour lui et survoler la pampa, les lacs renfoncés dans leur bassin de verdure ondoyante, les chaînes montagneuses, jusqu'à ce coin paumé où son factotum l'avait devancé pour préparer son arrivée et où il demandait, une nouvelle fois, à l'agent immobilier de lui montrer où passeraient les frontières de sa future propriété ; et tandis que l'agent s'exécutait en traçant dans l'air avec le doigt une ligne imaginaire qui parcourait, tout autour d'eux, les formes présentes dans le panorama, "par là, par là, et là-bas derrière", le nouveau propriétaire des lieux hochait la tête, sans qu'on eût su dire si cette approbation discrète traduisait chez lui la satisfaction à l'idée de s'offrir ce morceau d'une nation dans l'indifférence à celle-ci et dans l'espérance que, réciproquement, celle-ci demeurât le plus indifférente possible à son habitant barricadé, soustrait au regard comme à la citoyenneté, ou si son geste était une simple convention, une marque de politesse, juste pour signifier qu'il écoutait ce que l'autre avait à lui dire et regardait ce qu'il désignait.

Puis le conseiller-factotum se racla la gorge. En faisant un geste léger de la main, comme pour rappeler son existence à ses deux compagnons absorbés dans leur contemplation des étendues, il força la voix pour dire : "Monsieur Morlaiter, s'il vous plaît ?

Par ici…" et, en avançant de quelques pas, il donna subrepticement le signal qu'il était temps de monter voir la maison, c'est-à-dire la bâtisse malingre qui se tenait là-haut, en équilibre sur le rebond d'une colline, et qui constituait le corps de bâtiment principal situé parmi les deux mille hectares acquis pour douze millions de dollars par le libertarien, dont les trois visiteurs qui se dirigeaient vers elle, l'un derrière l'autre, telle une cordée, l'agent immobilier ouvrant la voie devant Monsieur Morlaiter qui arquait en soufflant exagérément, allongeant sa respiration comme s'il mimait un effort plutôt qu'il ne l'accomplissait, et le factotum fermant la marche, savaient pertinemment qu'il n'en resterait rien dans quelques jours. Dès que les travaux commenceraient, que les pelleteuses, les excavatrices et les remorques se présenteraient, elle serait aussitôt détruite, son emplacement effacé, reboisé, semé de plantes ou de gazon, les tuyaux et les canalisations qui la raccordaient au reste de la civilisation prolongés pour aller se brancher aux équipements neufs, arrivées d'eau et terminaux de fibre optique, qui alimenteraient la villa furtive et le bunker occulte. Alors disparaîtraient tous les vestiges de cette ferme bâtie de bric et de broc, qui sentait les raccrocs successifs, les ajouts et les rafistolages, la vieille demeure initiale à peine plus grande qu'une bergerie de montagne à laquelle se greffait une aile en parpaings crépis à la truelle et mal ajointés, et devant cela un terre-plein boueux où traînaient une charrette hors d'âge renversée, ses brancards pointés vers le ciel, un vieux coutre de charrue encroûté de rouille et planté dans une souche, des jerricans à essence vides, un tricycle d'enfant en plastique sale dont les pédales s'étaient perdues, accolée contre un pan de l'habitation une réserve de rondins de bois empilés en monticules réguliers sous un appentis avec, en face, de l'autre côté de cette basse-cour abandonnée, en guise de dépendances, une cahute de planches crevées, à l'ouverture retenue par un cadenas (étonnamment) flambant neuf et, sur un bord, un tas de compost mélangé, fumier, feuilles mortes en décomposition, épluchures diverses et variées qui fermentent, coincé entre le poulailler au grillage éventré, déplumé de ses volailles, et l'étable avec la porte qui bat sur ses gonds en grinçant, toutes les traces semées et oubliées par les habitants qui avaient dû récemment plier bagage afin de faire place aux investisseurs arrivés d'outre-Pacifique, et qui, avant de se voir dispenser la manne inattendue que soudainement leur valaient leurs piètres possessions, avaient toujours considéré celles-ci, depuis qu'ils en avaient hérité, comme une sorte de plaie atavique à laquelle leur existence était inextricablement nouée, qu'ils n'avaient pas choisie, pas souhaitée, mais que leur seul sort ici-bas (celui que leur avaient légué Dieu et la poignée de colons écossais qui, jadis, étaient venus se perdre dans ces terres ruisselantes et grandioses pareilles à une autre Écosse jetée à l'envers de la planète) était d'entretenir et de perpétuer en remerciant le Seigneur de leur avoir confié cet âpre et répétitif sacerdoce agricole, à eux, pauvres pécheurs, simples et rudes éleveurs de moutons aux noms descendus des Highlands, aux épaules larges, aux mains calleuses qui leur servaient autant à manier la tondeuse à laine avec laquelle ils ratiboisaient les bêtes, à brandir la tronçonneuse afin de débiter du bois, à conduire leurs tracteurs dans des ornières fangeuses, qu'à attraper le ballon sur les terrains de rugby des bourgades environnantes (à peine des bourgades : plutôt des lambeaux épars de peuplement, petites communautés réduites à quelques maisons disséminées dans la campagne, regroupées autour d'une église en bois au clocher pas plus haut que les poteaux du terrain de rugby voisin) ; et au milieu de ces vieilleries récentes, de ces bribes de vie oubliées derrière soi par des gens anonymes qu'il ne croiserait jamais et qui ne ressemblaient en rien à ceux qu'il fréquentait dans sa vie californienne, des gens dont il n'arrivait pas même à se figurer un visage possible, à leur conférer une allure autre que celle de la version indigène, locale, d'un plouc *redneck* électeur du président national-affairiste à l'évanescente moumoute jaune poussin qu'il avait contribué à promouvoir, le libertarien Morlaiter déambulait : il s'approcha du tricycle en imaginant l'enfant qui l'avait fait rouler, de ses petites jambes avait appuyé de toutes ses forces sur les pédales disparues pour traverser la basse-cour avec cette manière effrénée qu'ont les gosses de donner des coups de guidon intempestifs qui les font dévier de leur trajectoire sans cesse redressée au lieu de filer tout droit.

Cantonnés un peu en arrière, le conseiller-factotum et l'agent immobilier le regardèrent rester longuement penché sur le piteux jouet, recueilli dans une rêverie impromptue, comme s'il cherchait dans sa mémoire à faire resurgir un souvenir qui (ou bien qu'il y fût trop profondément enfoui pour qu'il parvînt à s'extraire des couches de passé qui l'encombraient, ou bien que les associations par le biais desquelles Morlaiter tentait de l'approcher ne fussent pas les bonnes et qu'il le cherchât donc, en quelque sorte, au mauvais endroit – et, durant cet improbable suspens, alors que Monsieur Morlaiter, figé dans son étrange posture, menait sa mystérieuse enquête intérieure, ses deux compagnons évitèrent, d'un commun accord tacite, de se tourner l'un vers l'autre, de s'interroger du regard, tous les deux gênés d'assister à une scène à laquelle ils ne se seraient pas attendus, qui ne les concernait pas et dont les mobiles leur restaient parfaitement impénétrables) lui demeurait (ce souvenir) scellé, inaccessible, et se dérobait irrémédiablement malgré les efforts qu'il s'obstina, quelques instants encore, à essayer de poursuivre, avant de renoncer, de relever la tête et d'aviser un peu plus loin, étalée dans l'herbe mouillée, une planche de surf abîmée qui le laissa dubitatif – car, pensa-t-il, la mer n'est quand même pas à côté –, avant de se rendre compte en s'approchant plus près qu'il s'agissait en fait d'une planche à voile, avec laquelle son propriétaire, à défaut d'océan, s'était sûrement contenté d'aller voguer sur le lac, juste ici, en bas.

Il en était là de ses minutieuses inspections incongrues, des vagues d'interrogations improbables et sourdes qu'elles paraissaient soulever en lui et auxquelles ses comparses de fortune, avec patience, l'observaient se livrer sans oser le perturber, si bien qu'ils restaient plantés ridiculement sur leurs jambes raides, ne sachant comment manifester leur présence auprès du libertarien absorbé, lorsque le vent, qui tout à l'heure, dans la prairie, avait faibli jusqu'à n'être plus qu'un filet d'air, se remit à souffler en rafales subites, provoquant de conserve chez tous les trois le réflexe immédiat de détourner la tête, de s'emmitoufler, de remonter leur col, et extirpant de sa torpeur Morlaiter qui fut pris d'une quinte de toux.

D'un air agacé, il attrapa à l'intérieur de sa parka un smartphone dont il fit, d'un glissement de l'index, défiler l'écran sur lequel il pianota quelques instants, avant de le remettre à sa place puis de revenir à grands pas, sans plus s'attarder sur les souillures et les babioles qui jonchaient le terre-plein, les reliquats dérisoires des fermiers expropriés, vers l'agent immobilier et le conseiller-factotum qui commençaient à piétiner, à avoir hâte de redescendre et de reprendre le chemin en ligne droite qui les ramèneraient sur la zone où, déjà, le pilote de l'Agusta A.109 qui, depuis sa cabine, avait dû guetter l'évolution des silhouettes qu'il apercevait en haut de la colline remettait les rotors en route, prêt à redécoller.

2

Le théâtre et les opérations

Sur le toit apparut la silhouette du sniper embusqué, dissimulée jusqu'à présent par une balustrade en brique et soudain redressée, offerte à la vue du soldat qui, d'un unique geste souple, en se dégageant sur le côté, mettant un genou au sol et s'abritant derrière l'arête d'un mur au crépi effrité, épaula, tira, dégomma la cible dont le carton peint en noir vola d'un coup en éclats, laissant la silhouette déchiquetée. Une seconde puis deux s'écoulèrent où le tireur resta en position, guettant le moindre mouvement qui serait venu du toit du bâtiment, avant de reprendre sa progression avec sur ses talons, qui le suivait en essayant de calquer ses déplacements sur les siens, de copier les inflexions de tout son corps, pareil à un danseur qui imiterait les gestes d'une chorégraphie avec un infime temps de retard, un deuxième fantassin, la tête cuirassée dans un casque en acier badigeonné du même camouflage “Europe centrale” avec une même caméra plaquée au-dessus du front pour filmer en temps réel l'action qu'il était en train d'accomplir, la gueule peinturlurée aux mêmes couleurs que son treillis et que sa coiffe blindée, le Famas mobile, pointé vers l'avant, qui balayait l'horizon, l'œil vissé au viseur, et derrière lui le Chicano reconnaissable aux deux raies noires qu'il se traçait aux pommettes, lorsque la séance de maquillage commençait, afin de ressembler à Tom Brady et aux *quarterbacks* de la NFL.

Après eux venaient Igor, pareillement harnaché, puis Malo, l'un collant à l'autre, et d'ailleurs ces deux-là avaient l'habitude de s'emboîter, ricanaient souvent leurs camarades, et eux ricanaient aussi, à condition qu'on ne le dise pas trop souvent et surtout qu'on le dise toujours avec dans le ton une bienveillance hilare : il faut que la blague sonne graveleuse, que le rire soit gras pour se purger de tout sous-entendu pernicieux et qu'on ait la gaudriole complice, qui soude les esprits, à défaut d'avoir trop de mots à échanger au sein du régiment où un français rudimentaire appris le plus souvent à la va-vite en même temps que l'on s'engage, un chapelet restreint de vocables articulés plus ou moins correctement, comme on peut, à la va-comme-je-te-pousse, sert de mode de communication minimale entre les hommes, suffisant toutefois pour mener les opérations requises et les exercices, pour recevoir les ordres, y répondre et avancer maintenant dans une artère reconstituée au milieu de la cité-simulacre, progresser en utilisant comme couverture les anfractuosités du décor, les pseudo-porches et les coins d'immeubles fantômes.

Au bout de certaines courses, lorsqu'ils marquaient un arrêt, la planque où se rassemblait la petite troupe était parfois si exiguë qu'Igor sentait le souffle de Malo cogner contre sa nuque, ce souffle qu'il connaissait bien, et la manœuvre d'entraînement qu'ils étaient en train d'effectuer prenait alors une dimension familière, comme si dans l'effort demandé aux corps, à la vigilance, à la promptitude des réflexes qui leur étaient imposées venait se mêler une sensation de chaleur et, sinon de douceur (Malo n'était pas doux), de confraternité rassurante qui se diffusait à tous les muscles et y insufflait une sorte d'euphorie larvée, inoculant à travers la chair tout entière l'élan pour se mouvoir à nouveau et gagner à quelques mètres de là un autre abri, cette fois faisant face à une sorte d'aire de parking distribuant sur des alignements de garages aux rideaux de ferraille roulants abaissés, inspirés par ceux que l'on voit à l'arrière des bâtiments dans les quartiers de petits ensembles résidentiels dont cette section de la ville factice offrait une réplique, derrière quoi se trouvait une allée bordée d'autres immeubles dépeuplés, ceux-là plus hauts, avec des étages nombreux et des fenêtres poinçonnant les façades ouvertes au vent, sans vitres ni volets, par lesquelles on voyait le ciel car aux faîtes de ces simili-HLM on n'avait pas pris la peine de poser le moindre toit destiné à protéger la vie imaginaire de quiconque, si bien que ces masses spectrales, habitations sans habitants, dénuées de finitions et de fignolage, ressemblaient moins à des logements qu'à des ruines industrielles, grandes carcasses évidées, posées sur un immense terrain vague dégagé autour d'elles, réduites à de fines parois plantées sans fondations, trop étroites et chétives pour porter des étages, des cages d'escalier, des paliers, des charpentes, toute l'armature qui rend une construction habitable. Depuis le ciel, on aurait pu croire que ces cloisons n'étaient que des séries de marques dessinées sur le sol, à peine plus larges que les lignes blanches quadrillant un terrain de sport, qui divisaient les surfaces conformément aux règles d'un jeu inconnu, parmi quoi les bataillons de soldats, petits points sombres et mobiles, se déplaçaient, insectes caparaçonnés, selon un ordre combinatoire au code en apparence énigmatique mais non moins rodé que l'organisation sociale de certains hyménoptères, abeilles ou fourmis, chacun y jouant son rôle de rouage d'une mécanique d'ensemble où l'individu se dissout dans le mouvement auquel il prend part, dans la fonction qu'il y occupe. Et Malo se souvenait, en rasant (toujours au même rythme précautionneux et orchestré, les genoux pliés et le Famas épaulé) l'une de ces façades débraillées, que lorsqu'il était entré dans la Légion, tout de suite, il avait aimé plus que tout le reste – plus que les armes belles et la camaraderie virile, plus que la discipline sévère imposée au corps et à l'esprit, que les bitures de permission et l'élégance (la pure classe) de l'uniforme, du képi blanc et des épaulettes à franges rouges – ce sentiment inconnu qu'il n'avait pas anticipé, auquel il ne s'était pas préparé, d'absorption de soi au sein d'une communauté où tout ce qu'il avait pu être auparavant ne comptait pour rien, où son nom avait été changé, son passé personnel occulté, si bien qu'il lui était même arrivé, en y réfléchissant a posteriori, de se dire que c'est précisément cela qu'il était venu chercher sans en avoir eu la conscience préalable : cette métamorphose et cette dilution de son identité.

Et au même instant, devant lui, tandis que le groupe de combat passait plié en deux devant une porte recolmatée de frais, du plâtre hâtivement badigeonné à la truelle détourant une arche blanche dans le crépi jaunâtre pisseux du mur, Igor se souvenait, en voyant cette brèche rafistolée, de manœuvres exécutées dans d'autres environnements urbains, ceux-là plus denses et hostiles, aux ruelles serrées, exiguës, enchevêtrées, dans quelque pays sec et chaud où les brodequins craquelés, en frottant la terre, soulevaient de la poussière qui sautait au visage et donnait envie de tousser – et l'on retenait sa toux, moins parce que son expulsion sonore eût risqué de nous faire remarquer et d'attirer le danger sur soi, que parce qu'elle faisait perdre du temps en tordant le corps –, et lors desquelles il fallait méthodiquement progresser à l'intérieur de la ville sans tenir compte de l'organisation physique et sociale habituelle des lieux, se forer un chemin dans l'indifférence à l'agencement des bâtiments et aux espaces de circulation, tracer, en somme, une carte alternative à la cartographie coutumière en creusant un réseau de galeries dans le tissu intestin de la ville, à travers les maisons et les cours, en perçant les parois et en parcourant, comme si tout formait un même continuum, les chambres et les pièces à vivre, les salles de bains, les chiottes, les venelles et les locaux à ordures, dans l'indistinction entre le dedans et le dehors considérés à la manière d'un unique plan sur lequel se dressaient des obstacles de diverses natures qu'il s'agissait de franchir. Il n'est pas nécessaire d'ébouler un mur, ni de menacer avec lui toute la structure d'un bâtiment, simplement de doser l'explosif pour qu'il produise dans la paroi une entaille suffisamment large et haute pour qu'y passent un homme et son matériel, ses condisciples après lui, presque une porte : une anfractuosité irrégulière et improvisée à l'endroit où rien ne prévoyait que l'on pût entrer.

Mais déjà, de la vision qui venait de fuser dans son esprit ne restait plus qu'une vague impression diffuse, la réminiscence d'une odeur de poudre aussitôt dissipée, la sensation persistante de la poussière qui vole, colle au visage et aux paupières, crispe et tire la peau des joues, alors qu'ils franchissaient maintenant, en courant, en diagonale, une vaste esplanade de terre battue striée d'empreintes laissées par les chenilles des chars d'assaut qui s'y étaient entraînés tout à l'heure, les soldats abandonnant ainsi derrière eux le quartier dit “zone d'habitation moderne” pour aborder, après avoir sauté par-dessus deux fossés, une route goudronnée au marquage pointillé blanc ordinaire, pareil à celui de n'importe quelle route de campagne ou d'aire suburbaine raccordant une agglomération à une autre, dans quelque pays relativement civilisé, comme on dit, que ce soit, les menant (ce segment de voirie bien mieux entretenu, au demeurant, que l'immense majorité des chaussées formant les réseaux routiers laissés à la responsabilité des pouvoirs publics des mêmes pays dits civilisés), au bas d'une pente douce qu'ils parcoururent au pas cadencé, jusqu'à la place principale de la ville recomposée.

Avant que le groupe se remît en formation d'exercice, Malo profita d'une halte rapide, l'épaule appuyée contre un pan de mur aveugle – à l'abri des tirs ennemis théoriques –, afin de s'asperger les yeux de deux jets de sérum physiologique, lesquels lui dégoulinèrent le long de chaque joue et firent, dans l'étrange matière rigidifiée qui lui recouvrait le visage, masque composite et rêche où s'entremêlaient le maquillage, la crasse et la sueur, d'épais traits poisseux lui coulant jusqu'à l'intérieur du col. Quand il eut vidé le contenu entier d'un flacon sur ses cornées irritées et rougies, il balança, du même geste qu'il eût fait avec une grenade dégoupillée, le minuscule contenant de plastique transparent à plusieurs mètres de là, où l'objet disparut quelque part dans l'herbe, tandis que déjà les légionnaires retrouvaient les attitudes exigées par la situation, reprenaient leurs positions, les uns derrière les autres, et gagnaient progressivement le centre du vaste espace dégagé qui représentait – comme il en est dans toutes les bourgades dignes de ce nom – à la fois l'agora et l'îlot organisateur de la cité, le poumon qui attire, aspire et recrache les flux, reflux et déplacements de la population, avec son terre-plein central planté de réverbères à intervalles réguliers, jalonnant une surface vide et plane qu'on n'avait pas jugé utile, pour donner l'illusion qu'elle pût être réellement usitée (qu'elle pût accueillir une véritable population), d'agrémenter d'éléments supplémentaires de mobilier urbain, à part, sur le pourtour complet de la place, une rangée continue de cônes de béton grossier, similaires à ces plots amovibles orange et argent dont la phosphorescence, sur les routes, balise les dangers, accidents ou travaux, mais ici fixes, scellés dans le macadam et comme recouverts d'une croûte de lourd enduit grisâtre leur donnant l'allure d'énormes plombs de maçon dont on aurait retiré la ficelle, le tout encadré, sur chacun des côtés de la place, par un rectangle d'avenues identiquement rectilignes, coupées par un ensemble de rues adjacentes débouchant depuis différentes directions, et bordées par des édifices de divers aspects et volumes, parmi lesquels on distinguait, dès le premier regard, la pharmacie ou ce qui en tenait lieu, que l'on identifiait grâce à son éternelle, universelle enseigne en forme de croix verte, unique symbole lisible, reconnaissable, dans ce paysage au sein de quoi, par contraste, il révélait l'absence de toute signalétique, des panneaux publicitaires, des noms d'établissements, des indications pratiques, des inscriptions variées qui font l'environnement visuel d'une vraie ville.

Depuis le milieu de la place où le petit groupe se tenait à présent en faction, Malo, observant autour de lui cet ensemble de bâtiments banalisés (enfilade d'arcades soutenant un bloc blanc, galerie marchande sans marchand ni marchandise, en vis-à-vis un cube de deux étages (un parking ? un marché couvert ?), sur un autre flanc un bâtiment massif, à la façade rigoureusement symétrique, organisée autour d'une structure centrale dominée par un fronton triangulaire, et censé représenter quelque lieu officiel public ou collectif, un hôtel, la mairie), Malo avait l'impression de voir se matérialiser le décor d'un de ces jeux vidéo où le joueur, comme en caméra subjective, avec sur l'écran la seule pointe de son arme en prolongement de son corps imaginaire, arpente des rues réduites à des parallélépipèdes en 3D, parmi lesquels il évolue en shootant les personnages hostiles, les soldats ennemis, les zombies et les monstres qui se mettent en travers de son chemin.

Et l'espace d'un instant, la vue brouillée par les résidus de larmes artificielles dont quelques gouttes stagnaient à l'orée de ses paupières, les membres alourdis, la tête retournée par la répétition (stations longues et lents mouvements alternés avec sprints vifs et tirs précipités) des efforts qu'il venait à peine d'accomplir, sa pensée décrocha de la situation, sa pensée se mit à penser comme par elle-même et non plus selon les seules coordonnées du réel immédiat et des actions qu'il y devait exécuter. Alors Malo éprouva un léger vertige qui lui donna la sensation de ne pas savoir où il se trouvait en effet, s'il était devant un écran ou debout auprès de ses camarades au beau milieu d'une scène de guérilla de composition, de ne soudain plus reconnaître autour de lui la ville en toc, dépecée de son revêtement de signes et de langage, vidée de toute population hormis la centaine d'hommes du régiment d'infanterie cantonné sur place, dans la caserne voisine (sur une autre partie du même camp militaire de Sissonne dont les six mille hectares hébergeaient le Centre d'entraînement aux actions en zone urbaine), et servant, au cours de certaines opérations, de "force adverse", autrement dit d'ennemis fictifs, de sparring-partners prenant l'aspect, tantôt, d'une unité organisée, tantôt d'une milice, tantôt encore de membres d'une population civile, face aux troupes venues s'offrir un petit séjour de crapahutage et d'immersion (ils disaient : "d'acquisition des savoir-faire techniques et tactiques") sur les trois sites de simulation que compte le camp. Puis les voix des camarades qui bruissaient autour de lui, une plaisanterie "Oh ! Tu te chies dessus, Malo ?" qui fusa, et aussitôt un commandement qui retentit, sans le ramener vraiment à lui-même, sans l'extraire complètement des flottements de sa pensée, lui intimèrent de passer son Famas en bandoulière et d'emboîter le pas à la troupe, d'y prendre son rang machinalement, et les soldats ainsi en ordre après leur courte pause empruntèrent la direction du sud pour entamer la phase suivante des exercices.

Par l'une des rues remontant depuis la place principale ils quittèrent celle-ci, s'éloignèrent en passant, quelques dizaines de mètres plus loin, devant un bâtiment pourvu d'une sorte de tour carrée aux dimensions étranges, basse et large, comme si on en avait scié la partie supérieure, accolée à un gros pavé de la même couleur gris sable dont le toit plat était entouré d'un parapet, le tout çà et là ponctué de minces ouvertures en ogive, étroites comme des meurtrières et probablement tenues d'imiter les vitraux d'un supposé lieu de culte : ici aussi, on avait opéré une neutralisation des signes (religieux, cette fois), l'édifice se devant de figurer indifféremment une église, une synagogue, quelque espèce de temple que ce soit ; mais dans les faits son architecture vaguement orientalisante, pour n'importe quel œil profane, plus que tout autre sanctuaire, évoquait une mosquée ordinaire de dimensions médiocres telle qu'on en trouve dans les faubourgs d'une ville arabe ou dans la campagne au Moyen-Orient, si bien qu'entre eux, les gars de l'infanterie de Sissonne ne l'appelaient jamais qu'ainsi : "la mosquée", ou éventuellement "les râteaux" en référence aux antennes installées sur le toit de la tourelle et à leurs branches métalliques hérissées.

Après quoi ils passèrent le long du cimetière, enclos de quatre murs posés à angles droits où personne, évidemment, n'avait jamais été enterré, les tombes consistant en de simples volumes épurés, coulés dans un matériau indistinct, ni plâtre ni faux marbre, sans aucune inscription, pas même un numéro de série gravé quelque part sur le flanc de ces blocs alignés, certains couchés en caveaux, d'autres redressés en stèles, qui ressemblaient moins à des sépultures qu'à une collection de sculptures minimalistes stockées dans une remise à ciel ouvert, tenant plus de la casse de bagnoles que de la réserve d'un musée.

Puis, en bifurquant derrière le cimetière sur la gauche, en direction de l'est, le groupe se trouva devant une vaste étendue d'herbe sèche et de mottes de terre craquelée, nue comme un terrain d'aviation, au bout de laquelle s'élevaient la lisière d'une forêt et un dense rideau de verdure, arbres et fougères épaisses, impénétrable pour le regard. Les hommes reprirent alors la direction du nord en enfilant une large avenue bitumée en légère courbe, laquelle contourne cette maquette à l'échelle 1 portée aux dimensions d'une ville entière et construite sur l'emplacement d'un ancien village médiéval ayant jadis appartenu à une abbaye depuis longtemps disparue et dont il ne restait déjà plus qu'un mince ensemble de fermes éparses, avec leurs moutons bêlants et leurs champs de céréales étalés dans la plaine, lorsque, à la fin du dix-neuvième siècle, les paysans avaient été expropriés en vue de créer, en lieu des pâturages et des labourages, un premier camp militaire qui ne fut d'abord qu'une aire de tirs et de manœuvres – quant aux fermes, elles avaient commencé par servir de cibles pour les tirs d'entraînement de l'artillerie française, puis elles avaient été entièrement détruites durant les batailles de la Grande Guerre, par des tirs qui, ceux-là, n'avaient plus rien d'un exercice ; la terre avait été labourée d'une autre façon, par les obus et les croquenots.

Depuis, la guerre avait bien changé ; aux batailles, aux obus, aux croquenots, aux exploits tournoyants dans le ciel des pilotes virtuoses lançant leurs carlingues chétives à la chasse d'autres coucous, aux tranchées retournées par les explosions à la chaîne qui servaient de tumulus aux poilus dès lors qu'ils n'allaient pas se faire faucher en pleine course entre deux lignes inertes et grouillantes au milieu des cratères, des chevaux de frise et des barbelés, à ces tueries pathétiques et grandioses avaient succédé de multiples avatars, d'autres styles, toute une large variété de logiques du conflit, différentes époques de l'armement et de son usage comme il y a des époques en histoire de l'art : aux mutations des formes de la guerre se devaient nécessairement de répondre les modes d'instruction des soldats.

Au début des années deux mille, alors que partout à travers le monde les guerres déclarées opposant des nations souveraines, les luttes frontales se raréfiaient, et que les affrontements, de plus en plus, se résumaient à des représailles ciblées, à des opérations de police, à aller libérer des otages au milieu de la jungle ou du désert, à des frappes chirurgicales menées par des appareils sans pilotes guidés à distance, *via* leurs écrans, par des opérateurs éloignés de la scène visée, ou à de la guérilla urbaine, on avait donc, sur le souvenir du village médiéval dont seul le nom de Jeoffrécourt demeurait, érigé un nouveau complexe d'entraînement, aménagé sur le modèle d'une cité de cinq mille habitants, où former les militaires français aux combats de rue : des bataillons de nombreux régiments d'infanterie, de la Légion étrangère, mais aussi de plusieurs autres armées européennes, et même des Émirats arabes unis, venaient faire usage de la ville-simulacre, tourner autour de la mosquée postiche, prendre d'assaut un pavillon de banlieue fantôme, assiéger la tour d'un grand ensemble creux protégé par des silhouettes de carton noir.

La rivière artificielle était d'un vert boueux lorsqu'Igor en tournant la tête y expédia, depuis le pont sur lequel la troupe était en train de passer, un vigoureux crachat. Juste un peu plus loin, l'avenue se scindait en deux parties parallèles séparées par un terre-plein central recouvert d'une étroite bande de gazon propret. Les légionnaires se déployèrent pour occuper de part en part la chaussée où ils avançaient sans hâte, sentant venir, au bout de la route, la douche qui les attendait, les plaisanteries de vestiaire et la soirée au village voisin, quand soudain, de derrière l'une des barres d'immeubles qui jouxtaient sur toute sa longueur l'artère déserte, rappelant pêle-mêle cité de banlieue, faubourg ex-soviétique, ville nouvelle des années soixante ayant mal vieilli ou quartier d'habitation périphérique de métropole interchangeable, une poignée de personnes surgirent et s'avancèrent à leur rencontre, plus ou moins toutes vêtues de la même manière, jeans sweats à capuche baskets, et leurs crânes, sinon tondus, du moins coiffés ras, avec, passés autour de leurs épaules, des sacs à dos mollement enflés, si bien qu'on aurait dit qu'ils ne contenaient guère que du papier journal dont on les aurait rembourrés pour leur donner un aspect plus volumineux.

Lorsqu'ils ne furent plus qu'à quelques pas des soldats, les importuns alignés en travers de la route se mirent à les invectiver, à les provoquer, balançant leurs bras en l'air, brandissant les poings, les désignant de l'index tendu vers eux, et, malgré les sommations, les cris répétés qui leur demandaient de stopper leur progression, de s'immobiliser, ils continuaient d'approcher jusqu'à bientôt n'être plus qu'à portée de coup, prêts à venir au contact, comme on dit, et sans cesser toutefois de prendre à partie les légionnaires resserrés en un rang homogène, impassibles, essuyant pendant plusieurs minutes, sans broncher, les insultes, les "sales bâtards" et autres "on vous encule" ; puis lorsque l'ordre en fut donné, les soldats, dans une sorte de ballet minutieusement chorégraphié, s'enroulèrent autour de leurs opposants, les maîtrisèrent en leur administrant sans forcer des clés de bras, des alpagages à deux sur le même individu qui faisait mine de se débattre un instant, gesticulait un peu avant de se soumettre et d'obtempérer (quelques rires discrets éclataient, les civils turbulents prétendus et leurs dompteurs homologués se donnaient la réplique, récitaient leurs menaces et injures, qui avec les yeux dans le vague et comme pensant à autre chose, qui avec une teinte d'ironie, ils ornementaient la scène d'un brin de bagarre pour de faux à la manière d'enfants qui chahutent), et en quelques secondes ils nettoyèrent la chaussée, regroupèrent les figurants contre le pied d'un des bâtiments, leurs visages tournés face au mur, qui plaisantaient en attendant que vînt les chercher une estafette aux vitres grillagées prévue à cet effet : le véhicule se gara près des hommes appréhendés, au bord du trottoir (une simple margelle bétonnée qui rehaussait le bas-côté) et, un à un, les légionnaires les firent monter par l'arrière, asseoir sur les bancs latéraux.

Quand le dernier fut coffré, de plusieurs coups du plat de la main frappés contre la tôle de la camionnette le signal du départ fut donné. Tandis que, déjà, le fourgon s'éloignait avec son chargement enjoué et hébété, comme après une bonne blague, de membres du régiment d'infanterie local qui avaient terminé leur petite intervention intempestive sur le théâtre des opérations imaginaires où se démenaient les légionnaires, ces derniers reprirent leur marche, achevant le morceau de chemin qu'il leur restait avant d'arriver, au bout de l'avenue, à l'endroit où les attendaient leurs propres véhicules, stationnés sur une aire de gros gravier rognée sur les champs alentour.

Igor et Malo étaient assis dans la remorque l'un près de l'autre, sous une bâche enduite d'un camouflage aux couleurs identiques à celles de leurs treillis, roulée sur elle-même et ficelée à son cadre de métal, pendant que sur le banc d'en face avait pris place le Chicano qui riait à gorge déployée, sans raison, qui riait pour rire, sans une once de pudeur ni de gêne à l'idée d'exposer au grand jour, à la vue de ses compagnons entassés dans la guimbarde, sa mâchoire où quelques dents manquaient et où certaines autres présentaient d'affreux plombages et de spectaculaires cavités noires, lesquelles lui avaient valu lors d'une mémorable cuite collective cette remarque d'un de leurs camarades, un Belge : "c'est pas Chicano qu'on devrait l'appeler, c'est chicot", et ces chicots qui jaillissaient joyeusement à tout propos, s'étalaient sous les yeux de quiconque approchait leur aimable propriétaire, se montrèrent de plus belle, le rire redoubla, lorsque dès le premier virage suivant le départ une brusque secousse envoya Igor cogner de l'épaule contre Malo, les deux se redressant de concert en s'adressant mutuellement dans les côtes de bons coups de coude ; après quoi ils sentirent le moteur tirer, la route roidement s'élever, s'engager dans un virage qui fit flancher les corps des légionnaires, les jetant les uns sur les autres.

Ils suivirent une route presque toute droite, jalonnée seulement de quelques pistes qui la croisent à angles droits, venues d'on ne sait où, et de sentiers qui filent sur les bas-côtés, dont Malo, en voyant ces tranchées claires aller se perdre dans la verdure indistincte des bois, des fourrés, des bouts de prairie laissés à l'abandon où poussaient des fleurs sauvages, se demandait vers quoi ils pouvaient mener, s'il y avait sur la base, quelque part, un recoin abritant des bâtiments secrets, des équipements sensibles, ou même des installations cachées qui hébergeraient une population isolée, coupée du monde. Les corps fourbus des soldats se laissaient bringuebaler au gré des cahots, pierres et fondrières semées sous les roues, qui se répercutaient en pulsations sourdes parcourant le châssis en marche selon des voies insondables, jusqu'à leurs culs endoloris par la rigidité des bancs et les incessants petits sursauts qui s'imprimaient dans leur chair, se faufilaient le long de leur colonne vertébrale et irradiaient jusqu'à leur nuque fatiguée, y diffusaient une lancinante somnolence que, peu à peu, Malo sentait s'emparer de lui.

Il rêvassait en même temps que son regard flottait au-dehors, à la surface du paysage, épousant le flux continuel des apparitions fugaces et l'effacement liquide des choses, des arbres et des artefacts qui, çà et là, s'y mêlaient, pylônes et cahutes aux fonctions indéterminées, transformateurs électriques et champs de tir, ateliers mécaniques dont les portails s'ouvraient sur des machines inertes et morceaux de terre brûlée autour desquels reposaient des cercles de vieux pneus qui semblaient constituer les traces de rituels chamaniques inconnus, n'écoutant qu'à peine la conversation décousue qui se poursuivait dans la remorque, la voix du Chicano et celle d'Igor se répondant qui avaient deux manières différentes de rouler les r, le premier tel un torrent de petits cailloux qui dégringolerait dans une pente abrupte à flanc de montagne ou, lorsqu'il s'échauffait quelque peu, comme le débit d'une mitraillette emballée, le second en un raclement guttural qu'on aurait dit retenu au fond de sa gorge et longuement mûri avant d'être expectoré dans un effort intense ; et parmi l'entrelacs de ces pétarades et de ces grondements, sous quoi couraient les vrombissements intermittents du moteur, Malo avait de plus en plus de mal à mettre à jour le sens des mots qui, maladroitement, circulaient.

Il ne sut pas s'il s'était assoupi un instant ; il ne se souvint pas d'avoir quitté des yeux le défilement du dehors ; il s'aperçut seulement que son menton, appuyé sur ses mains croisées contre la bouche de son Famas posé à la verticale, était humecté d'un filet de bave écoulé entre ses lèvres, le même qu'un enfant pendant sa sieste, qu'il essuya avec le revers de sa manche en se redressant et en voyant disparaître sur la droite, du côté de la forêt, la forme trapue de la petite chapelle qui marque l'entrée du cimetière de l'armée britannique (une simple guérite en pierres brunes colmatées au ciment, avec un banc à l'intérieur, et couverte d'un toit d'ardoises, qui ferait plutôt penser à un abribus planté en pleine campagne au bord d'une route départementale qu'à un lieu de prière), et près d'elle la haute croix centrale aux longues branches autour de laquelle s'étendent les alignements de stèles blanches où sont inscrits les noms des soldats d'outre-Manche tombés au Chemin des Dames, en prolongement de quoi, derrière un muret bas qui paraît réunir plus qu'il ne les sépare les deux nécropoles ennemies, se trouve le cimetière allemand, celui-ci fait de croix de ferraille sombres plantées dans le gazon.

Ils s'étaient mis en veilleuse, attendaient pour recouvrer l'usage de la parole d'avoir repris pied sur le sol ferme, avant d'aller chanter sous la douche : le convoi fit encore quelques centaines de mètres, passa une barrière relevée à travers un enclos de grillages ; des bâtiments apparurent le long de la route, à la place des terrains vagues poussiéreux et des bois à perte de vue ; c'était la caserne.

En face des baraquements, les moteurs furent coupés sur un vaste parking, donnant aux corps encastrés dans les engins le signal de se déplier, l'un après l'autre, pour s'extraire de la plateforme ; et pendant que les premiers d'entre eux se détachaient du véhicule, sautaient sur le bitume et s'éloignaient au petit trot, Igor, en tournant la tête, rencontra le regard de Malo qui le fixait et, sans faire bouger une ligne de son visage, simplement d'un plissement des yeux accompagné d'une lueur vive, rigolarde, qui les traversait, lui signifiait qu'il pensait à la même chose que lui : que, oui, ça y était, c'était la dernière fois. Maintenant qu'ils avaient tous les deux décidé de quitter en même temps la Légion pour aller "dans le privé" (ils disaient, avec leur accent respectif : "dans le privé"), c'était la dernière fois qu'ils accomplissaient ce rituel de fin d'entraînement, qu'autour d'eux s'agitaient, les frôlaient dans la promiscuité extrême des transports militaires, les visages de leurs compagnons qu'ils ne verraient bientôt plus ; la dernière fois, se disaient-ils, qu'ils sentaient contre leur peau le contact rugueux de l'uniforme raidi par la poussière qu'ils s'apprêtaient à quitter.

Enfin, à leur tour, ils descendirent de la remorque et s'avancèrent sur l'esplanade asphaltée où stationnaient, devant des portes de hangars grandes ouvertes, les quatre chars AMX-30 que compte le camp de Sissonne – lesquels paraissaient, avec leurs canons baissés, inclinés vers le bas, fouiller la terre à la manière de gros animaux à trompe à la recherche du menu fretin rampant qui les rassasiera, ou bien humer les vapeurs mêlées qui affleuraient à la surface du sol, tout comme, au même instant, à l'autre bout du terrain militaire, à l'endroit que les soldats tout à l'heure avaient laissé replonger derrière eux dans son désœuvrement léthargique de décor vide, sa pure vacance de simulacre inhabité, était en train de le faire un renard solitaire qui paraissait suivre obstinément une piste incertaine, improbable, longeant la place, passant sous les arcades, traversant l'avenue fantôme en hâtant un peu son pas leste sur le macadam, et s'introduisait sur le terrain vague formé par l'interstice inutilisé entre deux bâtiments, furetait du museau dans les broussailles où l'attirait quelque odeur intéressante – peut-être le fumet évanescent, demeuré après le passage d'une proie potentielle. Et du bout de la truffe, il frôla la fiole en plastique contenant un fond de sérum physiologique que Malo avait balancée là, plus tôt dans l'après-midi ; il s'arrêta un court instant au-dessus de l'objet minuscule égaré dans l'herbe, dont il lapa, d'un coup de sa fine langue râpeuse, la goutte d'eau salée qui s'était formée à l'extrémité avant de s'en aller pousser plus loin ses investigations olfactives en s'enfonçant dans les fourrés qui partaient à l'écart des installations, vers la forêt.

3

Les apocalypses de chevet

L'agent immobilier les raccompagna, mains serrées, regards francs de ceux qui ont conclu un deal dont les termes conviennent à toutes les parties – se quitter bons amis, si l'on ne doit jamais se revoir –, puis il observa Morlaiter et son conseiller embarquer dans l'hélicoptère, ce dernier monter, virer, repartir à vive allure à travers le lac, dans la direction de l'autre rive, au-delà de laquelle sont d'autres lacs, d'autres collines, et au bout, sur le Pacifique, Dunedin.

Il sentit alors, sans l'avoir anticipée, une tension se dénouer quelque part dans son corps, une félicité douce l'envahir, chasser et prendre la place de l'inquiétude sourde dans laquelle il avait été maintenu durant tout le temps que le libertarien aux dents parfaites était resté, non qu'il doutât que la transaction finalement eût lieu, encore moins de l'adéquation entre le territoire qu'il offrait et la demande du néopropriétaire, mais plutôt par orgueil, ou cette espèce de complexe social où sont intrinsèquement liées la hiérarchie de classe et la différence d'appartenance géographique, qui est l'orgueil particulier des gens des zones périphériques : tant que le prestigieux client était là, sans doute avait-il craint de ne pas se conduire comme il l'aurait dû, comme il en serait attendu de lui, et peut-être encore maintenant le même orgueil l'empêchait-il d'émettre l'hypothèse la plus probable, pour ne pas dire certaine, à savoir que le libertarien se foutait éperdument de la manière dont l'agent immobilier se comporterait, s'il serait rustre ou courtois, déférent ou revêche, brun ou roux, avec quel accent il parlerait et quel genre d'accoutrement il porterait, pourvu que ce qu'on lui mette sous les yeux fût conforme à ce qu'il avait imaginé et désirait.

Désormais seulement qu'il était certain de ne plus commettre quelque impair dont il serait ressorti contrit, humilié, et qui aurait, en quelque sorte, entaché la transaction, ravalé sa chance, son jackpot, au rang d'une aumône à lui faite et non au fruit d'un acte professionnel méritant et remarquable, lui qui était plus habitué à fourguer des habitations standards de lotissements pavillonnaires dans les faubourgs de Timaru ou de Christchurch à des familles modestes, d'ailleurs semblables à la sienne, pour qui chaque mètre carré supplémentaire représentait une victoire arrachée sur le sort, qu'à forger sur commande des domaines vastes comme des comtés pour des milliardaires soucieux de souscrire une assurance contre l'apocalypse, enfin pouvait-il monter tranquillement dans son 4×4, faire démarrer le moteur, écouter son bourdonnement, sentir les vibrations légères remonter *via* son siège à travers tout son corps, en songeant qu'avec la commission aberrante que lui rapporterait cette vente il aurait bientôt largement de quoi s'offrir un nouveau modèle, un véhicule plus gros, plus rapide, plus confortable que celui au volant duquel il reprit alors la route qui longe le lac en direction du nord, laissant son regard flotter à la surface des eaux ridée par le roulement lancinant des vagues minuscules, fugue monotone que seul interrompait le triangle blanc d'un voilier croisant du côté de l'embouchure de la rivière, avec en toile de fond les monts au-delà desquels, derrière d'autres monts encore, s'étiraient des vallées presque inhabitées abritant en leur sein, écrins de sauvagerie intouchée, cette hostilité primitive du monde qui était devenue une denrée tellement précieuse, et où certains congénères du libertarien forcené, et parmi eux des personnalités bien plus célèbres que lui, dans le même temps que lui, non pas à son exemple mais en vertu des mêmes idées et des mêmes moyens, afin de conjurer les mêmes peurs, s'étaient dotés de similaires refuges démesurés, s'étaient partagé des contrées pour y préparer leurs pénates post-exil, à l'image de tel haut ponte de la finance de Wall Street, de ceux au nom de qui on accole presque systématiquement une flatteuse métaphore carnassière, le requin ou le loup (et qui paraissent mettre un point d'honneur à s'apparier au poncif éculé dont on les affuble), qui avait élu domicile sur les collines dominant le lac Wakatipu dont il n'avait sans doute jamais entendu parler avant cela, et qui y avait fait installer générateurs, panneaux solaires, stocks de munitions, afin d'être le plus indépendant possible, de pouvoir répliquer au cas où l'on s'en prendrait à la propriété ou au propriétaire, et avec tout cela un rayon de bibliothèque dans le salon, un porte-revue à portée de main dans les chiottes, une table de chevet près de son lit avec un tiroir, tous contenant la Bible en anglais et en bonne place pour y pouvoir compulser à tout moment la révélation de Jean de Patmos, y trouver le cortège gigantesque de fléaux, de catastrophes cosmiques et de créatures monstrueuses qui préfigurait le présent, y voir surgir sous ses traits véritables, les plus hideux et terrifiants, le Prince de ce monde, *le Dragon, le Serpent ancien qui est le Diable et Satan*, ainsi qu'il est écrit, et chercher entre les lignes, *car le temps est proche*, avec l'obstination novice, presque fanatique d'un théologien amateur, les clés de la prophétie, le mystère crypté des *choses qui doivent arriver bientôt*, de la Fin qui s'annonce, et de comment en réchapper.

Ou bien de tel programmeur informatique, né sous Reagan avec, pour ainsi dire, un ordinateur personnel entre les mains, comme à d'autres enfants on confie un ballon ou une raquette de tennis, dont la rumeur voulait qu'il eût conçu son premier programme à l'âge de huit ans, devenu multimillionnaire après avoir créé, puis fait breveter, des logiciels et des applications que de grandes firmes du secteur avaient adjoints à leurs propres produits, et que tout le monde connaissait mieux (et ne désignait que) sous son pseudonyme "Backklinkk" répandu sur les réseaux sociaux plutôt que par son nom d'état civil, qui détenait chez lui, dans son garage de San Francisco, une moto toujours prête à démarrer en direction de l'aéroport où était stationné le jet privé dont il partageait l'usage avec quelques-uns de ses acolytes du microcosme silicé de Palo Alto, ses coreligionnaires transhumanistes et survivalistes, avec dans des sacoches accrochées aux flancs du carénage, de chaque côté, des vivres de première nécessité et les armes de poing censées lui permettre de se frayer un chemin parmi la populace excitée en cas d'insurrection urbaine, et qui, souffrant de myopie depuis la prime adolescence (lorsque peu à peu, devant ses yeux, la réalité des écrans rétroéclairés et celle de l'univers suburbain entre lesquelles il avait toujours vécu, qui s'étaient toujours confondues dans ses perceptions afin de ne former qu'un seul et même monde, un continuum sensible où il évoluait indistinctement, s'étaient étirées en plaques nébuleuses, estompées en taches de couleur aux contours indiscernables, l'obligeant à se poser sur le nez de disgracieuses montures colorées cerclant des culs-de-bouteille de plus en plus épais à mesure qu'il gagnait en âge), s'était récemment fait opérer du banal handicap qui le frappait dans une clinique californienne, non tant pour bénéficier enfin, dès le matin au réveil, du confort d'une vision débarrassée de son voile opaque, que parce qu'en cas de fin du monde, d'apocalypse ou d'invasions barbares, s'il fallait se réfugier au fin fond de la forêt ou sous la terre, vivre cachés en bande, manger des racines, des baies, des fruits cueillis sur les arbres et des bêtes chassées à l'arc, il n'y aurait alors plus d'opticien pour le fournir en paires de lunettes, sans même parler des lentilles de contact pour lesquelles il avait opté depuis plusieurs décennies de préférence aux culs-de-bouteille. Et il était allé s'allonger sur un fauteuil de chirurgien, il avait présenté son visage, avec sa peau grêlée, constellée par les traces d'une acné juvénile dont son air d'adolescent attardé eût pu laisser croire qu'il n'avait cessé d'en souffrir que deux ou trois ans plus tôt, sous une sorte de masque métallique qu'on lui avait ajusté afin de maintenir son front immobile et ses paupières ouvertes, et ses yeux s'étaient offerts au laser qui avait brûlé, en quelques fragments de secondes, la surface de la cornée dans le but d'en modifier la forme, de corriger la réfraction au fond du globe oculaire, là où viennent taper les rayons convergents de la lumière et s'imprimer sur la rétine : dorénavant, il pourrait de ses yeux voir le danger en face, ses contours nets à toute heure et en tout lieu, au milieu de la jungle ou du désert, envisager l'avenir sans flaques colorées aux tournures incertaines qui en diluent l'image et en repoussent l'imminence.

Ou encore de tel cinéaste à la renommée mondiale qui avait réalisé, quelques années auparavant (quelques décennies, même, se dit l'agent immobilier en se souvenant qu'il était encore étudiant lorsque le film était paru en salle et qu'il l'avait vu dans un cinéma de Christchurch, confortablement enfoncé dans un fauteuil de velours sombre, la tête levée vers le grand écran où le drame s'étalait, main dans la main avec sa petite amie de l'époque, et qu'avait-elle pu devenir, celle-là ?), la fresque grandiose qui, à sa sortie, bénéficiait déjà du titre très envié de "film le plus cher de l'histoire du cinéma" et qui s'était aussitôt imposée, partout à travers le monde – à grand renfort de publicité et de battage médiatique, d'affiches immenses à tous les carrefours et d'annonces tapageuses sur le chiffre astronomique de son budget brandi en guise d'argument commercial, de reportages en rafales aux actualités et de critiques de complaisance produites à la chaîne par des journalistes intimidés devant les sommes d'argent mises en jeu et toujours friands de rassemblements grégaires à couvrir –, comme le blockbuster absolu de son époque, dépassant rapidement, de fait, tous les records d'entrées au box-office et de recettes au guichet, récoltant en tout plus de deux milliards de dollars qui en firent aussi le film le plus lucratif de l'histoire, si bien qu'on en venait presque à se demander si les spectateurs n'allaient pas le voir plutôt pour prendre part au phénomène planétaire de son succès, se sentir membres de l'humaine communauté au regard unanimement dardé vers les mêmes images, pour faire eux-mêmes partie de l'événement, que pour la qualité du spectacle.

On ne savait plus si c'était l'œuvre ou son triomphe qui valait un tel engouement : on prenait son billet, on s'enfonçait dans une salle noire, avec ou sans petite amie, on prenait place parmi les rangées de fauteuils bondées afin de contempler le spectacle du spectacle – comme si c'était le public tout entier qui comptait au nombre des figurants de la superproduction retraçant le plus célèbre de tous les naufrages, du moins depuis *L'Odyssée*, celui du paquebot gigantesque, le plus grand de tous les temps (au foisonnement des superlatifs attachés au fameux navire devaient faire écho ceux qualifiant le film) qui, à peine sorti des chantiers de Belfast, avait été lancé pour son inauguration dans une glorieuse croisière transatlantique à l'occasion de laquelle il transportait aussi bien, sur les ponts supérieurs, de riches plaisanciers cosmopolites, des aristocrates en goguette pour qui prendre part à ce mémorable voyage était une attraction mondaine du premier chic, à peu près équivalente au grand prix annuel couru sur un prestigieux hippodrome ou à quelque garden-party donnée chez une princesse en vue (les salles à manger, de bal, de jeux, les coursives et les escaliers tapissés de boiseries, les plateformes couvertes de chaises longues et bordées de balustrades sur quoi se pencher pour regarder la mer, les cabines garnies comme des suites de grand hôtel où ils séjournaient faisant pour eux du paquebot un palace ambulant), que, aux étages inférieurs, à l'avant, à l'arrière et dans le ventre du bâtiment, au-dessus des soutes à charbon et des salles des machines, coincés sur des couchettes dans des dortoirs collectifs ou entassés dans des compartiments exigus, de pauvres hères de tous les pays candidats à l'exil, prétendants ordinaires à l'Amérique, beaucoup d'Irlandais, *travellers* et paysans, autrement dit le plus exact contrepoint possible à la bonne société qui se dandinait quelques planchers plus haut, cette composition sociale tout en contrastes, ce monde en miniature comprimé dans l'espace des presque trois cents mètres de longueur que mesurait le bateau offrant tous les éléments classiques utiles pour scénariser un mélodrame convenu où l'amour fait fi des classes et des castes, transcende les milieux et leurs préjugés, et passe d'un pont à l'autre selon les lois du désir et non celles des bienséances, la fille de bonne famille un peu rebelle, étouffée par les conventions, s'encanaillant auprès du beau gosse du peuple un peu artiste, tous les deux dansant aux sons furieux de l'accordéon et de la cornemuse plutôt que sur les airs guindés des valses protocolaires jouées par l'orchestre dans le salon de réception, et ne se quittant plus jusqu'à ce que (le 14 avril 1912 à 23 h 40 par 41° 46' N et 50° 14' O, une latitude proche de celle de Bordeaux, à environ sept cents kilomètres au large de Terre-Neuve) le paquebot percé par un iceberg devenu, du simple fait de sa présence sur la route du *Titanic*, aussi célèbre que les hauts sommets de l'Himalaya, s'en aille par le fond et que le bohème échevelé se sacrifie pour sauver la pauvre petite fille riche en la hissant sur un radeau de fortune, une planche de bois ouvragée, arrachée au luxueux mobilier du navire (un paravent ? une porte ?), à laquelle elle s'accroche tandis que lui, transi dans l'eau glacée, se laisse envahir peu à peu par la mort montée des abysses. À la fin il a les lèvres bleues, les cheveux pétrifiés par le givre qui lui fait d'étranges dreadlocks de cristal, il disparaît lentement englouti par les flots sombres, il s'en va rejoindre les profondeurs originelles, les limbes de la mémoire, les gens de sa classe voués à la disparition dans l'anonymat.

Il n'en avait pas fallu plus pour faire de cette dramaturgie cousue de fil blanc, avec son enrobage kitsch, sa meringue sentimentale et ses grandes orgues, ses violons lacrymaux et ses seconds rôles déchirants, son faux suspense et ses effets spéciaux grandiloquents, le nouveau mètre-étalon du film catastrophe. Sans doute en était-il rendu d'autant plus exemplaire, et touchait-il plus directement le public, que la tragédie qu'il racontait – peut-être surtout parce qu'elle avait eu lieu en 1912, deux ans avant le déclenchement du grand désastre planétaire dont elle avait été perçue, après coup, comme une préfiguration inconsciente, signe avant-coureur de la destruction d'une civilisation tout entière, de ses certitudes, de son ordre et de ses croyances, galop d'essai dérisoire, grandiose et atroce, montrant que le progrès ne protégeait pas de la catastrophe mais qu'il pouvait en devenir le principal déclencheur, que les prodiges techniques auxquels il donnait jour produisaient en même temps la possibilité de l'accident –, que cette tragédie donc s'était affirmée à travers les décennies comme une sorte de fiction paradigmatique, la métaphore de tout effondrement, si bien que dans les périodes de danger, de détresse et de frayeur, lorsque l'obsession de la fin des temps, le spectre de l'annihilation devenaient le principal ferment de l'imaginaire collectif, on convoquait presque immanquablement l'image totémique du paquebot pour dire en résumé un monde qui sombre et menace de disparaître.

Quand le film était sorti, il tombait à pic si l'on peut dire : il était le contemporain de peurs nouvelles encore, éparses et mal formulées, qui commençaient alors seulement à se diffuser, à se répandre au sein de populations qui entrevoyaient à peine que, sur la toile, c'étaient les prémices prémonitoires de leur angoisse qui prenaient forme, c'était une version abrégée de leur futur qu'on projetait en représentant la revanche des éléments sur une société qui les a méprisés, en montrant les représailles violentes, impitoyables de la nature oubliée, niée par la marche frénétique de la civilisation, à l'instar de l'iceberg fatal négligé par un plan de navigation enivré de sa propre puissance, obnubilé par le souci de sa vitesse, obsédé par l'unique objectif de pousser toujours plus le navire sans tenir le moindre compte de l'espace où il évolue, de la mer considérée dès lors comme une pure surface domestiquée, utilitaire, dont la (pourtant) proverbiale hostilité, l'antique réputation de grande adversaire intime de l'homme ballotté au gré de ses caprices, soumis à ses tempêtes, à ses rages et ses représailles, aux déchaînements de sa violence aveugle et à la fourberie de ses courants, de ses vents imprévisibles qui jettent les marins dans l'errance, avaient été omis, effacés au profit de la seule prouesse machinique. Et la grosse fable cinématographique balourde rencontrait (accompagnait) ainsi les hantises qui s'insinuaient dans les consciences : l'idée que l'humanité éperdument lancée à la poursuite aveugle de son bonheur était insensible aux destinées de l'arche où elle vit, lesquelles se retourneraient nécessairement contre elle, et que, bientôt, pareille au paquebot propulsé à tombeau ouvert à travers l'océan, lorsqu'elle verrait se profiler le péril, l'obstacle dressé droit devant, il serait trop tard pour virer de bord, changer de direction n'empêcherait pas la collision, la catastrophe serait déjà engagée.

Nous en étions là désormais, pensait l'agent immobilier isolé dans l'habitacle de son 4×4 en regardant défiler le ruban d'asphalte devant ses roues et, autour de lui, les montagnes bleutées, leurs cimes enneigées qui rosissaient dans la lumière déclinante, et se remémorant encore l'image du bateau fracassant sa coque contre le monticule de glace qu'il échoue à éviter, puis stagnant longuement enfoncé dans la nuit, la proue basculée dans l'océan, n'attendant plus que l'inéluctable engloutissement, avec des gens affolés en pagaille qui continuent de courir et de tomber le long de l'immense carcasse inclinée, mus par, comme on dit, l'énergie du désespoir, arrachant dans la salle noire, parmi les spectateurs, des cris de terreur (on se cachait les yeux derrière les mains, on se tortillait sur son siège, on soupirait d'empathie en admirant l'ampleur du désastre) bien que, à ce dont se souvenait l'agent immobilier, à ce moment-ci du film on vît avec un peu trop d'évidence la gigantesque maquette construite en studio se superposer au prétendu vaisseau accidenté, l'inertie grossière du décor écraser les mouvements de foule, et que la catastrophe colossale prît fâcheusement l'aspect d'une apocalypse en kit.

Et encore ceci : tout ce trépidant spectacle montrait que, même à la dernière extrémité du danger, lorsque sévit la panique la plus aiguë, celle qui prélude à une mort certaine et coïncide avec l'irruption dans les esprits de la conscience de leur fin prochaine, à l'heure où l'on pourrait penser que ne subsiste plus en nous qu'un pur instinct de survie bestial qui envahit le corps, en prend possession et le soumet à son impérieuse étreinte, réduisant indifféremment toutes les créatures humaines à leur piètre vanité d'êtres mortels (comme si la catastrophe unanime abolissait les privilèges et accouchait spontanément d'une société sans classe), en fait il n'existe pas d'égalité devant la mort, les privilèges subsistent jusqu'au bout, les automatismes sociaux ne sont pas moins enracinés dans les corps que les réflexes animaux, et à la fin ce sont les riches qui montent sur les canots de sauvetage et les radeaux improvisés après avoir soudoyé l'équipage, les troisième classe restent enfermés à leurs étages inférieurs transformés en souricières, englués dans leur rang jusqu'à l'instant où l'eau leur emplit les poumons, le pauvre meurt et la grande bourgeoise survit avec, au fond de sa poche où l'a glissé son richissime et détestable prétendant éconduit à qui elle a (non sans avoir quelque peu tergiversé) préféré l'artiste sans le sou (décidément ce scénario, pensa l'agent immobilier, quel ramassis d'invraisemblances et de clichés), un diamant bleu (une fortune intégrale en pierre précieuse) qu'elle se paiera le luxe, dans la scène finale, de balancer à la baille une fois revenue (par hélicoptère) sur les lieux du naufrage en vieille dame espiègle et digne, quatre-vingts ans et des poussières plus tard, à l'autre bout du siècle, comme pour signifier au spectateur éploré que le temps n'a pas effacé le rêve qui jadis a traversé sa vie, que la fortune compte moins que les sentiments, enfin ce type d'âneries romantiques attardées à quoi le cinéaste, pour sa part, aussi virtuose fût-il lorsqu'il s'était agi de faire profession de les mettre en scène, ne paraissait toutefois pas croire des masses, lui qui, à présent, avait volontiers cédé aux peurs qu'il avait naguère illustrées, qui souscrivait aux fantasmes apocalyptiques avec lesquels son film avait joué, dont il avait donné une vision exemplaire, quasi canonique, et, surtout, qui se refusait d'avance à partager le sort des poignants engloutis, des artistes fauchés et de leurs camarades de soute et d'indigence, des émigrants qui ne verraient jamais le bout de leur périple, de la foule des misérables qui seraient emportés avec le navire, de tous ceux que la catastrophe entraînerait avec elle parce qu'ils n'avaient pas les moyens nécessaires pour s'en tirer, pour s'acheter une place sur les rafiots salvateurs, pour se trouver un refuge au milieu du désastre.

Le cinéaste ne voulait pas ressembler à son héros qui finit par crever dans l'océan glacial en faisant s'étrangler de sanglots le public planétaire. Si le chaos devait venir, il l'accueillerait comme quelqu'un qui l'avait vu venir de loin et s'y était préparé ; qui, pour leur avoir un jour donné forme, a déjà fait le tour des calamités, connaît l'apocalypse comme sa poche ; et tandis que partout ailleurs, sur tous les continents, les villes sursaturées seraient devenues des champs de bataille pour les guerres civiles en cours, que la fumée ininterrompue d'entrepôts en flammes noircirait les cieux au-dessus des anciens faubourgs des mégalopoles, que des colonnes de réfugiés encombreraient les routes en redoublant le bandeau de bitume par de longues lanières de corps, de bagages et de véhicules enchevêtrés, que les lits des cours d'eau asséchés seraient changés en décharges où s'entasseraient à ciel ouvert les déchets d'une civilisation expirante, asphyxiée sous les monceaux d'ustensiles, de loques usées, d'emballages vides, d'appareils obsolètes ou de camelote surnuméraire qu'elle avait elle-même produits jusqu'à en être submergée, que des campements sauvages, souvent dressés en lisière de ces mêmes décharges avec lesquelles leurs franges se confondraient (si bien que l'on ne saurait plus par endroits distinguer entre les empilements d'ordures formant tout un relief quasi urbain de tertres hauts comme des immeubles et de méandres aléatoires, tracés par des années d'accumulation anarchique, et les dédales spontanés aux venelles incertaines, surgies comme l'effet d'une poussée horizontale incontrôlable, agglomérat précaire, fortuit et irrépressible constitué de baraquements en planches et en tôles, de cabanes bricolées avec les matériaux trouvés parmi les détritus alentour, de tentes jetées en hâte pour une nuit et restées sédentaires, occupé par des femmes et des hommes entassés dans l'attente de partir voir ailleurs, de trouver un chemin à prendre, et qui, à défaut d'un endroit où aller, demeurent là, indéfiniment), croîtraient jusqu'à devenir de véritables cités organiques à l'agencement non planifié, tandis que la moindre nappe phréatique enfouie sous des dizaines, des centaines de mètres de roche, de sédiments ou de sable ferait l'objet d'une intense convoitise, que chaque pluie serait devenue une manne, que les corps assoiffés rôderaient à travers des terrains vagues au sol rêche, encroûté, fissuré de lézardes, en respirant à grand-peine l'air brûlant où l'on verrait voleter des sacs en plastique déchirés comme d'étranges membranes translucides, des méduses de synthèse gonflant leur ventre gélatineux et flottant au vent, tandis que toutes ces images défileraient dans sa tête, empliraient son esprit en même temps qu'avec délectation il jouerait à les en chasser, à s'en dégager l'âme, le cinéaste replié dans la villa sécurisée qu'il avait acquise sur l'île du Nord contemplerait l'océan (cet océan qu'il avait tant exploré et mis en scène, jusqu'à mettre en scène parfois ses explorations mêmes) et les infinies modulations de ses humeurs, ses rouleaux qui montent et se cassent dans un lancinant fracas, ses placides étendues striées d'écume aux jours de faible brise, la volupté de ses chatoiements sous le soleil, d'autres fois la puissance de ses ondulations où sourdent d'immenses menaces qui, lorsqu'il y penserait, lui procureraient un frisson parcourant sa colonne vertébrale et, tout de suite après, la félicité douillette et légèrement coupable de se sentir prémuni contre tous les dangers.

Il boirait du café, du whisky, de l'eau finement pétillante extraite de sources vives jaillissant dans la montagne ; sur sa terrasse, affalé sur une chaise longue ou dans un rocking-chair, il lirait de vieux polars dont Hitchcock et Howard Hawks en leur temps, dans un autre siècle, un autre monde, avaient tiré des films noirs. Il descendrait l'après-midi dans la salle de projection souterraine que, par coquetterie d'auteur, il aurait fait bâtir aux dimensions et sur le modèle de celle où Fritz Lang, Michel Piccoli et Jack Palance dissertent sur le cinéma dans *Le Mépris* (il aurait même fait placarder au mur l'affiche originale du film en grand format, celle de 1963 qui ressemble à la couverture d'un livre de poche (à la couverture de la version française de *Lolita* de Nabokov par exemple, où d'un semblable fond vert bouteille se détache le visage blond de la nymphette) et sur laquelle on voit, peints à grands traits bien appuyés et en couleurs acidulées, la célèbre crinière de Brigitte Bardot (la choucroute détachée) tomber en cascade d'un côté au-dessus de son épaule, ondoyer le long de toute la partie gauche de l'image, ses lèvres rouge éclatant entrouvertes, ses yeux qui fixent intensément le spectateur comme afin de l'aguicher, de l'inciter à devenir le voyeur qu'il aspire à être ou de le prendre à témoin d'on ne sait quelle détresse mystérieuse, et sa poitrine provocante qu'elle cache autant qu'elle la met en valeur sous un tissu (une serviette éponge ?) que son bras replié tient serré contre elle, d'un rose (ce tissu moelleux) à peine plus pâle que celui qui lui monte aux joues) : là, dans ce petit temple personnel où, sous prétexte de célébration d'une œuvre admirée, l'hommage rendu au culte cinématographique en quoi lui-même s'était illustré viserait surtout à flatter sa propre personne en se plaçant, soi, sur le même plan que ce qu'il honorerait, le cinéaste passerait son temps à visionner les uns après les autres des films catastrophe mettant en scène les mêmes fléaux qui sévissaient au-dehors, en légèrement pire.

Qui sait, peut-être aurait-il fait installer dans un coin (à côté de Bardot, par exemple) un distributeur de pop-corn et les yeux fixés sur l'écran, vautré dans un fauteuil en cuir, un plaid écossais remonté jusqu'au menton, piocherait-il dans un étui en carton les grains de maïs éclatés qu'il se jetterait sous le palais ? Nul ne se trouverait dérangé par le bruit de sa main fouillant le pot, ni par les craquements et roulements de la mastication.

Son terrier solitaire lui offrirait tout le loisir de s'étirer en poussant de longs soupirs d'aise, de bâiller, de s'exclamer, de frémir quand apparaîtrait soudain dans un coin de l'image le monstre redouté, d'encourager les personnages acculés à la fuite devant de terribles dangers, de pleurer leur mort, les retrouvailles entre un père et sa fille éloignés par quelque volonté malveillante, quelque calamité impromptue, ou l'ultime baiser de deux amants que le destin sépare.

Sur sa rétine se multiplieraient tremblements de terre, crashs aériens, incendies gigantesques, explosions nucléaires, invasions extraterrestres, épidémies galopantes, pluies de météorites, brusques variations climatiques responsables de sécheresses, d'inondations, de glaciations, famines et migrations anarchiques de peuples en loques, luttes cannibales pour une survie désespérée, déferlements zombies, tout ce vortex d'images superposées, entremêlées, s'enroulant autour de lui pour tisser un cocon protecteur au sein duquel il se sentirait choyé, comme si vivre niché au creux des fictions du désastre permettait de s'en préserver, comme si le meilleur moyen de les tenir à distance était encore d'en être le plus proche et de s'user les yeux à les regarder jusqu'à ressortir de son abri, après deux ou trois films d'affilée, quatre parfois, avec les paupières brûlantes et sa vieille cornée qui jadis avait vu, au bout de son poing victorieux, l'éclat chaud des sunlights scintiller sur les épaules des statuettes dorées matérialisant les *awards* dont on avait récompensé son œuvre, déjà fatiguée (sa cornée) par des décennies d'exposition intense à la lumière des écrans, des projecteurs, des caméras, sèche et ensablée, parcourue par une légère démangeaison (pas même une démangeaison : une gêne, une crispation plutôt qu'une douleur), sur quoi le cinéaste émérite doublé d'un cinéphile repu, rassasié de spectacle et encore tressaillant du *délice d'avoir eu peur*, en remontant de son home cinéma irait comme toujours, dans cet ordre, pisser, se laver les mains, s'humecter les yeux et se gratter la barbe au-dessus du lavabo de sa salle de bains, en inspectant son reflet dans le miroir. Puis il sortirait sur la terrasse, une vaste plateforme en kaori accrochée au premier étage de la villa, courant sur la moitié de son pourtour et donnant, d'un côté, sur un ondoyant horizon de collines couvertes de landes, de l'autre sur une baie de dessin d'enfant au tracé formant une courbe parfaitement régulière, bordée d'une plage de sable en croissant de lune en face de laquelle le cinéaste se posterait, les coudes appuyés sur le parapet, les mains jointes sous le menton, sa haute silhouette légèrement cassée vers l'arrière, son visage émacié détonnant avec son ventre proéminent (pas gros : simplement rebondi et circonscrit à la ceinture abdominale, comme si à sa longue carcasse efflanquée l'on avait ajouté sur le devant un appendice artificiel doué d'une sorte de morphologie autonome) bombant un vieux sweat à capuche informe, floqué du nom d'une université américaine. Une brise fraîche et iodée qui remonterait de l'océan l'accueillerait, viendrait lui caresser doucement le front et parfumer les premières lueurs feutrées de la nuit tombante, propageant la même pellicule vaporeuse de pastels gris progressivement répandue sur les choses et qui en estompe les teintes, en dilue les formes, les mêmes variations mates, cendreuses, d'un beau noir et blanc tout en nuances dignes d'un classique hollywoodien, s'insinuant entre des nuages lourds, dont à l'autre bout du pays, plus d'un millier de kilomètres au sud, l'agent immobilier, à travers son pare-brise, voyait lui aussi le ciel se parer maintenant, alors qu'il parcourait les derniers hectomètres le conduisant jusqu'à chez lui et qu'après un virage serré à droite, il freinait brusquement, ouvrait sa portière et descendait vite fait attraper dans sa boîte aux lettres son courrier réduit à quelques prospectus, puis engageait son 4×4 dans la rampe menant à son pavillon juché au sommet d'une butte, parmi des maisons similaires situées à bonne distance les unes des autres (la place n'est pas ce qui manque dans ces contrées), chacune également perchée sur son talus, en une espèce de lotissement suburbain où les périmètres de voisinage auraient été distendus à la mesure de l'espace disponible alentour.

Lorsqu'il eut coupé le moteur, pendant quelques instants il resta assis au volant. Il soupira, ferma les yeux en repensant à cette journée étrange où il s'était contenté de faire son travail, déroulant ses tâches selon ses habitudes, s'appliquant à les réciter exactement, sans déroger à la moindre, pour ne pas se laisser impressionner, submerger par les circonstances exceptionnelles dues à l'identité du client et à la somme des honoraires en jeu, et qui (cette journée) marquait peut-être pour lui, pour eux (sa femme qui l'attendait à l'intérieur, allongée les jambes repliées sous elle sur le canapé bon marché devant la télé trop petite, ses enfants qui jouaient dans leur chambre à une espèce de similirugby lilliputien braillard où un carré de moquette suffit à faire un terrain sur quoi se chamailler pour un ballon ovale à peine gros comme le poing), le début d'une vie nouvelle (peut-être pas *toute* une vie nouvelle, mais une nouvelle partie de sa vie), plus opulente, pensait-il en laissant son véhicule devant la porte du garage dont il se dit qu'il pourrait à l'avenir la faire changer pour une automatique.

Puis, en contournant la maison et, dans le crépuscule qui montait, avisant le jardin assombri, l'étendue de pelouse assez mal entretenue où il ne passait la tondeuse qu'en dernière extrémité, lorsque cela s'imposait, que sa femme râlait à cause du fouillis végétal qui envahissait la vue et que les enfants s'y enfonçaient jusqu'à presque disparaître lorsqu'ils plongeaient pour effectuer un plaquage, il songea qu'il pourrait y faire creuser une piscine avec une belle terrasse en dalles lisses et blanches faciles à nettoyer, de robustes chaises longues en bois où siroter en peignoir un whisky aux fortes saveurs de tourbe importé de cette Écosse, de l'autre côté du monde, d'où provenait également le nom qu'il portait – “comme le peintre ?” lui avait demandé au téléphone le factotum du libertarien et peut-être, s'il n'avait en effet porté le même nom que lui, l'agent immobilier n'aurait-il jamais entendu parler de ce fameux Pollock, son homonyme américain dont les œuvres s'échangeaient à des prix vertigineux à côté de quoi quelques morceaux de Nouvelle-Zélande paraissaient une bagatelle, ainsi qu'il avait pu le constater sur Internet où il lui suffisait de taper son propre nom pour tomber tout de suite non pas sur les annonces fraîchement mises en ligne du site de son agence, mais sur les fameuses toiles abstraites aux couleurs brutales, aux éclaboussures et aux arabesques entremêlées, aux coulures, taches et projections bariolées qui caractérisaient la manière du Maître. L'agent immobilier confessait volontiers qu'il n'y connaissait rien : toujours est-il qu'il ne trouvait pas ça bien joli, lui, ce que faisait cet hypothétique cousin qui partageait ses lointaines origines scottishs ; eût-il eu quelque grand mur à décorer et assez de sous à sa disposition (quelques dizaines de millions de dollars au bas mot, tout de même) qu'il n'aurait sans doute pas choisi l'un de ses tableaux pour l'y accrocher.

Au téléphone il avait acquiescé, Pollock comme le peintre, c'est ça, mais s'il en avait jamais eu vent, il aurait pu dire plus vraisemblablement comme un certain Thomas Pollock qui figurait parmi la liste de cent soixante passagers embarqués de Port Glasgow, fin octobre 1839, à bord du *Bengal Merchant*, un navire de la Compagnie des Indes orientales sorti des chantiers de Calcutta ayant d'abord sillonné l'océan Indien, mouillé à l'île Maurice, à Madras, jusqu'au Cap, avant d'être vendu à Londres à un armateur spécialisé dans le convoiement de pionniers (malfrats, proscrits et paumés) vers les possessions britanniques australes, et qui, comme le stipulait fièrement l'affichette publicitaire placardée sur les docks de la Clyde, transportait la toute première colonie d'Écossais à destination de la Nouvelle-Zélande, plusieurs familles avec des enfants, de rares femmes seules accompagnant pour la plupart les précédents en qualité de servante ou de nourrice et pour qui – précisait encore l'affiche beigeasse à l'encre un peu baveuse et au papier sale bouffi par les embruns, illustrée d'un trois-mâts racé aux voiles gonflées et à la coque cernée de tourbillons écumants, collée à l'entrée des pubs, des bureaux d'enregistrement et des cahutes de la criée – le voyage était gratuit, et puis des hommes célibataires et quelques jeunes couples, parmi lesquels ce Pollock de vingt et un ans et sa femme de vingt qui arrivaient sans doute de la rase campagne, moins aventuriers que ploucs égarés, chassés comme nombre de leurs semblables par les routes au moment du "grand nettoyage", ainsi que l'on avait appelé la vague d'expropriation opérée par les seigneurs sur leurs propres domaines, qui vida les villages et transforma en quelques décennies, partout dans le pays, depuis le mur d'Hadrien jusqu'au fin fond des Highlands, les terres communales jadis laissées à l'usage des paysans, et où ceux-là cultivaient traditionnellement les diverses plantes et racines, gardaient les bêtes et les volailles qui leur donnaient de quoi se nourrir et vendre le reste sur les marchés du coin, en parcelles ceinturées de murs de pierre noire, propriétés encloses désormais administrées par une main unique, où l'on mettait à paître des moutons introduits par troupeaux entiers qui pullulaient, envahissaient uniformément le paysage (les champs se couvraient de nappes floconneuses, les vallées fourmillaient de ces parasites broutards se répandant comme une vermine blanche, un eczéma de la lande, les collines moutonnaient), et dont la tonte fournirait la laine qu'un courtier s'en irait écouler par ballots dans les nouvelles fabriques textiles qui florissaient dans les faubourgs des villes ou s'implantaient au milieu de rien, dans la campagne, au bord d'une rivière ; et à côté des ateliers bientôt jaillissait une cité bâtie sur commande pour accueillir la main-d'œuvre, recueillir les dépossédés jetés hors de chez eux, privés de leurs lopins, qui venaient se proposer aux filatures : on les enrôlait, on leur attribuait un logement, et comme dans un vestiaire attenant à l'usine où l'on changerait d'habits moins par souci de commodité qu'afin de marquer la séparation entre deux mondes, les paysans se changeaient en ouvriers.

Ceux qui refusaient ces aléas de la première révolution industrielle pouvaient toujours aller forcer leur maigre chance sous d'autres cieux. En songeant à ses ancêtres qui avaient fait ce voyage, l'agent immobilier s'était parfois demandé ce qui avait présidé à leurs desseins, quelle part de rêve ou de nécessité faisait qu'on élisait pour horizon d'une traversée le nom lointain d'un port inconnu plutôt que tel autre. Quelle mouche les avait donc piqués, pour préférer les antipodes à l'Amérique ? Avaient-ils vraiment eu le choix, que leur avait-on fait miroiter, que pensaient-ils trouver par-delà les océans ? Étaient-ils simplement montés dans le premier bateau en partance ? Celui dont le ticket d'embarquement était le moins cher ? Ou bien l'idée de faire partie d'un convoi de pionniers les avait-elle emportés ? Le gouvernement avait-il favorisé ces colons écossais qui iraient représenter leur peuple, essaimer à l'envers de la planète ?

Il était en réalité peu probable que l'agent immobilier fût un descendant direct du couple Pollock débarqué à Wellington dans les premiers jours de 1840, mais ses propres aïeux, selon toute vraisemblance, avaient suivi un chemin similaire, eux aussi fuyant la grande enclosure et, plutôt que de s'embaucher dans les manufactures lainières, partant sur les mers à la recherche d'une vie meilleure pour aboutir finalement, au terme de leur périple, après des mois de houles et d'escales puis de cahots sur des routes mauvaises, à un bout de côte escarpée où ils se retrouvèrent peut-être à leur tour à garder les moutons tant honnis, inaugurant plusieurs générations de fermiers jusqu'au grand-père de l'agent immobilier dont il avait connu la ferme où il allait enfant, à quelques encablures de la maison dont à présent les fenêtres brillaient dans la pénombre rampante, leur cadre comme des trouées régulières s'ouvrant sur l'intérieur domestique (son univers de lumière jaune électrique laissant irradier chaque chose, les plafonds et les papiers peints, les objets de décoration posés sur leurs étagères), l'invitant à entrer rejoindre les siens qui étaient là-dedans, bien au chaud.

Tout un bord de la propriété se perdait dans l'obscurité, la limite du terrain n'en était pas marquée, et Pollock se dit qu'il pourrait y faire aménager une belle haie touffue et bien taillée, qui filerait droit sur toute la longueur et matérialiserait le tracé de son bien ; il ferait venir toutes les semaines un jardinier pour s'occuper de l'entretien. Auprès de la maison, sur le terre-plein semé de pelouse fraîche, il ferait installer en haut d'un mât une girouette en forme d'oiseau, avec des tiges disposées en croix au bout desquelles quatre lettres de fonte indiqueraient les points cardinaux, et avec un drapeau qu'on hisserait le dimanche et qui battrait dans le vent ses couleurs flamboyantes pour faire plaisir aux gosses, et au gosse que lui aussi était resté après tout. Et même, pensait-il en arrivant devant la porte, en posant sa main sur la poignée, pour peu qu'un ou deux autres hurluberlus de la même espèce que le libertarien (d'autres libertariens convaincus par les mêmes idées et animés par les mêmes peurs) fassent appel à ses services et viennent bientôt chercher refuge dans les parages, il pourrait changer de maison, ou alors garder celle-ci mais acquérir en sus un cottage quelque part, pas sur le front de mer, car avec la montée des eaux qui s'annonçait il risquerait d'ici quelques années de se trouver englouti, plutôt au bord d'un lac, par exemple, pourquoi pas, tant que tout n'avait pas encore été cédé à de riches investisseurs étrangers.

4

Défouloir

À minuit dix, le taulier demanda aux deux légionnaires du Deuxième Régiment étranger d'infanterie qui s'arsouillaient à son comptoir depuis le milieu de la soirée – après qu'ils avaient débuté celle-ci, et déjà passablement picolé, au mess du Centre d'entraînement aux actions en zone urbaine qui occupait une petite maison située au cœur du village, à quelques pas du bar-tabac, et où une petite réception (on leur avait dit : "un pot de départ") avait été donnée en l'honneur des soldats de passage pour marquer la fin de leur stage – de bien vouloir lever le camp. Pendant des heures, il les avait écoutés, non sans un certain plaisir, raconter leurs histoires d'outre-mer, leurs souvenirs de chambrées, de cuissages épicés et de manœuvres périlleuses en pays exotiques, il les avait laissés déballer leur gloriole à deux balles et leurs blagues lourdaudes, maintenant il bâillait, il ouvrait tôt demain, il en avait sa claque.

Igor réclama un dernier verre, juste un shot, de la vodka, que le patron lui refusa en rigolant, arguant qu'il avait bien assez bu comme ça, qu'il avait son compte comme on dit, à quoi Igor répliqua en ricanant qu'il en avait vu d'autres, sans insister plus que ça, demandant seulement, avec une politesse maladroite, exagérée, surjouée, comme on demanderait une faveur à quelqu'un d'un rang social plus élevé que soi dont on ne connaît pas les manières, s'il aurait l'amabilité de leur confier avant de tirer le rideau derrière eux deux canettes de bière fraîche, voire quatre, qu'ils iraient boire dehors dans la nuit en lui foutant la paix ; à quoi, en haussant les épaules et toujours avec une sorte de sourire au coin des lèvres, le patron céda, et il leur tendit les bouteilles piochées dans le frigo, réunies dans ses deux grosses mains au-dessus du comptoir, en grognant tout en leur montrant d'un coup de menton définitif la porte que les légionnaires franchirent dans le désordre, peinant à l'ouvrir, se prenant un pied dans le battant et la refermant derrière eux avec fracas en faisant tinter la cloche, avant non pas de s'éloigner, mais de faire quelques pas dans la rue déserte, puis de déposer leur viande saoule sur des marches au pied d'une maison, les genoux écartés, leurs canettes plantées dans le trottoir entre leurs rangers, tous les deux enveloppés dans un sabir confus de jurons, d'amour et de reniflements entrecoupé de rots sonores qui peu à peu s'échauffait, leurs voix se déployant, montant le long des maisons, leurs éclats de rire retentissant de plus en plus fort dans la nuit. Une blague incompréhensible de Malo fit Igor recracher d'un jet la gorgée de Heineken qu'il venait d'enfourner, ce dont il se vengea en assénant à son camarade un coup de coude assorti de quelques insultes cyrilliques que Malo, s'esclaffant de plus belle, fit semblant de comprendre (à moins qu'il n'eût réellement l'impression de les comprendre, tant les sonorités lui en étaient devenues familières à force d'entendre Igor les éructer à tout bout de champ) ; puis ils entrechoquèrent le cul de leurs bouteilles, plantèrent de concert le goulot dans leurs gueules renversées, déglutirent en rasades et reprirent leur conversation décousue, le sabir et la joie bruyante auxquels s'ajoutèrent bientôt les premiers mots d'un chant que la Légion leur avait appris, qui n'était pas l'hymne de leur régiment mais d'un autre, un truc de paras qu'on se refilait selon l'humeur pour varier les plaisirs mélodiques, changer de la vieille scie *Anne-Marie* assignée au deuxième d'infanterie dont l'air tarabiscoté et les paroles en allemand prêtaient peu à l'effusion collective, contrairement à cette *Marche vers le front* facile à mémoriser et à faire tonner en bon français *Nous somm-euh les homm' des troupes d'assaut*, qui se chante en butant net sur les finales *Soldats de la vieill-euh légion*, on ne tient pas la note, on la retient, on se met la voix au garde-à-vous *Demain brandissant nos drapeaux*, on casse dessus bien viril et martial *En vainqueurs nous défilerons* y compris sur *Nous n'avons pas seulement des arm-euh* où le euh est raboté, coupé sec, le tout expulsé d'un souffle rauque venu du fond du poitrail *Mais le diable marche avec nous*, enflé comme si chaque soldat particulier imitait une foule entière, faisait entendre la Légion fervente qu'il porte en lui autant qu'il lui appartient, *Ha, ha, ha, ha, ha, ha, ha*, et Malo beuglait, et Igor en chœur, ils entonnaient encore la ritournelle belliqueuse, et la biture de plus en plus sévère qui les enfiévrait leur faisait peu à peu hausser le ton, jusqu'à bientôt s'en faire péter les tympans et qu'au-dessus d'eux des volets s'ouvrissent brusquement, en claquant contre le mur, un homme excédé passant la tête par la fenêtre pour leur demander de chanter moins fort et d'aller chanter plus loin, à quoi les légionnaires répliquèrent par un éclat de rire et un doigt d'honneur avant, une fois que la fenêtre se fût refermée, de reprendre leur couplet à pleins poumons, *Nous n'avons pas seulement des arm-euh, Mais le diable marche avec nous*, auquel un chien répondit au loin d'un aboiement clair, aigu.

Dans la maison, derrière eux, ils entendirent une volée de coups sourds, en quoi aussitôt ils reconnurent le bruit de pas lourds qui descendent un escalier, suivis des jurons d'un homme qui fulmine. Ils étaient déjà debout. La porte n'avait pas encore fini de s'ouvrir que le poing de Malo volait à la rencontre du menton du riverain, lequel tomba à la renverse, son crâne rebondissant sur le carrelage de l'entrée de la maison où les deux légionnaires pénétrèrent en rigolant et l'entourèrent, le rouant de coups de pied dans les côtes, dans la gueule, déchaînés, alors que l'homme se recroquevillait sur lui-même en position fœtale, se protégeait la tête avec ses bras, d'abord poussant des cris de douleur, puis plus rien, inconscient peut-être, ou plus vraisemblablement résigné à attendre que la tempête qui déferlait sur lui se calmât, ce qui se produisit lorsqu'Igor rapidement en eut marre, tapa sur l'épaule de Malo et l'agrippa par l'uniforme afin de l'entraîner dans la rue (la scène en tout et pour tout n'avait pas duré plus d'une minute), et que les camarades, après avoir récupéré les canettes de bière qu'ils avaient laissées sur le trottoir, s'éloignèrent dans la rue vide, l'un d'entre eux shootant au passage, d'un coup de semelle, dans un rétroviseur comme pour mettre un point final à la défoulade – terminer le travail en beauté.

II

LE LIMBE DES PATRIARCHES

1

Samovar

— Après nous le mystère en sera renforcé. Nos mots seront les mêmes, leurs sons seuls auront changé. Nous marcherons encore sur les plaines calcinées, contemplerons la mer, écouterons aux portes, rassemblerons nos morts aux endroits consacrés. Nous nous protégerons du Mal que nous aurons cherché à redéfinir. Et puisque nous aurons finalement échoué à lui donner une signification nouvelle, nous espérerons encore la venue de ceux qui nous en délivreront. Nous balbutierons d'autres prières imbéciles, des mots vides de sens, faits pour le ressassement, dépourvus des croyances qui leur avaient été un jour attachées. Nous serons très semblables à nous-mêmes, très semblables à ce que nous sommes. Pourtant nous aurons renoncé, nous aurons appris à renoncer, à une part de ce qui nous constitue. À la charge des mémoires transmises, atrophiées à travers le temps. À l'idée d'une communauté générique qui nous reliait et nous entraînait ensemble vers un destin. À la lourde marche des filiations auxquelles rendre grâce, auxquelles s'arracher, celles qu'il faut haïr et commémorer. Au poids des noms et des familles qui pèsent sur nos épaules. Aux générations à prévoir et dont soigner la future arrivée. Aux ententes et aux discordes qui nous cramponnent à notre arche, à cette planète où nous nous serons mus, où nous aurons cessé de savoir nous mouvoir, que nous aurons parcourue, où nous serons désormais enfermés. À l'horizon illimité d'une histoire qui toujours reste à faire et à dire, à recommencer. Nous aurons appris à évoluer dans l'imminence de l'extinction que nous aurons provoquée. Nous aurons réaménagé le tout petit lopin d'espérance qu'il nous restera, le peu d'espoir vivant, comme aux premiers jours de l'Être une flamme infime dans son creuset de terre mise à l'abri du vent. Il ne reposera plus, cet espoir, dans l'avènement d'une vie meilleure ni dans l'accomplissement fantasmé de notre destinée manifeste. Mais dans la seule, pauvre et nue salvation de l'idée même de salut. Nous l'aurons fait porter sur les quelques-uns qui nous survivront, à charge pour eux d'entretenir la flamme, c'est-à-dire de préparer mieux que nous l'instant où elle s'éteindra. Nous n'en saurons pas beaucoup plus. Il n'y aura plus rien à recommencer, et nous attendrons la fin sans même savoir comment finir. Nous n'aurons pas élucidé les raisons de notre présence. Jusqu'à ce que la dernière goutte de sang soit tarie dans les artères de notre dernier mort, nous chercherons la rédemption, nous attendrons les rédempteurs, et nous créerons les conditions de notre disparition.

Le visage alors sortit de l'ombre, qui venait de se taire, et apparut à la vue de son interlocuteur, se découpant dans le faisceau de lumière dispensé par l'abat-jour de la lampe allumée à côté du fauteuil comme s'il y était – ce visage de femme aux traits tirés, au teint diaphane, au nez impeccablement droit dont nul n'avait jamais su dire s'il était le résultat d'une intervention chirurgicale précoce ou d'une prouesse génétique, avec sa coiffure au carré d'un blond vénitien parfaitement régulier – attendu et que l'éclairage eût été disposé de façon à préparer pour lui une sorte de halo sur mesure, un de ces moulages où la matière, or, bronze ou plâtre, vient prendre forme, consistance, et devenir statue, se disait en la regardant l'homme qui lui faisait face, assis dans un fauteuil en vis-à-vis, de l'autre côté d'une table basse sur laquelle végétait un attirail conventionnel de l'hospitalité mondaine, une corbeille de fruits intouchée, un plat de petits gâteaux intact, le sucrier et les tasses où le thé avait refroidi ; de l'ensemble montait une écœurante odeur suave que le directeur de cabinet du président s'efforçait d'ignorer.

Elle tendit sa main, de part en part scarifiée par une ligne d'anneaux d'or rehaussés de cailloux chatoyants, multicolores, et prolongée d'ongles rubis dont le plus effilé, celui qui pointait au bout de l'index, passa tel un crochet dans l'anse de sa tasse :

pendant qu'elle portait délicatement celle-ci vers sa bouche, le directeur de cabinet eut le temps de remarquer la trace de lipstick écarlate que ses dernières gorgées avaient laissée sur le rebond de porcelaine ; à peine en eut-elle touché le bord du bout des lèvres qu'elle reposa la tasse d'un air impassible et, toujours de la même main, fit signe en l'appelant "Igor, je vous prie ?" au majordome qui se trouvait au fond de la pièce, assis près de la porte, parfaitement droit et tellement immobile sur sa chaise, fondu entre les meubles et la tapisserie, que le directeur de cabinet avait oublié sa présence jusqu'à ce que l'ancien légionnaire répondît, en même temps qu'il se levait, "Tout de suite, Madame".

Elle lui désigna la table de son index, en décrivant un petit geste circulaire analogue à celui qu'aurait commis un consommateur réclamant une nouvelle tournée dans un bistrot, et cette soudaine attitude d'habituée des comptoirs paraissait, dans ce salon et de la part de Madame, aussi improbable, aussi incongrue qu'un propos graveleux à une table de négociation diplomatique ; pourtant – comme si des manières issues de sphères dissociées s'étaient brusquement télescopées, confondues, et que la dérisoire giration qu'elle venait de dessiner en l'air eût sauté d'un monde dans un autre – ce geste trahissait que la femme d'affaires avait (ou avait eu) ailleurs, quelque part, une existence qu'on lui ignorait, une vie différente de celle dont témoignaient ici les soieries, les tapis, les boiseries de la bibliothèque, une vie plus vaste, plus exotique que celle contenue dans les limites de ce salon, de ce château, et que la présidence de l'empire tripartite sur quoi elle régnait, en marge (à moins que ce ne fût en prolongement) de ses activités partagées (on disait : "diversifiées") entre les secteurs des médias, de l'armement et de l'immobilier, l'avait sans doute amenée à fréquenter des endroits, une faune qui ne se résumaient pas aux conseils d'administration ni aux dîners philanthropiques, aux réunions coincées entre costumes et tailleurs, aux visites d'antennes industrielles, de rédactions et de chantiers appartenant à son domaine, ni même aux rendez-vous discrets, aux entretiens privés tels que celui qu'ils étaient en train d'avoir.

“Vous prendrez un peu plus de thé, Courbevoie ?” demanda-t-elle d’un ton qui relevait moins de la question que de l’injonction, tandis qu’Igor déjà se penchait au-dessus de la table basse, rassemblait les tasses sur un plateau puis, avec l’assentiment du directeur de cabinet formulé d’un simple froncement des sourcils, se dirigeait vers une console, un peu à l’écart, sur laquelle s’élevait, au lieu d’un vase élançant sa gerbe de fleurs colorées ou de quelque précieuse statuette, un samovar ancien, imposant objet d’argent ciselé, mat et patiné qui ressemblait, avec ses poignets, ses soupapes, ses robinets et ses tuyaux, à une machinerie complexe d’usage mal défini, sorte de vestige d’une ère industrielle oubliée (et Courbevoie vit défiler dans sa tête des images de cheminées noires crachant des fumées épaisses sur fond de ciel crasseux, de tubulures hérissées autour de bâtiments résumés à des sarcophages de béton aux formes géométriques, de cohues ouvrières se dispersant dans la pénombre, le soir, vers des cités-dortoirs sinistres plantées le long d’avenues démesurées) tout droit rapporté de cette lointaine Russie, ou de l’un des pays satellites qui autrefois lui furent associés au sein de l’immense fédération soviétique, une de ces républiques au nom tarabiscoté issues du démantèlement de l’ancien bloc de l’Est et tombées depuis comme par accident entre les mains de dictateurs mafieux, où Courbevoie n’était pas sans savoir *Mais qui est-elle vraiment ?* que Madame avait (ou avait eu) des intérêts particuliers, et par intérêts il savait aussi qu’il ne fallait pas seulement entendre certains moyens plus ou moins avouables qui permettaient à sa fortune de s’étendre et de multiplier mais quelque chose d’autre – d’ordre, disons, plus intime, ou personnel, un engouement où des mobiles souterrains, obscurs, peut-être crapuleux, entraient autant que les investissements financiers. Les notes des services de renseignements faisaient état des séjours nombreux et prolongés qu’elle avait effectués dans ces contrées, de sa proximité avec une poignée d’oligarques qui datait de la période ayant immédiatement suivi l’effondrement de l’URSS, quand le monstre froid qui avait tenu la moitié du monde ployée entre ses griffes avait été, en l’espace de quelques années, dépecé, découpé en quartiers, que la privatisation forcée, accélérée des entreprises publiques avait pris la tournure d’une impitoyable braderie où (puisque, sous prétexte de renflouer les caisses d'un État menacé de banqueroute, il ne s'agissait en réalité pas tant de mettre en vente que d'effacer, pas tant de faire que l'État ruiné obtînt une juste rétribution en contrepartie de son patrimoine collectif que de disperser celui-ci et, au cours de l'opération, de transformer de manière presque magique (par la seule alchimie de leur transfert vers la propriété privée, du passage de la planification au marché) des biens communs usés, obsolètes, qui ne valaient plus rien, en promesses juteuses : de changer les scories d'un mécanisme délabré en capital flambant neuf) il n'était pas besoin d'être le plus offrant pour emporter un morceau mais le plus acharné, le plus prompt, le plus menaçant, le plus brutal dans sa volonté d'appropriation, et que Madame, comme irrésistiblement attirée par l'odeur de charogne que propageait ce grand équarrissage, y avait accouru pour servir de conseil, c'est-à-dire d'intermédiaire, entre des banques occidentales et divers aventuriers, anciens apparatchiks, prédateurs autorisés, parmi ceux qu'on avait appelés les "nouveaux Russes" parce qu'ils s'arrachaient, avec la caution du pouvoir officiel, des lambeaux des anciens monopoles d'État afin de s'arroger de nouvelles mainmises sur des pans entiers du pays. Nul n'avait compris, se souvenait Courbevoie, quel étrange instinct *Qui est-elle ?* l'avait poussée à aller se fourrer dans ce vortex de voracités et de curées anarchiques, de razzias légalisées exécutées par des cartels et de règlements de comptes afférents, au lieu d'assurer confortablement la présidence d'un groupe déjà tentaculaire et de gérer la fortune déjà colossale qu'elle avait héritée de son père, sinon peut-être le désir de prendre part à l'Histoire, autrement dit de vivre la fin d'un monde, d'y assister de près, d'y participer, de contribuer même, à sa manière, à hâter sa venue : toujours est-il (il le savait) qu'elle avait mis son grain de sel dans des querelles de pétrole, de gazoducs et de mines de cuivre, de transports en mer Noire et de parcs immobiliers sibériens, de compagnies de téléphone aux enchères et d'usines sidérurgiques en jachère ; qu'elle avait ainsi touché sa part de l'immense butin parti en pièces détachées, les dividendes du morcellement ; et quoiqu'on ne pût guère en mesurer la valeur, en retracer exactement la circulation ni comprendre ce que ces opérations de basse piraterie, aussi lucratives eussent-elles été, avaient pour elle de préférable à l'administration de son propre empire (ou, plus précisément, en quoi Madame avait pu considérer que ces territoires annexés par le banditisme certifié offraient une extension possible à son empire, un dépaysement désirable), on plaisantait volontiers – Courbevoie le savait, s'y adonnait lui-même à ses heures – sur son "tropisme russe" et ce qu'il supposait *Qui est-elle ?* de penchants pour les affaires sulfureuses mais aussi de goût pour les escapades exotiques, les intrigues d'espions reconvertis, voire les aventures sexuelles cachées. Il savait presque tout d'elle, et surtout qu'il y avait des choses qu'il valait mieux ne pas savoir.

Pendant tout le temps que dura le petit rituel qu'Igor, tel le desservant d'un culte énigmatique, accomplissait autour de l'espèce de totem oriental dont la panse de ferraille conservait au chaud le breuvage qui agrémentait les journées de Madame, elle garda le silence patiemment, et donnant le sentiment non de chercher ses pensées, encore moins d'avoir décidé de se taire, mais que sa parole demeurait provisoirement suspendue, en instance d'être à nouveau délivrée et de reprendre son cours, comme si ses idées étaient si bien ancrées en elle, déjà formées d'avance, qu'elle pouvait se permettre de les retenir indéfiniment, à volonté, sans en perdre une seule : elles seraient intactes quand elle recommencerait à s'épancher – lorsque, comme tout à l'heure, en se remettant à réciter, se retirerait dans l'ombre (il suffirait alors au corps de faire un simple mouvement en arrière, presque infime, pour se soustraire au nimbe dessiné par l'éclairage électrique et se renfoncer dans le fauteuil, et pour que de nouveau disparaisse à la vue du directeur de cabinet la bouche d'où sortaient les mots qu'il entendait) le visage qui désormais exposé à son regard, silencieux, rayonnait : on eût dit que c'était de sa peau que la lumière jaillissait, se diffusait autour de Madame ; qu'au lieu de recevoir la lumière son visage en était la source ; et Courbevoie était presque gêné de la présence impérieuse que celui-ci imposait, si bien que ses yeux chassaient sur le côté, cherchaient à s'accrocher aux objets présents autour de lui, au manège d'Igor, aux motifs de la tapisserie, puis, irrésistiblement, ils revenaient se fixer sur le masque nitescent de la femme d'affaires.

Au fil des années, on avait vu s'affaisser quelque peu la ligne de ses joues, des rides se marquer au front, au coin des yeux s'étirer des pattes-d'oie, le temps imprimer son œuvre sur la physionomie de la femme que son père, jadis, avait tôt désignée comme sa future continuatrice puis intronisée dans ses conseils d'administration, et que l'on avait alors vue paraître (elle qui, selon ce qu'en savait Courbevoie, avait passé avant cela l'essentiel de sa jeunesse dorée, insouciante comme on dit, parmi d'autres rejetons de sa caste à fricoter dans des rallyes et paresser sur des plages privées tout en franchissant excellemment les multiples étapes de ses études – tout lui était facile : les garçons et les concours, l'apprentissage du piano et les amitiés bien choisies –, jusqu'à ce qu'on l'envoie parfaire son éducation dans une célèbre université américaine comptant parmi celles qui composent la fameuse ligue de hautes écoles de la Côte Est d'où étaient émoulues presque toute la classe dirigeante des États-Unis et une partie non négligeable des élites internationales, et dont le seul nom accolé à celui d'un individu suffit à valider l'appartenance de ce dernier auxdites élites. Madame devait y constituer à l'époque une sorte d'attraction, une femme, française de surcroît, dans ces coteries à la fin des années soixante-dix, ce n'était probablement pas si courant, pensait Courbevoie qui l'imaginait courtisée par une ribambelle de soupirants aux mâchoires carrées, tous un verre de Martini dry à la main, dans des réceptions au bord de piscines du Connecticut, ou par des pseudo-hippies et futurs yuppies dont le plus séduisant, le plus entreprenant, avait peut-être su convaincre la petite Frenchie bien née de partir en sa compagnie le temps d'un road-trip à travers le pays, à bord d'une Mustang ou d'une Cadillac décapotable, et Madame, un foulard bariolé autour du cou qui claquait dans le vent, regardait la route défiler, les collines boisées, les grandes plaines, s'arrêtait marcher le long des lacs, des canyons, et faire l'amour dans des motels, pendant que lui, Courbevoie, qui avait quatre ans de moins qu'elle, au même moment passait sous le porche d'entrée gris de Sciences-Po en portant un cartable gris, un costume gris, des lunettes à la monture grise, s'appliquant à être le plus gris possible afin de satisfaire aux critères de recrutement de l'ENA dont il s'échinait à préparer le concours – quant à l'amour, il le faisait dans un deux-pièces du quatorzième arrondissement, de façon tout à fait conjugale –, espérant, une fois obtenu l'espèce de titre de noblesse républicaine, le sésame national que dispensait l'école, s'élever au-dessus de sa condition atavique de petit-bourgeois de province, tâter du pouvoir que confèrent les qualités de haut commis de l'État ou de dirigeant d'une grande entreprise et, sans prétendre pour autant être leur égal, approcher au plus près des personnes telles que l'héritière nonchalante, évoluer dans le même monde qu'elles) dans ce monde à la fois réservé et intermédiaire qui est celui des plus hautes responsabilités d'affaires, et qui excède le domaine propre des raisons économiques pour mordre autant sur celui des médias que sur celui de la politique – médias, politique et industrie formant une triade indissociable, les pôles coordonnés d'une même puissance, une sphère commune d'influences et de relations dont il convient de ne négliger aucune des composantes –, Madame semblant s'y mouvoir à son aise, y apporter même sa petite touche personnelle (une subtile intransigeance, laquelle s'exprimait par le flegme diaphane qu'affichait son faciès toujours impeccablement fardé, minutieusement composé, et qui tranchait avec la bonhomie colérique, éruptive de son père), supplantant peu à peu ce dernier comme figure incarnant le groupe, si bien que, lorsqu'il lui en avait légué les rênes au moment de se retirer des affaires (il avait dit : “aller mourir en paix”, et de fait il n'avait pas très longtemps survécu à ce dessaisissement consenti et orchestré par lui-même, comme si, une fois déchargé de l'ambition frénétique, de l'inconditionnelle volonté d'accumulation qui l'avait exclusivement occupé tout au long de sa vie, c'était le principe même de son existence qui s'était trouvé dissous, et l'instinct vital avec lui), leur nom de famille, dans l'esprit de la majeure partie des gens, ne s'était rapidement plus tant attaché au visage du patriarche éclipsé qu'à celui de l'héritière (et ce n'était alors pas seulement l'identification immédiate de la personne portant ce nom qui s'était déplacée d'un individu à un autre mais l'acte de nomination lui-même qui, à cette occasion, avait changé : là où tout le monde désignait le père en faisant précéder le patronyme par son prénom, André Valier, on appelait le plus souvent sa fille non pas, comme il se serait dû, Eugénie Valier, mais "la" Valier, rejouant ainsi une tradition d'ancien régime qui s'était continuée dans les salons mondains ultérieurs, comme on disait la Montespan, la Pompadour ou la Castiglione, et probablement moins pour sous-entendre que Madame pût avoir le moindre trait commun avec les mémorables noblaillonnes intrigantes, cocottes et autres demi-mondaines qui avaient acquis, au mérite, le droit de se voir affublées d'un article défini, que pour la rattacher à l'immémoriale et discrète dynastie de ces femmes de pouvoir qui, selon une idée reçue bien ancrée et encore en vigueur dans ces milieux essentiellement masculins, toujours gouvernent dans l'ombre), ce même visage qui maintenant, sous les yeux du directeur de cabinet, irradiait, non comme si l'âge n'avait eu aucune prise sur lui, car une fatigue s'y lisait, elle accusait son statut respectable de septuagénaire, mais que s'en dégageât une énergie sans cesse régénérée ; qu'entre les rides estompées par les injections de collagène et une fine couche de poudre, sa bouche fleur rouge digne d'une réclame pour cosmétiques, cet admirable nez droit, le visage se maintenait avec une souveraine et dédaigneuse persistance.

Igor avait rapporté sur la table les tasses de thé remplies et l'ancien légionnaire qui avait été, Courbevoie savait cela également, embauché au service de Madame par l'entremise de Protect&Connect, la société de sécurité privée à quoi celle-ci avait l'habitude de recourir et aux services de laquelle le cabinet du président faisait aussi couramment appel, s'était retiré sans un bruit, à pas souples et feutrés ; il avait repris sa position contre le mur du fond, près de la porte. Madame avait attendu qu'il eût regagné son immobilité pour se saisir de sa tasse où elle but quelques gorgées lentement, et toujours sans un mot, soufflant entre ses lèvres vermeilles sur la surface ambrée du liquide, pour ne pas se brûler.

Le directeur de cabinet se prit à l'imaginer *Mais qui est-elle ?* en train de s'encanailler dans des beuveries de bas-fonds, des débauches de miliciens, de mercenaires d'armées privées à la solde de quelque obscur seigneur de la guerre économique, alanguie sur un sofa râpé au fond d'un tripot improvisé au milieu des steppes, dans l'une de ces cités préfabriquées posées au milieu de rien, en un point arbitraire, initialement coché sur une carte pour sa position sur le tracé d'une route, d'une voie ferrée, ou à proximité d'une réserve de ressources naturelles, d'un complexe minier, et qui ressemblent plus à des bases scientifiques, des baraquements de chantier juxtaposés, qu'à des villes, trinquant à la vie et à la vodka en compagnie de soudards débraillés braillant des resucées de chants soviétiques de leur enfance, de cavaliers mongols et d'hommes de main veillant sur l'éthylisme de leurs employeurs véreux, et elle, dans tout ça, riant à gorge déployée comme personne, ici, de l'autre côté de l'ancien rideau de fer, ne l'avait jamais entendue rire.

Et riant peut-être moins sous l'effet des circonstances, des plaisanteries de ses camarades, que du bon coup qu'elle était en train de jouer aux bienséantes démocraties européennes dont elle était ressortissante, à leur hypocrite et compassée manière d'enterrer pudiquement les manœuvres prédatrices, de camoufler leur brutalité, qui n'avait rien à envier à celle ayant cours ailleurs, sous un vernis de respectabilité, de légitimité, sous les beaux termes juridiques ronflants et les considérations éthiques fallacieuses qui les enrobaient (il n'était pas rare, le directeur de cabinet en avait de nombreuses fois fait personnellement l'expérience, qu'on entende ainsi le dirigeant d'un *hedge fund* ergoter sans rire, lui, sur "l'utilité sociale" de son rôle). Au moins, les nouveaux Russes ne s'embarrassaient pas de ces justifications : quitte à œuvrer au sein d'un monde dont la prédation était la vocation même, Madame préférait, aux faux bégueules encaustiqués se cherchant un supplément d'âme, ces chefs de clan chez qui la rapacité se revendiquait telle une vertu et dont la férocité s'affichait sans fard – le fard y étant réservé à la parure des femmes qu'ils s'échangeaient sans gêne, comme si elles n'étaient qu'un autre objet de la même prédation.

Ou bien Courbevoie l'imaginait en route vers une datcha, au fond de la forêt, se donnant sur la banquette arrière d'une berline à quelque ex-apparatchik bas du front reconverti en magnat, et non pour s'apparier volontairement aux autres femelles qui entouraient habituellement son partenaire, s'offrir à son tour comme proie, jouir de s'avilir, mais pour partager avec lui la même concupiscence, s'affirmer en tant que prédatrice de la même trempe, dans un élan de transgression, de délicieuse provocation où elle envoyait paître, outre les convenances, la dignité présumée de la caste au sein de quoi elle avait été élevée et où le directeur de cabinet avait patiemment, pour sa part, à force de labeur et d'intrigue (l'entregent et le zèle n'étant pas les moindres des labeurs), réussi à se faire une place, si bien qu'il ne pouvait s'empêcher de penser que, lorsqu'elle se dénudait entre les mains de brutes épaisses, c'étaient aussi des gens comme lui qu'elle narguait et pas seulement son père ni les membres du conseil d'administration de son groupe : car sans doute elle s'était foutue à poil avant tout pour emmerder son père, se surprit à penser le directeur de cabinet qui, immédiatement, revenant à lui, se rendit compte qu'il s'égarait, se redressa dans son fauteuil et, d'une main, chercha à l'intérieur de sa poche de veste un carré de peau de chamois qu'il sortit, déplia, attrapant de l'autre main ses lunettes qu'il entreprit de nettoyer, le tissu entre ses doigts frottant doucement les verres polis, accrochant légèrement la surface. Puis il reposa la monture sur son nez et dirigea à nouveau le regard vers la dame vieillissante dont le père était mort à présent depuis de nombreuses années, et qui, elle, semblait ne pas avoir quitté le directeur de cabinet des yeux : il eut alors l'impression qu'elle avait percé sa songerie à jour, lu dans ses pensées, et qu'elle savait qu'il venait de se la figurer telle qu'elle était jadis, en indécente posture au fond d'une berline. Courbevoie baissa la tête, vérifia par réflexe que son smartphone était toujours là où il l'avait posé, devant lui (aurait-il pu s'envoler ? être dérobé par un mystérieux malfaiteur se faufilant sous les fauteuils et rampant sur les tapis ?), ostensiblement tourné contre le plateau de la table basse pour qu'on n'en vît pas l'écran s'illuminer sans cesse, à chacun des messages qui lui arrivaient d'ordinaire au rythme de plusieurs par minute, façon pour lui de signifier, selon un code particulier de politesse, à Madame que leur échange ne saurait se laisser polluer par le tout-venant des affaires politiques et que l'importance de l'interlocutrice exigeait qu'il lui fût entièrement dévoué, tout ouïe. Elle suivait son manège en buvant posément son thé noir, non sans une ironie certaine qui ne se traduisait pas par quelque expression du visage, un sourire en coin ou une lueur d'amusement au fond de l'œil, mais simplement par la lenteur de ses gestes, l'indifférence royale qu'elle dégageait à l'égard du directeur de cabinet : elle laissait le temps s'étirer indéfiniment entre deux gorgées, au point qu'une impatience commençait à ramper le long des jambes de Courbevoie, à les secouer de légers tremblements qui firent les muscles de ses cuisses et de ses mollets se crisper, ses orteils à l'intérieur de ses mocassins se recroqueviller pour juguler les fourmillements qui gagnaient, jusqu'à ce qu'enfin Madame se penchât, délicatement posât sa tasse et, se renfonçant dans son fauteuil, se retirant dans l'ombre, s'effaçât de son regard.

— En attendant, nous errons entre deux mondes, dans des limbes intermédiaires, et nous sommes tous encore ici. Nous savons que la fin est déjà en cours, nous en avons acquis la certitude, et nous n'en verrons pas le bout. Nous mourrons entre deux eaux, il faudra accepter de laisser l'insigne privilège de l'achèvement véritable à d'autres. Nous ne finirons rien, nous aurons simplement contribué à produire les conditions de la fin. Nous n'assisterons pas aux derniers moments, nous ne serons pas, nous, les derniers.

Ou encore (le directeur de cabinet l'imaginait) assistant en qualité d'invitée d'honneur, assise au bord d'une arène de fortune se résumant à un cercle dessiné à la craie sur le sol en dalle de béton, au spectacle poisseux et cruel du combat opposant deux lutteurs emmaillotés dans leurs combinaisons collées au corps, le bleu contre le rouge comme s'ils rejouaient la guerre froide, tous deux empoignés en une espèce d'accouplement féroce et chancelant au cours duquel leurs membres enlacés, leurs torses encastrés l'un dans l'autre paraissaient taillés dans un même bloc de chair agité de convulsions obscènes, projetant autour d'eux, sous l'impact des coups et des prises, des gouttes de sueur qui voletaient dans tous les sens, éclaboussaient une assemblée surexcitée, laquelle accablait en retour les combattants d'invectives et d'encouragements dans un brouhaha d'où jaillissaient, entre les insultes, des chiffres hurlés à la volée afin de faire grimper les paris que prenaient au fur et à mesure les spectateurs, comme s'ils avaient misé sur le vainqueur d'un combat de coqs ou de chiens, et au milieu de ce tumulte passionné, parmi les poings brandis et les postillons crachés par des bouches tordues sous l'effet de la fureur jouissive qu'électrisaient les deux corps arc-boutés dans l'effort, Madame, dans un fauteuil, les jambes croisées, regardait tranquillement se dérouler l'espèce de jeu érotique qui trouverait son issue lorsqu'un des combattants serait par l'autre terrassé. Peut-être même, pensait Courbevoie, à la fin de l'épreuve, tandis que dans la baraque les parieurs enflammés par l'exhibition de force, l'appât du gain et l'alcool de patate frelaté se disputeraient leurs mises, avait-elle coutume de se faire conduire discrètement dans les vestiaires et, enfermée là dans un réduit puant, profitait-elle sans ménagement non de l'athlète victorieux mais du perdant encore transpirant, contusionné, éreinté, maintenant dépouillé de son justaucorps ridicule, pour qui cette étreinte ne représentait qu'une défaite de plus et le fait de devoir servir Madame une dernière avanie, que celle-ci lui infligeait : elle ne récompensait pas le vainqueur, elle baisait l'humilié.

— Je me dis souvent que notre dernier mort ne le saura pas lui-même. Il sera étendu sous le soleil, au pied d'une falaise, entre des rochers effondrés, au bord d'un ruisseau qui jadis avait été un fleuve et où ne coulera plus qu'un infime filet d'eau sale dans lequel il sera venu tremper ses lèvres, une dernière fois. Ce sera une disparition calme, discrète. Un simple accomplissement. De nous à lui des milliards d'individus se seront évaporés en quelques générations. Ils seront morts à une vitesse qui nous aura sidérés. Ce qu'on voit venir de très loin arrive toujours plus vite qu'on croit. On s'habitue tout aussi vite, on s'habitue à tout, vous savez bien. Ils auront été habitués à voir des populations entières supprimées des registres. Les démographes seront devenus des dépeupleurs, les recensements des soustractions. Nos dernières industries seront vouées au traitement des cadavres, les derniers milliardaires feront fortune dans les pompes funèbres. Peut-être même que les anciennes multinationales spécialisées dans le traitement des déchets se seront reconverties dans ce business mortuaire. Les nécropoles seront les nouvelles mégapoles et à leur lisière quelques bourgs de banlieue persistants se videront à mesure que leurs habitants iront prendre leur résidence dans les lotissements de tombeaux voisins. Mais lorsque nous ne serons plus que quelques-uns, l'extinction aura ralenti considérablement. Il n'y aura pas de grandes orgues, pas de jugement divin, pas de silence d'environ une demi-heure à l'ouverture du septième sceau. Ce sera un anéantissement final de basse intensité, une apocalypse soft. À divers endroits de la planète, les représentants définitifs de communautés décimées se contenteront de rendre l'âme, dans l'ignorance du sort de leurs semblables. Je me demande s'il y aura encore des vautours qui tournoieront dans le ciel au-dessus de notre dernier mort. Des centaines, des milliers de vautours tournant ensemble, agglutinés, qui se chasseront du bec, joueront des ailes comme on joue des coudes, tandis que le pauvre *sapiens* affalé poussera l'ultime râle qui effacera définitivement notre présence de ce monde. Et lui, le gardien malgré lui de notre dernier souffle, celui en qui la flamme de l'Être s'éteindra, juste avant de recueillir en soi le souvenir d'une espèce dont plus personne ne sera là pour préserver la mémoire, regardera-t-il, recouvrant le ciel, les grands oiseaux qui convoitent sa charogne, et essaiera-t-il encore de lire dans le tracé de leur vol quelque énigmatique augure ? Se demandera-t-il de quoi l'avenir sera fait après nous ? Guettera-t-il un signe, ou bien s'abandonnera-t-il silencieusement à la pure dissolution organique ? Poussera-t-il un cri, un dernier cri en expirant ? Je me demande si les vautours du ciel survivront aux hommes-vautours tels que vous, Courbevoie.

Ce qu'il se demandait, lui, c'est depuis combien de temps il était assis là. Donner un coup d'œil à sa montre aurait été trop ostensible, presque provocateur ; il regretta d'avoir retourné l'écran de son smartphone contre la table. Il savait pourtant en arrivant que son rôle consisterait à faire ce qu'il était en train de faire – à prendre son mal en patience et supporter sans moufter les fadaises apocalyptiques dont Madame, au cours de ces dernières années, s'était fait une spécialité. Elle les resservait en boucle à quiconque se présentait devant elle, comme pour donner une justification intellectuelle à l'indifférence progressive qu'elle montrait envers ses diverses affaires, abandonnant, à mesure que sa marotte eschatologique prenait de plus en plus de place (jusqu'à devenir, semblait-il, son unique sujet de préoccupation et de conversation – si tant est qu'on pût appeler conversation les soliloques obstinés dont elle gratifiait ses visiteurs, captifs volontaires et dociles pris dans les rets de sa ritournelle), la gestion de l'ensemble des activités du groupe, de ses branches historiques, de ses multiples domaines, à son fils et aux autres membres de la direction, pour ne plus s'intéresser apparemment qu'à une seule des sociétés dont elle était la principale actionnaire, une filiale plutôt obscure nommée Terra Viva, spécialisée dans les projets immobiliers de luxe, les bunkers habitables et la construction de complexes résidentiels sécurisés. Hormis ce discret laboratoire, à l'évolution duquel personne ne comprenait pourquoi Madame veillait personnellement et dont le chiffre d'affaires demeurait minime, presque anecdotique par rapport à celui du reste du groupe, il semblait, au grand dam du comité exécutif, qu'aucune autre firme enchâssée dans le consortium tentaculaire qui portait son nom ne trouvât plus grâce aux yeux d'Eugénie Valier, pas même les secteurs qui avaient autrefois eu sa préférence et toute son attention, tels que la presse écrite et les technologies militaires de pointe. Ce désengagement général avait filtré en dehors de la famille, au-delà du conseil d'administration : il était désormais de notoriété publique et les articles, dans la presse (laquelle paraissait ainsi se venger d'être négligée), se succédaient à intervalles réguliers qui feignaient de s'en émouvoir, donnant à la gouvernance de Madame sur l'empire Valier une sorte d'aura menaçante, spectrale, une tonalité de décrépitude, un air de fin de règne à rallonge dont on s'inquiétait jusqu'en plus haut lieu, de crainte qu'elle finisse par nuire à la valorisation de la société et, par là, à l'économie du pays.

Courbevoie, pour sa part, ne trouvait pas ce détachement manifeste plus surprenant que ses exaltations post-soviétiques passées : il les voyait seulement comme une tocade de plus, l'énième caprice d'une héritière excentrique et trop gâtée, au même titre que sa manie du samovar et que les verbiages sans queue ni tête dont elle était en train de le gratifier. Il s'était disposé à endurer ses accablantes tirades de mauvais théâtre, qui paraissaient récitées depuis la coulisse par une voix fantôme ; à laisser patiemment s'épuiser les mots qui planeraient dans le salon à mi-hauteur, comme des oracles rendus par une pythie de bazar recroquevillée dans l'obscurité, racornie dans ses obsessions, et exaltée sous l'effet de son propre ressassement. Il imaginait son chauffeur qui, pendant ce temps, l'attendait devant le perron du château, encapuchonné dans son imperméable noir, piétinant le gravier en rond ou les fesses appuyées sur le capot de la voiture de fonction garée dans l'allée du parc, fumant une énième cigarette en maugréant parce qu'il trouvait bien longue cette entrevue qui pouvait durer depuis, combien, oui, peut-être au moins une demi-heure déjà, comme si Courbevoie n'avait que ça à faire, au milieu de son agenda de plus-que-ministre, prêter l'oreille au laïus messianique débité par la Valier, qui n'était après tout rien d'autre, pensait-il, qu'une compilation outrée des terreurs banales de l'époque, celles qu'il suffisait d'ouvrir un magazine dans la salle d'attente chez le coiffeur pour voir s'étaler à longueur de pages (mais le directeur de cabinet n'allait plus chez le coiffeur depuis belle lurette, il se faisait ratiboiser vite fait sur les côtés par sa femme à la tondeuse, et laissait sur tout le reste du crâne sa calvitie luire superbement sous les ors de la République). Il savait aussi ce que lui rétorquerait le président s'il venait à se plaindre de ce contretemps prévisible : qu'en effet, à cette heure-là, il n'avait rien de mieux à faire ; et que le soutien financier de Madame Valier pour la campagne électorale en cours valait largement la fastidieuse séance d'écoute imposée au directeur de cabinet.

— Vous dormez, Courbevoie ? Je vous ennuie, n'est-ce pas, avec mes élucubrations ? Vous vous demandez quand je vais enfin me taire et cracher le fric que vous êtes venu chercher. Rappelez-moi, vous avez des enfants, Courbevoie ?

Question parfaitement rhétorique car (quand bien même elle aurait oublié (chose improbable étant donné sa mémoire excellente et le pli tout politique, qu'elle avait pris au cours de sa carrière, de retenir ces à-côtés futiles (la maladie d'une vieille mère, le prénom du petit-fils) qui flattent un interlocuteur en marge des discussions d'affaires et instillent dans la conversation une intimité inattendue) que le directeur de cabinet du président avait effectivement deux filles) il était certain qu'un de ses sbires, un secrétaire ou son gestionnaire de fortune, se serait chargé de le lui rappeler dans son inévitable petite note préparatoire à leur rendez-vous, en même temps que l'objet de celui-ci : la contribution bienveillante d'une des premières fortunes de France à la réélection du président en exercice.

— Pensez à investir pour eux. Spéculez juste, achetez dans les pompes funèbres, de pleins portefeuilles d'actions, la mort a de l'avenir, tant qu'il en reste.

La phrase "Fous-leur la paix, à mes enfants" se forma dans son esprit et, s'il la garda évidemment par-devers lui, il serait excessif de dire qu'il la *réprima* : elle eût été tellement malséante, proprement imprononçable, qu'il n'avait pas besoin de se la faire rentrer dans le gosier comme il arrive qu'une sorte de sagesse instantanée, ou de réflexe de soumission, l'impose à un offensé dont une outrance brûle les lèvres et qui la retient in extremis, au prix d'un effort de la conscience, par crainte des conséquences. Sa parole était trop parfaitement domestiquée pour qu'il courût ce risque, la phrase était née déjà enfouie trop loin en lui-même ; mais peut-être est-ce elle, malgré tout, qui circula à travers son corps selon un itinéraire inconnu et subreptice, agissant directement, sourdement, sur les nerfs, les muscles, les articulations qui se mirent en mouvement, se déplièrent, se replièrent, et qui firent Courbevoie soudain se pencher en avant, sa main droite se tendre vers la table basse et y attraper le smartphone qu'il retourna en faisant apparaître l'écran illuminé et qu'il fit claquer (pas claquer : il le reposa de façon un peu appuyée, suffisamment pour qu'un bruit amorti se fît entendre, donnant l'impression d'une décision ferme sans l'inconvenance d'un geste d'humeur), le repoussant ensuite légèrement, d'un doigt, comme un joueur satisfait le ferait d'une carte qu'il vient de dévoiler sur le tapis vert et contre laquelle il est curieux de voir qui osera renchérir.

Et tandis que le directeur de cabinet du président basculait de nouveau en arrière, reprenant sa place au fond de son fauteuil en attente du prochain coup que jouerait la Valier, celle-ci en face s'avançait, son visage réapparaissait dans son halo de lumière et, sans donner le moindre signe de contrariété, arrivée au terme de l'expérience qu'elle venait de mener sur la résistance de son hôte, après avoir laissé s'écouler quelques instants, d'un geste ample et las qui semblait dire qu'elle-même n'était pas mécontente d'en avoir fini car des divertissements plus subtils, des occupations plus nobles lui étaient réservés, elle héla "Igor, s'il vous plaît" en désignant du doigt, vaguement, une direction de l'autre côté de la pièce où le majordome se rendit d'un pas leste, sans autre bruit que le froissement de son costume (Courbevoie fut surpris de ce déplacement furtif, inquiétant, dans son dos). Igor s'arrêta devant une commode en bois sombre dont il ouvrit le tiroir, y saisit une épaisse enveloppe de papier kraft qu'il vint déposer dans la main du directeur de cabinet, lequel remercia d'abord le majordome à voix basse puis plus distinctement, solennellement, Madame qui, déjà, s'était reculée dans l'ombre.

Dehors, un crachin continuait à tomber et le chauffeur, muni d'un parapluie, monta chercher Courbevoie sur le seuil du château où Igor venait de le raccompagner ; il l'escorta jusqu'à la portière de la voiture où le directeur de cabinet s'encastra d'un seul élan comme si son corps était parfaitement adapté aux mensurations de l'habitacle et qu'il retrouvât là son habitat naturel, à peine assis et son smartphone aussitôt sous les yeux, en train de pianoter.

Igor se pencha au-dessus du fauteuil, agrippant l'avant-bras de Madame, la hissant, l'aidant à se relever lentement en s'appuyant sur lui, et la guida ensuite à travers le salon où, peu à peu, son pas incertain devenait plus assuré, son corps ankylosé reprenait une motricité moins contrainte, se redressait, et se déplaçait presque normalement lorsque le majordome remit Madame entre d'autres mains que les siennes – celles de l'infirmière accréditée qui, afin d'entamer son tour dans la ronde des soins que le personnel de maison prenait en permanence de la Valier, était venue à sa rencontre depuis le fond d'un long couloir où les deux femmes s'engagèrent, Igor les regardant s'éloigner le temps de s'assurer que tout allait bien et que Madame ne fléchissait pas pendant que l'infirmière gardait son bras en alerte, placé sous le coude de son employeuse, sans la toucher, simplement pour être en mesure d'intervenir et de la rattraper si celle-ci montrait un instant de faiblesse. Mais Eugénie Valier marchait, péniblement elle marchait, mieux qu'hier, pensa l'infirmière lorsqu'elle ouvrit devant elle la porte de la salle de bains attenante à la chambre et veilla à ce qu'elle s'installât confortablement sur sa chaise, face à la coiffeuse au plateau de marbre et au miroir ovoïdal au-dessus duquel l'infirmière alluma l'ampoule emmanchée dans une fleur de verre poli, et tous ses accessoires à portée de main. Après quoi elle se retira, laissa Madame en tête à tête avec le reflet de son visage qu'elle entreprit de démaquiller, éliminant, à l'aide d'un carré de coton imbibé d'une solution parfumée, l'homogène soupçon de poudre qui couvrait son front, ses pommettes, son nez droit, effaçant les sourcils tracés au crayon noir à même la peau, appliquant ensuite, avec une lenteur et une méticulosité extrêmes, son caviar de rose frappé au nom d'un grand couturier français puis sa crème hydratante et son sérum assortis de marque suisse. Quand elle eut accompli ces minuties habituelles, elle regarda le faciès débarrassé qui la toisait ; les cernes qu'avait camouflés la poussière cosmétique creusaient maintenant le pourtour de ses yeux ; ses traits s'étaient accentués, émaciés ; la couleur de sa peau tournait au grisâtre malgré l'éclairage chaud que versait la tulipe Art déco de la coiffeuse. Ses deux mains alors se portèrent à ses tempes, ses doigts enserrèrent son front à la lisière des cheveux, ses ongles passèrent sous la racine, décollèrent les bords de la chevelure rousse et, une fois vaincue la brève résistance que leur opposait le bandeau de silicone qui maintenait celle-ci en place, la firent glisser en arrière, découvrant le crâne nu et blanc, son ovale parfaitement lisse en contraste de quoi les stries diverses marquant son visage lui parurent plus accusées encore, et son nez droit d'une majesté encore plus incongrue, survivance d'une ère d'elle-même dont il entretenait la mémoire et qui lui rappelait les états passés de son corps, du temps qu'elle en usait à sa guise, quand et où elle le désirait : son regard parcourut le tracé de sa tête, son dessin dans la glace ; c'était quelque chose de pur, de doux, réconfortant.

Elle s'abandonna à cette contemplation, flottant à la surface de son image, jusqu'à ce que ses yeux se rencontrassent dans leur propre reflet et y surprissent une lueur qu'elle ne se connaissait pas, qu'elle n'avait pas le sentiment d'éprouver, qui l'agaça, et où se mêlaient étrangement, lui sembla-t-il, une demande de consolation, une peur lointaine et une colère imperturbable.

2

Sous-sol

Une goutte de sang était apparue, perlant sur le haut de la joue, sans que Courbevoie eût senti le moment où la lame entamait la peau, ne percevant la coupure qu'à retardement, lorsqu'il remarqua dans le miroir un point rouge que, d'un doigt, il chassa, laissant une traînée rosâtre, balafre acidulée qu'il effaça aussitôt du même doigt humecté sous le robinet d'eau froide, s'approchant de son reflet avec une moue tordue d'inspecteur pour évaluer les dégâts, estimer la gravité de la blessure, en conclure que le mieux était de ne rien faire et que la minuscule entaille serait vite cicatrisée, la croûte discrète, pestant à la fois contre sa maladresse et contre ce qu'il venait d'entendre sur les ondes de la première radio nationale où la plus célèbre intervieweuse de France, dont la voix dissimulait mal la soudaine excitation, reprenait sa question, feignant de ne pas être sûre d'avoir bien entendu ou compris ce que son invité matinal avait dit. Elle l'obligea à se répéter comme si elle regrettait que l'annonce inattendue fût si vite passée, qu'elle ne pût durer, s'étirer en longueur et, avec elle, l'instant de surprise qui l'avait accompagnée, l'espèce d'état de grâce radiophonique, aussi précaire que fugace, que l'inédit de l'information avait soudainement fait jaillir au beau milieu d'une émission qui, au départ, promettait pourtant de n'avoir rien de spectaculaire et dont l'intervieweuse s'était probablement préparée à s'acquitter comme d'une affaire quotidienne courante, sans en attendre quoi que ce fût d'impromptu ni de buzz particulier, avec son professionnalisme habituel, unanimement reconnu, sa vivacité coutumière, son sens du rythme, sa capacité à ne laisser aucun blanc à l'antenne, à rebondir, à trouver sans cesse les relances qui tombent à point, à faire que la conversation épouse en souplesse le déroulé de la trame qu'elle a prévue sans paraître jamais sauter du coq à l'âne ni coller à une feuille de route autoritaire, sa précision lorsqu'il s'agissait d'interrompre l'invité au bon endroit, avant qu'il s'engage dans une phrase trop longue, une explication fastidieuse qui risquerait de perdre l'auditeur autant qu'elle enfermerait l'orateur dans un tunnel de parole desservant son propos – lequel toujours se doit d'être concis, incisif, et de tenir en quelques secondes.

Au lieu de quoi, l'exercice imposé s'était mué en improvisation, et l'intervention médiatique ordinaire du ministre venu réagir à l'actualité, exposer les prochaines réformes, défendre son bilan, louer son action, avait dérapé, pris une tournure dont personne n'avait été averti, ni lui, Courbevoie, ni le président, ni, à sa connaissance, aucun membre de ce gouvernement que le ministre de l'Écologie avait pris la résolution de quitter, répétait-il à présent sur l'injonction de l'intervieweuse. L'espace d'un instant, Courbevoie se demanda si celle-ci n'avait pas été mise au préalable dans la confidence, si le prétexte véritable de la présence de l'invité sur son plateau n'avait pas été de fomenter cette déclaration dont elle aurait ainsi l'exclusivité, si la surprise de l'animatrice n'était pas simplement la réplique qu'elle donnait, dans un numéro de duettistes soigneusement réparti (elle jouant l'éberluée, lui l'homme ferme excédé, un brin lyrique), au ministre "renversant la table", "claquant la porte", "reprenant son indépendance" ou l'on ne sait laquelle des expressions figées du même genre dont le personnel politique et la presse qui rend compte de ses faits et gestes sont friands de concert.

"Je vais présenter dès aujourd'hui ma démission au Premier ministre", insistait-il, et, sur la joue du directeur de cabinet qui s'était imaginé pouvoir écouter l'émission distraitement, comme un bourdonnement routinier accompagnant ses ablutions, et qui maintenant sifflait entre ses dents *Connard*, la perle rouge était revenue, le sang ne coagulait pas. L'intervieweuse se gargarisait, "Mais Victor Lanquais, dites-nous, le président est-il au courant ?", et le ministre de l'Écologie, bravache, *Gros connard* renchérissait : "Je n'ai pas encore eu l'occasion de lui en parler, vous êtes la première personne à qui je fais part de ma décision, je l'ai prise hier soir, en mon âme et conscience." Il exposait encore ses raisons, drapé dans une éthique de circonstance faite d'idéaux inaccomplis, d'espérances déçues et d'une intraitable probité. "Je ne suis pas là pour faire banquette, encore moins pour cautionner une politique qui ne me donne pas les moyens d'agir. Je suis un homme de mots, certes, mais aussi d'actes et de convictions. L'écologie a été décrétée grande cause nationale et ensuite plus rien n'a été fait, les budgets sont insuffisants, ils ne traduisent pas les engagements pris *Connard*, ils ne nous permettent pas de les appliquer" et l'une des rondelles de coton organique cent pour cent bio dont sa femme se servait pour se démaquiller vint s'appliquer sur la coupure où Courbevoie la laissa appuyée une minute ou deux, le temps que le sang cessât d'affluer pour de bon et d'intérieurement maudire la décision kamikaze du président d'aller chercher, pour le bombarder ministre, un histrion médiatique de cet acabit, animateur de télé et vulgaire écrivain à succès, prétendu "poète" baroudeur à la mords-moi-le-nœud, en somme quelqu'un dont il était évident qu'on ne pouvait avoir aucune espèce de confiance en lui. D'un œil, Courbevoie observait son smartphone posé sur la tablette de la salle de bains, à côté du lavabo, lequel ne cessait de vibrer, de s'illuminer, présageant du fait que la journée, qui promettait déjà d'être pénible à cause de *l'autre connard de légionnaire*, le serait plus encore, conformément à la fameuse loi de l'emmerdement maximum qui veut que, lorsque les embrouilles commencent à tomber, celles-ci s'empilent et se multiplient avec une obstination désarmante – or, quand on travaille pour le cabinet présidentiel, cette loi se vérifie quotidiennement, le bordel est presque permanent.

Il nouait sa cravate, une oreillette blanche vissée dans le canal auditif droit, écoutant les messages en série qui lui avaient été laissés, dictant quelques réponses et directives tout en constatant dans le miroir que son anicroche de rasage ne formait plus qu'une trace infime dont probablement personne, au cours de la journée, ne remarquerait rien – puisque personne, probablement, n'accorderait à son visage un regard suffisamment direct, attentif et soutenu pour y noter l'apparition d'une écorchure fraîche. Il entrerait plusieurs fois dans le champ de vision du président, pour qui Courbevoie constituait sans doute une sorte d'organisme mal défini, grisâtre et translucide, qui se trouvait là en permanence, à ses côtés, pompant le même oxygène que lui, à la fois parasitaire et rassurant – une présence constante, toujours prête à dispenser conseils et opinions sur commande, corvéable à merci, engueulable à volonté, tour à tour juke-box, sparring-partner et punching-ball –, mais celui-ci le verrait sans le voir, comme un vague élément de décor animé sur quoi l'œil passe sans se poser ; quant aux divers collaborateurs du cabinet et affidés aux dents longues, ils seraient trop occupés à essayer de capter d'autres attentions que la sienne pour s'attarder sur ses rougeurs.

La veille au soir, vers 23 heures, le directeur de cabinet, qui finissait de lire une liasse de notes dans son bureau jouxtant celui du président, avait reçu, *via* une application de messagerie cryptée, une notification émanant de l'officier de liaison de la préfecture de Police au Palais, dans laquelle ce dernier lui indiquait qu'il sortait à l'instant de la salle de commandement de la préfecture où il venait d'apprendre l'existence d'une vidéo compromettante (il n'avait pas dit compromettante mais : "gênante"). Pendant qu'il assistait, en compagnie du préfet et de son équipe, au débrief des manifestations hostiles et mouvementées qui, toute la journée, avaient circulé dans la capitale, occasionnant de nombreux affrontements, dégradations, interventions des forces de l'ordre, et plusieurs dizaines de blessés, deux opérateurs affectés à la veille en temps réel sur les réseaux sociaux, vissés devant leur écran au fond de la salle, les avaient soudain interrompus et leur avaient signalé que des images commençaient à circuler, montrant un homme identifié comme un chargé de mission au service de la sécurité du président – un ancien légionnaire conseillé par Protect&Connect, la même société de protection privée que celle où la Valier avait recruté son majordome Igor – se livrant à des opérations qui, à l'évidence, outrepassaient sa fonction.

— Qu'est-ce qu'il foutait là ? avait demandé en retour Courbevoie.

— Justement, c'est le problème.

À son arrivée au Palais, il était rapidement monté au premier étage pour déposer son attaché-case au pied de son fauteuil et vérifier qu'aucune nouvelle dépêche urgente ne l'attendait sur son bureau, installé dans ce Salon d'angle qui, sous la plupart des administrations successives, était traditionnellement alloué au directeur du cabinet du président – ce dernier occupant, quant à lui, le Salon doré attenant – et que Courbevoie trouvait, pour sa part, plutôt froid et mal pratique, avec ses dorures chargées, sa hauteur sous plafond démesurée, aux murs les dégoulinures bariolées œuvres d'artistes contemporains à quoi il ne comprenait rien et qu'il trouvait bien moches, n'osant toutefois s'en plaindre ni intervenir pour les faire remplacer, convoquer un agent du mobilier national afin de le sommer de lui trouver un décor moins agressif pour sa sensibilité visuelle.

Laissant de côté ce que tout le monde, dans les fils de mails, les échanges sur messageries cryptées, les notes qui circulaient, appelait déjà le “problème Lanquais”, dont il s'occuperait tout à l'heure, il était tout de suite redescendu au sous-sol, longeant deux couloirs souterrains aux parois beigeasses (dédale en abrégé), escorté par un huissier, franchissant ensuite une porte blindée afin d'atteindre l'ancien abri antiaérien bâti pendant la Seconde Guerre mondiale, reconverti au moment de la guerre froide en abri antiatomique et, depuis, réaménagé pour servir aux réunions d'urgence militaires et autres sessions expresses de cellules de crise improvisées, sur le modèle de la Maison Blanche et de sa *situation room*. Par analogie, on avait poussé le mimétisme américaniste (vestige de l'atlantisme prévalant dans les stratégies de défense des années deux mille ? fascination publicitaire persistante pour le *way of life* qui avait constitué la boussole culturelle des démocraties occidentales pendant tout le dernier siècle écoulé ? pur goût pour la langue de Shakespeare passée à la moulinette des golden-boys de Wall Street, de Palo Alto et de Washington ? ou volonté de faire comme dans les trépidantes séries télévisées qui irriguaient l'imaginaire des jeunes gens composant cette administration ?) jusqu'à importer le nom tel quel, si bien qu'il était d'usage d'entendre désigner, à l'intérieur de l'enceinte du Palais, et parfois par la bouche du président même, le bunker ultrasécurisé comme (quelque chose qui ressemblait à peu près à) “la situhachieune roume” où, à l’arrivée de Courbevoie, se trouvait déjà l’officier de liaison qui l’avait averti et où les rejoignirent, quelques instants après, le chargé de mission incriminé ainsi que le conseiller spécial du président, un dadais à peine pubère à la barbe clairsemée, équipé d’un inamovible écouteur relié par un long fil blanc à son smartphone, lequel transitait en permanence entre sa main droite et sa poche de veste au gré d’un manège obsessionnel où il était difficile de distinguer la part de nécessité pratique de la manie pure et simple, au point qu’on aurait dit le garçon doté d’une prothèse pendouillante ou d’une étrange malformation hybride, génético-synthétique, un cordon dégoulinant de son oreille qu’on aurait oublié de couper à la naissance, dont le balancement mol et incessant ne manquait pas d’exaspérer le directeur de cabinet qui n’en laissait toutefois rien filtrer, endurant sans broncher le tic du conseiller spécial parce que le président vouait au post-ado mal dégrossi une confiance inébranlable en laquelle semblait entrer un soupçon de pensée magique, le jeune homme ayant accompagné sa campagne électorale victorieuse et lui faisant désormais office de talisman, de gri-gri vaudou, comme si sa présence dans les parages l’immunisait contre tout échec possible. Tous, ils s’assirent à distance respectable les uns des autres autour de la grande table ovale qui occupait le centre de la pièce, leurs sièges unanimement tournés vers le moniteur géant placardé sur le mur du fond ; le légionnaire se balançait nerveusement sur sa chaise pendant que l’officier de liaison lançait les images depuis un ordinateur où il avait inséré une clé USB ; le conseiller spécial trifouillait dans son portable ; Courbevoie essuya ses lunettes, d’un coup de peau de chamois.

Sur l’écran, on voyait d’abord Malo, équipé d’un casque et d’un brassard orange de policier en civil, matraque à la ceinture, aller et venir parmi les CRS encarapaçonnés, regroupés, immobiles au milieu d’une de ces petites places parisiennes typiques à fontaine et terre-plein pavé agrémenté de quelques arbres en piteuse santé, face à une poignée d’individus épars, des jeunes d’allure plutôt fatiguée, tous à visage découvert et sans agressivité apparente (on est en fin de manifestation, parmi les traînards qui s’attardent là après la dispersion des cortèges, non pour continuer d'en découdre avec les forces de l'ordre mais parce qu'ils ne savent peut-être eux-mêmes pas où aller, où continuer la journée, et préfèrent rester encore un peu ensemble malgré la plante des pieds qui brûle d'avoir trop marché, la gorge et les yeux qui piquent d'avoir tout à l'heure respiré les effluves du gaz lacrymogène balancé par les flics), le légionnaire passablement excité circulant à pas vifs d'un côté à l'autre de la place, puis accrochant, comme au hasard, par le pan de son manteau une jeune femme aux cheveux longs qui passe par là et dont la vidéo ne nous montre pas ce qu'elle faisait l'instant précédent : il la rudoie, secoue son manteau comme s'il cherchait à le lui déchirer ou en faire tomber quelque mystérieux objet dissimulé ; on le voit ensuite passer un bras autour de sa gorge, l'enserrer fermement, l'entraîner avec une brutalité énergique, la contraindre à le suivre sur une vingtaine de mètres comme s'il la conduisait tout droit quelque part avec un but précis, jusqu'à lui faire traverser une partie de la place et (il regarde autour de lui, paraît chercher quoi faire de sa prise, ne plus savoir), une fois qu'il a tenté maladroitement de lui asséner un balayage d'un coup de pied au niveau des chevilles, il l'assied de force contre la vitrine d'un bistrot. Il lui parle, on n'entend pas, il lui fait signe du doigt de rester assise, de ne pas bouger – il porte de gros gants noirs ; une femme pousse un vélo, une écharpe rouge enroulée autour du cou, elle s'approche d'eux, semble s'assurer que la jeune fille va bien, dit quelque chose, et de la main Malo lui intime de s'écarter, de se casser ; un serveur en livrée passe une tête par la porte de la brasserie, on ne sait pas s'il est curieux ou inquiet, ou les deux : lui aussi regarde la personne assise et, sourcils froncés, paraît s'enquérir de son état. L'image est granuleuse, elle tremble, parfois le cadre se dérobe puis se rétablit, elle vient d'un téléphone tenu à bout de bras, mais on voit bien ; on voit Malo se redresser, se retourner vers la place ; malgré la visière de son casque, on distingue parfaitement son visage.

"Il y en a une autre", avertit l'officier de liaison tandis que l'image venait de disparaître, l'écran de redevenir noir dans l'encadré gris du logiciel de lecture, et que Courbevoie s'efforçait de ne pas laisser sa tête pivoter sur son axe, ne surtout pas jeter le moindre regard à Malo qui, derrière lui, avait cessé de jouer à la balançoire avec sa chaise et se tenait tranquille, coi, attendant lui aussi la nouvelle vidéo à venir, dont il n'avait pas encore pu visionner le contenu ; de l'autre côté de la table, le conseiller spécial du président avait posé son smartphone et, les mains jointes, se massait l'arête du nez d'un air absorbé.

L'officier de liaison cliqua pour lancer le second fichier et l'image se déploya sur l'écran, aussi sale et fragile que la première salve, avec encore, au milieu, l'imposante masse de l'ancien légionnaire vêtu de noir (mais d'un noir différent, plus mat, moins sombre que celui de l'uniforme des flics), immédiatement reconnaissable à la capuche molle et grise qui dégouline sous son casque : cette fois, s'approchant par-derrière d'un jeune homme encerclé par les CRS, il le saisit par surprise, lui agrippe le cou et, parce que le jeune résiste, lui balance une gifle brutale, maladroite, de sa grosse main gantée, avant de lui infliger une clé de bras et de le faire plier jusqu'à le déséquilibrer, l'obligeant à tomber au sol où il continue à le tirer par le col de son blouson. Il le traîne ainsi, laborieusement, sur (seulement) quelques centimètres, puis, le relâchant de guerre lasse (le garçon est trop lourd, le blouson va craquer), lui met un coup de pied dans les côtes et les hurlements anonymes tout autour redoublent, qui adjurent le chargé de mission de cesser de molester le jeune homme à présent étendu par terre, qui tente comme il peut de se relever, malgré la douleur qu'on lit sur son visage. On voit sur son jean une tache de sang au niveau du genou.

Les flics qui les entourent ne savent pas quoi faire, piétinent et se penchent, se ravisent ; on dirait qu'ils hésitent entre prêter main-forte au chargé de mission ou réfréner les ardeurs de celui qui fait leur boulot à leur place – avec quel zèle. Dans le coin inférieur droit de l'image on voit les sacs verts des poubelles publiques remplies à ras bord de canettes, d'emballages de fast-food, de papiers indéterminés ; Malo ne relâche pas sa prise mais il ne frappe plus, baisse la tête, semble se demander comment opérer désormais, s'il y a une marche à suivre, un mode d'emploi de l'interpellation tabassée à quoi l'on aurait omis de l'initier. Une voix hors champ crie encore "Mais arrêtez, mais arrêtez" ; un peu plus loin des gens, sans doute d'autres manifestants, regardent et, eux aussi, crient quelque chose qu'on n'entend pas ; l'un d'eux s'est abrité dans le renfoncement d'une vitrine et se verse du liquide dans les yeux avec une fiole en plastique dont on devine le cône translucide entre ses doigts, tandis qu'à côté de lui, dans le renfoncement voisin, une femme en manteau vert ajuste son foulard devant sa bouche, son nez, elle tousse. Enfin, laissant le jeune homme se dégager, s'échapper précipitamment, Malo s'éloigne à pas rapides (obligé de passer tout près du téléphone qui est en train de le filmer et dont le propriétaire braille alors "Regardez-le, regardez son visage, il l'a frappé par terre, regardez-le"), avant d'aller se réfugier à l'écart, face à la devanture d'une boutique fermée, n'offrant plus que son dos à la scène et à ceux qui l'enregistrent, saisi d'une subite et trop tardive précaution, cherchant à se soustraire à l'œil électronique des smartphones braqués sur lui – cancre qui, de lui-même, s'en va au coin pour se punir de la bêtise qu'il sait qu'il vient de commettre.

Sans qu'il s'en rendît compte, au cours du visionnage (en même temps que, à la demande du conseiller spécial devenu soudain tatillon comme s'il se délectait de ce qu'il voyait – à moins que les désagréments prévisibles qui le guettaient à titre personnel, puisque c'était lui qui, officiellement, avait commandé le recrutement de l'ancien légionnaire auprès de la société privée Protect&Connect, n'eussent déclenché de sa part un obscur réflexe de temporisation délectable, le plaisir malin d'observer (comme d'aucuns se repaissent de la vision voluptueuse des instruments de torture auxquels ils s'apprêtent à se soumettre) sous toutes les coutures la cause des emmerdes qui allaient bientôt lui envahir l'oreillette –, l'officier de liaison revenait en arrière, remontrait la scène image par image, l'arrêtait, laissait l'énorme visage pixélisé de Malo, avec sa barbe, ses sourcils épais, impitoyablement identifiable malgré la visière transparente de son casque, stagner sur le moniteur qui couvrait la moitié du mur), le directeur de cabinet du président, d'un ongle égaré, avait machinalement gratté sa croûte matinale : de nouveau, au bout de ses doigts, un peu de sang s'était répandu, et cette impression rouge sur la pulpe, avec sa vivacité incongrue, tranchante sous l'éclairage au néon fade dont on avait éteint une rampe pour mieux voir l'écran, ramena dans son esprit le souvenir de la voix ulcérante du ministre de l'Écologie démissionnaire. Il pria ses comparses de visionnage de l'attendre quelques instants, quitta la salle en longeant un mur dont le revêtement bleu roi était frappé du sceau de la République récemment redessiné, stylisé à la façon d'un logo d'entreprise (et que l'on pouvait voir disséminé un peu partout dans le Palais, gravé sur les portes en verre coulissantes de l'entrée d'honneur, floqué sur les pupitres destinés aux allocutions du président, imprimé sur le cuir des maroquins contenant les documents officiels et au verso des cartes de visite, plaqué contre les parois aveugles des escaliers de fonction), et se rendit au cabinet de toilette du bunker, au fond du couloir, où il examina sa blessure, la nettoya à l'eau tiède, la tamponna avec une feuille de papier hygiénique pliée en huit ; le saignement semblait s'être arrêté. Courbevoie était pâle, gris ; il détestait sa gueule ; il garda le morceau de papier au fond de sa poche de veste. À son retour il demanda que l'on fît disparaître la grosse bouille barbue du légionnaire ahuri qui s'étalait encore sur le mur et, en rectifiant la position de son fauteuil, se tournant vers la table, il signifia qu'il en avait assez vu, qu'on avait suffisamment perdu de temps comme ça, qu'il s'agissait maintenant de débrouiller l'affaire et de lui trouver une résolution. Il regarda Malo en affectant tout le mépris dont son regard était capable.

— Vous en avez d'autres, des conneries du même genre ?

— Au Luxembourg.

— Qu'est-ce que vous faisiez au Luxembourg ?

— Au jardin je veux dire, au Luco.

— Qu'est-ce que vous avez fait au Luxembourg ?

— Un peu avant ça, pas grand-chose, je me suis un peu énervé contre trois gars, ils rentraient de la manif, banderoles, foulard sur le nez. On les a un peu secoués.

— Secoués comment ?

— Rien, au pire un bleu, même pas, rien. De l'intimidation, une clé de bras, pas de trace.

— Il y a des images ?

— Je ne crois pas, je ne sais pas, comment savoir s'il y en a, des images ? Des caméras dans les arbres, un mec qui promène son chien qui sort son portable, on le voit pas venir, les images, il y en a de partout.

— C'est bien d'en être conscient mais vous auriez pu l'être plus tôt.

D'une grille d'aération encastrée quelque part sous le faux plafond, un léger bruit continu de soufflerie sourdait qui, dans le silence embarrassé dont la masse venait, d'un bloc, d'envahir la pièce, diffusait un ronronnement discret, rauque et têtu, rappelant aux protagonistes de l'affaire que le Palais au-dessus d'eux pesait de tout son labyrinthe de conduits, de tuyauteries, de cloisons, de murs porteurs, persévérait dans son agitation coutumière de ruche technocratique, et qu'il allait bientôt falloir s'extirper du bunker afin de vaquer à d'autres sollicitations, non moins urgentes, auxquelles les appelaient les courants d'air qui circulaient dans la vaste bâtisse – la grosse machine symbolique où la République avait son siège et au sein de laquelle, pendant toute sa vie, Courbevoie avait convoité d'occuper un jour une place, dont il avait désiré, jusqu'à orienter tous ses choix de carrière en fonction de ce but, devenir un des rouages, le plus essentiel possible, afin de tutoyer le cœur du réacteur, le foyer décisionnaire, de manœuvrer parmi les arcanes capitaux de la gouvernance, de se tenir précisément dans cette pièce souterraine et secrète de dix mètres sur trente d'où, derrière un pan de mur amovible, un poste de contrôle permettait de déclencher la force nucléaire dont était dotée la nation ; mais il n'avait certainement pas imaginé, ou anticipé, que ses très hautes fonctions lui vaudraient alors le privilège d'arbitrer les exactions minables de petites frappes reconverties en sicaires administratifs improvisés, ni, encore moins, que ce lieu servirait à apprécier sur un écran de télévision l'espèce de lamentable catch auquel s'était permis de s'adonner un employé du Palais, visiblement amateur de combats au corps à corps et grisé de jouer au flic.

Pendant une bonne minute, le directeur de cabinet laissa sciemment s'allonger le silence (un ange passer et repasser dans la *situation room*), puis il poussa un long soupir emphatique, sonore, explicitement chargé de bien faire sentir à ses interlocuteurs sa lassitude et son exaspération, avant de demander à l'officier de liaison de réexpliquer en détail, pour lui et pour le dadais filaire qui avait repris son tapotage compulsif sur son smartphone, comment Malo était arrivé là : comment il avait été cordialement invité par un ponte de la préfecture de Police (lequel sans doute, à travers cette faveur, espérait se faire bien voir par le Palais, son personnel et son chef) à assister aux manifestations dans les rangs des forces de l'ordre ; comment on lui avait adjoint un chaperon censé le guider d'îlot en îlot, à différents points chauds, au milieu du dispositif mis en place pour encadrer les manifestants, lui faire faire en quelque sorte la tournée des popotes policières comme on emmènerait un cousin de province en goguette découvrir le revers crapule de la ville, l'initier à ses émoustillants dessous ; comment il s'était retrouvé, sans accréditation particulière, affublé du matériel officiel (brassard, casque et matraque) issu du coffre d'une voiture banalisée ; comment il avait échappé à son tuteur et s'était finalement mêlé à une patrouille, jusqu'à cette place où il avait "vrillé", "pété un câble", selon les mots de l'officier de liaison, lesquels arrachèrent à Courbevoie une moue dubitative (un gonflement des joues assorti d'une torsion circonflexe de la bouche) qui signifiait qu'à ses yeux, il s'agissait moins là d'un pétage de quoi que ce fût que d'un débordement prévisible, voire organisé, et qu'il y avait fort à parier que la présence du légionnaire en ces lieux incongrus ait été avant tout justifiée, plutôt que par quelque fallacieux prétexte pédagogique, par sa volonté préméditée et imbécile d'aller casser du gaucho, de profiter du désordre pour y défouler ses nerfs, ce qui, clairement, mettait tout le Palais dans la merde et le président avant tout, dont le chargé de mission était censé veiller à la sécurité personnelle, donc s'affichait à ses côtés lors de ses sorties publiques, ses bains de foule et autres visites protocolaires.

"Mon cher ami, vous êtes bien conscient que par votre comportement inacceptable et condamnable vous portez atteinte à l'image du chef de l'État ?" demanda Courbevoie sans regarder Malo qui, en retour, ne répondit rien, se contentant de conserver les yeux dans le vague et, sur les lèvres, le sourire hébété de celui qui sait que son sort est scellé, sa disgrâce prononcée, que tout ce qu'il pourra dire sera, au mieux vain, au pire retenu contre lui, et qu'il n'a dès lors plus qu'à attendre que la sanction soit entérinée, son éviction actée. Et probablement, dans sa tête déjà Malo commençait-il à se poser la question de ce qu'il allait faire maintenant, comment, d'abord, s'en tirer sans trop de dommages (car il n'était pas tout à fait exclu que sa petite incartade musclée soit pénalement répréhensible, qu'il ait à en rendre compte à la justice, voire (Malo n'était pas si con, il connaissait un peu le fonctionnement des institutions) aux instances politiques, à quelque commission d'enquête diligentée par l'un des parlements où des élus du peuple laissaient encore accroire au pays qu'une part de démocratie persistait dans la façon dont il était dirigé), et surtout pour qui bosser à présent, étant entendu qu'il lui faudrait probablement passer une frontière ou deux, s'éloigner, se faire oublier.

"On a un truc", annonça alors le conseiller spécial sans lever la tête de son téléphone, vers qui tous les regards convergèrent pendant qu'il se raclait la gorge comme s'il fallait qu'il dégage, avant de s'expliquer, un chemin pour sa voix restée jusque-là inerte, tapie au fond de son larynx et peu encline à s'éployer au-dehors. Un message venu de la préfecture, émanant du chef d'état-major à la direction de l'ordre public et de la circulation, l'avertissait que leurs services avaient mis la main sur de nouvelles images, enregistrées par une caméra de vidéosurveillance dans une rue adjacente à la place, où l'on voyait un individu qui correspondait en tous points au signalement de celui que Malo avait appréhendé lancer une bouteille en direction d'un groupe de policiers avant de s'enfuir en courant, et qu'ils tenaient l'enregistrement à disposition du Palais. En s'adressant à Malo d'un ton sec, il lui dit que rendez-vous était pris à 11 heures dans une brasserie de la Madeleine où un agent lui remettrait un CD-ROM contenant la vidéo (et Malo se demanda pourquoi un CD-ROM, ce gros vieux truc encombrant, plutôt qu'une simple clé USB) ; que, dès qu'il l'aurait récupérée, il avait ordre de revenir au plus vite ici même afin qu'ils la visionnent tous ensemble (le dadais eut un coup d'œil circulaire pour s'assurer que cette proposition convenait à tout le monde, à l'officier de liaison qui acquiesça d'un signe de tête, à Courbevoie qui resta impassible) et mettent en place une stratégie de com. Si les images étaient probantes, ils allumeraient un contre-feu en arguant que le coup de sang du chargé de mission avait été provoqué par l'unique souci (la "saine pulsion civique", nota le conseiller spécial dans son smartphone en vue de servir d'élément de langage) de voler au secours de membres de la police républicaine ~~assaillis par des casseurs~~ attaqués sous ses yeux par un individu violent et ~~de neutraliser de mettre hors d'état de nuire~~ d'empêcher celui-ci de commettre des actes irréparables, cette réaction étant à mettre au crédit du patriote sincère quoiqu'insuffisamment averti de ses droits et prérogatives qui, de sa propre et unique initiative, avait agi de manière spontanée, certes irrégulière mais légitime (le conseiller nota), par goût de l'ordre et non sans montrer un courage certain, dans un élan de protection de la nation et de ses défenseurs, en se portant au-devant d'un de ces fauteurs de troubles qui (conformément à l'opinion majoritaire, hostile à ce type d'énergumènes antifascistes et habitués des confrontations de fin de manifs) avait bien mérité, après tout, ce qu'il avait récolté.

L'officier de liaison poussa un grognement approbatif tandis que tous les quatre se levaient en même temps, Malo le premier, filant tête baissée vers le couloir, que le jeune dadais à l'oreillette interpella au moment où il allait franchir la porte :

— Malo ?

— Monsieur Fabianis ?

— Et rasez-vous la barbe.

L'ex-légionnaire acquiesça, sortit en haussant les épaules et, au lieu de prendre à gauche avec les autres pour remonter vers le cœur du Palais, bifurqua en direction des toilettes dont il ouvrit la porte avec précaution, tournant la poignée silencieusement comme si celle-ci fût fragile, risquât de se casser dans son poing ou qu'il voulût éviter qu'une personne cachée au-dedans l'entendît, et renifla, en pénétrant dans cette sorte d'enclave ménagée à l'intérieur du bunker, une vague odeur de vase, d'eaux usées mal ravalées par les canalisations, qui pointait sous la chape acide, mentholée des détergents, et en quoi il lui semblait reconnaître des relents de marécages, de bords de fleuve boueux, quelque chose en tout cas qui lui évoquait un souvenir d'environnement sauvage, non domestiqué, où l'on se serait attendu à ramper, à crapahuter, plutôt qu'à pisser dans un urinoir de faïence immaculée scellé à la paroi ainsi qu'il était en train de le faire, se refagotant ensuite avec application, la chemise bien rentrée dans le pantalon de costume bleu sombre, la ceinture, dont la boucle dessinait le logo d'un célèbre couturier, dûment ajustée, le savon monté en mousse autour de ses mains frictionnées sous le robinet réglé à température tiède puis passées sous la soufflerie d'air chaud, enfin la cravate rectifiée dans le miroir où Malo, en inspectant son visage, avait le plus grand mal à reconnaître la personne qu'il venait de voir, pendant de longues minutes, remuer et se figer sur l'écran – à faire le lien entre le barbu casqué qui malmenait un manifestant sur une placette parisienne et ce placide barbu dont la ronde figure familière, un peu pouponne, aux pommettes légèrement grêlées de traces d'acné juvénile et au nez poinçonné d'un gros grain de beauté, se tenait maintenant face à lui.

3

Les fantômes espérés

Les fantômes ne tiennent pas leurs promesses, on croit la vie durant qu'ils viendront nous hanter, on guette leur arrivée dans la nuit, le moindre bruit les annonce, nos lèvres les appellent, on voudrait les entendre derrière chaque craquement qui parcourt les couloirs les plafonds les parquets, on les cherche dans nos rêves, derrière les portes closes qui dissimulent les chambres où l'on ne va jamais, le château est bien grand pour notre petite famille, depuis l'orée de la forêt on voit toute la façade l'aile ouest et la tour d'angle je venais ici enfant à la tombée du soir, j'espérais que la fenêtre d'une des chambres vides s'allumerait qu'une silhouette noire se découperait un bougeoir au carreau ferait signe, un code secret vers de mystérieuses complicités tapies au-dehors comme dans un vieux film anglais gothique aux couleurs criardes dégoulinantes et comment s'appelait déjà cet acteur si grand il faisait peur et rire, un fantôme qui m'aurait fait signe depuis l'obscurité des temps anciens, bien avant que le château soit la propriété de ma famille, qu'il soit le fief Valier ce château acheté par mon grand-père et comment avait-il bien pu tomber dessus à l'époque, qu'est-ce qui l'avait mené là, pourquoi cet endroit reculé à l'écart de la capitale, à plus d'une heure et demie de route, niché entre des collines boisées dirait je l'imagine tout mielleux un agent immobilier, ce château dont mon grand-père avait fait son domaine son repaire et où ma mère contre toute attente avait souhaité s'installer après la mort de ses parents, elle qui passait son temps de New York à Moscou, qui fuyait il faut croire, le plus loin possible et le plus longtemps, elle faisait sa vie ailleurs et avait le plus grand mal à tempérer sa mauvaise humeur lorsqu'elle venait ici, contrainte et forcée pour ainsi dire du temps que son père mon grand-père y demeurait, elle n'a pas vendu ce château, elle ne s'en est pas débarrassée ainsi que tout le monde et moi le premier se serait attendu à ce qu'elle le fasse, elle l'a gardé l'a un peu réaménagé agrémenté à son goût, ça changeait un peu à chaque nouvelle fois que je lui rendais visite et puis ça n'a plus changé du tout, ça lui allait comme ça, c'était ce qu'elle voulait. D'ici je vois les rares pièces éclairées, je sais où ça vit encore le peu de vie qui reste, celle que ma mère entretient savamment avec sa petite cour l'infirmière le majordome la cuisinière et le chauffeur qui est aussi jardinier, intermittents les autres le gestionnaire de fortune l'artiste entretenu les obligés de tout poil, toute une galerie, un vrai petit peuple rassemblé affairé autour de Madame comme ils disent, ils vont et viennent passent restent un peu repartent vite, dès qu'ils peuvent, dès qu'ils ont ce qu'ils sont venus chercher, personne n'est dupe et surtout pas ma mère, ma mère moins que quiconque, elle leur donne ce qu'ils veulent à condition d'en profiter, donnant donnant, elle tire sur la corde de leur compagnie pour les saouler au passage avec ses visions de fin des temps, ses prophéties de bazar vrillées en boucle ressassées et fignolées au fil des mois, des années je crois, et quand cela a-t-il commencé, quand cette obsession est-elle apparue je ne sais pas, peut-être à la mort de son père mon grand-père justement, lorsque le bâtisseur d'empire le magnat tout-puissant avait emporté, aurait-on dit à l'enterrement, toute une époque dans sa tombe, il fallait les voir défiler marée humaine qui noyait le petit cimetière du coin derrière l'église du village, tous venus en convoi en berlines, voiturés depuis les quartiers huppés de la capitale, les amis les rivaux les connaissances, les élus les hautes personnalités les associés les employés et même les anciennes maîtresses discrètes en retrait dont personne n'avait jamais eu vent et qui, elles, pleuraient abondamment, elles étaient les seules à pleurer sincèrement peut-être le vieil amant riche aimant attentionné, celui qui les avait tant chéries et gâtées, elles connaissaient de lui quelque chose qui échappait à tous les autres, ignoré de nous la famille bien entendu comme des bienséants pèlerins en manteaux noirs qui s'acquittaient là d'une corvée nécessaire, imposée par l'étiquette, par leur appartenance à un monde autant que par la correcte gestion de leurs affaires, leur présence ne souffrait aucune discussion, c'était l'obligation professionnelle, il fallait qu'ils se déplacent, qu'ils soient là au moment où serait porté en terre l'emmerdeur redouté dont ils n'avaient cessé de croiser la route à titres divers, le capitaine d'industrie aux manières délicieusement glacées, à la volonté implacable, aux colères homériques, qu'on pensait coriace une teigne comme la pire mauvaise herbe indéracinable et dont tout le monde avait été surpris qu'il soit ainsi emporté par une étrange maladie foudroyante que rien n'avait annoncée, pas même ses propres angoisses, et aucun n'avait pu s'empêcher de penser en apprenant la nouvelle, avec un frisson de surprise et d'effroi, qu'André Valier n'avait finalement pas la peau aussi dure qu'on l'aurait cru, et certains n'avaient pas pu non plus s'empêcher de se dire qu'on lui avait fait la peau. Ils se trouvaient maintenant là, réunis au milieu des pierres tombales, des caveaux de famille aux noms inconnus, certains un peu rigolos incongrus Amédée Vieilledent et Myriam Achouard épouse Vieilledent et d'autres qui en imposent sur leur lopin, noms de nobliaux d'antan de notables locaux de tués à la guerre ou de maquisards, et même certains qui réunissaient plusieurs qualités à la fois comme ce Gaspar Laleman mort pour la France, les invités ils étaient presque tous déjà vieux et leurs visages fermés, froncés, pas tristes mais inquiets, ils se demandaient si leur propre peau à eux était aussi dure qu'ils l'espéraient, comme si avec l'industriel qui appartenait à leur paysage, qu'ils avaient fréquenté pendant des décennies et dont ils avaient accompagné le succès, qu'ils l'aient loué en aient profité ou l'aient désapprouvé combattu peu importe, c'était une part d'eux-mêmes déjà qu'on enterrait dans ce bout de bled improbable paumé où le père Valier avait élu domicile Dieu sait pourquoi. Parmi eux ma mère ne pleurait pas, elle avait gardé le même visage figé tout du long dans un unique rictus de douleur hagarde et contenue, et encore pendant le repas le buffet qui avait été offert pour ceux qui le désiraient au retour du cimetière, dehors devant le château là-bas sur la grande pelouse, tables blanches serveurs en noir parasols déployés il faisait beau cet après-midi-là, pendant que près d'elle, debout à ses côtés, je serrais à la chaîne les mains tendues, recueillais les bises les paluches posées sur mes épaules la sollicitude et la compassion, envers ceux qui venaient la voir qui lui glissaient un mot lui faisaient part de leurs condoléances maman avait conservé la même expression, en remerciant, en écoutant l'anecdote personnelle que chacun lui racontait, les mots réconfortants, ceux fades usés et vides que nous empruntons dans ces cas-là puisqu'il n'y a rien à dire devant la perte d'un être aimé, tout ce qu'on peut dire alors n'a pas d'autre signification que de montrer qu'on dit quelque chose plutôt que rien, ma mère avait ce masque immuable regard fixe qui s'épinglait sur tous ceux qui tour à tour rendaient leurs hommages en se disant autant s'y faire que l'héritière la fille unique était désormais pour de bon la seule maîtresse de l'empire, que les fonctions auxquelles elle avait été intronisée trois ans auparavant prenaient désormais toute leur pleine mesure symbolique, maintenant le vieux était clamsé et son ombre ne pèserait plus sur rien. Oui, peut-être est-ce ce jour-là que maman a commencé à nourrir en elle l'hypothèse que ce monde pouvait ne plus en avoir pour longtemps, que la mort du père signifiait les prémices d'un cataclysme général. Peut-être avait-elle même toujours, sans se la formuler bien sûr, vécu dans l'idée diffuse confuse absurde et entêtante que son père ne mourrait pas, qu'il était véritablement impossible qu'il meure, et en le voyant brutalement disparaître s'était-elle rendu compte que c'était toute chose qui véritablement était appelée à disparaître, et jusqu'à l'ensemble du monde entier. Ou alors s'était-elle mise, je ne sais pas, à y penser encore plus tôt déjà, par exemple lorsqu'elle avait suivi, avec la même avidité casse-cou qu'un reporter de guerre transporté vers les lignes de front au plus près des combats et qui s'infiltre parmi les troupes en action, l'effondrement du bloc de l'Est, la dissolution de l'Union soviétique sa transformation en une nouvelle entité improbable qui n'avait pas de forme ni de nom, elle y était paraît-il à son aise, dans son élément elle aidait les hommes forts du nouveau régime qui en retour favorisaient la pénétration du groupe Valier sur ces territoires ces marchés où tout était à saisir et à faire, elle s'associait avec des gens dont personne n'avait alors entendu parler de ce côté-ci de l'Europe, aujourd'hui la plupart ont leur villa sur la Côte d'Azur et font chanter les stars américaines du R'n'B aux anniversaires de leurs rejetons, à cette époque dans les années début milieu quatre-vingt-dix je ne la voyais déjà plus beaucoup, je ne te voyais pas beaucoup ma chère maman, non que je t'aie jamais beaucoup vue d'ailleurs, j'étais étudiant au téléphone une ou deux fois par mois elle me disait je suis en Russie, histoire de désigner par commodité une zone vague incertaine qui n'était pas seulement la Russie mais avec elle le puzzle des républiques attenantes, celui qui s'était disloqué d'un coup au moment de la grande séparation. Au gré de ses pérégrinations à travers l'Est, elle avait vu qu'un monde peut s'écrouler s'éteindre s'effacer remplacé par son contraire, avalé par son antagonisme absolu, un monde peut se dissoudre dans son pire cauchemar, et peut-être est-ce à ce moment-là qu'elle avait commencé à se dire, ou même sans se le dire s'était-elle mise comme malgré elle à en intérioriser l'idée, que si le monde soviétique honni avait pu s'écrouler alors pourquoi pas d'autres, pourquoi pas les autres, et pourquoi pas le nôtre, et s'il n'y avait plus rien pour le remplacer, pas d'autre monde disponible au-delà de la chute, alors il serait possible qu'il ne soit remplacé par rien, qu'il n'y ait tout simplement plus de monde du tout. Je ne sais pas si dans sa passion pour l'Est, son acharnement à favoriser le démembrement du vieil État et l'emprise par la caste naissante des oligarques, sa frénésie à investir à faire jouer ses relations à convaincre des banques européennes de prêter l'argent nécessaire pour que les nouveaux maîtres deviennent les maîtres, pour qu'ils puissent mener leur dépeçage à crédit, je ne sais pas s'il n'entrait pas là-dedans quelque chose comme un vertige devant ce grand tourbillon destructeur, ce vortex de la liquidation intégrale. Qu'y a-t-il de plus fascinant, œuvrer à l'anéantissement du monde ancien ou participer à l'édification d'un monde à venir ? Elle y passait plus de temps que chez nous il me semble, elle n'a pas dû venir souvent voir son père durant ces années-là, le château ici j'y venais seul, je restais quelques jours aux vacances parfois un peu en dehors, à Dauphine je n'étais pas très assidu nul ne m'en tenait rigueur, je voyais mes grands-parents le soir au dîner, ma grand-mère tous les soirs et mon grand-père s'il était là, pas si souvent, il était encore boss à plein temps, toujours entre deux réunions deux avions deux deals, mes grands-parents parlaient peu se parlaient peu de part en part de la grande table impeccablement dressée, ils avaient de l'affection pour moi tous les deux, je le savais je le sentais mais ils me la montraient séparément, jamais ensemble et en même temps et en tout cas pas à l'heure des repas, comme si la présence de l'un empêchait l'autre de se rapprocher de moi, aucun des deux ne voulait que l'autre voie le lien qu'il entretenait avec son petit-fils, mamie m'appelait mon trésor aux autres heures du jour, en aparté, en me posant des questions sur ma vie l'école mes copines, quand j'étais seul avec elle au château on mangeait plutôt dans la cuisine, papy m'offrait des choses et parlait du futur de mon futur du futur de la famille c'est-à-dire du groupe Valier, il m'offrait une montre une paire de chaussures, il connaissait ma pointure, lui ou quelqu'un de ses assistants je ne sais pas il ne se trompait jamais, il me les faisait essayer devant lui elles m'allaient toujours bien, un foulard une cravate il aurait bien aimé que j'en porte c'était rare, encore aujourd'hui je n'aime pas trop ça, ça sert le cou, les premiers Mac une console de jeux dernier cri rapportée du Japon qui n'était pas encore commercialisée en Europe, je sais que cette attention ces cadeaux étaient la marque de ses sentiments pour moi autant que n'importe quel discours n'importe quelle grande déclaration, c'est une chose que j'ai apprise je l'ai souvent observée autour de moi, chez ceux qui en ont tant et plus, et tellement que leur nom se confond parfois avec le chiffre de leur fortune, l'argent n'est pas seulement comme peuvent le croire les profanes en la matière une finalité, encore moins bien sûr un moyen, c'est à la fois un élément dans lequel ils baignent et une médiation, un rapport au monde et à autrui, offrir donner du fric distribuer des enveloppes autour d'eux c'est leur manière de se mouvoir et de s'exprimer, de s'adresser au-dehors, elle se confond avec leur identité leur moi leur être profond je ne sais pas comment appeler ça, elle tisse leurs liens avec les autres, elle traduit leurs émotions, par elle ils offrent en partage une bouffée de l'air qu'ils respirent. Je connais une histoire, elle est vraie, d'un type qui avait trouvé l'aubaine d'approcher le père Auridon, celui des chaînes hôtelières des clubs de vacances des croisières des tour-opérateurs, le leader mondial du tourisme démocratisé, profiteur de démocratie et grand bétonneur de bords de mer, accessoirement l'une des personnes les plus riches de France, c'était alors un vieux monsieur assez croulant qui sucrait les fraises à l'abri dans sa propriété de Paris-Ouest, mon type s'était mis en cheville avec quelqu'un soi-disant proche de lui, un avocat un truc du genre qui venait à l'occasion taper la causette sur convocation du vieux et sous prétexte d'affaires fumeuses, en vérité surtout pour tenir compagnie au vieillard qui s'ennuyait, et à la fin de chaque entrevue, en même temps qu'il serrait les mains de sa main flasque tremblotante et constellée de taches de son, pépé distribuait des enveloppes kraft à tous les visiteurs, chacun repartait avec la sienne, c'était sa conception de l'hospitalité, son rituel de reconnaissance, alors au moment de le saluer l'ambitieux en pensant se faire bien voir du patriarche avait refusé l'enveloppe, il s'était dit une connerie du style le vieux ne m'en aimera que mieux, il pensera que je n'en veux pas à son argent contrairement à tous les autres, que mon amitié à moi est plus sincère, bien sûr il espérait en tirer ainsi à terme de plus amples bénéfices, le gros lot, pourquoi pas devenir son héritier le fils putatif tant qu'on y est, et le père Auridon n'avait rien dit, il avait remballé son enveloppe, seulement le visiteur gros malin n'a jamais été réinvité, porte fermée persona non grata, il n'a jamais revu le vieux, banni il s'était rayé de lui-même de la liste des fréquentables, son refus était la pire insulte qu'il pouvait lui faire, c'était comme s'il avait craché dans la main tendue du vieillard, comme s'il avait montré le plus grand mépris pour tout ce qu'il était, pour le monde qu'il incarnait. Papy Valier lui n'avait pas ce genre de cérémonials ou bien il n'en a pas eu le temps, il est mort trop jeune trop vite, il n'a pas connu les années de morne retraite à voir défiler les flatteurs, pas d'enveloppes à répartir pas d'interlocuteurs interchangeables à assommer avec ses lubies de grand âge ses angoisses prémortuaires ses souvenirs triomphaux d'ancien combattant de la guerre économique ou ses fantasmes de monde effondré, de là où il est comme on dit, s'il est quelque part, ça doit bien l'amuser de regarder le ballet des berlines qui écrasent le gravillon en remontant l'allée, les chauffeurs qui ouvrent les portières, les têtes baissées qui en sortent et gravissent rapidement les marches jusqu'au perron, qui s'enfournent dans le château en espérant y rester le moins de temps possible, les Russes on ne les voit plus beaucoup aujourd'hui, ils ne sont pas nombreux qui viennent encore rendre visite à ma mère, même son cher Kouritchev se fait rare, pourtant ma mère est encore à la tête du groupe tout entier, par le biais des membres du comité exécutif qu'elle a tous choisis quand petit à petit ceux que mon grand-père avait mis en place sont partis, grâce à son gestionnaire de fortune, aux directeurs des filiales, elle les a placés aussi, *via* les conseils d'administration, elle dirige tout depuis chez elle, mais la vie aujourd'hui se concentre au rez-de-chaussée, ma mère ne monte plus, elle a sa chambre en bas, son fauteuil à ressassement son observatoire de l'apocalypse dans sa tête, et peut-être aussi après tout qu'elle ne supporte pas l'idée que le monde lui survive, peut-être qu'elle ne supporte véritablement pas l'idée qu'elle va mourir, peut-être qu'elle ne supporte véritablement pas l'idée que tout le monde ne meure pas avec elle. Si je me baisse je vois parmi les volets clos la fenêtre de ma chambre près de la tourelle, dans ma jeunesse j'y passais parfois presque toute la journée sans bouger, j'avais quoi dix-huit ans vingt ans vingt-deux ans, je jouais à *Zelda Sim City Doom Civilization*, je matais la télé le foot anglais je bossouillais vaguement ce qu'il fallait minimum pour assurer à Dauphine, j'attendais que ma vie commence, ma vie véritable qui viendrait, ou bien comme aujourd'hui à la bonne saison après la pluie je mettais des bottes, je prenais au crochet le bâton, celui-ci avec la lanière qui se passe autour du poing et le bout en forme de petit cône pointu en fer, on dirait une arme, j'emmenais le chien, je traversais les jardins jusqu'ici, je m'éloignais, je regardais le château derrière moi, il y avait plus de volets ouverts plus de lumières allumées qu'aujourd'hui et puis je m'enfonçais dans la forêt, j'enjambe des fougères, ça sent la terre humide et la moisissure fraîche, avec le bout en fer je fouillais je soulevais les feuilles mortes près des souches, il y a encore les mêmes champignons, je crois qu'il y en a moins est-ce un effet de ma mémoire, on croit toujours que c'était mieux avant que l'eau des rivières était plus claire plus poissonneuse et pleine d'écrevisses sous chaque pierre, et peut-être que ça l'était vraiment, des cèpes, moins souvent des girolles et puis parfois des trompettes-de-la-mort, le graal les trompettes, rien de meilleur ni de plus fin de plus joli que ces cornets noirs, je devinais une corolle, me penchais, je déplaçais une feuille et là il y avait un bouquet de ces petites fleurs de chair tendre, je m'en régalais d'avance, je les cueillais délicatement avec un canif je grattais la queue, les déposais au fond de ma besace toujours la même que j'ai sur l'épaule avec panier en osier intégré à l'intérieur du sac à dos noir de jais, un vrai truc de pro, la haute couture du panier à champignons, dans le sous-bois parmi les moucherons qui voletaient les parfums sucrés fumés de la décomposition les chants des oiseaux cachés dans les arbres je ne pensais plus à ma mère ni à mes grands-parents, je ne pensais plus à grand-chose, je respirais, je pensais aux champignons, c'est tout, je rentrais à la fin de l'après-midi quand le soleil déclinait à travers les ramures, la lumière tombait oblique, elle virait à l'or en poudre répandue sur les feuilles rouges orange, si la cueillette avait été bonne au dîner du soir le cuisinier faisait une place pour ce que j'avais rapporté, une omelette une poêlée pour accompagner la viande, ma grand-mère s'extasiait, mon grand-père me félicitait, ça les mettait d'accord pour une fois. Combien ils se haïssaient je ne le savais pas encore, je le sentais sûrement, j'en avais une intuition sourde inconsciente et j'en ignorais la raison, je ne l'ai apprise que plus tard, ou peut-être déjà avais-je tout compris au fond de moi, puisqu'on dit que les enfants quelque part comprennent tout, leur haine réciproque et pourquoi l'absence de ma mère et la drôle de position que j'avais face à eux, ce que je représentais à leurs yeux, en mangeant ma poêlée de trompettes-de-la-mort et en attendant les fantômes en secret, je marche et mes pas écrasent des feuilles les tassent, mes semelles y laissent leurs empreintes derrière moi elles seront vite recouvertes, absorbées par la forêt puis viendront des cerfs des sangliers des renards, les bêtes sauvages ont peur de nous, elles se cachent il faut de la chance pour en voir une, il y a un chemin c'est plutôt un sentier, là un raidillon qui mène sur un petit tertre où la végétation s'éclaircit, le ciel est plus grand, du côté du château ce sont les toits les hautes cheminées qu'on aperçoit, comme la plupart des châteaux du pays celui-ci a été bâti sur l'emplacement d'un vieux donjon moyenâgeux avec ses douves sa basse-cour son pont-levis comblés rasés à la Renaissance, à la place de quoi on avait érigé alors une élégante gentilhommière au goût italien, consécutivement rehaussée rafistolée agrandie pendant les siècles suivants jusqu'à ce que le dix-neuvième vienne y mettre son grain de sel, ses ajouts, la touche finale un peu kitsch et médiévalisante, puis à partir du vingtième, c'est toujours comme ça, on s'était contenté d'entretenir et de restaurer, en un mot de conserver, si j'ai bien compris ce que me racontait mon grand-père qui en achetant le domaine s'était voulu gardien de la mémoire des lieux, s'était piqué d'en connaître l'histoire et de pouvoir la perpétuer à la manière d'un vrai châtelain continuateur d'un haut lignage, une fin de race qui n'aurait plus eu qu'un beau tas de vieilles pierres pour faire exister son nom et sa fierté d'être lui-même, tout l'inverse en fait du nom Valier qui n'existait pas ou si peu avant mon grand-père, mais papy il faut croire aimait jouer les aristocrates, les chefs de grande famille improvisés, heureusement encore qu'il ne s'est jamais mis en tête d'acheter un titre, une particule à la con, si ça se trouve, c'est possible, il n'a acquis cette bâtisse à cet endroit reculé que pour s'inventer un ancrage un terroir, il n'y avait guère, disait-il, au cours du dernier siècle que le parc qui avait évolué, la forêt mieux entretenue, des pare-feux réaménagés, des sentiers débroussaillés comme celui sur lequel je marche maintenant, en avançant encore un peu plus je vois apparaître la vaste terrasse qui prolonge l'aile ouest, qui avance ceinturée d'une balustrade en pierre bien épaisse trapue solide, bien noble, en surplomb au-dessus de la grande pelouse plane et verte, un vrai terrain de foot sans les lignes, à l'anglaise, c'est là que nous étions là que se tenaient rassemblés les visiteurs venus à l'enterrement et là aussi, trois ans avant sa mort, que nous avons fêté les soixante-quinze ans de mon grand-père, ses trois quarts de siècle il disait comme s'il avait été véritablement l'unique propriétaire de cette fraction du siècle écoulé, "mes trois quarts de siècle", il trouvait cette date ce chiffre plus symboliques que les dizaines rondes, soixante-dix ou quatre-vingts. Il y avait beaucoup de monde une vraie foule, moins que pour l'enterrement quand même, mon grand-père avait invité un paquet d'amis de collaborateurs, toute sa belle-famille des cousins des membres distingués des clubs qu'il fréquentait, on avait disposé des tables sous des chapiteaux blancs aériens légers comme des tentes au désert, la brise faisait battre les voiles, sur une petite estrade jouait un orchestre, une odeur d'herbe coupée fraîche montait, oui c'était une belle journée, papy était radieux volubile, il n'avait pas mis de cravate, d'une table à l'autre il allait, il prenait les gens par le cou, donnait des accolades, gratifiait les femmes de compliments, on n'aurait pas tellement dit que son épouse ma grand-mère était morte l'année précédente, qu'il était veuf depuis dix-huit mois, il avait passé le temps du deuil, en pleine forme, au menu il y avait une soupe glacée aux truffes, le reste je ne m'en rappelle plus, du homard, pas de trompettes-de-la-mort c'est sûr, c'était ce genre d'événements exceptionnels, par définition uniques, dont on dirait pourtant que les personnes qui y participent n'ont jamais fait que ça toute leur vie, qu'elles possèdent un instinct qui leur dicte comment tout se déroule et comment se comporter, qu'elles exercent avec précision un savoir-faire, suivent les lignes d'une partition, papy avait soufflé une bougie une seule plantée dans son assiette, les flashs avaient crépité de concert en rafales dans une intense mitraille, puis les applaudissements avaient éclaté, des voix s'élevaient, des bravos, des mercis, des plaisantins avaient réclamé un discours, mon grand-père les avaient pris au mot et un silence s'était fait tandis qu'un serveur lui apportait le micro de la sono, l'orchestre avait cessé de jouer, tout ceci avait bien sûr été soigneusement préparé, réglé ça aussi comme du papier à musique, tous les convives s'en sont rendu compte, moi y compris, et aussitôt mon grand-père, après s'être raclé la gorge éclairci la voix, avait fait part de son émotion, de sa joie de voir autour de lui rassemblés tous ceux qui lui étaient chers, il balayait l'assistance du regard, il disait que chaque visage lui rappelait des moments marquants de son existence, sur certains s'arrêtait, il égrenait la petite histoire, tu te souviens Dominique notre sortie en mer du Nord au large d'Ostende, la trouille que j'avais eue lorsque la mer d'un coup s'est démontée, des creux de dix mètres, je hurlais je m'accrochais à tout ce que je pouvais et toi tu ne bronchais pas j'ai su alors que je pourrais me reposer sur toi en toutes circonstances, tu te rappelles Jean-Luc quand on a visité cet ancien silo à missiles nucléaires dans le Nevada, dans une des fosses il restait la tête d'une ogive jetée là comme une vieille épluchure on n'était pas complètement rassurés quand même pas sûrs que ce machin en ferraille avait bien été désamorcé récuré, à l'entendre il avait été heureux à peu près tout le temps, il avait eu une femme admirable la meilleure des épouses il ne l'oubliait pas en ce jour, elle aurait tant aimé être là, il avait connu le bonheur d'être père et la chance merveilleuse d'être grand-père d'un formidable jeune homme, avait-il dit en me regardant avec un sourire dont j'aurais juré qu'il révélait toute la tendresse et la bonté que d'ordinaire sa pudeur l'obligeait à tenir cachées, puis il était revenu sur certaines étapes cruciales de sa carrière, les moments clés, certaines acquisitions, certains choix stratégiques, réduire l'activité de la petite boîte de travaux publics de ses débuts, qui construisait surtout des locaux de gendarmerie et des baraquements pour l'armée, afin d'investir dans la promotion immobilière au début des années soixante, c'était la belle époque des champignonnières urbaines périphériques, de l'éclosion en masse des lotissements de banlieue et des cités-dortoirs, du boom des stations de ski des villages de vacances et des complexes balnéaires, à quarante ans il était déjà riche, c'est à cette période qu'il avait acheté ce château et lorsqu'il avait dit cela les visages s'étaient tournés levés vers les tours et la façade et les cheminées hautes pour apprécier le choix de l'esthète, il avait profité ensuite dans les années quatre-vingt de la privatisation des entreprises du secteur de la Défense et de la crise engendrée par la baisse brutale du volume des ventes d'armes mondiales pour entrer en tant qu'actionnaire minoritaire au capital de Capris, le grand fabricant national d'avions de chasse de satellites de missiles de lance-roquettes de fusils de blindés légers. Et c'est là, avait-il dit au micro, souriant les yeux dans le vague, presque rêveur en y repensant, que tout avait véritablement basculé, son moment de gloire, ou le moment qui avait fait sa gloire ultérieure, lorsqu'il avait flairé l'opportunité du krach d'octobre 1987 pour lancer son OPA sur Capris et ainsi prendre seul le contrôle de l'entreprise, décuplant en un seul coup la puissance et le chiffre d'affaires du groupe Valier, et c'est là aussi, mais ça naturellement il ne l'avait pas dit, qu'il était devenu l'une des toutes premières fortunes du pays, une figure médiatique, quelqu'un dont on connaît le nom dans les bistrots dans les chaumières jusqu'au fin fond de la province et qui tient lieu, c'est selon, d'exemple de réussite ou de repoussoir absolu, de modèle pour notre belle jeunesse libérale entrepreneuse ou de sale gueule placardée au mur entre quatre punaises colorées et dans laquelle on tire des fléchettes pour se détendre à la fin des réunions syndicales, il savait ça, bien sûr qu'il le savait et peut-être cette célébrité était-elle un motif supplémentaire de fierté, il avait su se faire un nom et peu importait ce que ce nom évoquait et à qui, il tenait son micro par en dessous bien devant ses lèvres comme un crooner chanteur de charme un Sinatra à sa manière, et il avait abrégé la suite, avait survolé les quinze années qui s'étaient écoulées depuis, il n'était pas entré dans le détail des autres développements du groupe, de l'acquisition de la branche systèmes spécialisée dans l'électronique militaire et aérospatiale ni de la création du pôle média, le rachat d'un bouquet de titres influents de la presse économique et le financement d'une chaîne de télé, peut-être sentait-il arrivé à ce point que son laïus virait au pensum, à l'exercice inutile d'autopromotion qui ne lui ressemblait pas, de toute façon l'auditoire connaissait parfaitement l'histoire du groupe et surtout son histoire récente, et après tout si elle devait être écrite, cette histoire, ce n'était certainement pas à lui de le faire, d'autant que la très grande majorité des personnes qui l'entouraient à présent en avaient été partie prenante. Il avait remercié encore une fois tous ceux qui avaient été ses collaborateurs, tous ceux qui l'avaient épaulé sans relâche au cours de sa carrière et sans qui elle n'aurait, cette carrière, pas été possible, et il avait une dernière pensée pour sa femme bien-aimée qui n'était plus là et avec qui il aurait aimé partager cet instant de communion, ses trois quarts de siècle, et tout le monde encore applaudissait et lui il faisait des signes de tête, une sorte de révérence, Sinatra qui salue son public juste avant de sortir de scène mais qui sait bien que cette sortie n'est que provisoire, son tour de piste est bien loin d'être fini car aussitôt, sous les applaudissements qui n'auront pas cessé, il reviendra pour les rappels, le spectacle continuera, il y en aurait d'autres, l'histoire n'était pas terminée, il en restait des pages à écrire, déjà les petites cuillères en l'air s'apprêtaient à plonger dans la pièce montée mais soudain mon grand-père avec autorité avait levé la main paume face à l'assistance afin de demander le silence, il avait quelque chose à ajouter on avait rabaissé les petites cuillères, la pièce montée attendrait, de nouveau il avait pris le temps de se racler la gorge et de regarder autour de lui puis d'une voix calme, presque suave, il avait annoncé qu'il avait une déclaration à faire mais, avant cela, qu'il aimerait que sa fille "Eugénie, s'il te plaît, viens près de moi" le rejoigne sur l'estrade. Et alors il s'est passé ce que personne n'aurait imaginé, hormis probablement la poignée de fidèles qui était déjà dans la confidence puisqu'il avait bien fallu préparer le terrain mettre les choses en ordre, mon grand-père a dit posément sans précipitation, avait-il répété retourné cent fois dans son esprit les mots qui franchissaient ses lèvres à présent ?, qu'au cours de ces derniers mois il avait sagement mûri sa décision, depuis la mort de sa femme il avait senti poindre le besoin de prendre du recul, de profiter de la bonne santé qu'il avait la chance de conserver et dont il avait pu voir hélas qu'elle était une chose éphémère et fragile, le moment était donc venu pour lui de se retirer, de laisser la place à la tête du groupe, et il s'est incliné vers sa fille ma mère il s'est rapproché d'elle il a passé son bras autour de ses épaules, il a déposé un baiser sur sa joue, il a ajouté que tout le monde ici s'accordait à reconnaître les mérites d'Eugénie, elle qui, au fil des années, avait siégé au conseil d'administration de toutes les principales filiales de l'entreprise, elle qui avait vécu au plus près ses grandes mutations, avait participé à ses orientations, dirigé les activités financières, décentré les investissements vers d'autres horizons, des marchés inédits, et qui, a-t-il conclu en montant dans les aigus non sans une touche d'emphase, un peu vibrant, n'était pas seulement son héritière naturelle mais aussi et surtout la personne la plus compétente pour prendre sa succession, "la bonne personne" a-t-il insisté, elle représentait l'avenir, elle était une évidence, et il était heureux de lui passer maintenant le flambeau, de la main à la main, il l'a embrassée encore une fois, il l'a serrée dans ses bras, puis il s'est tourné vers le château pour l'observer quelques instants comme si la grosse maison veillait sur eux, comme si le tas de pierres et les fantômes qui y logeaient peut-être lui donnaient leur bénédiction, et c'était tout, c'était fait, la passation avait eu lieu, ça n'avait pas été plus compliqué que ça, les regards se sont tous aussitôt portés vers ma mère qui ne mouftait pas, stoïque, elle savait pourtant, elle ne pouvait pas ne pas savoir, moi je ne l'ai appris que plus tard, quelle rage son père devait avoir à cet instant précis au fond de lui, elle savait le sacrifice inouï qu'il venait de faire, l'obsession d'une vie qu'il venait de consumer, le renard féroce qui lui dévorait les entrailles pendant qu'impassible et souriant il accueillait les applaudissements d'abord épars hésitants puis francs et massifs de l'assistance hébétée, tout le monde échangeait des coups d'œil à la dérobée, cherchait à savoir qui avait été tenu au courant avant les autres, à qui profiterait le legs, se sentaient-ils vulnérables ou renforcés mis au ban ou favorisés, ils avaient ensuite mangé le dessert presque sans bruit, abîmés dans une torpeur dont il était difficile de percevoir si elle traduisait la stupéfaction la consternation ou si intérieurement chacun déjà se faisait mouliner la cervelle en se demandant comment il tirerait son parti de la nouvelle donne, je n'aime pas trop ça moi la pièce montée, la crème la nougatine c'est trop sucré vite écœurant, j'ai avalé quelques bouchées pour faire honneur à mon grand-père, respecter ce qu'il y avait de solennel dans ce moment inattendu, j'étais je crois content pour ma mère, content pour toi maman, ma chère maman, je trouvais ça normal et que tu le méritais, ton père t'offrait ce cadeau cette confiance, à travers toi il fondait une dynastie, il te faisait la dépositaire de son œuvre et de sa gloire, ce que je pouvais être aveugle naïf idiot, non en réalité les enfants ne comprennent rien, ils sentent au mieux vaguement quelque chose, ils ferment les yeux, ils s'en remettent aux fantômes aux absences aux esprits cachés qui rôdent, à l'espérance d'une autre vie qui ferait irruption dans la leur et les consolerait les tirerait de l'engourdissement familial, leur permettrait d'échapper à ce qui les asphyxie les assomme les lamine sans même qu'ils en aient conscience, j'ai longtemps attendu les fantômes, je les ai appelés de mes vœux, je les ai cherchés dans les combles les caves les recoins sombres, mais les fantômes ne sont jamais venus me prêter main-forte me sortir de là, on ne peut pas compter sur eux, toujours ils m'ont laissé me débrouiller avec ça, ce poids que je sentais sans savoir le nommer, cette macération occulte qui exsudait des placards se déposait sous les lits traînait derrière les portes se diffusait âcre à travers les pièces et qui n'était rien d'autre que le désamour, l'inavouable désamour, et la haine, l'inavouable haine, celle qui s'était cristallisée et répandue, établie partout dans le château, à croire que mon grand-père ne l'avait acheté ce château que pour recueillir cette haine, la loger quelque part, lui confectionner un écrin où la laisser croître et la transmettre en héritage, la pelouse est un peu haute aujourd'hui, elle sera tondue demain sans doute, ou pas, ma mère ne sort plus l'état du parc des pelouses elle s'en fiche, ma chère maman le jardin tu t'en fous, ton monde est brûlé, ton monde part en lambeaux, alors maintenant à quoi bon tondre une pelouse, le jardinier peut y aller à son rythme, il n'est pas à un jour près.

4

Symposium

Il ne faut pas leur en foutre plein les yeux, avait dit la conseillère, on ne va pas faire péter le champagne et les flonflons, on va faire les choses en grand mais tout en sobriété, et son assistant sur son bloc-notes à spirale avait écrit ce mot, *sobriété*, qu'il avait encadré dans un beau rectangle tracé au Bic noir, sans savoir exactement ce qu'il (ce mot-talisman à l'aune duquel il devrait donc coordonner la deuxième édition du Symposium annuel des Amis du Philanstère) recouvrait dans l'esprit de la conseillère, ce qu'elle entendait par là, c'est-à-dire où se situait, selon elle, la frontière entre lesdits flonflons et la juste retenue, entre le luxe tape-à-l'œil et le minimum d'opulence mesurée nécessaire à ce type de cérémonies où les mécènes devaient se sentir distingués, traités avec l'apparat dû à leur rang, puisque l'objectif premier de la manifestation était de les convaincre de leur importance, sans qu'ils en aient pour autant l'impression que l'agence jetait par les fenêtres son argent (autrement dit le leur), lequel devait se destiner à des fins plus vertueuses.

À présent les convives arrivaient les uns après les autres, seuls ou en couple, plus rarement par grappes, franchissaient dans un flux quasi continu, depuis la rue, la grille de fer forgé dont rutilait la peinture neuve d'un noir immaculé, et devant quoi un vigile, tout de noir vêtu également, assorti au portail dont il avait la garde, sourire et oreillette connectée de rigueur, leur souhaitait la bienvenue en s'assurant que tous venaient bien pour "l'événement" (curieux et badauds seraient priés de repasser un autre jour) ; puis il leur indiquait de s'avancer dans la cour d'honneur de l'hôtel particulier, de contourner la sculpture d'un artiste indien qu'on avait installée en son centre (une sorte de cratère de cuivre), en direction d'un pupitre où une hôtesse affable, en tailleur vert forêt, les recevait avec un mot aimable pour chacun et, après avoir dûment pointé leur nom sur la liste des invités, les orientait sur leur droite vers la grande porte vitrée coulissante qui ne cessait de s'ouvrir et de se fermer – si bien que l'assistant se demandait si l'on n'eût pas mieux fait d'en bloquer le mécanisme pour la soirée afin d'éviter ce manège perpétuel de verre et de vide.

Lorsque les invités pénétraient dans le bâtiment, ils étaient tout de suite accueillis, au niveau du premier hall, par Antoine et Anissa, badges nominatifs épinglés sur le cœur, debout derrière leur desk et distribuant à la volée d'enjouées salutations tandis qu'au-dessus de leurs têtes brillait en lettres de néon rose, imitant la calligraphie d'une écriture cursive légèrement maladroite, comme tracé par une main d'enfant, le mot "Humanistolab" ; et l'assistant, au gré de ses allées et venues entre la cour d'honneur et les différents salons de réception où la foule des Amis commençait à s'amasser, chaque fois qu'il passait devant l'inscription lumineuse ainsi déployée sur le mur de pierre blanche fraîchement ravalé se devait de reconnaître que la conseillère avait eu le nez creux en optant finalement pour ce néologisme barbare malgré les réticences que lui, l'assistant, invité à donner son avis lorsqu'ils cherchaient un nom pour baptiser ce lieu chargé d'héberger le premier "incubateur de solutions philanthropiques" de la capitale, ne s'était pas privé de formuler (la conseillère appréciait la franchise en quoi elle voyait la marque d'un esprit d'initiative indépendant, le gage de l'aspect collaboratif (elle disait : "horizontal") de son travail : elle aimait qu'on sache lui tenir tête, que face à elle on fît preuve d'un caractère fort, qu'on lui dise non au besoin), objectant alors que ce mot, *Humanistolab*, lui paraissait trop abstrait, cryptique, trop jargon technoïde, trop nouveau monde pour désigner l'édifice inscrit à l'inventaire des monuments historiques et dont les origines remontaient au quatorzième siècle, du temps où toute la rue, située à quelques dizaines de mètres seulement des quais de la Seine et jouxtant le port où le bois de chauffage était déchargé, devait empester les remugles de la viande faisandée et des abats avariés, rognures de rognons, venaisons rassies, rogatons en proie à la pourriture, tous les invendus du marché, les rebuts des halles auxquels on faisait en charretées traverser le fleuve par l'île de la Cité et qu'on récurait, salait, bouillait ici avant de les distribuer aux indigents qui pullulaient dans le quartier et s'agglutinaient devant ce qui s'apparentait donc à l'époque à un prototype moyenâgeux de boucherie solidaire.

En ce lointain passé déjà dédié à la charité, la conseillère avait voulu voir la marque de la vocation première, ancestrale du lieu. Au moment où elle avait appris que l'hôtel particulier érigé à cet emplacement en 1475 était mis sur le marché, elle venait d'être recrutée par une grande banque d'affaires désireuse d'ouvrir un département entièrement dévolu aux œuvres philanthropiques et au mécénat privé, après avoir été débauchée, par l'intermédiaire d'un chasseur de têtes, de la célèbre maison de vente aux enchères londonienne qui l'employait depuis cinq ans – et au sein de laquelle elle avait dirigé, de main de maître selon l'avis général, quelques-unes des transactions les plus retentissantes de ces dernières années. Mais elle était désormais, disait-elle, fatiguée du marché de l'art et cherchait un domaine d'activité plus *éthique*. Moyennant treize mille euros, le cabinet d'expertise et d'accompagnement en sémantique stratégique, *naming* et *branding* consulté par la banque d'affaires avait proposé de baptiser (ils avaient dit : "définir son identité verbale") la nouvelle agence dont la conseillère devait piloter la création : "le Philanstère". S'il fallait un endroit emblématique pour établir son siège, on ne pouvait guère imaginer meilleur investissement que ce somptueux immeuble de deux mille mètres carrés, aujourd'hui décati mais à fort potentiel, idéalement placé sur la rive gauche et qui, à travers les âges, avait été tour à tour une annexe de l'École de médecine abritant la faculté de chirurgie, un cabaret, un lavoir, une maison des étudiants, un point névralgique de la Résistance et même un foyer des œuvres sociales. Cette coïncidence lui était alors apparue comme une troublante aubaine, un signe de la Providence : ces murs avaient une histoire à raconter et cette histoire inspirerait d'autant celles que la conseillère et ses collaborateurs raconteraient aux mécènes qui rejoindraient le Philanstère. C'était du sur-mesure, avait-elle défendu auprès des associés de la banque lorsque le courtier en immobilier sollicité leur avait présenté le dossier.

L'établissement financier s'en était donc porté acquéreur, initiant aussitôt une vaste campagne de travaux qui avait duré deux ans et transformé l'immense coquille décrépite, le vieil hôtel abîmé aux pièces mal distribuées, aux équipements vétustes et aux décors défraîchis, en une sorte d'écrin high-tech dont les surfaces avaient été pensées comme des modules autonomes, adaptables, salons de réception convertibles en espaces d'exposition, salles de réunion pouvant devenir espaces de coworking, seuls les bureaux de l'agence, au deuxième étage, se voyant dotés d'une configuration fixe et le rez-de-chaussée devant rester le plus vide possible afin que le visiteur, à son arrivée, y pût déambuler et admirer, dans toute sa sérénité minimaliste, dépouillée, minérale, la structure du bâtiment, ses volumes purs, la grâce associée des parquets en marquèterie, de la pierre blanche, du marbre rose, et les perspectives qui glissaient à travers l'enfilade de couloirs et de salles que l'assistant parcourait maintenant, en se faufilant entre les groupes d'invités et en affectant un air affairé, comme pour justifier de ne pas avoir le loisir de s'agréger tout de suite à l'une des passionnantes conversations en cours, vérifiant néanmoins discrètement que tout se déroulait comme prévu, attrapant au passage quelques bribes de discussion qui l'assuraient que les hôtes appréciaient les mets qu'ils picoraient sur des plateaux d'ardoise (pas d'argent : d'ardoise) qu'une escouade de serveurs en costume couleur chanvre, souples, adroits, discrets parmi le buissonnement des corps statiques ou mouvants, faisait circuler entre eux, certains préposés aux petits-fours végétariens et japonaiseries revisitées, d'autres aux breuvages, selon les goûts, verres de jus de fruits variés, de vin naturel, de ginger ale, ou d'un excellent cocktail au concombre que l'on avait jugé, conformément aux directives de la conseillère, plus original et moins connoté luxe que le champagne.

L'assistant constatait aussi que les employés de l'agence se trouvaient tous engagés dans d'intenses conciliabules avec les mécènes, au milieu desquels ils s'étaient spontanément dispersés (on appelait mécènes tous les invités, sans distinction, même ceux qui, de fait, n'avaient encore réalisé aucune promesse de don, afin qu'ils s'habituent à ce statut et que, au moment venu, donner leur parût naturel : comme disait la conseillère, "l'être-généreux précède l'acte de donner", ils étaient ici donateurs avant même d'avoir déboursé un centime). Certains, sur son chemin, l'alpaguaient afin de lui demander, comme si à eux devait revenir de droit le privilège de parler directement à la patronne, "Vous savez où je peux trouver Madame Zeuchter ?" ou pour les plus familiers "Sylvain, mais où est Hélène ?", et l'assistant se demandait en effet où pouvait être (avec qui ?) la conseillère qu'il n'apercevait nulle part, ni en compagnie de quelque hôte remarquable par qui elle se serait laissé accaparer dans un coin de salon, ni auprès de membres de l'équipe du Philanstère qu'elle aurait entrepris de briefer sur le vif.

Peut-être s'était-elle isolée pour passer un coup de fil ? Régler une affaire urgente depuis son bureau ? Ou bien s'entretenait-elle avec un des peoples invités qu'elle n'aurait pas voulu abandonner dans la foule, parmi des inconnus ? Là-bas, l'assistant remarqua, coiffé d'un chapeau de feutre bleu pétrole à l'élégance british, le cou enroulé dans un foulard en soie mauve, tout sourire et coulant des regards langoureux à quelques mécènes empressés autour de lui, l'ancien animateur de radio branchée et DJ vedette des nuits parisiennes, que le grand public avait surtout découvert, à la fin des années quatre-vingt-dix, en tant que trublion officiel dans l'émission phare d'une chaîne de télé cryptée, et qui – après avoir été évincé lors d'un renouvellement de saison par la production de l'émission, toujours soucieuse (afin de ne pas s'encroûter, ni risquer de lasser l'audience) de réformer le programme (ils avaient dit : "faire évoluer le concept") et les têtes censées l'incarner (ils avaient dit : "lui donner un nouveau souffle"), puis avoir vu lentement sa popularité décliner dès lors qu'il n'avait plus cette tribune télévisuelle quotidienne où faire le zouave sur commande – était devenu rédacteur en chef de la version française d'un magazine d'actu-trash américain de diffusion relativement confidentielle : tombé dans ce relatif oubli, il incarnait un chic vintage, une discrète mémoire vivante de la belle époque du divertissement, et le service de com du Philanstère avait eu l'idée de le faire participer au symposium en pensant que toute une génération d'entrepreneurs philanthropes serait touchée de retrouver à travers lui des souvenirs de jeunesse, le temps béni des soirées étudiantes, des fêtes cocaïnées et des barres de rire devant le petit écran, quand l'insolence et l'absurde y étaient bienvenus – pas comme maintenant où ils avaient été remplacés, de l'avis général, par la vulgarité et la bêtise crasses. Il ne fait pas son âge, pensa l'assistant en le regardant de loin cabotiner devant son petit auditoire sans entendre ce qu'il disait ; il gardait une fraîcheur juvénile, un côté un peu branleur, je m'en fous de tout ; et, l'espace d'un instant, à la faveur d'une mimique immédiatement reconnaissable s'affichant sur ce visage tant de fois vu à la télé, l'assistant lui aussi se rappela non sans une certaine émotion les pitreries pataphysiciennes que l'animateur se permettait alors, les blagues de mauvais goût, tendance *Hara-Kiri*, les interviews sans queue ni tête, le dix-huitième degré permanent, la liberté de déconne totale qui lui était offerte, et il se sentit renvoyé des années en arrière, soudain replongé dans un vaporeux climat d'adolescence hilare et douillette, l'atmosphère regrettée des débuts de soirées affalés sur le sofa devant la télé en attendant l'heure du dîner, dont une épaule malencontreuse, heurtant par mégarde, en passant, l'assistant planté debout au milieu de la pièce, brusquement l'extirpa, le détourna. Aussitôt cet instant d'étourdissement nostalgique gommé de son esprit, il reprit son arpentage en règle du bâtiment, toujours dans le double objectif de superviser le bon déroulement de la soirée et de mettre le grappin sur Hélène Zeuchter : il longea un mur sur lequel, épinglée en relief à la pierre blanche, dans la même calligraphie d'écolier et le même tube de néon coloré que l'inscription de l'entrée (ici, bleu au lieu de rose), s'étalait la devise officielle du Philanstère – le mantra créé spécialement par les mêmes experts en sémantique qui en avaient trouvé le nom, dispensé aux mécènes afin qu'il leur revienne en tête à toute occasion, qu'ils le remâchent à part eux sous la douche, dans l'avion derrière leur masque de sommeil occultant, sur une banquette de Uber tout en regardant la ville défiler à travers une vitre teintée, et lors de leurs discussions avec leur banquier ou leur gestionnaire de fortune : "Nous sommes riches de ce que nous donnons." Un peu plus loin, il croisa, en train de bavarder en compagnie d'un jeune couple de start-upers des Yvelines, la comique dépressive aux yeux clairs qui était devenue la coqueluche du public parisien en mettant en scène ses désillusions de quadragénaire célibataire et sans enfant, et qui, dans la vraie vie, avait la peau moins pâle, les traits moins creusés, les cernes autour des yeux moins marqués que lorsqu'on la voyait en spectacle ; elle était même plutôt assez coquette, manifestement sapée chez une couturière à la mode, se dit l'assistant en la dépassant, qui prit ensuite à gauche au tournant d'un large couloir, hâtant le pas à défaut de trouver la conseillère sur son trajet, filant droit jusqu'à l'ancien amphithéâtre d'anatomie, ouvert là, au dix-huitième siècle, par un éminent savant danois venu exercer son art à la faculté de médecine de Paris et aménagé dans une tourelle qui, de l'extérieur, conférait au bâtiment, dont elle occupait toute une aile, une allure singulière avec sa coiffe en forme de bulbe enrobé d'ardoise et percé de hautes fenêtres aux proportions incongrues, géode dont on aurait scié la base pour venir l'aboucher, la visser à un cylindre de pierre lui-même enchâssé, sur tout son pourtour, dans des éléments architecturaux d'une splendide facture classique, pilastres et chapiteaux doriques, fronton au tympan sculpté et majestueux oculus orienté sur la cour d'honneur, côté rue une immense baie en cintre surmontée d'une vague de pierre d'inspiration baroque, tout cela formant une composition visuelle à la fois raffinée et vigoureuse, insufflant une touche d'originalité à l'ensemble de l'hôtel particulier dont cette tour, avec son étrange silhouette de bilboquet (telle qu'on la voyait, par exemple, sur une photo d'Eugène Atget datant de 1898 et dont on avait fait tirer un luxueux agrandissement pour l'accrocher dans le vestibule attenant à l'amphithéâtre), était le clou architectural. À l'intérieur, tout avait été évidé, depuis bien longtemps il ne restait évidemment plus rien des gradins de bois circulaires sur lesquels s'asseyaient, du temps de l'université, élèves et curieux, futurs docteurs et voyeurs morbides appâtés par les manipulations inédites de la chair morte, ni des meubles et des ustensiles dont l'anatomiste danois faisait usage lorsqu'il prodiguait ses leçons, dévoilait son savoir expérimental raclé à même le corps (organes, fluides, fibres et os) des cadavres disséqués sur sa table et désignait telle glande bulbo-urétrale ou tel ligament jugal, ses découvertes personnelles à quoi l'on avait donné son nom après lui ; et lorsque le duo d'architectes choisi par la banque d'affaires afin de concevoir l'intérieur du futur Humanistolab, remodeler les espaces, y créer (c'était le cahier des charges) un paysage propice à la méditation, à l'inspiration, au bien-être, et qui favorisât l'inclination à la générosité, avait pour la première fois mis le pied dans le bâtiment, ils n'avaient trouvé dans la pièce qu'un fatras de paperasses, de chaises entassées, de bureaux enduits de poussière, de prises électriques déglinguées, de lampes cassées, tout un bazar administratif laissé en plan qu'on s'était empressé d'évacuer avant d'effectuer des mesures, de tracer les plans, d'ébaucher la nouvelle apparence que la rotonde, ainsi dégagée, avait prise au cours des travaux, lesquels avaient principalement consisté à polir, poncer, nettoyer, blanchir, vernir, effacer le plus complètement possible les traces du temps, les signes de ses affectations antérieures, afin de mieux faire apparaître, à nu, la structure immaculée de la construction, avec à mi-hauteur, tel un chemin de ronde suspendu à l'intérieur du dôme, son balconnet au garde-corps en acier laqué courant sur toute la circonférence, et au sol son parquet en étoile qui accueillait, la majeure partie du temps, une salle de lecture et de consultation de ressources documentaires transformable à volonté pour les occasions particulières, moyennant un jeu de gradins amovibles parfaitement ajustés à l'arrondi des parois : en une demi-heure, la pièce pouvait être alors redisposée en un vrai petit théâtre dont l'espace central devenait la scène tout autour de laquelle les spectateurs étaient assis, les intervenants occupant ainsi le cœur du dispositif, à la verticale sous la coupole.

En débouchant dans la rotonde, l'assistant constata qu'un petit attroupement s'y était formé, d'où émergeaient, qui semblaient flotter au-dessus d'un parterre d'admirateurs agglutinés comme autour d'un étrange totem animé, la tête et les épaules du judoka multimédaillé, goguenard et ravi, distribuant les poignées de main, les bises aux dames, et se prêtant, sans se départir de sa proverbiale bonne humeur (il disait à la cantonade : “et surtout, gardez la banane !”), au jeu des selfies que les mécènes, les uns après les autres, se relayaient pour faire avec lui, tous rencontrant, lorsqu'il s'agissait de poser à côté du gentil géant, le même problème d'angle de vue car sa taille et sa carrure obligeaient les propriétaires de smartphones à des contorsions invraisemblables, lesquelles leur eussent probablement demandé la même souplesse que celle que le judoka, qui avait bâti son incomparable palmarès en étant toujours à la fois plus grand, plus lourd, plus précis et plus agile que ses adversaires, démontrait sur les tatamis, si bien qu'une sorte de chaîne de l'amitié spontanée s'était instaurée où la personne (ou le couple) désirant être photographiée avec l'athlète confiait son portable au candidat suivant, qui se dévouait aimablement pour ajuster le cadrage, prévenait (attention, ça y est ?), appuyait sur la touche de l'appareil, le rendait à son propriétaire avant, à son tour, de se placer aux côtés du colosse et d'afficher son plus beau sourire (sa banane personnelle), parfois accompagné d'un pouce levé ; enfin l'idole olympique, tranquille et bienheureuse, se courbait doucement pour enlacer, le temps d'un *hug* affectueux, les groupies reconnaissantes que l'on venait d'immortaliser près de lui (ou plutôt en dessous), puis à leur place une nouvelle fournée d'Amis aspirant au selfie se présentait.

Il émanait de ce manège une effervescence calme, une énergique bienveillance. La présence du judoka sous l'antique coupole créait une bulle de sérénité, les participants à la soirée pouvaient s'y laisser bercer : c'était un bon client, on avait eu raison de l'inviter, même si le prix de son cachet était assez substantiel ; il donnait au Philanstère une image de quiétude dynamique, de succès modeste, de force généreuse. L'assistant, contournant le rassemblement des personnes qui patientaient avant de pouvoir approcher le champion, fit tout le tour de l'amphithéâtre ; décidément, Hélène Zeuchter n'était pas là non plus.

La terrasse de l'Humanistolab, perchée sur le rooftop du bâtiment, jouissait d'une vue imprenable sur Notre-Dame ; d'ici, on tutoyait les gargouilles. Lorsque s'était produit le gigantesque incendie qui avait ravagé la cathédrale, les ouvriers étaient encore à pied d'œuvre en train de restaurer l'hôtel particulier et, regroupés sur ce plateau suspendu au milieu des toits (lorsque la rumeur d'un incendie avait parcouru les étages, ils avaient tous laissé ce qu'ils étaient en train de faire et étaient aussitôt montés voir le spectacle), ébahis, à la fois terrifiés et fascinés, ils avaient assisté, aux premières loges, à l'éclosion du feu au milieu des échafaudages du chantier qui, là-bas aussi, devait rénover l'édifice, à l'embrasement des grandes flammes orangées qui avaient rapidement avalé toute la toiture et qui, en altitude, se transformaient en épais nuages de fumée grise, montant en bouffées continues, cotonneuses, et laissant à travers le ciel de Paris une immense traîne sombre qui partait vers le sud, puis ç'avait été l'effondrement des charpentes et de la flèche cassée en deux.

Et le lendemain, en début d'après-midi, quand l'assistant était venu en compagnie de la conseillère constater les dégâts depuis cette terrasse, les canons à eau des pompiers bombardaient encore à jet continu les décombres, arrosaient à grandes gerbes l'énorme ossature en face de laquelle ils étaient tous les deux restés interdits, longtemps appuyés côte à côte sur la balustrade, penchés au-dessus du vide, sans parler, regardant de concert ces jeux d'eau saugrenus doucher les façades, s'élancer, par-delà les contreforts, telles de longues arches liquides porphyrisées dans l'air, pour s'en aller se déverser à l'intérieur de la masse creuse et aveugle dont on découvrirait, au cours des jours suivants, les photos dans la presse, l'enchevêtrement de gravats calcinés, de blocs de pierraille éboulés et de cendres colmatées dont le fond du monument, une fois refroidi, se trouverait tapissé, comme si ses propres murailles étaient devenues la châsse où reposaient les reliques de la cathédrale elle-même.

Derrière eux, à l'autre bout de la terrasse, les ouvriers, encore sous le choc de la démonstration pyrotechnique dont ils avaient été la veille les témoins privilégiés, déplaçaient des parpaings et maniaient leurs outils, inhabituellement silencieux, presque recueillis : comme tout le monde, ils avaient entendu aux informations que l'on commençait déjà à chercher les responsables (qui serait à blâmer pour avoir provoqué la catastrophe), à s'interroger sur les pistes d'un acte terroriste ou de malveillance, ou plutôt (avant même que l'enquête commençât, c'était l'hypothèse favorisée par les intervenants médiatiques, experts de circonstance, conviés à donner leur avis sur les plateaux) sur celle d'une négligence survenue sur le chantier de rénovation ; et l'on se demandait quel mégot mal éteint inconsidérément balancé, quel raccordement électrique défaillant, quel outil laissé branché et qui chauffe pendant des heures, continue à chauffer jusqu'à ce que jaillisse l'étincelle fatidique – la flammèche de rien à partir de quoi le feu va se répandre et tout dévorer –, était à l'origine du désastre. Il semblait qu'en portant ainsi la suspicion sur les travaux de rénovation en cours et ceux qui les exécutaient, on jetât le discrédit sur toute une corporation et qu'on les mît en cause, eux aussi, comme s'il y avait une culpabilité partagée entre les ouvriers du chantier d'en face, de l'autre côté du fleuve, et ceux de ce chantier-ci, qui montraient envers leurs collègues une solidarité tacite ; la radio était éteinte, ils n'écoutaient ni Skyrock ni les *Grosses Têtes*, leurs gestes étaient empreints d'une gravité solennelle. Consciencieusement concentrés sur leurs besognes, ils s'appliquaient à donner forme au local où, à l'ouverture de l'Humanistolab, s'installerait le restaurant dont la table avait été confiée (le contrat déjà signé) à un chef étoilé qui avait gagné sa réputation en participant à une émission télévisée dans laquelle il tenait le rôle de professeur sévère mais juste, chargé d'évaluer les prestations des apprentis cuisiniers qui soumettaient leurs créations à son palais chevronné et recueillaient anxieusement le verdict de ses opinions gustatives : il devait offrir ici aux mécènes, mais aussi au public extérieur, un endroit convivial et gourmet, un point de rendez-vous pour les Amis du Philanstère et une adresse prisée des Parisiens branchés, dont certains, en venant dîner, en passant par l'accueil et devant les mantras de néon, parcourant l'hôtel particulier, seraient sensibilisés à la cause philanthropique en même temps que séduits par l'ambiance qui y régnerait, et deviendraient à leur tour des philanthropes potentiels. Au frontispice du menu, ils pourraient lire un petit laïus leur représentant les bienfaits du don, les vertus du Philanstère, avant de faire leur choix parmi les plats écoresponsables mitonnés par le chef médiatique et de s'abandonner tranquillement, depuis les baies vitrées de la salle ou, aux beaux jours, depuis l'avancée de la terrasse, à la contemplation du panorama sublime (dont le chef lui-même, en découvrant les lieux, s'était écrié avec enthousiasme qu'il n'avait rien à envier à celui, historiquement vanté, de la Tour d'Argent voisine), grand ouvert sur les quais de Paris et sur Notre-Dame dressée dans toute sa splendeur gothique.

"C'est quand même con", avait finalement remarqué Zeuchter en haussant les épaules avec un sourire navré, comme si, s'extrayant soudain de la rêverie où l'avait plongée la vision de la cathédrale dévastée, elle s'ébrouait l'esprit, elle revenait à elle-même. Et l'assistant avait acquiescé, cet incendie tombait mal, les toits de l'Humanistolab seraient amputés, c'était sûr, d'une partie de leurs atouts maintenant qu'ils ne donneraient plus sur le joyau dépeint par Victor Hugo, repaire de Quasimodo et d'Esmeralda, mais sur sa ruine emmaillotée dans un chantier de réfection qui durerait des années, des décennies peut-être, vaste agrégat de bâches et de grues, de plaques de tôle ondulée taguées de frais, d'échafaudages et de bungalows Algeco – on faisait plus romantique. Mais ce que ni la conseillère ni son assistant n'avaient anticipé alors, c'est que l'incendie aurait un tel retentissement international, l'émotion de par le monde serait tellement unanime que, loin de voir son aura dissipée, mise entre parenthèses le temps que la cathédrale recouvre son aspect antérieur, celle-ci continuerait d'attirer la foule des curieux (les touristes qui se prendraient en photo sur le parvis devant l'enceinte de palissades qui condamnaient l'accès à la zone en travaux, les flâneurs qui, levant les yeux en direction des deux tours, scruteraient le vide entre elles) ; on ne viendrait plus tant admirer le sanctuaire endommagé que le lieu où le monumental incendie s'était produit : à défaut de pouvoir contempler le Jugement dernier sculpté au portail de la façade, on s'arrêterait devant le grand ouvrage en cours qui matérialisait le souvenir du dramatique événement.

Le rooftop de l'hôtel particulier n'avait par conséquent rien perdu de son attrait : de là-haut, on voyait d'autant mieux les tâches entreprises, les impressionnantes armatures qu'on avait apposées à l'édifice pour le stabiliser, la batterie d'engins qui s'animaient le jour, reposaient la nuit tels de gros animaux en sommeil blottis contre le flanc de la cathédrale, tandis que les grues, flottant dans un halo de lumière, allongeaient leurs bras décharnés dans le ciel de la capitale ; on y était en tête à tête avec les séquelles du désastre, on dînait avec vue sur l'un des plus célèbres chantiers du monde.

Après avoir gravi les escaliers quatre à quatre, son carnet à spirale toujours coincé sous le coude, en franchissant le seuil de la double porte coulissante qui ouvrait sur la terrasse, l'assistant aperçut tout de suite, au bout de celle-ci, Hélène Zeuchter dressée sur ses habituels talons hauts, enroulée dans son manteau clair, qui pointait son doigt dans la direction de Notre-Dame vers quelque singulier élément sur quoi elle paraissait vouloir, ainsi que l'aurait fait la guide d'une visite privée, attirer l'attention de son interlocuteur – un homme debout près d'elle dont, de là où il se trouvait, l'assistant ne distingua d'abord rien d'autre que la petite taille, le dos étroit et l'arrière du crâne auréolé d'une calvitie aux contours impeccables qui délimitaient un disque pâle et parfait, telle une tonsure de moine. Ce cercle blafard se balançait légèrement, en suspension dans l'air, au gré des hochements de tête du visiteur acquiesçant aux indications de la guide, ostensiblement absorbé par le fascinant spectacle à quoi celle-ci l'initiait, empli de reconnaissance sans doute pour les éclairages personnels qu'elle lui prodiguait au fur et à mesure des différentes orientations successives que prenait son bras tendu au-dessus du vide, comme si les deux corps appuyés contre la balustrade avaient formé une sorte de bulle contemplative, monade détachée du monde, déposée sur le faîte de Paris, dont l'assistant, qui demeura quelques instants discrètement immobile, en retrait à une dizaine de mètres derrière eux, craignait de rompre l'apparente et intime harmonie jusqu'à ce qu'un souffle de vent frais, en l'enveloppant, le fît brusquement frissonner et se rendre compte que, dans sa précipitation fébrile à retrouver la trace de sa patronne perdue de vue dans le dédale de l'Humanistolab, il s'était aventuré sur le toit sans prendre son manteau. Aussitôt ses yeux cillèrent sous l'effet d'une autre bourrasque glacée, des larmes lui montèrent au coin des paupières, il grelottait presque, sans que ces flux d'air toutefois parussent gêner le moins du monde les deux tourtereaux juchés sur leur poste d'observation et mieux emmitouflés que lui qui se dit qu'à ce compte, il allait tout bonnement finir par choper la crève s'il restait planté de la sorte trop longtemps, et se résolut à troubler l'aérienne extase esthétique de Zeuchter et son hôte en toussant dans son poing afin d'annoncer sa présence, sans effet, puis en toussant de nouveau un peu plus fort ; et la conseillère en se retournant s'exclama "Ah, voilà Sylvain !" comme si l'on n'avait attendu que lui, son visiteur à côté d'elle pivotant dans le même mouvement, en qui l'assistant reconnut alors (et s'étonna de ne pas avoir reconnu plus tôt, même de dos) l'ex-ministre de l'Écologie qui, en démissionnant de ses fonctions quelques semaines auparavant de manière inattendue, avait entraîné un remue-ménage médiatique (on avait dit : "une crise pour le gouvernement") à l'occasion duquel on avait plus abondamment parlé de lui qu'au cours de l'ensemble des mois précédents, quand il était en poste, où il s'était fait plutôt discret, ne s'était guère distingué par le nombre ni par la vigueur de ses apparitions, encore moins par la radicalité de ses prises de position, et qui se présentait maintenant en tendant une main amicale et décidée à Sylvain que son regard, déjà, dévisageait intensément, comme s'il le passait au scanner pour en graver d'urgence, de manière indélébile, les traits dans sa mémoire, et sans que l'assistant eût su dire si l'ex-ministre agissait là par pur réflexe politique, ainsi qu'il l'aurait fait avec quiconque lui eût été présenté dans un contexte vaguement professionnel, ou parce qu'il flairait que l'assistant pourrait lui être d'une utilité dans un avenir proche.

Tous les trois, ils jetèrent ensemble un dernier coup d'œil vers la cathédrale harnachée de tous les équipements de sa reconstruction, recouverte sur toute sa longueur par une immense tente de toile blanche qui se substituait à la toiture en attendant que cette dernière fût réédifiée et qui, vue d'ici, pensa l'assistant, ressemblait plutôt à l'un de ces chapiteaux de fête de village montés sur un terrain communal pour un mariage champêtre ou la kermesse annuelle du club de rugby local, ou alors l'un de ces hôpitaux de campagne en temps de guerre (dispensaires improvisés où un bloc opératoire de fortune consiste en quatre draps sales et déchirés, pendus autour de la couche d'un patient hurlant de douleur pendant qu'un chirurgien le charcute avec les piètres moyens du bord) où se prodiguent en hâte et dans la tourmente les premiers soins aux blessés du front voisin, comme si au sommet de l'édifice lui-même avaient été installés les aménagements thérapeutiques utiles à sa réparation (la cathédrale détériorée soutenant, de toute la puissance immarcescible de ses murs multiséculaires, les instruments de son propre sauvetage) ; et, afin de parachever la prestation à laquelle la conseillère venait de se livrer auprès de l'ex-ministre, rassembler en conclusion l'essentiel de son propos, la pointe finale de sa démonstration, d'un geste de la main Zeuchter montra encore une fois Notre-Dame en rappelant, d'un ton suave et résolu, décisif, propre à clore une discussion en la résumant à son message principal, que pour ses belles tours toujours debout, sa charpente partie en fumée, sa flèche effondrée, ses entrailles carbonisées, ses hautes murailles immortelles, pas moins de huit cent cinquante millions d'euros en promesses de dons spontanées avaient afflué du monde entier dans les deux journées qui avaient suivi l'incendie, aussitôt, en un colossal élan de solidarité patrimoniale et spirituelle qui, acheva-t-elle non sans un léger vibrato dans la voix, ne pouvait s'expliquer autrement que par la veine philanthropique dont l'être humain, en notre époque de tourmentes et de bouleversements, est profondément irrigué, par la générosité que tout le monde porte en lui, prompte à s'exprimer dès lors qu'elle trouve un projet à sa mesure, par la capacité universelle à s'unir pour les grandes causes.

"Les gens écoutent leur cœur, c'est à leur cœur qu'il faut s'adresser", dit-elle, et l'assistant acquiesça comme s'il avait pris part depuis le début à toute la conversation et que la déclaration de la conseillère fît vibrer sa propre corde sensible. Le ministre démissionnaire la regardait d'un œil fixe, patient, tout en tirant à petites bouffées sur une pipe au long tuyau étroit, au fourreau de bois poli qu'il soutenait entre ses doigts et qui lui donnait un air travaillé de vieux loup de mer, d'aventurier au repos revenu de toutes les aventures, du genre qui connaît la vie et a fait plusieurs fois le tour du monde en cargo, traversé des continents à l'arrière de carrioles tirées par des ânes immémoriaux progressant laborieusement dans des chemins de caillasse sous la férule distraite de sherpas à la peau tannée, déchargé sur son épaule des sacs de céréales au cours d'expéditions caritatives, baroudé dans des contrées hostiles où il a dû couper son bois pour se chauffer, se nourrir de chasse et de pêche, échapper à des embuscades rebelles, payer des bakchichs à des checkpoints sauvages tenus au bord de pistes en terre par des miliciens corrompus kalachnikov au flanc ; et sous son manteau noir entrebâillé, confirmant le chapelet d'images que son attitude convoquait et qui cultivait le souvenir de ses actes de bravoure, l'assistant distinguait le veston d'un costume en velours côtelé brun, une ceinture de cuir tressé juste au-dessus de laquelle les faux plis que faisait sa chemise traduisaient un soupçon de négligence, un débraillé léger, assumé, qui confirmait que, pour leur porteur, l'heure des uniformes ministériels, des sacerdoces gouvernementaux, de l'étiquette protocolaire était close et qu'il se sentait libre à présent de s'attifer selon son humeur et, probablement, son propre goût, de reprendre le cours de sa vie civile et les engagements citoyens par quoi il s'était fait d'abord remarquer, menant une carrière d'écrivain-voyageur et de journaliste *embedded*, auteur de reportages télévisuels et de livres à succès, tantôt s'isolant pendant des semaines, des mois, pour vivre près de la nature, dans des contrées sauvages, à l'écart de la rumeur du monde, et décrire cette solitude, tantôt couvrant courageusement les conflits en conséquence desquels se produisaient les pires catastrophes humanitaires, tantôt accompagnant (non moins courageusement) des associations de défense de la nature et des animaux jusque dans les lieux et les conditions les plus extrêmes, avant que sa popularité (ses exploits contés, en alternance, en voix off sur le petit écran et sous des jaquettes ornées d'une photo de lui au milieu d'un vaste paysage, dans une écriture simple, rythmée, qui lui avait acquis une réputation de fin styliste) lui valût un maroquin offert par le nouveau président soucieux de s'attacher le soutien de quelques éminentes figures de la vie publique. Désormais disposé à de nouvelles péripéties, il tétait son embout de pipe avec une volupté discrète, machinale, cependant que l'assistant s'étonnait de lui trouver, de près, un visage buriné, plus anguleux qu'on ne le pouvait percevoir lors de ses apparitions médiatiques, avec surtout, qui créait une distorsion étrange, presque carnavalesque, une très grosse tête posée sur un petit corps, comme si l'on eût décapité un hercule de foire pour en recoudre le chef sur le tronc d'un gringalet court sur pattes, pensa l'assistant en l'examinant de manière si soutenue que, l'espace d'un instant, il craignit que la curiosité qu'éveillait dans son regard cette intrigante particularité ne fût perceptible et que l'ex-ministre n'en conçût quelque contrariété, éventualité fâcheuse à laquelle la conseillère aussitôt (avait-elle, elle aussi, décelé l'insistance scopique de son assistant ?) remédia en s'exclamant, enjouée, *"Andiamo ?"* et en précédant ces messieurs vers l'ascenseur que tous les trois prirent ensemble, silencieux le temps de la descente comme si la cabine qui les contenait, avec son revêtement de moquette et de miroirs, sa lumière hâve blêmissant les peaux, en les rapprochant physiquement suspendait provisoirement leur faculté de parole, jusqu'à ce que la porte de métal gris s'ouvrît au rez-de-chaussée sur un brouhaha de fond et un couloir où passait un défilement continu de convives, tous se dirigeant dans le même mouvement (selon un courant impulsé par on ne sait quelle rumeur, quelle injonction qui avait couru à travers le bâtiment sous la consigne d'un membre du staff ayant battu le rappel) vers l'ancien amphithéâtre d'anatomie reconverti pour la soirée en auditorium et où Zeuchter, Sylvain et l'ex-ministre, en s'y présentant à leur tour, durent se faufiler entre les invités déjà rassemblés, en train de prendre place, peu à peu, sur les gradins circulaires ajustés au mur ; ou plutôt ceux-ci (les invités), en les voyant arriver, en reconnaissant qui le ministre, qui la conseillère, qui les deux (plus rarement l'assistant), s'écartèrent-ils devant eux, leur cédant le passage afin qu'ils pussent rejoindre au centre de la rotonde le judoka hilare, le DJ vétéran des platines et des plateaux télé, et l'humoriste dépressive qui les attendaient. Sur le visage de cette dernière, un soupir de soulagement passa, qui avait craint sans doute que la conseillère se soit enfuie en la laissant seule avec ce parterre de philanthropes en herbe dont l'engeance lui paraissait nourrir des mœurs aussi floues que celles d'une tribu exotique ; à côté d'elle, le DJ et l'athlète discutaient à voix basse sans se départir d'une communicative gaieté, s'esclaffaient, s'entretapaient sur l'épaule (le judoka) et dans le bras (le DJ), larrons en foire de circonstance prêts à amuser la galerie, éclatants camarades qui s'ignoraient jusqu'alors et que le sort enfin a réunis, et le ministre démissionnaire, en rejoignant tout ce petit monde sur la piste, serrait les mains en invité surprise, provoquant chez ses homologues un regain d'exclamations, le judoka s'inclinant, dans un geste outrancier de déférence parodique, devant l'aventurier-dignitaire dont la tête lui arrivait à la poitrine, si bien que même ainsi courbée la coqueluche olympique restait plus grande que l'individu gratifié par son respect, lequel salua ensuite chaleureusement, en lui claquant la bise sous le chapeau pétrole, l'animateur déchu qu'il avait dû jadis croiser au détour de quelque studio, puis la comique à qui il glissa à l'oreille quelques mots qui la firent rire.

Bientôt, chacun fut installé. L'assistant s'était placé en retrait, non loin de la porte, son carnet à spirale serré sur la poitrine, afin de pouvoir observer l'ensemble de la scène tandis que, micro à la main, Hélène Zeuchter entamait son speech en souhaitant la bienvenue réglementaire à tous les invités puis en se présentant, quoiqu'il n'y eût dans l'assistance probablement personne qui ne sût qui elle était, déclinant sa qualité d'ancienne coprésidente du département d'art contemporain de l'illustre maison de ventes, qui, devant les urgences du monde actuel, les inquiétudes que tous partageaient mais aussi les espérances, les promesses dont l'avenir était porteur, avait décidé de se réorienter en se spécialisant dans la levée de fonds en faveur de l'environnement et, à ce titre, s'était vu confier la direction du Philanstère, entreprise ambitieuse et novatrice dont les activités avaient trouvé, pour les concentrer, leur permettre de prendre leur essor, un véritable écrin dans cet Humanistolab (elle leva les yeux vers le dôme qui la surplombait en prenant une mine impressionnée) où elle était tellement heureuse d'accueillir une foule venue si nombreuse, cet endroit unique en son genre sur le vieux continent qu'elle ne concevait pas, dit-elle, comme un siège social, des "bureaux", mais comme un lieu ouvert, une expérience en temps réel, une ruche bouillonnante où laisser libre cours à la plus grande créativité philanthropique, un écosystème dynamique et stimulant pour les initiatives altruistes, en un mot une *pépinière de générosité* où pourraient s'exprimer pleinement la sensibilité propre, la diversité et l'engagement de tous les Amis – diversité et engagement que représentaient, ô combien merveilleusement, les invités (elle dit : "les personnalités inspirantes") qui lui faisaient l'honneur d'être à ses côtés, ce soir, sous cette magnifique coupole, et qui par leur talent, leur parcours, leur énergie, témoignaient des immenses choses (elle se corrigea, ces “immenses choses” lui paraissant sans doute sur le coup un peu trop euphémistiques et vaguasses), des *prodiges*, appuya-t-elle, que le don de soi, l’attention aux autres et l’implication de tous les instants peuvent faire.

On avait dû pousser le chauffage un peu trop, ou mal juger de l’élévation thermique provoquée par le rassemblement d’une telle foule dans la rotonde ; certains invités se servaient de leur carton d’invitation comme d’un éventail, créant sur les gradins une agitation ponctuelle, désaccordée, que l’humoriste, les mains nouées l’une à l’autre et posées sur l’abdomen, observait en lui trouvant elle ne savait quoi d’inquiétant, comme si une colonie d’insectes invisibles et venimeux vibrionnait parmi les convives engoncés sur leur banquette et que ces derniers n’eussent pour s’en protéger que leur mince bout de bristol, arme dérisoire, prélude à la défaite, piqûre assurée et maladies infectieuses afférentes à venir : elle tendait l’oreille pour percevoir l’éventuel bourdonnement qui trahirait la présence des bestioles furtives à travers la pièce, mais la voix de la conseillère couvrait le bruit, laquelle souhaitait maintenant remercier en particulier, pour sa présence et son soutien, Victor Lanquais, l’ex-ministre de l’Écologie et magnifique écrivain qui s’était posté près d’elle et opinait du chef, à la fois flatté de l’hommage et solennellement concerné par l’annonce, avec qui elle avait des projets grandioses et fort excitants qu’elle se réjouissait de dévoiler bientôt, en temps voulu (qu’on ne pense pas qu’elle faisait des mystères, elle n’avait aucun secret pour les Amis, ni superstition, mais elle préférait que les accords soient officialisés avant de les rendre publics), projets dont elle était sûre, d’ores et déjà, que les mécènes ici réunis n’en seraient pas moins fiers qu’elle, et que tous, en tant que membres éminents du Philanstère, s’y sentiraient associés.

Sa gratitude allait aussi à ceux qui étaient intervenus au cours de ce symposium (elle prononçait ce terme avec une délectation certaine, l’ayant soigneusement choisi pour désigner les deux journées qu’elle avait imaginées plutôt qu’un classique gala de charité, afin de montrer aux mécènes qu’ils contribuaient à un grand élan de réflexion, aux prémices d’une action qui les impliquait, et non pas seulement à donner des ordres de virement en ligne depuis leur compte en banque ni à apporter leur obole à des projets qui prendraient forme sans eux), et elle égrena les différents ateliers qui avaient eu lieu, aux étages, dans les espaces de conférences et de coworking, les moments d'échanges entre acteurs humanitaires, écocitoyens, promoteurs de projets solidaires, les dirigeants d'associations et d'organismes divers venus rencontrer les conseillers et les donateurs volontaires (qu'ils soient remerciés pour leur disponibilité). Elle n'oubliait pas, bien sûr, les enfants de l'école élémentaire Nicolas-Boileau de Montrouge – lesquels, l'après-midi même, avaient fait ces merveilleux et adorables dessins qu'on pouvait voir exposés dans le vestibule et sur le premier palier du grand escalier, illustrant, avec toute la fertilité de leur imagination et la sagesse de leur innocence (dit-elle), un ensemble de formules telles que "le bal des oiseaux", "la maison du futur", "l'arbre à paroles" ou "l'océan par la main", qu'on leur avait fait tirer au sort sur des bouts de papier pliés en origamis : ils furent chaudement applaudis par les mécènes dont la conseillère, en tournant sur elle-même à trois cent soixante degrés, balaya l'assistance d'un regard empli d'émotion et de reconnaissance.

Il n'y avait là que des investisseurs modestes, petits porteurs de la générosité, millionnaires de troisième zone, chefs de PME approchant la retraite, cadres en fin de carrière, épargnants de toute une vie, start-upers fraîchement nantis ou héritiers de pécules modiques, qui cherchaient à travers les conseils du Philanstère autant à appartenir au beau monde des œuvres caritatives qu'un supplément d'âme défalqué de leur feuille d'impôts : Zeuchter savait qu'il était peu probable qu'aucun de ceux qui buvaient à présent ses paroles, la mine réjouie, les joues rosies par les bouffées de chaleur et les vapeurs de champagne, lui apportât un jour la perspective d'un financement d'envergure (création ex nihilo d'une nouvelle fondation, participation majeure à un projet élaboré sur mesure), et que ces bonnes volontés assises en rond sous la coupole avaient plutôt recours à ses conseils afin qu'ils aiguillent leurs dons vers des causes déjà balisées, qui leur parlent, les touchent et entrent dans leurs plans d'optimisation fiscale.

Mais les plus grands desseins se bâtissent à partir de peu de choses, nulle pierre n'est négligeable dans l'édification d'un monument, et Hélène Zeuchter s'imposait de prendre soin de chaque donateur individuel, de dépêcher à son service un médiateur attentionné si elle-même n'avait pas le temps de s'en occuper, de choyer le moindre portefeuille à l'instar, pensait-elle, de l'artiste qui peut passer des heures à s'échiner sur un détail minuscule qu'aucun regardeur ne remarquera, du poète hésitant sur une simple virgule qui, dans la composition générale de l'œuvre, n'aura jamais qu'une place infime, une incidence dérisoire, et sur laquelle l'œil d'un lecteur passera sans s'arrêter (lecteur qui au demeurant, s'il savait le temps et les affres qu'il a fallu à l'auteur endurer pour ponctuer son bout de phrase, pour doser sa broutille, n'y verrait sans doute qu'un perfectionnisme maniaque et détraqué, zèle de fignolage symptomatique d'un esprit tordu s'adonnant à des bagatelles chronophages dont le reste du monde n'a cure), mais dont la précision démontre le haut degré d'exigence intime qu'il porte à ce qu'il fait – cette minutie, cette prise en compte de chaque élément constituant seules le gage de la réussite de l'ensemble. Un peu artiste elle-même dans le domaine de l'entrepreneuriat, Zeuchter s'appliquait cette doctrine de la méticulosité en répétant à ses assistants qu'il n'y avait "pas de don anecdotique", que "tous les rêves [comptaient]", que "les petits ruisseaux de la générosité [faisaient] les grands fleuves philanthropiques" et que le renforcement du Philanstère, grâce à la légion de ses investisseurs ordinaires, l'aiderait également à affirmer son savoir-faire en développant son carnet d'adresses, son réseau d'influence diversifié, lui offrant ainsi toutes légitimité et latitude pour se consacrer à des dossiers de plus d'importance et traiter directement avec des mécènes de premier ordre, apporteurs de fortunes désireuses de se muer, s'illustrer en une belle enseigne de charité, en un programme à leur nom, voire en une immense institution du calibre de celle dont on disait (le bruit en avait circulé ces dernières semaines dans le milieu, ça frémissait, c'était en pourparlers, l'ex-ministre le lui avait confirmé tout à l'heure sur le toit avec Notre-Dame convalescente pour témoin) que la vieille Eugénie Valier, l'une des femmes les plus riches du continent, héritière du groupe éponyme et pourtant peu connue pour ses appétences philanthropiques ni son engagement écologiste, s'apprêtait à lancer l'appel d'offres.

Et peut-être, au moment de conclure sa brève allocution avant de céder la parole à Victor Lanquais puis aux autres peoples cachetonneurs, l'artiste et l'athlète venus animer la soirée, sa pensée fut-elle traversée, comme un flash, par la promesse de ce deal aguichant, de ce *challenge* qui causa en elle une décharge d'adrénaline, imprimant dans tout son corps un raidissement invisible, un regain de tension qui la parcourut des talons à la queue-de-cheval et que l'ex-ministre, dont le coude effleurait le sien, sentit se propager à la manière d'un courant électrique, se communiquer par conduction jusqu'à lui qui, raide dans son costume de velours, tripotait sa pipe au fond de sa poche en dévisageant posément les membres de l'auditoire, ses lecteurs potentiels dont il cherchait à accrocher le regard en se disant – la technique était rodée, il l'avait peaufinée dans nombre de conférences, interventions et rencontres publiques – que ceux-ci, en se voyant ainsi désignés les yeux dans les yeux, dignes d'un intérêt singulier, en concevraient envers lui une affection redoublée et se rueraient en librairie à la sortie de son prochain opus (auquel il travaillait déjà et qui devait revenir avec ironie et distance sur son expérience ministérielle (sa saison en enfer dans la fosse aux lions politique) et les leçons qu'il en avait tirées sur l'état des institutions de son pays, les fractures qui divisaient la société, l'oubli patent et coupable de la cause environnementale par les titulaires du pouvoir et, en somme, sur les vraies priorités qu'il y a dans la vie, aimer, être aimé, nager dans la mer, marcher dans la montagne, pédaler le long des chemins, se ressourcer au lait de la sagesse ancestrale des peuplades oubliées, écrire, écrire surtout), tandis que la conseillère terminait son discours en rappelant que, dans la définition qu'elle s'en faisait, philanthropie ne signifiait pas amateurisme et qu'il était normal (c'était la moindre des choses) qu'à l'heure où les dons connaissaient un essor sans précédent, les mécènes exigeassent de savoir quel usage on ferait des fruits de leur générosité : il était de la vocation du Philanstère d'apporter de la transparence et de l'efficacité dans la gestion des fonds levés, de veiller à ce que l'argent soit bien investi mais aussi bien utilisé, conformément aux espérances des donateurs ; elle le redit, afin que le message pénétrât bien les esprits (c'était sa principale punchline de la soirée), "de l'efficacité dans la générosité".

Puis elle se tut et, alors qu'une salve d'applaudissements ponctuait son propos, se tourna vers l'ex-ministre aussitôt soustrait à ses œillades particulières et qui lui emboîta la parole, délaissant cette fois-ci l'évocation de ses turpitudes gouvernementales pour remonter au-delà, "partir de son vécu", se lancer dans une série d'histoires personnelles et de choses vues au temps de ses pérégrinations à travers la planète qu'il agrémentait de détails pittoresques, de boues, de neiges, de soleils accablants, de beuveries et de quiproquos dans des langues improbables, et qui toutes s'achevaient en paraboles sur la nécessité vitale de s'entraider.

5

Orangerie

Quelques semaines plus tard, sur le chantier de Notre-Dame était apparue une nouvelle espèce de machine, un peu moins haute que les grues précédentes, dont les branches partaient en étoile à travers le ciel, planaient au-dessus des baraquements cubiques imbriqués comme des blocs de Tetris qu'on avait installés dans le petit jardin derrière le chevet de la cathédrale, sans que l'assistant, qui observait depuis la terrasse perchée de l'Humanistolab ces antennes rigides à l'arrêt parmi les nuées, parvienne à en saisir l'utilité ni quelle fonction supplémentaire elles pouvaient ajouter aux engins qui s'étaient relayés jusqu'à présent sur le site : tout ce qu'il voyait, c'était une succession de mécanismes hermétiques et suspendus, un spectacle aérien compliqué auquel le profane ne comprenait goutte, et les travaux n'avaient pas l'air d'avancer beaucoup.

Dans le creux de sa paume, Sylvain disposa une mixture de tabac et de têtes de cannabis effritées sur les deux feuilles OCB qu'il venait d'assembler en L, glissa un filtre au bout, roula, lissa entre ses doigts le joli cône blanc impeccable avant de l'enflammer avec son briquet, inhalant la fumée et la gardant quelques instants au chaud dans les poumons, puis la recrachant en une longue traîne odoriférante aussitôt dissipée par la brise qui montait du fleuve et filait le long des toits. C'était l'heure creuse, les dernières tables du déjeuner avaient fini d'être débarrassées et il ne restait plus, à l'intérieur du restaurant, retiré dans la pénombre derrière le comptoir, qu'un serveur désœuvré, maintenant absorbé dans son téléphone comme s'il avait enfin retrouvé la vraie vie dont son service l'avait détourné pendant quelques heures, lequel ne prêtait aucune attention à ce que pouvait être en train de fabriquer, sur la terrasse, Sylvain qui ne représentait sans doute rien de plus à ses yeux qu'une vague silhouette indéfinie, interchangeable parmi toutes celles qui circulaient dans les étages inférieurs, les petites mains et les huiles indifférenciées composant l'organigramme du Philanstère et dont, pensait Sylvain que les effets de l'herbe berçaient d'une décontraction doucereuse, la grande cheffe elle-même, la conseillère Zeuchter, lui était probablement inconnue, si bien que se présenter au serveur en qualité d'assistant d'Hélène Zeuchter (en tapotant sur le comptoir façon western et en lançant : "Tu sais qui je suis ? Tu sais pour qui je taffe, mec ?") n'aurait guère su impressionner ce dernier ni servir à obtenir un whisky gratis, pas le moindre coca zéro (l'assistant commençait à avoir soif). Le nom de Zeuchter ici n'était pas un sésame, alors même qu'à l'instant précis où Sylvain expédiait, d'une pichenette de l'index, par-delà la balustrade le mégot de son pétard consumé, la conseillère prenait le thé en tête à tête avec la femme la plus riche du pays et que – Sylvain l'imaginait, et un sourire furtif passait sur ses lèvres –, avec l'aplomb, l'assurance qui la caractérisaient dans ce type de conversations, elle déployait méthodiquement le projet de fondation qu'elle avait préparé pour la mère Valier, en détaillait un à un tous les aspects de sa voix un peu traînante, un peu chantante, lausannoise, limpidement persuasive, dont elle avait rodé le timbre en l'espace de quelques années au gré des échanges avec les clients qu'il fallait convaincre, que ce soit lorsqu'elle gérait la vente d'œuvres d'art chiffrées en millions de dollars ou bien quand elle s'occupait de constituer la collection de clients qui, souvent, étaient les mêmes que ceux de la société de vente aux enchères, et encore, depuis deux ans, auprès des mécènes et donateurs qu'il s'agissait moins de convaincre, cette fois, puisqu'ils venaient déjà avec le désir d'être conquis, que de leur montrer toute la gratitude possible pour leur générosité et leur permettre de choisir quelle forme cette générosité prendrait, comment elle s'exprimerait, envers qui, envers quoi, en quels objets se matérialiserait leur bonté.

L'assistant la voyait d'ici, avec cette manière caractéristique qu'elle avait de se tenir légèrement avancée sur l'assise du fauteuil et, en même temps qu'elle parlait, de tripoter machinalement le poussoir cannelé de sa montre, de le faire rouler sous la pulpe de son pouce, non pas nerveusement mais avec une discrète délectation inconsciente d'elle-même, une volupté minuscule et coutumière, tout en fixant son interlocuteur et en gardant le dos droit : elle avait un port de danseuse classique, peut-être avait-elle d'ailleurs fait de la danse dans sa jeunesse, à Lausanne, mais l'assistant ne lui avait jamais posé la question ; il connaissait juste cette ligne de la nuque, et les épaules bien dessinées, et les bras fins et musclés entretenus au luxueux club de sport, aménagé dans une ancienne huilerie du quartier de l'Opéra, où la conseillère avait un abonnement annuel, et des petits seins fermes détectables sous le chemisier ou le débardeur en été. En l'absence de sa boss, cet après-midi Sylvain n'avait pas grand-chose à faire, des mails, des coups de fil à passer à quelques contributeurs ; il hésitait à se rouler un autre joint, avec la bénédiction grandiose de Notre-Dame dématée.

Mais devant Eugénie Valier, la conseillère avait gardé sa veste, Sylvain n'aurait pas pu voir ses bras fins ni deviner sa poitrine, et sur les genoux elle tenait ouvert un porte-document dont, au fur et à mesure qu'elle en abordait chaque point, elle tournait les pages enserrées pendant que Madame l'écoutait sans la quitter un seul instant des yeux, du fond de son fauteuil en rotin tressé au dossier haut et aux larges accoudoirs plats (son trône d'été en quelque sorte, installé dans la vaste véranda adossée à une aile du château et que tout le monde appelait, avec un reste d'emphase intériorisée, par une vieille habitude du souci de la distinction héritée du père de Madame et peut-être avant lui des lignées de châtelains qui avaient occupé la demeure, "l'Orangerie", où elle venait s'asseoir aux beaux jours, de même que les anciens souverains russes partageaient leur temps, en fonction des saisons, entre palais d'hiver et palais d'été), dénuée de toute marque d'intérêt ou de désapprobation perceptible autrement qu'à un infime signe du front par quoi, en s'inclinant puis en se redressant à peine, elle montrait qu'elle suivait attentivement le fil de la présentation, et la conseillère savait que le silence était plutôt, de sa part, gage d'encouragement à poursuivre sa démonstration sur sa lancée.

Toutes les deux se connaissaient depuis plusieurs années, la conseillère ayant supervisé quelques ventes auxquelles avait pris part la Valier (qu'elle y eût été vendeuse, enchérisseuse ou simple observatrice), à commencer par celle, retentissante entre toutes, d'un présumé tableau du plus illustre maître de la Renaissance italienne (celui dont le nom même incarne, auprès du "grand public", dans le monde entier, non seulement l'Art en personne mais l'archétype du Génie), représentant un Christ échevelé, portraituré à la manière de quelque jeune gentilhomme péninsulaire de noblesse récente, vaporeux et méditatif – un air de rejeton illégitime d'une famille de banquiers florentins ou de prélats milanais –, et dont les tribulations étaient déjà, en soi, tout un feuilleton, d'abord dégoté par un marchand d'art new-yorkais dans une obscure salle de ventes provinciale, au fin fond de la Louisiane où un autre rejeton de famille, celle-là constituée d'anciens planteurs esclavagistes, à peine venait-il d'en hériter, avait aussitôt entrepris de vider la vieille maison coloniale décatie de toutes les antiquailles qui encombraient ses sols et ses cloisons, les bibelots accrochés dans les chambres, les couloirs et l'escalier, amassés en son temps par un aïeul excentrique et un peu esthète qui avait voyagé et s'était toqué de futilités européennes, parmi lesquelles ce vieux cadre poussiéreux et son icône patinée aux couleurs éteintes, sillonnée de craquelures, en quoi le galeriste, la voyant apparaître sur son écran tandis qu'il compulsait le catalogue en ligne de la vente par hasard, par habitude, par conscience professionnelle (cette conscience consistant essentiellement à sacrifier une partie de son temps en scrollant sans relâche les pages des sites d'enchères afin de dénicher un hypothétique bon coup), avait reconnu (ou cru, ou voulu reconnaître) une supposée pièce manquante de l'œuvre du Maître qu'il avait donc achetée dare-dare pour une somme dérisoire avant de la faire restaurer, de lui faire retrouver son lustre (quitte à rendre la peinture plus clinquante que d'origine) puis de demander son authentification.

De l'avis des spécialistes concertés, conservateurs de musée, chimistes, historiens de l'art, la certification offrait bien peu de garanties – voire, à certains, elle paraissait singulièrement douteuse, leurs analyses concluant plutôt qu'il s'agissait là, selon toute vraisemblance, d'un tableau sorti de l'atelier du Maître où sa propre main n'était que peu, sinon pas intervenue –, mais la conviction formelle d'un des experts sollicités (motivée moins par des critères objectifs que par des considérations ésotériques telles que la "vibration", "l'émotion" qui se dégageaient du divin portrait et qui, selon lui, avaient valeur d'évidence en nous faisant ressentir que, oui, bien sûr, c'était de lui, *cela ne pouvait être que de lui*) avait suffi à la valider ; assez, en tout cas, pour présenter, au moment de le proposer sur le marché, le tableau comme un chef-d'œuvre retrouvé de l'artiste, lui attacher l'aura que diffusait le nom du Maître et faire ainsi qu'un oligarque en exil, le grand ami de Madame Valier, l'acquière au terme d'une transaction houleuse où l'homme de confiance qu'il avait mandaté afin de mener la négociation (et qui avait été chargé, plus largement, de lui bâtir une collection pour laquelle, en quelques années, il avait mis à sa disposition la bagatelle d'à peu près deux milliards de dollars) l'avait passablement arnaqué : la somme qu'il avait annoncée à son client par SMS, tandis qu'il prétendait mener en direct les difficiles tractations à la table des vendeurs depuis la véranda d'un grand restaurant parisien, assis devant une assiette de quelque mets délicat et léger, s'avérerait d'un tiers supérieure à celle à laquelle le tableau avait en réalité été cédé, l'intermédiaire se collant directement la différence dans la poche en sus de sa commission ; et le pot aux roses aurait pu ne jamais être découvert si, des mois plus tard, un journaliste enquêtant sur l'oligarque n'avait fait paraître dans la presse britannique le vrai montant de la transaction que l'acheteur avait donc découvert à cette occasion (en lisant cet article sur lui-même), saisissant bientôt la justice contre le mandataire véreux, lui intentant l'un de ces procès à tiroirs et à rallonge qui opposent dans la rancœur et la haine inlassables deux hommes pendant des années, parfois des décennies, pendant que le chef-d'œuvre illégitime, qui avait circulé sous escorte en avions-cargos de New York à Genève et jusqu'à Singapour, sommeillait désormais dans le port franc de la cité-État, au fond d'un de ces entrepôts spécialement sécurisés qui, du dehors, avec leurs murs aveugles, leurs revêtements de mailles métalliques et leurs logos abscons, ressemblent à n'importe quel data center, à n'importe quelle halle de commerce par correspondance, mais dont l'intérieur s'avère équipé, pour protéger leur précieuse marchandise, de systèmes d'accès et de surveillance aussi sophistiqués que ceux d'une banque ou d'une prison.

Le tableau s'y trouvait cadenassé à température stable dans un vaste box qui ne contenait que lui, enroulé dans du papier de soie lui-même entouré de papier bulle, contenu dans une caisse en bois sur mesure elle-même emboîtée dans un caisson de protection bleu floqué, sur toutes ses faces, de l'inscription "Fragile Œuvre d'Art" – bouclé à multiples tours à l'autre bout du monde, à l'écart des regards, soustrait à tout public, et surtout hors de la vue de l'oligarque pigeonné qui, vexé de s'être fait avoir, n'éprouvait plus pour le chef-d'œuvre qu'un désamour dédaigneux : son plaisir avait été gâché, il ne pouvait plus voir le Christ toscan (ou lombard) en peinture. Finalement, une fois que l'affaire se fut tassée dans son propre esprit, qu'il put de nouveau envisager la chose froidement comme il en était, d'ordinaire, de toutes ses affaires (son flegme intimidait toujours ses partenaires et concurrents), au lieu de laisser végéter ce capital dormant dans sa cellule asiatique il s'était résolu à le faire valoir, autrement dit à le remettre sur le marché, placé entre les mains d'une grande maison de ventes.

C'est alors que la conseillère était entrée en scène. Elle avait orchestré toute l'opération de A à Z : eu l'idée saugrenue et brillante d'intégrer le chef-d'œuvre de la Renaissance à une session d'enchères d'art contemporain ; fait exposer, avant cela, le tableau pendant des semaines dans une galerie avec de vastes vitrines donnant sur une rue passante où, pour le voir, des foules défilaient, allant jusqu'à faire, à certaines heures, longuement la queue sur le trottoir sous le crachin londonien. Grâce à une micro-caméra invisible scellée dans la cimaise et placée juste au-dessus du cadre, on avait filmé en gros plan les réactions des visiteurs en face du tableau (ces visages en pleine contemplation devant un visage, lequel les observait en retour), images à partir de quoi une agence de publicité avait réalisé un clip promotionnel où, sur fond sublime de musique baroque, se succédaient les anonymes écarquillés, bouche ouverte béate et semblant touchés par la grâce (comme si, de la peinture à ses spectateurs, s'opérait une sorte de transsubstantiation et que l'éblouissement s'emparant de quiconque s'abandonnait à l'admiration du chef-d'œuvre était le plus incontestable témoignage, la meilleure représentation possible de l'insondable mystère émanant du tableau lui-même : l'effet primait sur l'objet artistique, ou plutôt l'effet accomplissait la visée véritable de l'objet artistique), les émerveillés au regard d'enfant, les péquins émus aux larmes, et même un célèbre acteur hollywoodien qui passait là, sans doute par coïncidence, avec sa casquette de baseball enfoncée sur le crâne et son col relevé, et qui apparaissait dans le film au même titre que n'importe lequel des visiteurs, amateur ébahi parmi les autres, faciès extatique parmi toutes les mines bouleversées.

Pour habiller le générique et l'affiche, on était allé jusqu'à s'inspirer de la ligne graphique d'un récent blockbuster dont le Maître ancien, l'auteur de la toile, était le héros : en maintenant la peinture hors champ, la vidéo promotionnelle fonctionnait ainsi comme une bande-annonce dont la superproduction était non pas le tableau, mais *l'événement de sa vente*. En appui à l'impressionnant plan marketing, à cette mise en scène inédite pour une adjudication, une surenchère médiatique au diapason (journalistes nombreux invités à grands frais, critiques d'art de magazines dûment choyés, chaînes de télévision qui parlaient là d'art pour la seule fois de l'année) avait préparé le show à venir. Qui donc acquerrait le chef-d'œuvre ? Qui pourrait, à discrétion (à la maison, peinard, chez lui, un verre de bon vin à la main, près d'un feu de bois), le contempler et se laisser contempler par lui ? Ou quel conservateur de grand musée l'adjoindrait à ses collections ? Le suspense était insoutenable.

Et le jour J, il s'était passé ce que personne, pas même la conseillère, n'aurait osé espérer. Dans la salle archicomble, très vite les offres étaient montées, d'abord parvenues depuis les rangées où des mandataires, assis sur leur chaise, tentaient leur chance sans grande conviction, uniquement pour prendre part à la fête, faire avancer le jeu, rapidement relayés par des clients qui, à distance, dictaient au téléphone leurs prix que répercutaient sur place leurs représentants élégamment costume-cravatés ; et puis, passé un montant déjà astronomique, les voix s'étaient tues, les différents prétendants inclinés, et il n'était alors plus resté que deux mystérieux enchérisseurs pour se tirer la bourre pendant de longues minutes acharnées, faisant grimper obstinément le montant du tableau jusqu'à des hauteurs vertigineuses, inégalées, se rendant coup pour coup dans un match de boxe âpre, entêté, livré par des combattants absents et suppléés, incarnés par leurs avatars qui se tenaient côte à côte, debout sur une estrade en guise de ring, derrière une balustrade capitonnée et pendus au téléphone, à ma gauche en trois-pièces bleu sombre un bellâtre gominé qui ne cachait pas (surjouait même un peu maladroitement, un coup soulevant son sourcil, un autre tordant sa lèvre) la frénétique stupéfaction que le duel au sommet provoquait en lui, à ma droite la conseillère Zeuchter tenant ferme, coincé contre son oreille, un combiné noir fiché au bout d'un long fil en tire-bouchon à l'ancienne et du meilleur goût vintage, qui se balançait, se tendait, se déployait, se rétractait, en accordéon, au rythme des gestes de la jeune femme, laquelle conservait invariablement un sourire affable, l'air de maîtriser (comme si elle en eût connu d'avance le scénario et l'issue) le déroulement des opérations et de n'y rien trouver de particulièrement notable, d'accompagner simplement leur cours en veillant à ce que tout se passe au mieux, répliquant à la surenchère du rival par une autre surenchère encore qu'une voix lui commandait à l'oreille (et, à chaque nouvelle offre, dans le public une ovation saluait le bond en dizaines de millions de dollars que venait de faire la somme inscrite en différentes devises et en temps réel, blanche sur fond bleu électrique, à l'écran accroché au-dessus du pupitre du commissaire-priseur), et ainsi de suite jusqu'à ce qu'enfin l'un des deux, de guerre lasse, lâchât prise et laisse son concurrent remporter le lot (et le commissaire-priseur qui, jusque-là, avait brandi haut son maillet avec une emphase théâtrale, le maintenant en suspension au-dessus de sa tête le temps d'en appeler aux enchérisseurs de manière presque menaçante, les sommant de se déclarer sous peine de mettre prématurément fin à la lutte, parut ce coup-ci avoir décidé que ça suffisait bien comme ça, qu'on avait atteint un point limite au-delà duquel il eût été inconvenant de prétendre monter encore et, après avoir demandé hâtivement si les offres étaient closes, une fois, deux fois, trois fois, sans plus tarder, d'un petit geste sec, une simple flexion du poignet, il fit claquer son maillet et adjugea) sous un tonnerre d'applaudissements ultime, des cris et des vivats à quoi se mêlèrent aussitôt rumeurs et chuchotements, paris et conjectures concernant l'identité de l'acheteur qu'à cet instant précis la conseillère ne connaissait sans doute pas elle-même, n'ayant eu affaire au téléphone qu'à un négociateur intermédiaire dont on ignorait qui il représentait, l'acquéreur préférant quant à lui, bien sûr, rester anonyme, et quoique déjà les cercles autorisés se permissent des supputations, des insinuations d'initiés, car ils n'étaient pas si nombreux que cela, après tout, sur cette planète, à cette date, ceux qui pouvaient avoir le désir et les moyens de débourser la somme record inouïe dont d'aucuns, aussi impressionnés soient-ils par l'étalage de richesse inconsidéré, inépuisable pour ainsi dire, qu'elle révélait, ricanaient un peu sous cape en se disant que c'était tout de même cher payé pour un tableau d'atelier – un produit dérivé du génie, sans le sceau du génie.

Il faudrait par la suite plusieurs semaines avant que l'on apprenne que le néopropriétaire du chef-d'œuvre putatif était un prince oriental (le rejeton (encore un) d'une famille royale bassinée dans la rente pétrolière et qui figurait peut-être quelque chose comme une version contemporaine des parvenus florentins de la Renaissance), à qui l'oligarque grugé avait donc finalement refourgué l'objet de sa déconvenue en en tirant une plus-value qu'il n'aurait pu imaginer et en réalisant de fait (de loin) le meilleur coup spéculatif de sa carrière de collectionneur. Son amie Eugénie Valier, toujours à l'affût des mésaventures échues à ses anciens partenaires en dépeçage, n'avait pas laissé de suivre assidûment les pérégrinations du Christ douteux, d'abord un peu moqueuse, pas mécontente, au fond, que ce cher Kouritchev (lui qui avait, elle était bien placée pour le savoir, si souvent profité des largesses du hasard et de la crédulité de certaines bonnes âmes) se fasse pigeonner par l'autre filou, puis impressionnée devant le culot et la finesse conjugués avec lesquels la vente avait été organisée, l'énergique brio qu'avait démontré la conseillère et dont l'oligarque, en fin de compte, n'avait eu qu'à se féliciter – si bien que lorsqu'il s'était agi, pour Madame, de prospecter en vue de trouver l'organisme auquel confier l'élaboration de la fondation en quoi elle avait décidé de dilapider toute sa fortune, le Philanstère, ce nouveau "laboratoire d'expériences philanthropiques" récemment créé et "piloté" par Hélène Zeuchter, avait tout naturellement figuré parmi les candidats sollicités.

C'était aujourd'hui la troisième fois qu'elles se voyaient en tête à tête. La première n'avait eu d'autre mobile que de mettre les deux femmes en présence, afin que la Valier pût constater si elle parviendrait à supporter la conseillère ou non – et si cette dernière pourrait encaisser ses soliloques sans indisposer leur autrice. Lors de leur deuxième entrevue, Zeuchter avait surtout cherché à définir (à dégager au milieu du flot de paroles à la fois claires et décousues qu'elle assénait par vagues) ce que Madame attendait : la conseillère en avait déduit qu'elle ne le savait pas elle-même, mais qu'elle savait plutôt *ce qu'elle ne voulait pas*, et qui esquissait ainsi une sorte de *cahier des charges en négatif* : elle refusait que son argent fût employé à quoi que ce soit qui puisse soutenir des intérêts politiques ou financiers, c'est-à-dire susceptible d'être utilisé comme argument électoraliste ou partisan, ni pour créer un marché, ni pour produire de ressource monnayable, ni pour enrichir quiconque : elle voulait quelque chose, disait-elle, qui *ne serve à rien* – qui soit, à ses yeux, pur gaspillage.

La lumière de printemps baignait la verrière et caressait les plantes savamment arrangées, feuilles luxuriantes et fleurs en massifs colorés, de manière à diffuser, autour du trône de bois tressé, un réconfortant sentiment d'enveloppement végétal tout en laissant dégagée la vue sur la terrasse, sur le parc et plus loin la forêt, de sorte qu'on avait la sensation, telle en tout cas que l'avait éprouvée Zeuchter en s'asseyant face à la vieille tout à l'heure au début de leur conversation, que le monde alentour s'ordonnait tout entier à partir du point zéro que marquait la place précise où se situait le corps de Madame Valier, qu'il s'élargissait en cercles concentriques autour de lui, et que toutes les personnes qui en faisaient partie travaillaient donc plus ou moins, de manière directe ou indirecte, à son service – depuis le jardinier qui accommodait sur mesure le décor de l'Orangerie au milieu de quoi Madame siégeait (embaumé d'une fragrance douce et fertile d'humus et d'herbes montée de parterres en étages cerclés de cailloux veineux aux marbrures d'ocres et de verts), en passant par le majordome assis, à quelques mètres de là, parmi les arbustes et les fleurs exotiques, sur une petite banquette d'où il gardait un œil sur sa patronne en toute discrétion, pour ainsi dire en oblique, feignant de regarder ailleurs et de laisser se dérouler la conversation sans en rien entendre (et probablement sans en perdre un mot), et jusqu'à la conseillère qui s'agrégeait à l'égal des autres, par sa seule présence – une fois attirée dans sa sphère d'influence orbitale –, à la légion des agents dévolus au modelage de l'univers dont Madame était à la fois le pivot, l'ordonnatrice et la destinataire.

Sans que cela n'enraye pour autant son exposé (car elle savait (elle avait pris ce pli, ce tour de main mental), dans le même temps, suivre l'enchaînement de ses idées, assurer la clarté de leur élocution et analyser en permanence la situation, les réactions de ses auditeurs afin de sonder l'effet que sa parole produisait, de manière à ajuster celle-ci), Hélène Zeuchter sentait que son rôle en cet instant n'était somme toute, aux yeux de la Valier, ni plus utile ni probablement plus estimable que celui du jardinier ou de son garde du corps russe : comme eux, la conseillère dépendait de la volonté de Madame, elle était une fonction dans la bonne marche de l'ordre cosmique habituellement agencé autour de sa personne, une petite main déléguée à l'une des subdivisions de son service (au même titre que celles responsables de son hygiène et de sa santé, de la gestion de sa fortune, de l'entretien de ses biens ou de son divertissement), et Eugénie Valier, les doigts joints en triangle devant les lèvres, l'écoutait maintenant décrire la fondation à venir et raconter, à la façon d'une trépidante aventure (puisque la conseillère appartenait à ces générations pour lesquelles il est depuis longtemps entendu, l'idée intériorisée, qu'une bonne histoire est indispensable pour emporter toute adhésion, rallier toute opinion, et que l'on ne présente pas un projet, un produit, un candidat politique ou un criminel au tribunal sans le pourvoir (le précéder et l'envelopper) d'un récit propre à mettre en branle notre avidité narrative, à éveiller la curiosité, l'empathie ou l'horreur), ce qu'il adviendrait de la fortune de la famille Valier, en quoi elle se métamorphoserait, se dissoudrait, se convertirait, avec quoi bientôt elle se confondrait : comment l'organisme qui naîtrait grâce à elle aurait pour vocation majeure de *prendre soin des cinq océans de notre planète* (c'était son expression récurrente, "prendre soin", son leitmotiv dès qu'il s'agissait de qualifier *les engagements* que prenait le Philanstère), de devenir un instrument de *sensibilisation et d'action directe* évoluant en toute indépendance par rapport aux pouvoirs en place, qu'ils fussent politiques, institutionnels ou économiques, mais non sans mobiliser les moyens nécessaires pour faire pression sur eux ; comment, dans un premier temps, une partie de la prodigieuse somme rassemblée servirait à fournir les équipements initiaux indispensables à financer la construction d'un siège, de bases maritimes, et surtout à lancer le plan de promotion de la fondation – les spots publicitaires qu'on achèterait, les œuvres d'artistes contemporains à qui on passerait commande, le soutien de quelques illustres personnalités choisies qui incarneraient le projet, et le film que l'on ferait faire par un documentariste engagé de renom (elle avait aussi pensé, un moment, à un festival de musique international itinérant, mais on verrait ça plus tard) ; comment enfin un appel d'offres serait lancé pour trouver les entreprises qui fabriqueraient le matériel nécessaire au nettoyage des océans (et, en mentionnant ce dernier point, la conseillère faillit commettre l'erreur de passer plus vite dessus, de faire s'accélérer son débit vocal afin qu'il s'entende le moins possible, ce que la vieille n'eût pas manqué de remarquer et qui lui eût inévitablement mis la puce à l'oreille, comme on dit, si tant est qu'elle eût besoin de ce signal sonore quasi subliminal pour saisir instantanément ce qu'il impliquait et que, de toute façon, elle savait déjà : qu'il y aurait forcément des prestataires, des contrats, des partenaires, des achats effectués ; que, partant, son fric enrichirait quelques tiers – mais la conseillère se reprit in extremis et énonça la phrase sans empressement, sur la même tonalité lausannoise et didactique avec quoi elle décrivait le reste du plan).

Car l'action, poursuivit-elle, se déclinerait en deux volets complémentaires : d'un côté, l'on sponsoriserait copieusement les

ONG existantes (les Sea Shepherd, Tara, Algalita et autres Ocean Cleanup, sans parler bien sûr de leur marraine à toutes, Greenpeace), l'on soutiendrait les groupes d'intervention militants déjà structurés (et, le plus souvent, peuplés d'activistes radicaux qui risqueraient de voir d'un œil suspicieux affluer dans leur zone les subsides du grand capital), autant pour contribuer à leur cause que pour leur démontrer que la fondation ne prétendrait aucunement se substituer à eux mais, au contraire, les aider, les relayer, les renforcer (qu'elle ne serait pas leur rivale mais leur alliée, voire leur possible mécène) ; de l'autre, la fondation disposerait de sa propre force, elle armerait des navires chargés de faire la chasse aux contrebandiers et aux équipages qui fraudent les lois de la pêche internationales, elle créerait ses propres flottilles, avec la logistique qu'elles demandent, réparties dans les cinq océans autour d'une base opérationnelle principale établie dans l'un des principaux ports situés à proximité des *trash vortex*, autrement dit de ces immenses tourbillons créés par la complexe dynamique des courants marins – par les jeux croisés, à la fois aléatoires et coordonnés, constants et inopinés, lourds, lents, têtus, autant que ductiles et capricieux, de leurs flux, ces masses colossales, tentaculaires, en perpétuel mouvement, dont l'échelle est celle de la planète, qui s'enroulent sur elles-mêmes et brassent, charrient, érodent, rassemblent et agglomèrent tous les déchets de tous les types, naturels et humains, dérivant dans l'océan, jusqu'à former, dans les zones de convergence où ces courants confluent, des concentrations dont la surface recouvre jusqu'à des millions de kilomètres carrés et que l'on a souvent l'habitude, lorsqu'il s'agit d'en décrire le phénomène, de dépeindre comme de véritables continents flottants, nouvellement apparus au milieu des mers, laissant imaginer une croûte épaisse coagulée, matière composite et stratifiée faite de plastiques entresoudés, telles des Atlantides de polymères sur quoi l'on pourrait presque poser le pied, se promener en marchant, et qui, en réalité, peu visibles à l'œil nu, s'apparentent plutôt à une sorte de bouillon indistinct où les ordures déchiquetées s'entremêlent et macèrent entre deux eaux et où la densité de particules de plastique est de six à sept fois plus élevée que celle du zooplancton, de sorte que le nettoyage de ces gyres, d'après ce que les scientifiques consultés par la conseillère lui avaient figuré, s'apparenterait moins à du ramassage qu'à un lent filtrage toujours recommencé, du moins tant que les hommes et les femmes sur cette planète continueraient à utiliser des matériaux plastiques et à s'en débarrasser dans la nature sans les recycler intégralement, ce qui, au rythme actuel de la consommation (et de fait il semblait aujourd'hui plus facile d'imaginer une disparition de l'espèce humaine elle-même qu'une éradication de sa dépendance au plastique), augurait de quelques siècles au cours desquels la fondation pourrait tranquillement poursuivre son œuvre bienfaitrice, unanimement, consensuellement saluée (qui pourrait se dire en effet *contre* la protection des océans ? qui s'affirmerait partisan de voir des oiseaux marins au bec transpercé par des tiges rigides de matière synthétique, les phoques et les dauphins asphyxiés par des membranes de polymère ou l'estomac dévoré par les substances chimiques ingérées ?), soutenue par l'opinion d'autant plus qu'elle déchargerait les pouvoirs publics d'avoir à s'occuper de ce dossier épineux et coûteux. Les océans, oui, c'était une bonne idée, avait opiné Madame Valier quand, tout à l'heure, la conseillère l'avait sortie, comme de son chapeau, de ses dossiers serrés dans leur chemise cartonnée, tamponnée du logo du Philanstère ; les océans, c'était très bien ; tout le monde trouverait bien entendu vertueux de vouloir leur rendre leur belle virginité originelle et, en même temps, tout le monde s'en ficherait plus ou moins ; les océans, cela met tout le monde d'accord, ça n'engage presque personne et ça a le mérite d'anticiper un monde après nous, une planète pour d'autres espèces que la nôtre ; lorsqu'il n'y aura plus d'hommes il y aura encore des mers et une flore et une faune marines ; nettoyer les océans ne retarde pas l'extinction des humains, de notre espèce tarée et de son imbécillité générique, ce n'est pas ça, encore heureux, qui va nous sauver, mais ça répare au moins un tant soit peu les dégâts que nous aurons laissés, avait dû penser Madame en donnant son assentiment à la proposition de la conseillère Zeuchter ; et cette dernière intérieurement, en recevant la tacite invitation de la Valier à continuer sur cette voie qui satisfaisait ses attentes, à la manière d'un joueur de poker qui dissimule son émotion derrière un visage impassible tandis que la dernière carte révélée par le croupier sur le tapis vert lui assure qu'il a la meilleure main possible et n'a donc plus désormais qu'à laisser, autour de la table, les autres joueurs enchérir, relancer, le pot gonfler avant de le rafler à coup sûr, avait senti que le gros coup était dans la poche, la baleine harponnée.

Quant au montage financier de la fondation, Hélène Zeuchter s'inspirerait, pour l'élaborer, du modèle devenu pour ainsi dire canonique depuis qu'il avait été mis en place, à une dimension jusqu'alors inédite, plus de vingt ans auparavant par celui qui bénéficiait à l'époque du titre envié, décerné chaque année à date fixe en couverture du même magazine dédié non pas tant à l'économie, à ses mouvements, ses soubresauts ou ses mutations, qu'à la réussite économique considérée à la manière d'une sorte d'exploit sportif, voire guerrier, réalisé par des individus d'exception, les héros, les champions de cette arène globale, universelle, en quoi consiste la concurrence économique (ou bien à l'économie considérée comme seule arène d'une réussite), d'*homme le plus riche du monde*, l'ayant conquis (ce titre, et avec lui la fortune qu'il récompensait) en inventant (ou plutôt, le plus souvent, en déposant à son nom (au nom de sa société) les brevets d'inventions faites par d'autres et dont il captait, s'appropriait, rentabilisait ainsi la technique) pendant plusieurs décennies de quoi truffer les micro-ordinateurs dont le marché se développait partout à une vitesse exponentielle, proposant à leurs utilisateurs des systèmes d'exploitation et des programmes en tous genres, donnant aux machines des tâches à exécuter, des opérations pour fonctionner, ses produits prenant place dans la nomenclature quotidienne de n'importe quelle activité, s'instillant dans la vie de toutes les entreprises, de toutes les familles, leur concepteur (qui pendant ce temps-là ne cessait de breveter, commercialiser, "innover" à tour de bras) s'imposant progressivement dans l'esprit des populations comme une sorte non pas d'oncle d'Amérique auréolé d'un lointain succès trouble, quasi mythologique, mais de vague cousin de la Côte Ouest un peu bizarroïde (le petit génie obsessionnel et tête à claques dont on se doit bien de reconnaître, malgré tout, les mérites parce qu'il explore un arrière-monde obscur de nombres, de données, de composants électroniques auquel nous ne comprenons pas grand-chose, sinon à peu près rien, d'où il extrait et rapporte pour nous des formes simplifiées, vulgarisées et immédiatement préhensibles, que nous pouvons donc faire marcher à notre piètre niveau, une part minime et suffisante de ce monde nous devenant dès lors accessible grâce à lui), jusqu'à faire figure, avec ses cravates grisâtres, beiges ou marronnasses, ses petits costumes austères posés sur une silhouette malingre et ses pulls à col étroit de bon père de famille, les grosses lunettes qui lui couvraient la moitié du visage et sa sempiternelle allure d'étudiant polard et fayot, empoté dès qu'on l'éloigne à plus d'un mètre d'un écran et d'un clavier (le souffre-douleur à qui le *quarterback* de l'équipe de football universitaire locale inflige d'odieuses humiliations dans les vestiaires, le boutonneux à double foyer qu'aucune cavalière ne veut accompagner lors du bal du promo), de prototype de ce qu'après lui (et peut-être avec lui en référence principale), au cours de ces années qui seraient celles de son ascension puis de son triomphe, l'on se mettrait à appeler communément un *nerd*, et conférant l'impression que son corps, dans la fréquentation continue, presque exclusive, des bits et des octets, des lignes de code, des microprocesseurs, des disques durs et de la mémoire vive, avait progressivement mué jusqu'à représenter en quelque sorte *l'incarnation physique du logiciel*, s'accommodant visiblement d'être cette espèce de cliché vivant comme si, en proposant au grand public une image préconçue et caricaturale de lui-même, il avait déployé un paravent pour occulter ses impitoyables stratégies carnassières (les méthodes managériales féroces, les copiés-collés d'inventions mises au point par d'autres et qu'il faisait breveter pour siennes, les licences imposées sur des logiciels libres, les monopoles ainsi créés et étendus, la concurrence écrasée en vertu de la devise officieuse ayant cours à l'intérieur de l'entreprise, par quoi la direction préconisait à ses employés la conduite à tenir : "adopte, développe et étouffe") qui n'avaient pas moins contribué à multiplier sa fortune personnelle que sa présumée capacité de travail infinie, ses talents de programmeur et son flair pour l'anticipation technologique, autant de qualités qui l'avaient érigé en parfaite effigie du basculement général d'une économie vers une autre, à laquelle on avait donné le nom de "nouvelle économie" parce qu'elle s'adossait aux technologies elles-mêmes dites nouvelles – mais aussi, sans doute, parce qu'elle façonnait véritablement un genre d'homme nouveau et portait au pinacle une espèce inédite d'athlète économique dont l'ancien loser des gymnases avec ses épaules étroites, le petit cousin azimuté, constituait désormais l'étalon.

Peut-être s'était-il lassé de son rôle ? Ou bien s'était-il dit que l'image d'indécrottable *nerd* le nez fourré dans les machines avait fait son temps (que l'accoutumance de tout un chacun à la technologie, le fait que nous soyons tous devenus plus ou moins *nerds* à notre tour, courbés sur nos claviers, pendus à nos écrans, connectés à nos réseaux, dépendants d'utilitaires dématérialisés souvent par lui brevetés, ne le caractérisaient plus en propre et, par conséquent, que le paravent derrière lequel il s'était longtemps abrité – sa physionomie emblématique de post-ado agaçant, visionnaire et trop sérieux, avec ses sourires crispés, sa face d'oiseau hirsute à peine sorti du nid, mais d'un nid entièrement irradié par le scintillement des cristaux liquides – ne le protégeait plus de rien à mesure que des voix de plus en plus nombreuses dénonçaient ses stratégies et ses monopoles) ? Ou encore que la puissance financière, le privilège d'être à la tête de la première capitalisation boursière de son temps ne lui suffisaient plus et qu'il aspirait à présent à d'autres formes de pouvoir, à se donner d'autres moyens d'intervenir dans la société ?

Toujours est-il qu'un beau jour, il avait annoncé sa décision de céder la quasi-totalité de sa fortune (quatre-vingt-quinze pour cent de son patrimoine devraient y être versés avant sa mort, avait-il précisé – car il ne s'agissait pas de divulguer ses belles dispositions sans les accompagner d'un chiffre concret afin de les rendre tangibles) en la léguant à une fondation à son nom et à celui de sa femme, destinée à soutenir des programmes choisis (finalement, il allait donc continuer à faire ce qu'il avait toujours fait : programmer, ou s'arroger la mainmise sur des programmes élaborés par autrui), dans des domaines aussi divers que la santé, l'éducation et l'agriculture, y favorisant les projets en quoi lui-même reconnaissait des vertus similaires à celles qui avaient présidé à ses propres desseins, c'est-à-dire avant tout une foi inébranlable et inconditionnelle en la technologie comme facteur inéluctable de progrès et remède à tous les maux, concourant ainsi à favoriser les entreprises qui pratiquaient les modifications génétiques, les expérimentations chimiques et les vaccins synthétiques (et que ces entreprises, avec leurs laboratoires, leurs filiales et leurs sous-traitants, fussent des firmes internationales dont, en procédant de la sorte, il facilitait l'expansion sur de nouveaux marchés où elles supplantaient les acteurs traditionnels de l'économie locale, les petits producteurs et agriculteurs, les médecines naturelles, non seulement ne paraissait pas le déranger, ne pas présenter à ses yeux de contradiction avec les motifs humanitaires des programmes engagés, mais au contraire le rassurait sur le bon usage fait de ses dons en lui fournissant un gage de confiance : ces entreprises détenaient nécessairement les meilleures solutions puisqu'elles étaient ses pairs, elles étaient son monde), subventionnant donc auprès d'elles de gigantesques commandes à l'intention des habitants de régions pauvres, de pays sous-développés, décidant à la place de ces populations, de leurs représentants, ce qui était bon pour elles et comment (grâce à qui) résoudre leurs problèmes d'épidémies, de malnutrition ou d'analphabétisme, usant de son influence – à tel point qu'on eût cru qu'il s'était reprogrammé lui-même et avait basculé en un rien de temps, avec la souplesse mentale et le sens de l'opportunisme auquel sa carrière l'avait rodé, du *software* au *soft power* – dans le but d'infléchir leurs politiques sanitaires et alimentaires, autrement dit substituer à leurs politiques ses convictions, ses initiatives ; et le flux d'argent dispensé par ses soins était si abondant qu'aucun pays, aucune institution ne pouvait se permettre de le décliner ni, par conséquent, de contrecarrer ses manières de voir, si bien que bientôt la fondation, dont le budget était supérieur à celui de bien des États, s'était muée en une véritable *multinationale de la charité* et que les sommes qu'elle distribuait avaient valu à leur donateur, dans ces mêmes magazines dont il faisait, les années précédentes, la couverture en tant que champion du moment, la réputation de philanthrope majuscule, s'inscrivant dans la lignée des glorieux capitaines d'industrie paternalistes de jadis (ceux-là que l'on avait aussi coutume de qualifier un peu moins aimablement de "barons-voleurs"), les Carnegie, les Rockefeller, au point de se voir très sérieusement auréolé dans un autre classement annuel (un autre championnat comme s'il eût changé de catégorie) du statut superlatif non plus d'homme le plus riche, mais de *milliardaire le plus généreux du monde*.

La conseillère ignorait ce que Madame pouvait penser du programmeur américain et de ses bonnes œuvres, si elle l'avait déjà croisé à l'occasion de quelque raout réunissant des personnalités en vue de l'élite économique à laquelle tous deux appartenaient, si elle éprouvait envers lui du respect, de l'aversion ou une cordiale indifférence ; mais, d'expérience (car elle avait déjà pu observer cela du temps où elle prodiguait à certains membres éminents de cette caste ses conseils pour leur collection d'art, constatant que souvent les acquisitions elles-mêmes, les goûts qu'elles étaient censées traduire, paraissaient répondre moins à des choix raisonnés, à des considérations esthétiques ou même à de pures logiques spéculatives qu'à une volonté du collectionneur de se mesurer aux autres amateurs du même acabit, de les imiter ou de s'en démarquer, cette joute symbolique trouvant finalement sa pleine expression (sa mise en scène) dans les majestueuses fondations ouvertes par les mécènes, bijoux architecturaux édifiés sur mesure ou monuments anciens rénovés pour servir d'écrins à leurs collections, les y présenter au public dans ce qui constituait, de fait, de splendides musées privés), elle savait que souvent ces gens nourrissent les uns à l'égard des autres un sentiment de rivalité hostile et, par précaution, elle s'abstenait de citer en exemple le philanthrope en chef, de prononcer même son nom tandis qu'elle décrivait les emboîtements gigognes qui structureraient la future fondation et qui se calquaient pourtant en grande partie sur celle du *nerd* attardé devenu le caïd des grands cœurs, suivant un principe somme toute des plus simples : au lieu de dépenser directement, en première main pourrait-on dire, l'argent versé à la fondation par son donateur (sa donatrice), ces actifs provisionneraient un fonds d'investissement (dûment géré par la banque d'affaires dont dépendait le Philanstère) chargé de les répartir à travers un large portefeuille d'entreprises et de produits financiers, et ce sont les dividendes tirés de ces placements que la fondation attribuerait ensuite aux projets subventionnés. Ainsi, une fois la fortune de Madame prodiguée, l'organisme se perpétuerait de manière autonome et les dons supplémentaires (les campagnes que mènerait le Philanstère auprès des amis de la cause océanique désirant lui apporter leur écot) s'y ajouteraient, continuant d'accroître le capital à faire fructifier – tout ceci, précisa la conseillère Zeuchter, garantissant la pérennité à long terme de la fondation Valier et de son action.

Là-dessus Madame tendit le cou pour jeter un œil au planisphère annoté (une manière de carte de navigation imprimée depuis un navigateur en ligne) que la conseillère avait déroulé sur la table basse – avec, cochés d'une belle croix rose au milieu de chaque océan, les emplacements présumés des bases navales de la fondation ("ses relais logistiques et opérationnels", avait dit la conseillère), à Honolulu et à Papeete, à Port-Louis de l'île Maurice, aux Açores (de quoi passer ici et là de jolies petites vacances, mais rien toutefois dans l'Atlantique sud, remarqua Madame qui en aurait volontiers imaginé une à Sainte-Hélène dans le port de Jamestown, à quelques portées de canon de la morne plaine de Longwood où l'Empereur banni avait fini ses jours dans la solitude d'une maison basse et sous les brimades anglaises d'un gouverneur anglais, voyant partir un à un ses rares derniers fidèles qui rejoignaient sans lui cette lointaine Europe dont il avait été la stupeur et le maître, son ancien terrain de jeu et de conquêtes qu'il ne reverrait pas, dictant pour tuer le temps ses mémoires en tournant en rond, dévoré par un ulcère et par l'ulcérante frustration des ambitions déchues) – et après s'être replacée au fond de son fauteuil, elle inclina doucement la tête avec un air presque attendri, maternaliste, regardant la conseillère comme si elle se disait "elle s'est bien amusée" ; puis elle laissa s'écouler un moment, sembla se donner le loisir de récapituler mentalement tout ce qui venait d'être raconté.

— Je crois que vous m'avez mal comprise, Hélène. Je ne souhaite pas donner mon nom à cette fondation, je ne souhaite pas donner mon nom à quoi que ce soit. Ni celui de mon fils, de mon père ou de mon chien. Si je pouvais me dépouiller de mon nom, je souhaiterais porter un nom nouveau. Je veux que mon nom disparaisse et ma fortune avec, car ce sont une et même chose.

La vocation de cette fondation sera d'engloutir tout ce que j'ai fait, et mon père avant moi. Le groupe Valier sera démantelé, pièce par pièce, vendu secteur après secteur, dissous dans d'autres entreprises qui en absorberont les morceaux. Je désire qu'il n'en reste rien. Je ne laisserai à mon fils que Terra Viva, c'est déjà bien suffisant, il se débrouillera avec ça, les affaires seront florissantes. Les gens qui en ont les moyens chercheront à se protéger des désastres en cours, à se préserver de notre fin qui vient. Ils auront de plus en plus peur, ils seront de plus en plus riches, leur fortune et la peur se confondront, l'une se dénombrera à l'aune de l'autre. Et mon cher fils leur fournira quelques belles demeures-placebos planquées dans de somptueuses cambrousses comme celle-ci, dit-elle en désignant d'un geste, à travers les arches vitrées de l'Orangerie, le parc et la forêt alentour. Il sera profiteur d'apocalypse comme je le suis déjà. Chaque fois qu'un terrorisé du collapse se fait bâtir sa grotte de luxe au fond des bois, il m'enrichit. Je vends de l'espoir à une époque où il est devenu denrée rare, alors je le vends cher. Ils ne sont pas nombreux, aujourd'hui, à pouvoir se payer le luxe d'un peu d'espoir, à se faire croire que les calamités les épargneront, qu'ils pourront échapper à ce qui doit arriver bientôt. S'offrir l'illusion qu'ils passeront entre les gouttes du déluge. Ils capitalisent pour leurs générations prochaines, autrement dit pour que leurs enfants soient parmi les derniers à s'éteindre, ils n'y échapperont pas. Ils se sentent malins, indemnes, élus. Ce sentiment donne désormais du sens à l'argent qu'ils ont amassé. Ils avaient débuté leur carrière en raflant tout ce qu'ils pouvaient rafler, en suivant l'ordre général du monde, chercher le profit pour le profit, l'argent qui appelle l'argent, sans autre justification que lui-même. Sans savoir quoi en foutre. La peur a fourni une raison d'être à leur cupidité. Elle a donné la mesure de leur chance, une utilité à leurs privilèges. Elle leur a soufflé à l'oreille ce à quoi ils devaient se préparer, et surtout que faire de leur fric. Pour eux la peur est une providence.

Lentement, Eugénie Valier tourna la tête vers le parc où, au bout d'une langue de pelouse en pente douce, on apercevait le jardinier, perché sur un escabeau, jouer du sécateur au-dessus d'un buisson.

— Au fond, la peur a été la grande passion de ma vie. Celle que j'éprouvais enfant devant mon père. Celle dont j'ai vite compris que j'avais tout intérêt à l'inspirer, moi aussi. Celle, principalement, que je sentais vibrer partout autour, que j'observais, analysais, la peur qui traverse le monde et le rend malléable, vulnérable. Les peurs sont le meilleur terreau pour les affaires, vous le savez. Elles font vendre et acheter, dépenser, spéculer. Vous voulez faire de l'argent ? Trouvez ce qui fait envie ou ce qui fait peur, désirs, angoisses, il n'y a que ça qui fasse tourner le business. Et d'ailleurs n'est-ce pas exactement ce que vous faites ? Vous aussi Hélène, avec vos histoires d'océans souillés, vos dauphins en voie d'extinction qui s'étouffent à force de bouffer du plastique au fond des mers contaminées, vos goélands au bec emprisonné dans des filets de pêche illégaux répandus par des équipages de pirates sans papiers, vos populations indigènes qui crèvent sur leurs îles en préambule à la grande crèverie générale, oui, vous agitez des peurs. Cela me va. Nous avons tous les mêmes. Nous avons la peur en partage. Elle ne nous préserve de rien. Sans doute au contraire nous précipite-t-elle vers notre perte. Il m'arrive de penser que si nous n'avions pas autant imaginé notre fin, si nous ne l'avions pas autant redoutée, nous ne l'aurions pas provoquée de la sorte. L'obsession de l'effondrement a fait de nous des effondrés en sursis. Nous avons couru au néant avec une obstination merveilleuse et maintenant nous soignons notre sortie, nous fignolons les ultimes détails de l'anéantissement. C'est tout, il n'y a pas d'autre politique. Que le monde aille à sa perte, c'est la seule politique.

Juste au moment où Madame se tut, la luminosité changea d'un coup, et l'on n'aurait pu dire alors si celle-ci était devenue plus claire ou plus sombre : simplement d'une tonalité différente, une autre variété d'éclat, produisant la sensation qu'une lumière neuve avait fait irruption à l'intérieur de la précédente et, en se coulant en elle, en s'y mêlant, l'avait brusquement refroidie sous l'effet d'une réaction chimique impromptue ; un nuage peut-être s'agrégeait à un autre sous le soleil et donnait aux choses, aux revêtements des murs, à l'impalpable substance atmosphérique qui infusait dans la pièce emplie de plantes et de meubles tressés, un timbre blafard, âcre, estompant le douceâtre flottement laiteux qui dominait jusque-là, et cette modification soudaine parut incommoder Madame, laquelle se mit à respirer ostensiblement, avec difficulté, la bouche entrouverte et la poitrine soulevée d'un halètement poussif devant quoi la conseillère Zeuchter ne savait trop comment réagir, se contentant d'abord de rester dans sa position, le dos toujours bien droit, et de patienter, en même temps que ses doigts jouaient instinctivement avec le poussoir de sa montre-bracelet, en attendant de voir la manière dont évoluerait l'embarras qui s'était emparé de Madame, tout en constatant que, depuis sa banquette, le majordome russe lui aussi s'était mis en alerte et guettait avec une attention accrue, quoique toujours discrète et sans laisser poindre sur son propre visage la moindre émotion, les attitudes de sa patronne. Mais au bout de quelques secondes sa respiration reprit normalement, les variations lumineuses parurent avoir été tolérées, absorbées par son corps qui recouvrait l'usage de son souffle, le rythme ordinaire de sa scansion interne, et qui poursuivait (son visage aux traits de nouveau relâchés) comme si rien ne s'était passé – comme si ce furtif épisode n'avait été qu'une illusion dans l'esprit de son interlocutrice.

— Quand j'étais jeune, je pensais que je serais immortelle. Je le pensais sérieusement. Non que j'aie jamais été habitée par quelque tentation mystique. Ni par l'espoir d'une résurrection, d'un jugement dernier qui me placerait du bon côté du Père, avec les béats en Paradis tandis que l'autre partie de l'humanité serait précipitée dans la gueule ouverte des monstres voraces et les tortures *ad æternam*. Je n'ai jamais envisagé non plus d'être candidate à l'Académie française même si mon père en grand patron éclairé, c'est-à-dire en parvenu qui cherchait une approbation culturelle pour justifier son nouveau rang, recevait régulièrement un ou deux de ces immortels-là. Il les avait à dîner, il leur montrait la bibliothèque, quelques éditions rares. Ils parlaient avec lui des grands auteurs, ils mangeaient du pigeon. Lui qui se flattait d'être lettré, il a sans doute espéré qu'un de ces messieurs lui glisserait l'idée de déposer sa candidature. Il aurait eu des alliés sous la coupole, il aurait porté avantageusement l'habit vert et l'épée. On a du mal à s'imaginer cela, trente ou quarante ans plus tard, aujourd'hui que les capitaines d'industrie n'ont même plus de bibliothèque chez eux. J'en connais un dont la société possède pourtant l'un des deux principaux groupes éditoriaux de ce pays. Chez lui, il n'y a pas un livre. Il n'est pas plus sot qu'un autre. Peut-être pas plus que son propre père qui avait créé ce conglomérat. Les choses ont changé, les us et coutumes si vous voulez. Les anciens dominants se devaient d'envelopper leur statut dans une bienséance traditionnelle. La bonne éducation et le vernis culturel les légitimaient, servaient à montrer au menu peuple qu'ils étaient fondés à le faire travailler à leur profit. Ils possédaient l'appareil de production et les bonnes manières qui vont avec. Ils étaient riches, oui, mais ils le méritaient bien puisqu'ils allaient à l'opéra, connaissaient les poètes, pouvaient sortir une citation à la volée. Ils portaient haut le flambeau d'une civilisation raffinée dont les livres étaient le trésor parfait, le symbole même. Un sésame pour le droit à exercer leur force. Avec la financiarisation de l'économie, les mutations du capitalisme comme on dit, tout ceci s'est étiolé. L'appareil de production est passé au second plan, de mal nécessaire c'est devenu une survivance encombrante. La main-d'œuvre n'est plus qu'un aléa vieillot dont on cherche à se passer par tous les moyens, dès qu'on peut. Dans une économie réellement financiarisée, le rapport de production n'est qu'un moment de la spéculation. Faire directement travailler l'argent en n'ayant plus besoin de faire travailler personne, c'est quand même bien pratique. Et puisqu'ils n'ont plus rien à prouver à leurs employés, puisqu'ils n'ont plus à démontrer qu'ils font partie du meilleur monde, les possédants ne s'embêtent plus que modérément avec les signes extérieurs de culture. Finis les suppléments d'âme, les gages de dernier chic, de supériorité intellectuelle. L'étalage de richesse peut se faire pour lui-même, il n'est plus utile de singer les mœurs de la bonne société pour se disculper. Autant prendre un abonnement au foot. Finalement, en une génération ou deux nous sommes tous devenus des nouveaux Russes, des Qataris. Pauvre bourgeoisie antique. Je suis de mon temps, ma chère Hélène. Les gens d'arts et de lettres, je m'en suis tenue plutôt éloignée. Comme tout le monde j'ai cru en la technologie. Je pensais simplement que les progrès vertigineux de la science, de la médecine, feraient que nous ne mourrions plus. Que du moins les plus favorisés d'entre nous, il n'y avait pas de raison que je n'en fasse pas partie, auraient des solutions pour ne plus mourir. Drôle de pensée, optimiste et naïve. Belle jeunesse. J'avais sous-estimé notre penchant pour le théâtre. Notre sens du spectacle. Le délicieux frisson devant le grand show apocalyptique. Notre acharnement à suivre nos peurs, à leur donner confirmation, les faire advenir. La passion pour les fables édifiantes, pour les légendes qu'on se raconte, et le dénouement qu'elles supposent forcément. Notre pensée dialectique, la volonté de faire la synthèse et la morale. De clore la réalité. De finir l'histoire. Nous voulons toujours savoir comment les récits se terminent. Laisser les choses en suspens, ouvertes, nous ne le supportons pas. Nous avons donc organisé l'issue définitive. Nous avons été plus soucieux de nous éliminer que, je ne sais pas, de nous cryogéniser par exemple. Plus obstinés à détruire notre planète qu'à la protéger, ou à trouver les moyens de nous enfuir. Vous me parlez de long terme, j'apprécie votre prévenance. Vous m'avez mal comprise en vérité. Il n'y aura pas de soi-disant long terme. Pour vos baleines et vos phoques peut-être, tant mieux, souhaitons-leur. Pas pour nous. Nous n'avons plus rien à donner, rien à transmettre, ni témoignage ni, quel mot atroce, patrimoine. Et nous avons du mal à nous y faire. Si nous témoignons aujourd'hui de ce que ce monde est encore, et de l'ampleur du saccage qui a voué ce monde à la disparition, pour qui témoignons-nous ? Si dans un proche avenir il n'y a plus personne ici-bas pour recevoir nos témoignages, pour recueillir nos paroles et leur rendre vie en les écoutant, à quoi bon ? Nous ne leur devons rien, parce qu'il n'y aura personne. Autant donc tout solder. Tout fermer derrière nous, Hélène. À quoi bon léguer quoi que ce soit à l'humanité future, puisque l'humanité n'a pas de futur ? Si l'humanité court à sa perte, alors nous n'avons plus aucune responsabilité, plus aucun devoir devant l'humanité.

Elle eut soudain l'air très fatigué. Ses joues creusées, sa peau livide et parcheminée dont le teint avait viré au gris jaunâtre, la lumière qui s'écrasait contre son front et paraissait s'y tarir, y abandonner toute force, absorbée par cette surface cutanée poreuse et poudrée dont on aurait dit qu'elle pompait, retenait et désintégrait les rayonnements qui lui parvenaient, tout donnait une impression d'épuisement, de dévitalisation crépusculaire à la conseillère qui, sans bouger, sans rien dire, observait ce spectacle étrange et éprouvant d'une femme qui vieillit pendant qu'on la regarde.

Hélène laissait résonner dans la pièce les dernières paroles que venait de prononcer Madame, comme si elle avait ainsi pu les réentendre, les sonder et déchiffrer mieux leur sens, lire entre les mots leurs intentions véritables, hésitant entre la crainte, le dépit et la satisfaction, se demandant d'abord si, de ces propos sibyllins, elle devait en déduire que la Valier, finalement, se ravisait et renonçait à l'idée de la fondation future (la juteuse affaire tombait à l'eau et Zeuchter s'était imposé pour rien, outre de nombreuses journées de préparation, d'écouter le baratin de la vieille), puis réalisant qu'au contraire, le don était l'instrument qu'Eugénie Valier avait trouvé pour ratifier ses ratiocinations – sa solution pour, précisément, n'avoir rien à léguer : la fondation serait donc sa façon à elle de "tout solder", par quoi elle privait son fils de son héritage ; elle refusait de se plier au principe de la succession, de céder ce qu'elle-même avait reçu. Conformément à l'espèce de déni d'avenir qu'elle professait à la cantonade devant ses visiteurs (quiconque se trouvait à portée de parole), elle rompait ainsi le lien familial, génétique ; la cause qui en bénéficierait lui importait peu : tant que la dynastie s'arrêtait là, c'était tout ce qui comptait pour elle ; et par conséquent, les deux femmes étaient d'accord, l'affaire faite.

Les yeux de la conseillère, pudiquement embarrassés peut-être de voir Madame dans cet état, glissèrent alors vers le côté et rencontrèrent ceux d'Igor qui la regardait déjà et, d'un battement de cils, subrepticement, lui fit comprendre que l'entretien était clos, qu'il était temps de partir ; et en prenant congé de Madame exténuée, engoncée dans sa torpeur cendreuse, qui ne lui répondit que du bout des lèvres un au revoir pénible, arraché à sa lassitude, ses plans et ses dossiers repliés sous le bras, la conseillère retraversa le grand salon et regagna le vestibule du château d'où, avant de sortir sur le perron, réprimant encore un peu le sourire de satisfaction dont elle brûlait de laisser sa bouche se parer, elle envoya un SMS à son assistant qui sentit vibrer son téléphone au fond de sa poche au moment même où il s'apprêtait à quitter le bureau et à dévaler le grand escalier en pierre de l'Humanistolab, et qui lut le message "C'est OK ☺" en esquissant lui aussi un sourire agrémenté d'un rapide "Yes" sifflé entre ses dents, avant de renfouir l'appareil dans sa veste et d'entamer sa descente en songeant qu'il n'aurait jamais imaginé, lorsqu'il était étudiant quelques années plus tôt dans son école de commerce rémoise, travailler un jour avec des personnalités telles qu'Hélène Zeuchter (une meuf qui avait fait Sciences-Po et Normale Sup (il ne savait plus dans quel ordre), qui venait de l'art contemporain et qu'à ses amis il décrivait comme "plastique") ni dans ce genre de boîtes qui ne correspondaient pas à l'idée qu'il se faisait, à l'époque, du monde des affaires où il aspirait à trouver sa place (mais qu'imaginait-il alors ? Il ne s'en souvenait plus vraiment ; sans doute se voyait-il en futur entrepreneur, créateur de start-up, ou associé dans telle banque de renom qui le propulserait conseiller-acquéreur dans de gros deals de fusacs, ou encore expat à Dubaï ou à Singapour, des trucs classes, qui font un peu rêver).

Finalement, la filière philanthropique, c'était un bon plan, et entre Zeuchter et lui ça matchait plutôt bien : elle était flexible, carrée en même temps, cultivée, elle savait séduire, elle demandait beaucoup mais elle ne renâclait pas à le valoriser, lui donnait des responsabilités, elle lui faisait confiance malgré sa jeunesse, se disait-il en avisant, au pied des escaliers, une citation de néon bleu étalée sur le mur qui déclarait : "Il restera de toi ce que tu as donné. Simone Weil". La conseillère trouvait cette inscription très judicieusement choisie, car ceux qui connaissaient la philosophe française pouvaient apprécier la pleine portée humaniste de la maxime tandis que les autres la confondaient généralement avec sa presque homonyme, l'ancienne ministre Simone Veil, rescapée des camps et icône féministe républicaine promulgatrice de l'IVG – de sorte que, grâce à cette unique phrase, se voyaient convoquées, pour le prix d'une, deux "femmes inspirantes".

Sylvain franchit le quai de la Seine au niveau du pont de l'Archevêché, qu'il emprunta en contemplant, à main gauche, l'arrière du chantier de Notre-Dame barricadé entre ses palissades. Il se sentait une étrange familiarité, presque intime, avec ces travaux de rénovation dont il suivait sous différents angles (que ce soit d'en haut sur la terrasse où il prenait ses pauses pour fumer ou en les longeant, le soir, pour rentrer chez lui) au jour le jour les évolutions, c'est-à-dire l'aspect mystérieux, stationnaire que du dehors elles revêtaient, et qui ne se manifestaient au passant ordinaire que sous la forme elle-même cryptique des machines et des enceintes occultantes qui, de temps en temps, se substituaient les unes aux autres au gré des avancées supposées des opérations, invisibles de l'extérieur, impénétrables à l'instar de ces voies divines dont, pendant presque un millénaire, l'édifice endommagé avait célébré le règne, la puissance et la gloire, avant de témoigner de son improbable vulnérabilité comme pour rappeler au monde (*memento mori* à sa façon) le péril guettant toute chose, même les plus anciennes et les plus protégées, même celles dont la présence semble aller tellement de soi qu'on en a oublié qu'elles pouvaient être fragiles.

Mais l'incendie avait montré aussi, se dit l'assistant, comment l'onde de choc d'une telle image, instantanément propagée à travers la planète, pouvait réunir des hommes et des femmes de tous horizons et révéler un sentiment de solidarité spontané avec lequel il se sentait une accointance personnelle, qui n'était pas seulement liée à la proximité géographique de sa source, au fait de passer devant plusieurs fois par jour, mais bel et bien (il s'en rendait compte) à l'impression qu'il avait de travailler dans un domaine concerné par ce type d'impulsions, par ce qui fait appel au cœur, ce qui touche à la meilleure part de nous-mêmes, celle qui est du côté du Bien : *son boulot avait du sens*, et de cela il devait avouer qu'il était assez fier, tous ses anciens amis d'école de commerce ne pouvaient pas en dire autant même si la plupart d'entre eux, peu à peu, signe générationnel, endossaient des positions écoresponsables, privilégiaient les business vertueux, respectueux d'autrui et du développement durable : ils en parlaient souvent lorsqu'ils dînaient ensemble le vendredi soir dans les restaurants des neuvième ou dixième arrondissements, où la plupart habitaient, le fric ne faisait pas tout, il y avait d'autres priorités, d'autres moyens de s'épanouir. Ils laissaient de concert l'insouciance égoïste aux boomers, à ceux qui avaient sans vergogne cramé la planète pour leur agrément consumériste, ceux qui avaient préféré le profit immédiat au bien-être de leurs propres enfants, qui avaient hypothéqué l'avenir de l'humanité pour leur petit confort et leur hédonisme standardisé, pensait-il en s'arrêtant sur le trottoir afin de mettre quelques gouttes de collyre dans ses yeux rougis par les premiers pollens du printemps, près d'une barrière de sécurité aux grilles de laquelle s'accrochaient des centaines de cadenas portant des cœurs rouge vif dessinés et les prénoms des amoureux ici venus sceller leur couple sous la bénédiction de Notre-Dame.

Puis il tourna le dos à la cathédrale en réfection et s'engagea vers le petit pont piétonnier menant à l'île Saint-Louis où, devant une rangée de touristes qui les filmaient, une Marie-Antoinette et un Charlot en rollers slalomaient entre des gobelets de plastique jaune et rose alignés par terre, tandis qu'un peu plus loin, sur un piano droit posé au milieu de la chaussée, un hipster à casquette molle d'apache jouait la musique romantique d'un film populaire, en même temps qu'à quelques mètres de là un marionnettiste en queue-de-pie, la tête couverte par un haut-de-forme élimé, agitait son pantin au-dessus d'une caisse en bois en lui prêtant une voix de vieillard, rauque, chevrotante.

III

LES CINQ OCÉANS

1

Terra Viva

Au loin, entre deux buildings, maintenant que s'étaient dissipés les poudroiements roses épandus par les premières lueurs de l'aube, on apercevait un pan de mer d'un bleu mat, écrasé déjà par la chaleur qui était montée d'un coup du désert, et sur lequel flottaient quelques yachts parfaitement immobiles, sans même un balancement, grumeaux empâtés cloués dans une plaque de résine, dont on pouvait supposer à cette heure matinale qu'ils avaient passé toute la nuit ancrés là, inertes devant la ville et sa *skyline* découpée sur l'arrière-fond d'une auréole homogène de lumière électrique jaune sable, puis, au petit jour, au milieu des rougeoiements ternes du soleil levant, en face du sidérant spectacle (de l'apparition répétée du mirage quotidien) des pontons protéiformes, des promenades, des marinas en enfilade, des îles factices qui ne laissaient plus rien deviner du tracé primitif de la côte originelle, écrasé, avalé, camouflé sous le dessin des plages remodelées, accolées aux complexes résidentiels, et des quartiers rognés sur la mer.

Le front appuyé contre une paroi en vitrage intégral, du haut de l'ixième étage d'une tour similaire à celles qui l'entouraient et qui, toutes, avaient poussé en même temps, quelques années plus tôt, à la faveur d'un unique jaillissement spontané qu'on eût pu dire anarchique s'il ne s'y était pas mêlé l'impression d'un désordre coordonné, agencé moins par la volonté d'une organisation rationnelle, planifiée, que par une étrange pulsion subite d'affirmation de soi, une cupidité ascensionnelle, rage de bâtir s'exprimant dans une course effrénée à la verticalité et au faste, à la démesure en toutes choses, laquelle devait signifier aux yeux du monde, convoqué à admirer le foisonnement hallucinogène des constructions aberrantes et des prouesses techniques qui se multipliaient, la nouvelle puissance concentrée, coagulée sur le lopin de terre aride et le bout de côte infertile en quoi avait jadis consisté le territoire de l'émirat, l'ancien petit port de pêcheurs de perles reconverti, à la fois, en centre financier international, en *mall* géant où venaient faire du shopping climatisé (acheter indifféremment des robes, de la joaillerie, des automobiles ou des prestations sexuelles) les riches touristes débarquant de la planète entière, en station balnéaire de luxe où tous les volontaires fortunés (du moment qu'ils étaient fortunés) étaient cordialement invités à acquérir leur résidence secondaire parmi les villas flambant neuves qui s'alignaient au bord de l'eau, avec leur segment de plage privée, le long des branches incurvées de l'une des deux péninsules artificielles en forme de palmiers couchés dans la mer ou sur l'un des rivages ourlant la constellation d'îlots qui dessinaient, vus du ciel, une mappemonde offshore surgie des profondeurs du golfe, comme si, par défaut, ce pays était de toute façon le leur et que toute personne, quelles que soient son origine, sa nationalité véritables, en fût considérée comme potentielle ressortissante pourvu qu'elle disposât du capital approprié, l'architecte à présent contemplait le ruban de bitume qui se dépliait en ligne droite au fond du canyon scintillant creusé entre les murailles de métal, de verre et de béton, où coulait un trafic dense mais fluide, ininterrompu, de véhicules colorés circulant à une vitesse uniforme et qui, d'ici, ressemblaient à des jouets pour enfants déposés sur un tapis roulant ; et si, en laissant sa tête pivoter vers la droite, son regard suivait en direction du nord le défilé – cette architectonique de reflets entrecroisés se répondant par échos de façade en façade –, s'il (son regard) montait le long des buildings alentour, s'élevait audessus de leur sommet, par-delà les miroitements en cascade, il pouvait voir pointer dans le ciel l'aiguille presque transparente du fameux gratte-ciel érigé une décennie et demie plus tôt dans l'unique but alors avoué de devenir le plus haut bâtiment du monde, de s'approprier ce record d'altitude pour que le nom de l'émirat y fût associé (moins un bâtiment donc qu'une idole en lévitation, une icône entièrement dédiée à (conçue selon) sa propre photogénie (et peu importait au fond ce que l'immeuble abritait, quel type de faune circulait dans les ascenseurs et les couloirs, quelles activités s'exerçaient dans ses étages, peu importait même qu'elle fût ou non vide), sorte de ziggurat de cristal étirée à outrance vers les cieux promis, les firmaments caniculaires), et que l'architecte, avant cela, n'avait pour sa part jamais vu achevé qu'en images.

Car la dernière fois qu'il était venu ici (c'était dans les mois qui avaient suivi la crise financière des années 2007-2008, lorsqu'il avait été sollicité par une agence locale pour "repenser sa stratégie écologique et sa transition vers des énergies renouvelables" (dans les faits, il avait vite compris que ladite agence souhaitait surtout décorer de murs végétalisés et autres jardins suspendus agrémentés d'arbres aux essences exotiques les modules d'un *resort* qu'elle était en train de construire sur le front de mer)), le revêtement vitrifié de l'immense hampe s'arrêtait encore net aux deux tiers de sa hauteur, laissant apparaître, qui se poursuivait dans le ciel, un rachitique, piteux et solitaire squelette de béton et de ferraille figé, enserré à la manière des étages d'une fusée (ou comme une plante malingre par les tuteurs qui soutiennent sa croissance) entre des échafaudages déserts, abandonnés, et qui était resté suspendu de la sorte pendant des mois et des mois, si bien que l'on aurait pu croire à l'époque, à force, que ce work in progress présentait l'état final de l'édifice et que celui-ci demeurerait éternellement inachevé, spectral témoin brutaliste d'une chimère inassouvie. Mais bientôt les capitaux avaient repris leurs flux, le monde sa marche presque inchangée, le chantier son cours, et en dépit du retard sur le calendrier de livraison initialement prévu la tour majuscule avait pu être dûment inaugurée à grand renfort de pyrotechnie et d'invités prestigieux, son image (des clichés le plus souvent aériens qui la montraient émergeant, dans toute sa majesté gracile, au-dessus des brumes, dominant la ville (non pas en l'écrasant sous son hautain aplomb mais paraissant vouloir l'emporter à sa suite vers les nues, lui désigner, éclaireuse en plein éther, la céleste voie vers laquelle les autres immeubles unanimes autour d'elle tendraient à se hisser, eux aussi) avec le désert en toile de fond) circulant ensuite à travers le monde et formant bien le clou du spectacle architectural annoncé, jusqu'à devenir une sorte de marque graphique, signature visuelle permettant d'authentifier l'oasis psychédélique en quoi consistait l'émirat.

Désormais, au bout de cette quinzaine d'années qui semblait une éternité au fil de laquelle la crise financière avait été pour ainsi dire oubliée, reléguée au rang de simple péripétie dans la série des catastrophes en cours, enfouie sous la succession continue des vicissitudes globales anxiogènes, des alarmes et des alertes en pagaille, supplantée par d'autres inquiétudes, par une autre espèce de crise qui avait pris son relais et qui mettait en cause, celle-ci, non plus un système économique, non plus des formes d'existence, mais la somme de tous les écosystèmes réunis, les conditions de la vie elle-même ; maintenant aussi que l'inévitable accoutumance à l'aberration avait fait son œuvre avec le temps passant, plus grand monde sans doute ne s'étonnait de ce prodige, de la présence de la vertigineuse flèche cristalline dressée au-dessus de la ville. Le paysage s'était habitué à ce point culminant, pensait l'architecte en portant à ses lèvres la tasse de café qu'une secrétaire (une assistante ? quelqu'un en tout cas qui se trouvait là, leur avait ouvert la porte, les avait introduits dans ce grand bureau) leur avait offerte, à lui et à son associée qui, à ses côtés, s'absorbait dans la même contemplation silencieuse du panorama, afin de leur permettre, avait dit la secrétaire, de patienter en attendant le rendez-vous avec Monsieur Kouritchev (elle avait prononcé ce nom avec un accent russe si marqué qu'il avait d'abord fallu à l'architecte quelques fragments de secondes pour comprendre que c'était bien de lui qu'il s'agissait, que cette concrétion gutturale désignait bien l'homme attendu), lequel allait arriver d'un instant à l'autre.

Et cette précision, dans la bouche de l'assistante peinturlurée d'un rouge pétaradant, sonnait comme une délicate attention censée les rassurer, alors qu'elle ne faisait qu'aiguiser l'appréhension que l'architecte ne pouvait s'empêcher d'éprouver à l'idée de rencontrer enfin le sulfureux oligarque.

Pour ce qu'il en pouvait juger, ils étaient prêts. Depuis plusieurs semaines, ils avaient préparé cette présentation des différentes versions du projet entre lesquelles l'oligarque aurait à choisir, conçues à la demande de la société Terra Viva. C'était la première fois qu'ils travaillaient avec l'entreprise du groupe Valier spécialisée dans l'habitat sécurisé, et l'architecte se souvenait comment, cinq mois auparavant, dans la chaleur accablante d'un épisode de canicule précoce, en caleçon et torse nu, les talons plantés sur le repose-pied circulaire de son tabouret à vis de design scandinave, devant le plan incliné de sa table à dessin, les pales d'un ventilateur tournant à portée de main et baignant son visage, ses épaules de brassées d'air chaud qui n'empêchaient aucunement d'incessantes grosses gouttes de sueur de dégouliner en traçant leurs filets visqueux partout sur son corps moite, au lieu de travailler il s'était laissé engluer dans une rêverie poisseuse et vaine, parfaitement improductive, lorsqu'il avait vu s'afficher en lettres blanches sur l'écran de son smartphone, comme plusieurs fois par jour, *Mira*, le prénom de son associée qui, dès qu'il eut décroché, sans préambule, avait commencé par lui annoncer la somme nette en millions d'euros sur laquelle portait la nouvelle commande qu'elle venait de recevoir, avant de lui raconter en quoi celle-ci consistait ; comment il l'avait écoutée, incrédule (la première question qui lui était spontanément venue, *pourquoi nous ?*, il s'était retenu de la poser avant que Mira eût fini de lui exposer toute l'affaire), d'abord presque froissé, vexé qu'une entreprise à la réputation aussi trouble, appartenant à l'une de ces grandes fortunes qui confisquent les richesses mondiales à leur profit et détruisent sans vergogne la planète, se sentît autorisée à prétendre s'attacher leurs services – à eux qui, sans être frénétiquement militants, s'inscrivaient dans la mouvance d'une architecture de la sobriété, écoresponsable, hostile aux excès du capital et de ceux qui le détiennent –, ensuite drapé d'avance (pendant que Mira continuait à parler) dans ses principes et convictions, dans sa déontologie inflexible, un refus ferme et définitif déjà au bord des lèvres, prêt à interrompre d'un instant à l'autre, dans le but de lui opposer une fin de non-recevoir, son associée intarissable dont il percevait bien que, si elle partageait ses scrupules, si elle devait se sentir gênée aux entournures par l'identité du client (à moins qu'elle n'eût été surtout embarrassée par les prévisibles réticences que son associé s'apprêtait à lui opposer et qu'elle connaissait mieux que quiconque puisqu'elle les professait, elle aussi), elle n'en était pas moins séduite par le projet et impressionnée par le fait *pourquoi nous ?* qu'on ait pensé à eux pour un tel contrat ; comment, au terme de la discussion, après que Mira lui eut figuré ce qu'une telle somme représenterait pour eux, pour l'agence, tout ce qu'elle leur permettrait de refuser à l'avenir, les horizons qui s'ouvriraient, leurs exigences qui pourraient ensuite devenir plus fortes encore (ce n'était pas une compromission, disait-elle, c'était un compromis : un pas de côté qui ne les éloignerait pas de leur cheminement, disait-elle, ils y reviendraient aussitôt, et puis ce serait passionnant, ils apprendraient d'autres manières de voir, de penser, ils écouteraient parler les puissants de ce monde, sonderaient leurs désirs, et n'en auraient alors que plus d'instruments pour les contredire, proposer des alternatives – il faut savoir qui est l'adversaire, entrer dans ses raisons, cerner son cahier des charges avant de le subvertir), l'architecte en nage, l'esprit embrumé, son code éthique momentanément placé sous anesthésie, ses certitudes liquéfiées, avait fini par acquiescer (pas même acquiescer : suspendre son refus, ajourner son jugement, et ce seul atermoiement avait suffi à valoir pour un assentiment, Mira avait usé de son silence comme d'une porte où elle s'était engouffrée, il n'était plus possible après ça de faire machine arrière). S'il avait eu la climatisation chez lui, pensait-il en avisant, en fond sonore, la soufflerie à peine perceptible de l'air conditionné, peut-être à présent ne seraient-ils pas là, dans cette pièce aux murs de verre à travers lesquels tout le personnel travaillant à l'étage pouvait les observer. *Pourquoi nous ?* L'architecte gardait le front collé contre la vitre, ainsi qu'il jouait à le faire lorsqu'il était enfant au carreau de la porte-fenêtre, dans la maison périgourdine, chez ses grands-parents, sans retrouver toutefois la sensation de fraîcheur qui, selon son souvenir, aurait dû se répandre sur sa peau au contact du verre.

Quelques semaines plus tôt, il se trouvait dans une position similaire, observant la rue depuis le salon de son appartement parisien, lorsqu'il avait vu se garer en double file une voiture noire, warnings allumés, dont la vitre avant gauche s'était immédiatement baissée en laissant apparaître un bras replié, musculeux, et une main qui s'était posée en attente sur l'arête du toit, au-dessus de la portière : instantanément, son téléphone avait vibré, un message de Mira lui confirmait que le véhicule était bien celui dont il guettait l'arrivée, et dans un même mouvement l'architecte avait tapoté sur son smartphone "Suis là tds", attrapé sa petite valise format cabine, son sac à dos, enfilé son manteau, fermé derrière lui en donnant deux tours de clé et descendu par les escaliers les trois étages qui le séparaient de la rue où, déjà, debout sur la chaussée devant son coffre ouvert, se tenait le chauffeur, mastoc en tee-shirt blanc, qui le salua avec déférence tout en saisissant sac et valise et en les enfournant sous la plage arrière avant de rabattre le hayon d'un coup sec, de contourner l'automobile et d'ouvrir la portière en priant l'architecte de bien vouloir prendre place.

Sur la banquette, Mira, l'écouteur rivé à l'oreille et le smartphone entre les doigts, conversait avec sa fille à qui elle prodiguait ses conseils en vue des quatre jours que celle-ci passerait seule en son absence – conseils qui consistaient principalement à ne pas se coucher trop tard, à penser à arroser au moins une fois les plantes et à ne pas manger "que des conneries" –, après quoi elle raccrocha et déposa une bise sonore sur la joue de son associé en lui demandant s'il se sentait "prêt pour le périple", ce qui lui valut en réponse une moue d'ours mal léché mal réveillé, éreinté d'avance par le voyage qui s'annonçait. D'un feu rouge à l'autre, la voiture progressait lentement sur des avenues congestionnées, saturées de coups de klaxon, de crissements, cris et vrombissements, où s'amoncelait une cohue de véhicules en tous genres (bus et taxis, camionnettes, livreurs à bicyclette et cadres à trottinette), le long de quoi l'architecte regardait se dérouler le bandeau de façades auxquelles leurs couleurs disparates, les enseignes polyglottes et la population bigarrée qui s'y mouvait conféraient ce matin, lui semblait-il, quelque chose d'exotique, comme si au décor parisien se surimprimait déjà la perspective des découvertes et du dépaysement à venir ; puis le trafic se desserra, on franchit l'enceinte des boulevards extérieurs, on s'engagea dans une boucle du périphérique, et c'était la banlieue, le grand stade, la route à six voies qui file au milieu des cités et des zones commerciales, bordée par des rambardes en lames de béton taguées de cent mille signatures.

À l'aéroport, devant le comptoir d'enregistrement, un panneau à la main où étaient inscrits au marqueur leurs deux noms, Mira Stanic et Philippe Urbach, Malo les attendait qui, lorsqu'ils se présentèrent à lui, leur demanda confirmation de leur identité : l'architecte se souvenait de l'aspect un peu comique que, pour les autres passagers, ne devait pas manquer de revêtir cette scène de rencontre qui, d'ordinaire, a lieu dans le hall des arrivées plutôt que du côté des départs.

De l'ancien légionnaire, le duo d'architectes ne savait pas grand-chose, sinon ce que leur en avait dit le bureau de l'oligarque en fixant le rendez-vous : qu'il avait avant cela travaillé dans le service de sécurité du président de la République et officiait au sein de Protect&Connect, une société privée en charge notamment de la protection personnelle des Kouritchev, père, mère et enfants, ensemble ou séparément, lorsque ceux-ci étaient en France. Il mènerait les architectes à destination, aller-retour, et s'occuperait de tout, il serait leur chaperon, il était à leur disposition comme il l'était à celle de la famille Kouritchev ; et, à partir de cet instant, Urbach et Stanic étaient restés continuellement en sa compagnie, d'abord dans l'avion de la Lufthansa, à l'escale de Francfort où ils avaient dîné et passé la nuit dans l'hôtel *Hilton* attenant aux terminaux, et puis le lendemain dans l'avion d'Air Astana, jusqu'à Noursoultan où ils avaient eu le temps de faire en taxi un tour rapide des plus spectaculaires bâtiments de la ville (commandés à quelques pontes de l'architecture internationale et surplombant la cité récemment érigée, selon les désirs de l'ancien président kazakh – lequel lui avait donné son nom et en avait fait sa capitale –, sur l'emplacement d'une simple bourgade soviétique datant de la "campagne des terres vierges", c'est-à-dire de l'époque après guerre où de colossaux moyens en roubles et en déplacements de population avaient été engagés afin de convertir les steppes et autres landes perdues aux confins de l'Union à l'effort productiviste général) avant de prendre leur correspondance pour Öskemen.

À leur descente de l'avion, sur le parking quasi désert de l'aéroport, jouxtant une immense place vide, dalle lisse bordée d'impeccables parterres de fleurs blanches et rouges et agrémentée, en son milieu, d'un vaste bassin où s'épanche une fontaine en forme de dôme, les attendait l'un de ces énormes 4×4 que l'on eût dit tout droit sorti d'un dépôt de l'armée, simplement repeint à la va-vite pour troquer le coloris militaire contre un gris métallisé passe-partout, camoufler le camouflage, et à bord duquel les avait accueillis un chauffeur qui lui-même, avec ses cheveux rasés et sa gueule renfrognée taillée à la serpe, évoquait davantage un soldat en civil s'acquittant d'une mission ingrate qu'un guide accrédité qui leur eût fait visiter la région ; son anglais, apparemment, se limitait à une dizaine de mots, et leur protecteur attitré, le gorille oligarchique prénommé Malo, demeurerait donc tout au long du voyage son seul interlocuteur.

De là, pendant plus de cinq heures, ils avaient parcouru une route qui les avait d'abord menés à la ville minière de Ridder, dont l'architecte avait pu lire sur Internet (par chance, il captait la 4G) qu'on y extrayait toutes sortes de minerais, du cuivre, du plomb, du quartz – mais en passant ils ne virent rien, ni des gisements ni des installations, hormis les voies ferrées qui s'y dirigeaient, et qu'ils avaient suivies sur plusieurs kilomètres.

Par une large piste blanche de caillasse écrasée qui épousait le tracé de la vallée, sinuait au milieu des champs, des pans de forêt élancés sur les contreforts de l'Altaï et des affleurements rocheux repliés à l'orée de prairies d'un vert violent, traversant de rares villages perdus aux maisons de bois éparses reliées entre elles par les câbles électriques qui couraient au sommet d'alignements de frêles tiges de béton, franchissant les rivières par d'étroits ponts de fer, ils étaient ensuite montés à travers la montagne, entre les massifs enneigés. D'abord l'esprit vif, regardant de tous ses yeux le paysage étranger, intrigué par le moindre signe qu'il pouvait percevoir, attentif même aux caractères inconnus sur les panneaux routiers en alphabet cyrillique, puis progressivement ensuqué, presque endormi, bercé par le ronronnement dodelinant de la voiture lancée à allure constante, l'architecte se coulait dans les moulures de la banquette arrière, bardé par la ceinture de sécurité ; en s'inclinant à peine, il pouvait voir se refléter dans le rétroviseur extérieur le visage impassible de Malo, sa barbe drue sur ses joues rebondies, ses yeux masqués par d'épaisses lunettes de soleil, sa main accrochée à la poignée de maintien fixée au plafond. De temps en temps, sans quitter sa position, le chaperon s'adressait à eux presque mécaniquement, moins pour prendre des nouvelles que pour s'acquitter dûment de son rôle : "Madame Stanic, tout va bien ?", "Monsieur Urbach, vous n'avez besoin de rien ?".

Ils n'avaient plus croisé une seule habitation depuis des dizaines de kilomètres lorsqu'ils s'étaient arrêtés en contrebas de la piste dans un renfoncement parmi les arbres où, sans rien d'autre à la ronde, se trouvait une table de pique-nique impeccablement vernie, avec ses bancs de gros bois sous un auvent enduit d'une peinture vert pomme immaculée. Un ruisseau transparent coulait à quelques pas de là sur un lit de galets roses, un sentier s'éloignait à travers la forêt, s'en allait dans la colline ; au loin se découpaient des cimes aiguës, reposant leurs masses puissantes, hostiles et protectrices sous un ciel au bleu doux, parsemé de nuages ronds d'un blanc pur. L'air y était d'une limpidité absolue et Philippe Urbach se rappelait avoir eu, pendant qu'ils se sustentaient d'un repas frugal en barquettes d'aluminium descendues du coffre, l'impression d'être en transit au paradis – un paradis d'autant plus parfait qu'il n'admettait en son sein, dans son immuable lieu, son gigantesque berceau géologique, qu'une présence éphémère et qu'aussitôt avalé, en guise de café, un pâle jus tiède tiré d'un thermos, il avait fallu rassembler reliefs et ustensiles, tout replacer dans le coffre de la bagnole, laisser ce bout d'Éden kazakh retomber dans sa quiétude désertique, et reprendre la piste.

Le revêtement caillouteux, à mesure qu'ils grimpaient en altitude, se faisait de plus en plus rudimentaire, la pente plus raide, la voiture roulait vite, indifférente aux cahots qui endommageaient le chemin, enfilant les lacets qui conduisaient au col en haut duquel, simple baraque posée en bordure de la piste, sur un talus couvert de vieille neige sale en cours de fonte, était juché le poste-frontière : un troufion hirsute, l'uniforme en bataille, mal réveillé d'une sieste avec laquelle sa journée tout entière se serait confondue, vint à leur rencontre et se pencha vers la portière baissée du 4×4. Philippe Urbach vit sortir par la fenêtre la main du chauffeur pleine d'une poignée de billets verts, le soldat disparaître, quelques secondes plus tard devant eux la barrière rouge et blanc s'ouvrir. Une vingtaine de mètres plus loin, du côté russe, la scène se répéta presque identique, à ceci près que le garde-frontière prit le soin (zélé ou consciencieux, l'architecte n'aurait su le dire) de contrôler les quatre passeports avant d'encaisser son bakchich et de lever la barrière, laissant le véhicule basculer vers l'autre versant de la montagne.

Urbach se rappelait s'être alors rendu compte que c'était la première fois qu'il entrait dans un pays en guerre : il fouillait sa mémoire pour s'en assurer, ne pas se dire de bêtises, il avait un peu bourlingué sac au dos dans le Caucase, il était allé en Israël, au Liban, mais jamais au moment d'un conflit déclaré comme celui dans lequel la Russie était engagée depuis qu'elle avait envahi l'Ukraine, quelques semaines plus tôt. De cette partie méridionale de la Sibérie, voisine de la Chine et de la Mongolie, au milieu de ces montagnes, l'Ukraine paraissait bien loin, et rien n'indiquait que l'on se trouvât sur un territoire belligérant ; il n'en restait pas moins que l'immense fédération qui courait de la Baltique au Pacifique était bien, à cette heure, officiellement, intégralement, en état de guerre.

De leur destination, avant leur départ de Paris on ne leur avait rien dit de précis, ni noms de lieux, ni coordonnées, simplement qu'ils allaient "dans l'Altaï russe", atterriraient au Kazakhstan puis feraient le reste du trajet par la route : avec Mira, ils s'étaient demandé si le choix de cet itinéraire était dû à la situation politique, à l'identité de leur commanditaire ou purement pratique (pourquoi donc n'atterrissaient-ils pas en Russie ?). Aujourd'hui l'architecte se disait que les trois raisons n'en formaient en réalité qu'une seule : qu'à cause des conséquences de la guerre sur la situation de leur commanditaire, il était plus pratique de passer une frontière discrète à peine gardée, un col de montagne au milieu de l'Altaï, plutôt que de devoir franchir la douane d'un aéroport russe.

Au pied de la descente, ils avaient atteint une sorte de village de garnison, lotissement élémentaire tracé sur un terrain pelé, aux rues rectilignes de maisons en bois, chacune retirée dans son enclos de palissades, et qui entouraient une caserne ;

à partir de là, la piste s'élargissait jusqu'à la vallée où elle s'embranchait sur une route de terre battue. Plus loin, ils suivirent longtemps le cours d'une rivière dont la géolocalisation, sur son smartphone, apprit à l'architecte qu'elle s'appelait Katoun : ses méandres ondulaient au milieu d'un large plateau d'herbages et de basses collines ponctuées de sapins sombres, que bordaient, de part et d'autre, des reliefs cassants qui montaient vers les hauts sommets. Après un repli que la route contournait, le paysage s'évasait, s'ouvrait en une vaste plaine gorgée d'étangs, de marécages, parmi lesquels la voiture bifurqua, à angle droit, sur une autre route blanche qui les mena, à brève distance, jusqu'à un long pont à haubans enjambant la rivière, au bout de quoi s'étendait un village de maisons colorées aux toits pentus, disséminées parmi les arbres et les parcelles agricoles.

Le 4×4 se gara devant une bâtisse de bois rouge dont les portes, volets et huisseries étaient d'un beau bleu turquoise et devant laquelle, à leur arrivée, une dame entre deux âges, fichu enroulé autour de sa chevelure, sortit pour les accueillir, s'arrêtant sur le seuil tandis que Malo et le chauffeur attrapaient les bagages, tendaient les leurs aux architectes qui en déduisirent qu'ils étaient arrivés, et que cette datcha bariolée, faussement pittoresque, était la maison dont, cette nuit, ils seraient les hôtes, ce que Malo leur confirma en leur demandant de le retrouver un quart d'heure plus tard, une fois que chacun aurait pris possession de sa chambre, dans l'espèce de véranda qui tenait lieu de salle commune : là, auprès d'un samovar à charbon qui ronflait dans un coin de la pièce, enfoncés dans des fauteuils au tissu élimé dont les accoudoirs leur arrivaient à hauteur d'épaules, ils voyaient par les baies vitrées, dans la lumière en déclin du soir qui approchait, le cirque des monts alentour et la grande plaine qu'ils avaient traversée tout à l'heure. Des bêtes, vaches et chevaux, paressaient ensemble au bord de la rivière ; un petit tracteur tirant une charrette passa sur le pont ; et le chaperon, d'une voix calme et grave qu'il semblait n'utiliser qu'à contrecœur, par pur devoir professionnel, leur donnait toutes sortes de recommandations, ne pas s'aventurer le soir en dehors du village, ne pas s'éloigner de l'hôtel sans l'en avertir, ne pas hésiter à l'appeler s'ils avaient le moindre problème, ils avaient son téléphone, ils dormaient tous au même étage, demain matin ils partiraient tôt pour aller au lac : plusieurs fois il répéta cela, “le lac”, comme s’il supposait que les architectes devaient être impatients de s’y rendre ou qu’il s’agît d’un endroit renommé dont nécessairement ils avaient entendu parler ; à moins qu’il voulût juste leur faire comprendre que le voyage n’était pas terminé.

Dans l’unique gargote du village, antre enfumé pelotonné à l’intérieur d’une maison bleu pâle, tout en longueur et donnant sur la rue principale, ils avaient dîné tous les trois à deux tables différentes réservées par avance – Malo de son côté en tête à tête avec son smartphone, les architectes du leur qui ce soir-là, se rappelait Urbach, eux qui d’ordinaire s’entendaient si bien lorsqu’il fallait meubler le temps en badinages, avaient du mal à se faire la conversation normalement devant le bœuf bouilli, les patates rissolées aux oignons, la tourte à la confiture de myrtilles qu’on leur avait servis ; après quoi, ils avaient accepté un verre de vodka pour sacrifier à l’hospitalité locale, et ils étaient rentrés en grelottant sous les étoiles – sous l’espace infiniment profond du ciel de l’Altaï, où des astres vibrants s’enroulaient dans un tourbillon fixe. Aussitôt de retour à l’hôtel, ils s’étaient séparés, pressés de retrouver leur intimité respective, et l’architecte s’était glissé sous la couette, sa tablette sur les genoux, dans l’idée de visionner la suite de *The Crown* dont il n’avait même pas eu le temps de terminer un épisode avant de sombrer dans un sommeil parfait.

Pour accéder au lac de Mul’ta, ils avaient pris une large piste qui partait au bout du village, au-delà de la dernière ferme, et s’enfonçait dans une vallée où ils avaient roulé plusieurs dizaines de minutes, une heure peut-être (et l’architecte avait été surpris de voir, plantés le long de cette voie de bout du monde, quelques panneaux de signalisation et même, par endroits, des glissières métalliques de sécurité, des piquets de repère pour temps de neige, tout un mobilier qui témoignait de l’entretien assidu dont le coin faisait l’objet), jusqu’à un hameau où brusquement la route se rétrécissait, se cabossait, devenait tortueuse, puis débouchait soudain sur le rivage, que rien n’annonçait au milieu des arbres : là, devant eux, une immense coulée bleue s’étalait sous un défilé de montagnes à pic et de déclivités tapissées de sapins, qui dévalaient, plongeaient à l'intérieur des eaux, de sorte qu'on avait l'impression que la forêt se poursuivait, intacte, ininterrompue, sous la surface du lac ; au fond du paysage, entre des pitons abrupts de roche nue, sombre, qui paraissaient fermer l'extrémité du corridor, de plus hauts sommets s'élevaient, dont les neiges et les parois scintillaient au soleil. Un ponton fragile (une sorte de sentier de planches suspendu sur des pilotis de guingois), à quoi étaient attachés deux barques et un canot pneumatique, permettait d'avancer au-dessus d'une onde calme, à peine palpitante ; au loin, aux deux tiers de sa longueur, un affaissement rocheux formait une petite cascade, espèce d'écluse naturelle qui traversait le lac et le séparait en deux niveaux entre lesquels bouillonnait un écheveau de pierre et d'écume ; tout autour, les cimes rayonnaient vers le ciel, indifférentes à l'écrin qu'elles faisaient pour cette enclave de saphir.

C'était d'une beauté inouïe, presque écrasante ; et Urbach se rappelait s'être retourné, au bout du ponton, vers Mira et être parti avec elle dans un éclat de rire, dans un haussement d'épaules, manière de dire : "Qu'est-ce qu'on fout là ? Pourquoi nous ?" Alors seulement, Malo leur avait remis le plan cadastral indiquant l'ensemble de lots acquis par l'oligarque, qui occupaient tout un flanc du lac, celui vers lequel, au bord du rivage, continuait la piste, dont ils avaient parcouru quelques hectomètres de plus avant que le 4×4 s'immobilisât de nouveau. Adossé au véhicule, les bras croisés, froncé derrière ses lunettes aviateur, pendant des heures, sans broncher, le chaperon avait regardé les architectes faire ce qu'ils étaient venus faire : des relevés, des croquis, des photos, observer les lieux, discuter entre eux de certains éléments du paysage, des opportunités qu'ils offriraient ou contrarieraient ; sonder l'exposition au soleil, l'approvisionnement en eau, la résistance des sols, la composition végétale d'un versant ; désigner du doigt des rochers dont l'avancée pourrait créer un pan d'abri troglodytique, le support d'une terrasse invisible depuis l'extérieur ; parcourir des langues herbues et des clairières encochées dans la forêt, des rebonds de broussailles qu'ils avaient arpentés méticuleusement, retrouvant les réflexes de leur profession, faisant, pour ainsi dire, abstraction du décor afin de n'y plus voir qu'un environnement de formes, de matériaux et de ressources, dont ils devraient tirer parti. Pourquoi eux ? C'était pour cela, rien d'autre ; la société Terra Viva les avait recrutés parce qu'ils pratiquaient une conception de l'architecture adaptée aux configurations du terrain, qu'ils s'étaient bâti une petite notoriété pour leurs constructions discrètes, presque indiscernables, où l'habitat se confondait avec les lieux, pour leur savoir-faire en matière d'autonomie alimentaire et d'indépendance en énergies renouvelables.

Derrière eux, la porte du bureau s'ouvrit brusquement et la secrétaire russophone passa une tête, le temps de leur annoncer "Monsieur Kouritchev arrive" avant de refermer le battant transparent, et presque aussitôt après, comme si l'on avait averti les architectes non pour les faire encore un peu patienter, ni même pour les prévenir de l'arrivée du boss, mais simplement afin qu'ils pussent rajuster leur tenue, poser leur tasse de café sur la table basse et se préparer à accueillir l'oligarque, ce dernier entra dans la pièce lentement, les salua d'une inclinaison de nuque à la façon zen, sans leur serrer la main, et posa sur chacun d'eux un regard vitreux, presque absent sous les verres de ses lunettes rondes, qui donnait le sentiment qu'il demeurait ailleurs, égaré dans des pensées qui ne les concernaient pas, et se tenait face à eux en retrait dans une réalité parallèle et flottante où son corps paraissait traîner, frêle, petit et tout de même voûté, comme si l'évanescence de sa brève carcasse lui était déjà trop lourde à porter.

Sans doute Urbach s'était-il attendu à ce que, lorsque l'oligarque pénétrerait dans le bureau, quelque chose y fût brusquement métamorphosé, comme cela se produit parfois avec certaines personnalités charismatiques dont la seule présence suffit à bouleverser les équilibres chimiques d'un lieu, à changer la qualité de l'air qu'on y respire, et dont on dirait que l'espace qu'elles occupent excède le volume effectif de leur enveloppe corporelle. À le voir, on ne pouvait cependant s'empêcher de se demander comment un bout d'homme aussi banal (moins que banal : insignifiant) avait figuré parmi la redoutable clique qui s'était autrefois arrogé, partagé les ruines profitables de l'ancien empire et les avait, depuis, fait fructifier dans des proportions inconcevables ; comment un type aussi insipide était capable, sans ciller, de s'asseoir à la table et de soutenir le regard, en tête à tête, de l'ancien officier des services secrets devenu l'impitoyable autocrate qui dirigeait depuis près d'un quart de siècle la fédération, et qui récemment l'avait précipitée dans la guerre sans autre justification, semblait-il, qu'un caprice de sa volonté, une nostalgie impérialiste muée en obsession personnelle – celle de rendre, sous sa tutelle, son lustre à la mère patrie expansionniste telle qu'il l'avait connue dans son enfance, dans sa jeunesse, dans ses fantasmes sans doute, et dont il s'affirmait en légataire providentiel et vengeur ; comment lui, ce bonhomme terne avec ses lunettes embuées, pouvait peut-être même rigoler en compagnie du tout-puissant président (et quoique le rire ne fût pas vraiment l'expression qu'on lui supposait en premier) de vieilles plaisanteries de garnison ou de cour d'école soviétique, alors que, par ailleurs, toute la personnalité de l'autocrate, tous ses discours, toutes ses attitudes, semblaient entièrement voués à l'unique et constant effort de frapper d'effroi la planète entière, d'intimider indifféremment, tour à tour, quelque interlocuteur que ce soit, quiconque prenant place face à lui, s'exposant à son flegme glacial de sphinx des steppes, à son visage lui-même frappé de glaciation, avec ses petits yeux fixes retirés au fond de leurs orbites, sa bouche aux lèvres fines sempiternellement pincées, crispées, dont on eût dit qu'elles ne s'animaient qu'afin de laisser percer de temps en temps un sourire narquois, en coin (pas même un sourire : plutôt un rictus moqueur, condescendant et consterné d'avoir à se moquer, pressé d'en finir avec ces railleries nécessaires afin de vite revenir aux choses sérieuses, car il avait mieux à faire), ou qu'elles ne s'ouvraient que pour prononcer des mots soigneusement choisis et mûris, formulés comme à contrecœur, à défaut de pouvoir se taire, dans la contrainte de devoir imposer son autorité à l'encontre de cette chose turbulente et pénible, cet inconvénient que l'on nomme le réel, en rappelant à l'ordre, en tançant, en tordant les faits, en blessant, en rabaissant, comme si la fonction du langage était, outre de commander et de manipuler la réalité à sa convenance, d'infliger au monde une inlassable humiliation (commander et manipuler n'étant finalement que des modalités pratiques de cette humiliation), pendant que tout le reste de ce visage, sans paraître affecté par la teneur des propos qu'il décochait, conservait une rigidité impeccable, une immobilité d'autant plus parfaite qu'il semblait, sous l'effet des successives opérations de chirurgie esthétique qu'il avait subies ces dernières années, uniformément recouvert d'une surface gélifiée, empaqueté dans une pellicule de plastique qui, à la fois, donnait à sa peau des reflets légèrement luisants et semblait contenir, pour éviter qu'elles ne se déballonnent, qu'elles ne fuient de partout, l'ensemble de ses chairs gonflées, bouffies par l'âge et lissées par la négation du travail de l'âge sur elles : ses pommettes, autrefois hautes et rebondies, saillantes à la slave, avaient enflé démesurément, débordé de leur emplacement naturel et s'étaient répandues, avaient colonisé les joues, s'étaient étalées vers le menton, jusqu'à ne plus se distinguer du reste de la figure, comme si toute la partie inférieure de sa tête ne consistait désormais plus qu'en un unique bloc de pommettes hypertrophiées, modelées dans une pâte malléable, une charcuterie de résine cireuse, et maintenues par un emballage, sous blister ; et ces transformations faciales, pour ce qu'on en pouvait voir sur les images (or, depuis le début de la guerre le visage de l'autocrate était l'un des plus diffusés dans les informations du monde entier), ne faisaient qu'amplifier encore la terreur qu'il inspirait.

Peut-on sérieusement se dire l'ami d'un tyran ? Est-ce qu'on lui tape sur l'épaule en fin de repas avec une mine réjouie, en lançant une dernière blague graveleuse ? Est-ce qu'on lui baise la main comme à un *capo* mafieux ? Est-ce que cela donne des obligations ? Des privilèges ? se demandait Urbach en regardant Kouritchev s'avancer en silence vers la table où étaient disposés les beaux plans imprimés que les architectes s'apprêtaient à lui présenter. Pourtant, c'était à cause de son ami supposé et de sa lubie guerrière que l'oligarque se trouvait, en quelque sorte, banni de ses repaires occidentaux, et relégué par la force des choses dans l'émirat ; qu'il avait dû abandonner ses maisons de Londres, de Manhattan et de la Côte d'Azur, après que, en mesure de représailles, ses avoirs avaient été gelés en même temps que ceux de ses principaux compatriotes en oligarchie, l'empêchant d'accéder à ses propriétés, de monter à bord de son yacht ou de son hélicoptère, le contraignant à s'embarquer en catastrophe, en compagnie de sa deuxième femme et de leur jeune fils, dans son jet privé afin de venir poser ses valises ici, dans cette cité où l'on était peu regardant sur les turpitudes politiques en cours et sur le rôle que chacun y jouait, où l'on avait eu l'amabilité de permettre à son Boeing Dreamliner de stationner librement, devant un hangar, au bout d'une piste de l'aéroport local, et où il possédait une villa d'agrément devenue ainsi sa base arrière.

Sans doute, quand il avait acheté cette maison et sa parcelle de plage privée, n'avait-il fait que suivre une mode du moment (celle qui voulait que les ultrariches de partout acquièrent au bord du golfe des biens qui leur servaient moins de résidences secondaires que de signes d'appartenance à leur caste particulière) et n'avait-il prévu de venir faire trempette, gérer dans le coin quelque affaire utile, qu'une ou deux semaines par an, voire jamais : simplement de détenir comme il se devait cet accessoire de la panoplie oligarchique, le posséder pour posséder. Il y était maintenant comme en un second exil, après celui qui l'avait obligé à s'éloigner de la Russie, vingt ans plus tôt, lorsque les écoulements inopportuns d'une source d'eau douce mal placée avaient patiemment rongé les soutènements en sel d'une mine dont il était le propriétaire, jusqu'à ce que celle-ci, brutalement, s'effondre un matin sur des dizaines d'ouvriers et qu'on lui ait alors conseillé de décamper pour échapper aux poursuites que, en dépit du soutien du régime, on ne pourrait pas éviter de lui intenter : il n'avait pas été question d'incommoder le pouvoir, encore moins de risquer de fâcheuses condamnations sous prétexte que, sur ses instructions prétendues, la direction de la mine avait un peu trop eu tendance à réduire ses dépenses, quitte à négliger la sécurité de ses employés. Il était alors parti sans barguigner, n'avait eu qu'à rejoindre une de ses propriétés française américaine ou britannique, à y transférer bureaux et personnel, et cela l'arrangeait au fond, la météo y était plus clémente, la vie mondaine plus plaisante, il y avait la mer et des célébrités, de meilleurs clubs de foot, la proximité des places financières, de plus importantes salles de ventes pour sa collection d'art, et des bons amis occidentaux, au premier rang desquels Eugénie Valier elle-même – qui, en d'autres temps, avait contribué à aider ses premiers investissements. Depuis lors, il n'était retourné en Russie que discrètement, pour ainsi dire par des portes dérobées, pour de rares séjours relativement courts, négocier des contrats, conclure la vente de telle branche d'activité, mettre un coup de pression sur les dirigeants de telle autre, flatter l'autocrate le temps d'une entrevue confidentielle et lui réclamer un passe-droit pour acquérir un terrain dans l'Altaï, à la frontière du Kazakhstan, dans les montagnes à l'écart de tout, à l'abri des fracas du monde dont le dernier avatar en date, et non le moins impressionnant, était justement cette guerre lancée par l'homme au faciès de cire refroidie dont il se prétendait l'ami et qui, d'un hochement de tête, lui avait accordé, non comme une concession, pas même comme une faveur, mais comme une juste rétribution pour services rendus, d'acquérir les terres par lui convoitées où nul ne viendrait le chercher, où presque personne ne saurait même qu'il y posséderait la résidence-refuge (l'asile choisi de son troisième exil) dont les architectes missionnés par le groupe Valier s'apprêtaient maintenant à lui dévoiler les premières esquisses sous la forme de grands posters épais aux coloris criards (le vert des forêts, le bleu du ciel, le turquoise du lac, les silhouettes acidulées des effigies humaines disposées en cobayes de bonne volonté parmi l'intrication d'éléments naturels et d'artefacts architecturaux en quoi consistait le projet), étalés sur la grande table, au centre du bureau, sur laquelle glissaient, sans paraître prêter attention aux planches imprimées, les yeux de l'oligarque toujours absorbé en lui-même, à la manière d'un ingénieur occupé à résoudre intérieurement un problème technique.

Une fois que les associés eurent commencé leurs explications, Kouritchev se pencha légèrement, suivant du regard, d'un air morne, le doigt de Mira qui lui désignait les modules d'habitation encastrés dans le relief et, sur un plan de coupe, les encavements troglodytiques qui constitueraient une importante partie des volumes habitables : l'ensemble avait été pensé telle une espèce de hameau montagnard furtif, composé d'unités autonomes, disséminées sur plusieurs niveaux à travers la pente et reliées entre elles par une série de couloirs, de terrasses, de rampes, d'ascenseurs ; depuis les rives du lac, on ne devinerait à peu près rien de la présence du complexe dans le paysage alentour (il faudrait un œil averti pour déceler entre arbres et rochers, à même le flanc de la montagne, les anguleuses avancées de certains bâtiments) tandis qu'en contrepoint, de vastes baies vitrées pratiquées dans les façades ouvriraient sur l'étendue d'eau et le panorama immense.

En cas de force majeure (une crise politique, l'aggravation soudaine et inattendue du bouleversement climatique en cours), le cahier des charges stipulait que la propriété devrait pouvoir se transformer en lieu de résidence momentané accueillant la famille, les amis de l'oligarque mais aussi de fortunés volontaires partageant ses convictions, ses hantises collapsistes, et désireux de se mettre à l'abri dans ce néopalace de super luxe dont les occupants, pour une durée indéfinie, auraient les moyens d'y vivre cachés, en quasi-autarcie ainsi que le rappelait Urbach afin d'expliquer à son client leur choix de répartir l'habitat – comme si l'on avait disloqué un palais et répandu ses morceaux parmi les plis du relief – en un archipel qui garantirait plus d'intimité, de sécurité, et une occupation des sols plus équilibrée qu'un bâtiment d'un seul tenant. Quant à l'indépendance énergétique et alimentaire de la communauté, elle serait assurée par des systèmes de panneaux solaires, d'irrigation, de stockage, de serres agricoles, par la pêche dans le lac et les torrents, et par les élevages des environs, précisa Stanic en quêtant une réaction sur le visage de Kouritchev qui persistait à ne montrer qu'un ennui placide, apathique et tranquille (un ennui qui avait l'habitude de lui-même et se souciait peu d'être perçu par autrui), et qui ne se mit enfin à manifester une quelconque expression, soulageant les architectes que cette apparente indifférence commençait à inquiéter, qu'à partir du moment où Urbach déclencha, depuis son ordinateur portable, un film d'animation diffusé sur l'écran géant Oled fixé contre le mur, au fond de la salle, film qui présentait, à grand renfort de zooms et de mouvements giratoires, une modélisation en 3D des éléments qui venaient d'être exposés sur plan, dont l'oligarque avait jusque-là semblé se fiche et qu'il regardait désormais à la télé, aimanté, branlant du chef de droite à gauche quand quelque chose le laissait dubitatif, d'arrière en avant quand il approuvait, comme si les images, en s'animant, l'avaient animé lui aussi et qu'il eût eu besoin de l'écran, que ça bouge, pour se figurer l'espace et se projeter au milieu des bâtiments virtuels.

D'ordinaire, lorsqu'ils commençaient à réfléchir à un projet, Philippe et Mira épluchaient leur bibliothèque de monographies et de catalogues, fouillaient leur mémoire et le Web dans le but de circonscrire un répertoire de modèles où puiser d'utiles sources d'inspiration. Cette fois-ci, sans tergiverser longtemps, sans doute influencés par l'isolement géographique et la dimension communautaire de la commande, ils s'étaient souvenus de la cité utopique d'Arcosanti, créée dans le désert de l'Arizona par un architecte italien un peu fantaisiste imprégné de toutes les formes d'expérimentations esthétiques, politiques et psychédéliques de son temps, ancien disciple émancipé de Frank Lloyd Wright et probablement désireux d'être, à l'instar de son maître, nimbé d'une réputation de visionnaire conférée par ceux-là qui partageraient les mêmes visions que lui, lequel avait forgé à son propre usage (et à celui de qui voudrait bien se réclamer de son enseignement) le concept d'"arcologie" afin de désigner la fusion présumée de l'architecture et de l'écologie dont Arcosanti serait donc le témoignage grandeur nature, l'expérience en actes, où s'assembleraient, autour du créateur, ses fidèles vivant en pionniers selon sa doctrine, déambulant à travers un espace dont il aurait tracé les plans, enveloppés dans des édifices conçus par lui pour eux, au sein de ce qui s'annonçait initialement comme une véritable aire urbaine (recouvrant plusieurs centaines d'hectares d'un plateau pelé, bordés sur un côté par la *highway* des Vétérans de l'Arizona, étendus jusqu'aux limites lointaines des ranchs voisins, creusés par le sillon sinueux d'un cours d'eau à sec l'essentiel du temps et dont le lit était rempli de buissons épineux, de bosquets rampants, de touffes éparses) et qui finalement, faute de moyens, de foi ou de crédit porté à l'utopie, s'était résumé à une poignée de bâtiments regroupés autour d'un amas rocheux, modelés dans la matière même du désert environnant, accrétions de poussière et de rocaille agrégées au cœur du paysage, formations de béton excroissantes poussées parmi les sables dont elles étaient issues, à quoi l'architecte italien avait insufflé quelques motifs importés depuis ses terres d'enfance, transplantant vers les arides plaines sudistes certains thèmes choisis de l'architecture religieuse de son pays, incorporant à l'aspect des constructions arcologiques un florilège latin fait d'arches et de cercles, d'absides en cul-de-four et de voûtes en berceau, et entre tout ça les beaux cyprès qui vont avec et se dressaient fièrement sur la butte, bucoliques morceaux de Toscane verticale et végétale téléportés pour satisfaire peut-être une vieille fierté provinciale restée chevillée au cœur du gourou des lieux, ou alors pour susciter un penchant à l'élégie chez l'architecte avant-gardiste, combler d'occasionnels accès de nostalgie.

Philippe et Mira s'en étaient inspirés en préparant leurs plans et se demandant ce qui, pour leur commanditaire exilé, pourrait tenir lieu d'arc et de cul-de-four ; quelles seraient dans une mémoire russe les formes iconiques équivalentes, aptes à provoquer ce type d'attendrissement et de doux ressouvenir du pays natal. Ils avaient alors pensé à ces belles photos hivernales où l'on voit des monastères aux murs d'un blanc virginal, levés au cœur d'un paysage enneigé et qu'on croirait eux aussi faits de neige, avec leurs clochers coiffés d'un bulbe coloré au sommet duquel trône une croix d'or qui scintille ; et, comme un leitmotiv en écho à ces dômes étroits, les architectes avaient décidé de disposer par endroits, fondues dans l'ensemble, presque subliminales, de petites coupoles minimalistes encastrées dans les plafonds, manière de faire monter dans l'Altaï un peu de baroque sibérien et de l'adapter à l'alliage de géométrie et de géologie dont résultait leur projet.

En regardant la vidéo explorer les intérieurs un à un, poursuivre la visite virtuelle de la simulation résidentielle, l'oligarque avait repris son air distant, dubitatif, et se demandait sûrement à quoi servaient ces demi-lunes suspendues au plafond qui ressemblaient à des alvéoles de boîtes d'œufs, à des trous d'obus inversés : les architectes avaient beau avoir été prévenus qu'il parlait un français parfait, ils n'en furent pas moins surpris lorsqu'à la fin du film il se mit à leur poser dans leur langue, presque sans accent, de brèves questions pratiques – détails sur les garages, la piscine couverte, l'énergie éolienne – tout en se redirigeant vers les grands plans imprimés couchés sur la table et en s'y arrêtant, cette fois investi, concentré, initié entre-temps à ce langage graphique dont les clés lui avaient été données. Quelques instants parurent lui suffire pour tout décrypter, se faire son idée des choses, puis de nouveau sa colonne vertébrale sembla se relâcher, se tordre, la scoliose reprendre imperceptiblement possession de son maintien, les épaules s'affaisser un peu, la pensée refluer en lui ; sans autre commentaire, il fit les quatre pas qui le séparaient de la baie vitrée devant laquelle, tout à l'heure, les architectes l'avaient attendu et, en leur tournant le dos, il s'abîma comme eux dans la contemplation de la ville, la métropole du désert aux miroitements infinis.

2

Suite

Attendre et encore attendre, ce jeu est lent c'est tout le piège, on passe une main en passe une autre, on se couche une fois et cette fois encore, les cartes jetées d'un air blasé tout en regardant ailleurs, contre le tapis vert leurs faces dissimulées aux yeux des autres joueurs, et puis bientôt on en a marre, on veut jouer quand même, tenter sa chance bien que de chances on en ait peu, l'impatience te prend et c'est là que tu perds, tu relances avec une pauvre paire de cinq, tu insistes alors que le jeu demanderait que tu te couches sans aller voir plus loin, tu y vas tout de même et tu te fais rétamer en bout de course, ton adversaire te sort un brelan ou une vieille suite des familles et toute ta mise y passe, tu l'avais pourtant vu venir c'était couru d'avance. Il faut savoir être lent, patient à ce jeu, savoir attendre tout est là et je m'en accommode plutôt bien moi qui ai l'impression de n'avoir jamais fait que ça, attendre, toute ma vie j'ai attendu sans savoir quoi, rien de particulier, j'ai simplement attendu la vie elle-même il faut croire, attendu que la vie commence, attendu de me mettre à vivre enfin en croyant qu'un beau jour ce sentiment d'attendre je ne l'aurais plus, que soudain il aurait de lui-même disparu, envolé comme par enchantement, je me serais mis à vivre et ne serais plus alors celui qui patiente et végète en gardant au fond de soi, recroquevillé au creux de lui-même en réserve pour plus tard, celui qu'il sera un jour et qui alors seulement se déploiera aux yeux de tous et aux miens en premier lieu, à mes propres yeux devenir moi-même et vivre enfin, depuis toujours j'attends ça et je continue. Voilà encore une main merdique de plus, un pauvre huit et un trois assortis à carreau, qu'est-ce que je pourrais faire avec ça à part lancer encore une fois les cartes sur le tapis et puis attendre de nouveau, les autres joueurs je sais ce qu'ils pensent, naturellement ils me trouvent trop prudent, une vraie pince comme on dit dans le jargon des croupiers, ils pensent mais qu'a-t-il à perdre ?, ce n'est pas pour le fric que ça va lui coûter, avec tout ce qu'il a, avec sa famille sa mère, pourquoi ne s'amuse-t-il pas à prendre des risques ?, à bluffer tant qu'il peut et tant pis pour l'ardoise à la fin, tant pis pour le tapis que je me serais fait soutirer, le gros tas de jetons et par qui de toute façon ?, par une de ces personnes autour de la table qui ne regardent guère non plus à la dépense ni au gain, qui ont presque toutes autant de pognon que moi à cramer pour le plaisir, les sommes en jeu dans ces parties privées ne les effraient pas c'est même pour ça qu'ils en sont, pour ça qu'on les invite, juste à ma gauche celui qui parle après moi dans l'ordre du tour de table l'ancien chanteur de charme l'idole des midinettes des années quoi, début quatre-vingt-dix ?, j'avais leur âge, les midinettes ne sont plus toutes jeunes maintenant et moi non plus et lui non plus, un vieux beau comme on dit, qui a toujours le mot pour rire la bonne humeur communicative et de temps en temps un petit accès de mélancolie pour donner la mesure entre deux tours de cartes, la saudade communicative elle aussi, alors il nous chantonne des fois un petit air pour le plaisir, le sien et le nôtre, avec sa voix un peu haut perchée un peu enrouée jolie, un artiste, il nous émeut, est-ce que j'aurais pu moi aussi au lieu de ne pas vivre être l'artiste de la famille, celui dont la vie est ailleurs autrement, dont on pardonne les fantaisies les idées folâtres les excentricités au nom de cette licence accordée aux artistes, ces êtres spéciaux dans leur monde à côté du monde, et si j'avais été moi cet artiste aurais-je alors eu le sentiment de vivre réellement ma vie au lieu de l'attendre, de sans cesse attendre comme je suis en train de le faire maintenant devant cette table sur laquelle sont disposées, alignées à la vue des joueurs, trois cartes valet de pique deux de carreau dix de carreau, j'avais deux carreaux j'aurais finalement peut-être dû suivre au lieu de les jeter, j'aurais dû être moins patient un peu plus téméraire ne pas faire la pince. Et le chanteur de charme, lui, il relance, il avance une bonne pile de jetons devant lui, il n'attend pas la vie celui-là il l'a toujours bel et bien vécue, il continue sa vie qui a déjà eu lieu et qui perdure encore, même s'il a pris un coup de vieux, l'artiste, avec son visage un peu abîmé à la fois buriné et bouffi aux bajoues, la picolade sans doute la bonne chère et les régimes afférents nécessaires incessants pour retrouver à volonté son poids de forme médiatique avant chaque tournée chaque apparition télévisée, de près ça se voit bien il a le front tiré chirurgie douce les cheveux en bataille tout enduits d'une teinture sombre qui conserve au frais la célèbre tignasse brune de ses jeunes années, mais sa barbe elle de quelques jours est poivre et sel, ça ne trompe pas, le temps a passé depuis les années Mitterrand et l'apogée de son succès, de sa popularité, quand les jeunes filles partout hurlaient son prénom à s'en décrocher la mâchoire à s'en percer les tympans, à l'époque j'étais encore au collège au lycée et j'attendais déjà, ça vivait tout autour de moi et moi je ne vivais pas beaucoup, c'est dans ces années-là que mon grand-père a lancé son OPA la fameuse sur Capris, que son entreprise florissante comme on dit est d'un coup devenue le groupe multinational Valier, que notre nom est devenu célèbre pâture d'actualités, dans ces années-là aussi que ma mère est entrée dans la boîte le grand bain les différents conseils d'administration, tout a changé, et c'est drôle à présent de se dire qu'au moment même où les adolescentes s'époumonaient pleuraient se pâmaient s'évanouissaient devant mon actuel partenaire de jeu assis là juste à ma gauche le groupe Valier entrait dans une autre dimension, que leur essor leur gloire étaient en quelque sorte concomitants et peut-être n'est-ce pas sans rapport, peut-être cela dit-il quelque chose, que la voix la gueule du chanteur et son succès auprès des filles son extrême popularité étaient des signes des temps comme l'était le grand bond en avant de l'entreprise Valier, dans le même pays ils représentaient alors des icônes de la même société, la concentration des passions autour d'une vedette du spectacle et la concentration capitalistique marchaient de pair, c'étaient des phénomènes parallèles, des symptômes jumelés, le chanteur de charme et mon grand-père étaient les crooners et les vainqueurs et les incarnations et les produits de l'époque, chacun à sa manière, et au *turn* maintenant putain c'est encore du carreau qui tombe, l'as, déjà trois cartes à carreau sur quatre retournées sur la table, si j'y étais allé j'aurais en main un flush je serais gagnant à quasi coup sûr, j'aurais pu la faire *low profile* pendant que les autres s'excitent et rafler la mise in fine, les laisser monter suivre tranquillement et au dernier tour de parole allez mettre tout le tapis, quelqu'un m'aurait défié et là j'aurais ramassé gros, j'aurais dû y aller être moins timoré moins patient, mais le fils à papa en face de moi fait tapis, carrément, est-ce qu'il aurait deux carreaux en main lui aussi ?, ça m'étonnerait, improbable, pas impossible tant que la probabilité existe, en définitive j'ai peut-être eu raison de lâcher l'affaire. En tout cas cette annonce fait rire le footballeur brésilien à côté de lui, tout le monde se regarde un peu en douce de travers sans s'en donner l'air, quelqu'un va-t-il suivre, disputer le tapis du fils à papa ?, on ricane, on hésite, non, tout le monde passe, tout le monde se couche à son tour, on ne va pas plus loin, quelle sera la dernière carte celle qui serait sortie à la rivière on ne le saura jamais, le dealer ne la dévoilera pas, il remballe il nettoie le tapis, et on ne saura pas non plus quelles cartes avait en main le fils à papa qui les a posées sans les montrer, faces contre table, sans faire le malin pour une fois, et qui modestement ramène le pot que le croupier vient de pousser vers lui et qui empile le tas de jetons en petites colonnettes égales tassées entre ses doigts, cela ne lui ressemble pas cette discrétion, lui qui en général est plutôt esbroufeur grande bouche assez crâneur avec son accent russe, du genre à montrer comme il est finaud, je me dis que cette fois-ci il avait peut-être réellement les meilleures cartes autrement il aurait été trop content de nous montrer qu'il nous avait bien eus, bien bluffés niqués nous les crétins d'Occidentaux à moitié dégénérés qu'il prétend avoir l'habitude de plumer dépouiller comme la première boutique Cartier Chopard venue, cette surprenante humilité soudaine trahit sans doute qu'il ne nous a pas embobinés, qu'il a tout bonnement joué le coup avec les cartes qu'il avait en main, pas besoin de faire le malin puisque malin il n'a justement pas eu à se donner la peine d'essayer de l'être. Quand on gagne à la régulière logiquement on n'a pas à s'en féliciter, on ne dit rien on encaisse et c'est tout, il ne l'a pas ramenée comme je l'ai vu le faire d'autres fois, de nombreuses, souvent j'ai joué avec lui, nous nous connaissons depuis longtemps, depuis que nous sommes gamins pour ainsi dire même si j'ai quelques années de plus que lui, et je connais naturellement encore mieux son père l'oligarque, ce cher Iouri comme l'appelait ma mère, je l'ai vu à la maison pendant ses séjours parisiens, son cher Kouritchev qui depuis l'invasion de l'Ukraine n'est plus désormais considéré comme un complice un suppôt du régime, un des principaux alliés de l'autocrate premiers bénéficiaires de ses largesses, un membre de sa clique son gang et soutien inconditionnel en retour, mais comme un exilé un proscrit pour un peu presque un opposant politique, la guerre lui a refait une virginité il faut croire à notre ami, ce cher Iouri, pauvre homme lésé par la folie belliqueuse du tyran, méritant entrepreneur rejeté par son pays rétrograde et cadenassé, brave garçon dont hélas le fils ingérable farfelu sans repères faute de chez-soi et condamné à errer à travers l'Occident décadent claque allègrement le blé partout où il se pointe. Et il ne sait d'ailleurs peut-être même pas le fils à papa, il l'a oublié, que le fric paternel qu'il dilapide pour le plaisir, ce fric que toujours il finit par paumer au poker après s'être vanté de blouser son monde et finalement s'être fait avoir à force de fanfaronnades, il en doit une partie à l'influence de ma mère, qu'il lui doit une fière chandelle à la vieille Valier, elle qui a permis à son jeune et ambitieux père d'obtenir autrefois les crédits qu'il sollicitait de la part des banques occidentales, ces Occidentaux qui ne devaient peut-être pas leur sembler aussi dégénérés que ça en ce temps-là, à lui et ses camarades, il devrait plutôt nous dire merci le fils à papa, il devrait me verser une commission chaque fois qu'il gagne. Si cela se trouve il a plus vu ma mère, au cours de ses années russes, que je ne l'ai vue moi-même, je ne sais pas nous n'en avons jamais parlé, nous ne faisons jamais allusion en marge de nos parties de poker à nos parents ni au rôle que l'une a joué pour l'autre et réciproquement, je présume qu'il en sait à peu près autant que moi, c'est-à-dire au fond pas grand-chose, et cela lui suffit amplement, est-ce qu'il se demande des fois en me regardant autour d'une table de jeu si nos parents ont baisé ensemble, lui aussi ? Ou si ce qui les unissait leur association était d'un autre ordre, une conjuration contre un vieux monde exsangue dont nous ne sommes pas du tout certains que celui qui l'a remplacé soit meilleur, simplement la place que l'oligarque y occupe est-elle, du moins à ses yeux, plus reluisante ? Toujours est-il que le peu qu'il connaît de son père de ses fréquentations de ses aspirations passées et confirmées par le temps, assorti aux montants dont il peut disposer à sa guise qu'il peut cramer parier, tout cela lui vaut ici de se faire taxer de fils à papa, même si cette appellation ne dit pas grand-chose non plus de ses rapports avec son père, peut-être après tout ne peuvent-ils en fait pas se piffrer, peut-être le paternel méprise-t-il cordialement le rejeton feignasse incapable de se démerder de faire quoi que ce soit de sa peau à part dépenser des sommes faramineuses qu'il n'a pas gagnées, ou alors le fils considère-t-il son vieux comme un escroc indigne une crapule opportuniste qui ne mérite rien de mieux que de voir son pognon évaporé en parties de poker perdues, peut-être y a-t-il entre eux des trucs pas nets des secrets malsains tordus des engueulades bastonnades des brouilles de sales rancœurs tenaces qui traînent, peut-être s'entendent-ils aussi mal qu'Eugénie et André Valier, qu'est-ce qu'on en sait ? Et moi, me qualifient-ils aussi de fils à papa lorsqu'ils parlent de moi les gens, dès que j'ai le dos tourné dès que je suis dans la pièce à côté quand je me lève pour aller pisser ? Sans doute. Mais me concernant il faudrait plutôt dire petit-fils à papy ou plus exactement fils à maman, ça ne se dit guère fils à maman, et pourtant que suis-je d'autre puisque c'est d'elle que j'ai reçu l'argent la position les privilèges alors que mon père, lui, le papa a toujours été absent évacué tenu hors de l'histoire, quand ma mère l'a rencontré c'était paraît-il une sorte de playboy anglais, un fils à papa lui-même pas un aristo juste de bonne famille, qui rôdait sur la Riviera dans les hippodromes les dîners parisiens londoniens ce genre de types, qui ne se destinait pas à grand-chose à part le néonomadisme mondain la flânerie vaguement snob, peut-être un peu artiste à sa manière lui aussi, artiste sans œuvre et contemplatif, et ce que ma mère a pu lui trouver alors c'est difficile à dire quand on y repense aujourd'hui, ils sont restés quoi deux trois ans ensemble à peine même pas, maman venait de rentrer des States fraîche diplômée auréolée d'un bel avenir en suspens et pourvue de sa frimousse qu'elle avait jolie, elle n'avait pas encore pris bien sûr sa place dans l'entreprise qui deviendrait le groupe Valier, elle profitait encore un peu de sa jeunesse, ils devaient bien s'entendre tous les deux, ils ont voyagé, pas de road-trip avec lui plutôt les beaux hôtels, ma famille il l'a peu connue à peine effleurée rencontrée pour faire bonne figure, il a accompagné ma mère en visite au château une ou deux fois, guère plus à ce que j'en sache, il n'a jamais été considéré il n'est jamais entré dans l'équation sinon comme une somme nulle à peine plus qu'un parasite accidentel auquel il s'agissait de trouver une affectation discrète quelconque et puis finalement rien, ce n'était plus la peine, il n'est jamais venu troubler la belle haine qui unissait maman et son père à elle mon grand-père, lequel de toute façon, j'imagine, ne devait pas nourrir une affection délirante envers ce jeune homme rapporté d'on ne sait où débarqué de son île survenant au château en pleine année du punk, mon grand-père le punk ça ne lui parlait sans doute pas des masses, un Briton un branleur bien habillé un cliché sur pattes qui avait flairé la bonne affaire l'aubaine de la fille à marier, même si Valier n'était pas encore Valier il y avait déjà de l'argent beaucoup et de quoi voir prospérer, une valeur montante le père Valier le magnat de l'immobilier, ça se savait, les bonnes fées du business s'étaient penchées sur son berceau, il irait loin il y allait déjà et mon père ne pouvait pas ne pas le savoir, il lui suffisait d'en parler autour de lui, d'en parler à ma mère même, ma mère était un bon plan, du moins sur le plan financier, pour le reste je ne sais pas. Mais elle ne l'a pas épousé, pas de cérémonie somptuaire, elle n'a jamais pris son nom à lui, elle n'a jamais changé de nom, et puis quand elle est tombée enceinte tout est allé assez vite, elle a gardé le mouflet s'est détournée de lui, à moins que ce ne soit lui qui se soit détourné d'elle puisqu'elle ne voulait pas entendre parler de ce mariage, à ma naissance ma mère a déclaré le nouveau-né de père inconnu même si tout le monde autour d'elle savait qui était le père et qu'elle ne l'a jamais caché. Simplement, c'était son fils à elle seule voilà tout, elle n'avait pas besoin de lui, pas besoin d'un père, c'était mieux comme ça, et peu après il a plus ou moins disparu, il est rentré en Angleterre, ou bien il a repris ses pérégrinations sur les côtes d'Azur ou amalfitaine, ses doux flottements de playboy, cœur d'artichaut *gambler* léger, loin des Valier et du chiard hurlant qui venait de naître et ne s'appelait pas comme lui, depuis il s'est marié deux fois, il a deux gosses jeunes, mes petits frères qui portent son nom, on se donne des nouvelles de loin en loin, quelques mots pour les anniversaires et au Nouvel An, ils ne sont pas dans ma vie, mais je ne suis pas trop dans ma vie non plus. Lorsque j'étais dans la vingtaine j'ai voulu le rencontrer, mon père, faire sa connaissance, peut-être au fond voulais-je seulement voir la tête qu'il avait, mettre une tronche sur une idée, ma mère m'y a encouragé, pas de tabou prétendait-elle et elle disait toujours du bien de lui, mon père biologique, je suis allé le voir à Londres dans un de ces quartiers chics résidentiels coquets une belle maison victorienne un côté Sherlock Holmes à mon avis, plutôt Agatha Christie, ça sentait l'encaustique dans l'entrée, au salon un vieux remugle de tabac froid et de cuir mal masqué par un désodorisant cheap que j'imaginais vaporisé par une bonne anglaise à tablier avec aux pieds de petites mules sombres à semelles de feutre glissant discrètement sur le parquet, je ne l'ai pas croisée, à mon arrivée mon père m'a accueilli ouvert la porte nous nous sommes fait la bise après une légère hésitation imperceptible, gênés, ni l'un ni l'autre ne nous étions demandé comment nous présenter, ça nous avait pris de court alors nous avons fait ce qui nous est venu puis nous étions assis dans des fauteuils un peu embarrassés l'un face à l'autre, je ne voulais pas avoir l'air de trop le scruter détailler son visage, je lui ressemble un peu, des traits qui ne trompent pas, nous ne savions pas comment nous y prendre par où commencer, c'était comme se retrouver chez un oncle lointain à qui l'on s'est forcé à rendre visite parce qu'exceptionnellement on était dans les parages, tout près de là où il habite et où on ne va jamais, nous avons soigneusement évité de parler de ma mère de la famille Valier, nous étions souriants pleins de bonne volonté et d'égards, contents d'être enfin l'un avec l'autre pour la première fois, nous nous regardions intrigués avec le même étonnement venu de loin, de loin et de toujours pour ainsi dire, nous savions qu'il n'y avait rien à rattraper rien à regretter rien à corriger, nous n'allions pas partir dans de grandes confessions de grandes proclamations, une vie entière ne tient pas en récit, nous avons parlé de foot anglais, il supportait Chelsea, c'était un tout petit peu avant, une saison ou deux peut-être, que le club soit repris par un oligarque encore un de la même bande la même espèce que Kouritchev, et est-ce que mon père après ça a continué de les soutenir ? sans doute, lorsqu'on est supporter d'un club on s'en fout d'à qui il appartient pourvu que le propriétaire mette plein d'argent achète des joueurs des stars et que les résultats suivent, le Brésilien à la table doit en savoir quelque chose lui dont le club est la propriété d'un émir, ça ne lui fait ni chaud ni froid, d'ailleurs il est blessé les trois quarts du temps, il joue plus au poker qu'au foot celui-là on dirait, au poker globalement on se blesse moins qu'au foot. Moi à l'époque j'étais à fond pour Arsenal le club londonien voisin, l'ennemi juré d'un autre quartier, les Blues contre les Gunners nous en rigolions avec mon père, Arsenal a gagné le championnat cette année-là si je me souviens bien et nous nous sommes promis d'aller ensemble un jour voir un match à Stamford Bridge l'antre de Chelsea ou bien à Highbury le bastion des rouge et blanc, nous ne l'avons jamais fait, la promesse valait en elle-même, non pour ce qu'elle promettait mais pour ce qu'elle scellait, pour l'espace qu'elle ouvrait dégageait entre nous, la complicité rivale et fair-play, le jeu pour le jeu, se promettre d'aller ensemble au stade c'était déjà se promettre quelque chose et de nous revoir, nous discutions et tout en parlant il me semblait discerner dans ma propre voix des mots que je disais seulement parce que j'aurais pris plaisir à les entendre et que je pensais donc que mon père y prendrait le même plaisir, on apprenait, on s'apprivoisait sans lendemain, on se voit encore quelquefois, on a continué, tous les deux ou trois ans peut-être, mon père n'est pas de ma famille et peut-être est-ce une chance, avoir ainsi un père hors de la famille, occasionnel et détaché, mon père n'est pas tellement mon père mais c'est un type sympa, quand on me demande qui est mon père c'est à peu près tout ce que je peux répondre, c'est un type sympa. Le nouveau tour de cartes est distribué les huit joueurs autour de la table ont reçu leur main et je regarde la mienne en inclinant la tête comme par en dessous, en soulevant à peine le coin des cartes du bout d'un doigt la pulpe du pouce, ça suffit pour voir apparaître un dix noir du trèfle et un deux rouge encore un carreau, je suis abonné ce soir, dix-deux je dois réprimer le sourire en coin qui risque de me monter comme à presque tous les joueurs devant les mêmes cartes, surtout ne rien montrer ne rien afficher sur son visage, la trop fameuse *poker face* c'est la base comme chacun sait, la première règle l'impératif de rester illisible, c'est une main mythique, pourtant une des plus pourries qui soient, depuis qu'un bon gros Texan grand bedonnant massif comme un truck chauve tête d'œuf sous son chapeau de cowboy texan, avec sa bouille épaisse de cowboy texan et ses bretelles de parvenu texan, l'avait jouée contre toute logique par deux fois en finale des championnats du monde, et les deux fois il avait gagné de manière invraisemblable, selon un scénario qu'on aurait dit spécialement écrit pour l'occasion par un de ces sous-romanciers poivrots qui écument les studios hollywoodiens pour fourguer entre deux cuites leur faculté à produire du *cliffhanger* et du *twist ending* au kilomètre avant de retourner se biturer, ou alors qu'on aurait pu croire truqué par l'organisation de mèche avec le champion afin d'accoucher d'un rebondissement à grand spectacle propre à garantir l'audience des futurs tournois et à changer l'image du poker, transformer le vieux divertissement viriliste d'arrière-saloon, le passe-temps patibulaire mettant aux prises des brutes et des tricheurs au fond d'un tripot de western ou de bord de *highway*, le jeu de hasard et d'intimidation, version ludique de l'entourloupe interlope et du duel poursuivi par d'autres moyens, en une discipline respectable et exigeante demandant une forme particulière d'agilité mentale de finesse psychologique et de maîtrise physique l'apparentant à une sorte d'art martial, à un sport de précision donnant lieu à des compétitions internationales douées d'une dramaturgie captivante, et cette main ou plutôt cette double occurrence de la même main avait effectivement impressionné tout le monde marqué les mémoires, si bien qu'on l'a même baptisée la Doyle Brunson du nom du Texan et que la plupart des joueurs quand elle leur échoit se croient obligés de tenter le coup pour s'égaler au maître, en hommage implicite personnel ou péché d'orgueil, le petit vertige de s'espérer aussi habile audacieux verni que le champion. Très peu pour moi la dix-deux, je la jette tout de suite sans hésitation, je ne m'aventure pas là-dedans ne prétends pas avoir l'étoffe d'un champion et encore moins la *vista* texane, je laisse le jeu se poursuivre sans moi et mon regard quitte la table pendant que les autres joueurs parlent et passent, mes yeux rencontrent là-bas, debout les bras croisés, appuyé contre le mur, ceux de l'ancien légionnaire qui a accompagné le fils à papa de l'oligarque, il lui sert de gorille chaque fois que ce dernier vient marivauder dans la capitale, d'un petit geste à peine esquissé je laisse comprendre que j'ai soif aimerais un autre verre, le gorille va en avertir le maître d'hôtel, il sait ce que je bois à cette heure-ci, un écossais servi sans glace sur le guéridon placé juste à côté de mon fauteuil à main droite, un islay de préférence, ce jeu est lent et peut-être après tout est-ce cette attente cette suspension que je cherche, la vraie raison pour quoi je viens ici, dans cette suite au dernier étage d'un grand hôtel parisien réservée sur la proposition d'un joueur fortuné, lequel a demandé à un organisateur agréé, un type dont le contact se refile de main de joueur fortuné en main de joueur fortuné, de lui monter une partie de nuit, de convier d'autres joueurs marrants sympas et tout aussi fortunés, alors le type a fait chauffer son carnet d'adresses a trouvé un croupier une belle grande suite pour rassembler ce petit joli monde et touche une commission sur les mises, il est assis maintenant je le vois à travers la double porte vitrée ouverte dans le petit salon attenant à celui où nous sommes, affalé dans un canapé en velours mauve il mate un truc sur son smartphone, un match peut-être ou un épisode de série il a de quoi s'en faire quelques-uns vu le temps que dure une partie. À la rivière il n'y a plus en jeu que le footballeur brésilien et le demi-escroc gominé, ça envoie le tapis et le gominé soudain bondit de son fauteuil tape du plat de la main sur la table en s'écriant "Allez papa ! Allez papa !" pendant que le croupier dévoile la dernière carte, il a perdu le gominé, et tant pis pour papa, c'est le footeux qui l'emporte et qui balance la tête comme pour dire "eh ouais mec fallait pas jouer avec moi tu aurais dû le savoir" en dansouillant immobile il bouge l'épaule et la tête en vagues de droite à gauche souple sur son cou tatoué avec l'inscription Jésus stylisée au niveau de la jugulaire, l'autre jour il a perdu le footeux brésilien un million d'euros en une seule main mais ça l'a fait rire, j'ai vu la vidéo en ligne il dansait tout pareil, la même rigolade pour fêter sa défaite, est-ce que ça a fait rire également son émir de propriétaire son entraîneur ses coéquipiers avec qui il ne coéquipe plus trop parce que tout le temps blessé, ça je n'en sais rien, et peut-être bien après tout. La main suivante m'offre généreusement un neuf un trois dépareillés rien que de la merde, je jette encore, je me lève pour faire quelques pas, me dégourdir le cul, glisser un œil par la fenêtre vers l'avenue et ses contre-allées, ses façades d'immeubles luxueux, cariatides et balcons, et en rez-de-chaussée les enseignes de luxe qui illuminent la rue, ses alignements d'arbres verts plantés bien droit d'ici on croirait des arbres factices, des arbres de modélisme comme dans les décors des circuits de trains électriques mon grand-père m'en avait offert un, installé dans cette chambre du château familial qu'on avait affectée enfant à mon temps libre et qu'entre nous on appelait la salle de jeux, le circuit en faisait le tour complet avec des aiguillages complexes, des gares et des passages à niveau des collines des villages une église des tunnels une rotonde et des vaches normandes pour regarder passer les différents trains qu'on actionnait depuis un poste de contrôle, c'était bien foutu, il fallait tout coordonner précis je les réglais, ils se croisaient s'entrecroisaient, je passais des heures à contempler leur manège envoûté étonné que ce soit moi le maître des aiguillages qui fasse tourner tout ça, les locomotives à vapeur et les motrices électriques les wagons-lits wagons-restaurants l'Orient-Express le Transsibérien la micheline rouge et crème le Capitole rouge flamboyant, tous roulant dans la même pièce dans ma salle de jeux, et je ne savais pas alors ce qu'était une salle de jeux pour les adultes, une salle de casino ou comme celle-ci une suite d'hôtel aménagée devenue salle de jeux de circonstance, il y a une grande baignoire en marbre dans la salle de bains à côté je m'y plongerais bien sous une montagne de mousse, avec un cigare oui, et un polar une série noire une bonne histoire de gangsters, peut-être qu'ils se feraient un poker au détour d'une page eux aussi. Quand je reviens me rassieds à table la main jouée en mon absence est presque terminée, je reprends ma place le tour d'après, je suis servi cette fois correctement plutôt très bien roi et reine assortis à cœur le couple royal en amour, de quoi entrer dans le jeu cette fois sans forcer même pour la pince que je suis, au flop les trois premières cartes qui sortent sont cinq de cœur neuf de pique et la dame de carreau, déjà une paire pour moi la paire max la plus haute en l'état, les deux dames rouges en goguette de sortie elles me font de l'œil, je suis leur cavalier, je suis tout à fait bien, l'insipide tenancier de bars tendance enfoncé dans son fauteuil à côté du dribbleur brésilien relance en prenant un air renfrogné comme pour montrer qu'il y va à regret mais que désolé avec le jeu qu'il a il ne peut pas ne pas, je *call* pour ma part tranquillement sans relancer, le chanteur de charme m'imite et le footeux pareil, l'escroc lui se couche et s'étire en bâillant les bras au-dessus de la tête gominée, le fils à papa russe sans ciller met la mise, le pot monte il est déjà important, nous sommes encore cinq dans le coup et qu'est-ce qu'ils peuvent bien avoir en main, des brelans des doubles paires ?, sont-ils mieux placés que moi ?, au *turn* sort un dix de trèfle qui ne m'arrange pas vraiment sans toutefois m'embêter beaucoup, même topo après ça le limonadier de nouveau relance et nous nous contentons de payer sans en rajouter, tous sauf le Brésilien qui se couche de la manière la plus aberrante qui soit, pourquoi abandonner maintenant, ne pas suivre ce coup-ci alors qu'il l'a fait au précédent ?, c'est n'importe quoi, ce doit être pour lui un genre de feinte de corps l'équivalent d'un passement de jambe un coup du sombrero dans sa tête, est-ce que j'ai bien eu raison de ne pas me retirer avec ma paire de dames ?, une paire ce n'est pas grand-chose même de dames, et puis à la rivière le croupier pose dans son habituel geste rond large plein d'emphase et ponctué par un claquement de la carte sur la table un valet de trèfle, tout beau avec son profil de prince florentin et son motif héraldique de blason florentin, le valet parfait pour moi qui me donne une suite du neuf au roi, personne ne peut me battre, il n'y a pas plus de deux cartes de la même couleur sorties donc pas de flush possible, il n'y a pas non plus de paires dehors donc pas de full ni de carré possibles. La seule combinaison qui pourrait me faire perdre serait, non, il n'y en a pas, aucune, et le patron de bars branchés, avec ses yeux cernés de noctambule et ses joues creusées de cocaïnomane qui s'astreint à aller courir trois fois par semaine pour compenser son hygiène de vie déplorable, annonce qu'il fait tapis calmement sereinement, non pas comme s'il était sûr de lui mais comme s'il s'évertuait à présenter tous les signes extérieurs de la sérénité afin de mieux cacher qu'il bluffe, une sorte de bluff au carré pour attirer les parieurs c'est qu'il se croit fort sans être complètement rassuré non plus, il doit avoir une double paire ou un brelan j'imagine, je n'ai plus qu'à espérer à croiser les doigts mentalement pour qu'au moins un ou deux autres joueurs de plus suivent, le fils à papa le fiston Kouritchev y va, merci mon grand, à mon tour de parole j'annonce tapis moi aussi, puis le chanteur de charme, il ne reste plus que lui, hésite un peu me regarde en coin complice l'air de me demander ce que j'en pense, je réponds par un sourire lisse sympa impossible à décrypter, on est copains on gagne ou on perd dans la bonne humeur et la complicité, on est là pour passer un bon moment, il *call*, on abat notre jeu tous en même temps, le gargotier a un brelan de neuf et un as de cœur, l'artiste une double paire roi et dix, Kouri junior une paire de dames et moi je leur étale ma belle suite victorieuse, je ramasse le pot, en une seule main j'ai quasiment quadruplé mon *stack*, j'esquisse un bref sourire et c'est tout. Par principe, au tour suivant je me couche aussitôt, je reprends mon attente, je pose les cartes sur le tapis, j'aime ce vert sombre comme une pelouse dans la lumière du soir, au château à la nuit tombante cela faisait comme ça une surface étale devant la terrasse, une étendue paisible d'où s'élevait, si on ouvrait les carreaux, ce parfum doucement fumé, ma mère aujourd'hui regarde-t-elle parfois au-dehors à travers les baies vitrées les arcades de l'Orangerie le jour décliner, les ombres se répandre et l'herbe s'obscurcir ? demande-t-elle à Igor de la soutenir afin de marcher jusqu'à la terrasse et admirer les nuances qui colorent le parc et sentir cette odeur monter ? ou est-elle trop occupée entre deux soliloques apocalyptiques à saucissonner le groupe Valier trouver des repreneurs les charognards qui vont se jeter sur les morceaux faisandés qu'elle découpe et leur jette à la volée comme à des bêtes de zoo des vautours encagés, après avoir autrefois contribué au dépeçage de l'Empire soviétique à son éparpillement entre les mains de margoulins parmi lesquels le paternel de mon petit camarade de jeu, maintenant elle dépèce elle-même son propre empire. Le dépeçage doit être son truc, tu n'as pas perdu la main maman, tu sais jouer du couteau et nourrir les rapaces, tu les domptes les amadoues excites leurs instincts gaves leur voracité, elle a commencé ça y est à tout vendre, et pour mieux pouvoir vendre elle a même acheté une île, une vitrine une tête de gondole, un beau prétexte pour la vente générale en cours, à Venise dans la lagune à l'écart près du Lido, un ancien lazaret où paraît-il on mettait jadis en quarantaine les équipages des navires suspects de transporter la peste, devenu par la suite une morgue un cimetière de pestiférés un mouroir à soldats et puis, plus tard encore, une sorte d'asile de maison pour vieux et pour dingues, on y pratiquait dit-on la lobotomie la mise à l'isolement, des sévices variés, même les médecins s'y suicidaient à ce qu'on raconte, bien sympathique île en vérité tellement que les Vénitiens la prétendaient hantée maudite ils en sont partis pendant des décennies l'ont laissée en friche déserte il n'y avait plus rien, seulement un vieil hôpital abandonné avec ses fenêtres crevées son campanile et ses immenses dépendances vides envahies par les lierres et les ronces, ah elle a su choisir son endroit ma mère pour y coller le siège de sa fondation, elle a été bien conseillée, un beau puits d'histoire bien sordide à souhait pour y jeter le fruit de la vente du groupe Valier, les travaux ont déjà débuté pas de temps à perdre, les architectes à pied d'œuvre les terrassiers les rénovateurs les tractopelles acheminées sur des bateaux plats, le plus tôt sera le mieux en attendant la fin du monde qu'elle se rejoue dans sa tête, ma pauvre mère, elle a opté pour l'élimination elle est dans son droit, ça emmerde tout le monde mais elle peut bien, pourtant elle ma chère mère ma petite maman chérie quand elle a hérité du royaume qu'aurait-elle pensé si son père, lors de ce jour d'anniversaire où il l'a fait monter auprès de lui pour annoncer à tout le monde toute la galerie réunie ébahie qu'il lui laissait les rênes, qu'elle était sa digne continuatrice, elle la boss désormais, s'il avait alors au contraire déclaré qu'il mettait en vente l'ensemble du groupe, petit bout par petit bout, et que des sommes récoltées sa fille ne verrait pas l'ombre de la couleur, ni elle ni moi son fils, que nous pouvions bien nous brosser puisque le monde était en phase terminale et que l'argent ne servirait donc plus à rien ni à personne, rien ni personne étant tout ce qui resterait d'ici peu, qu'aurait-elle dit et fait ? et à présent de quoi se venge-t-elle et envers qui ? Se venge-t-elle seulement, je ne sais pas, elle ne le sait pas elle-même sans doute, maman je te comprends si mal, je te connais si peu, tout cela te vient-il de l'enfance de la jeunesse de la Russie ?, est-ce cela finalement ce qu'elle est allée chercher en Russie ce qu'elle en a ramené dans ses valises avec son samovar, le fameux nihilisme russe, ce nihilisme de roman-fleuve de révolutions ratées d'âme slave exaltée de police secrète d'ermites barbus de petits pères du peuple bandits moustachus d'ennemis du peuple assassinés à l'autre bout du monde de cosaques au galop sabre au poing d'infinies forêts désertiques d'infinies voies ferrées désertes d'icônes dorées brûlées de goulags sibériens de pogroms en pagaille d'attentats anarchistes de capitalistes tardifs, cela qu'elle aurait importé traduit remis au goût du jour et à son goût à elle ? Ou est-ce que cela vient d'ailleurs, de plus loin ? De son enfance de sa jeunesse je ne sais pas grand-chose, presque rien, nous ne nous sommes jamais assis l'un en face de l'autre dans un fauteuil confortable le soir après dîner en sirotant pour elle une de ses vodkas glacées pour moi un écossais hors d'âge, nous n'avons jamais fait la route ensemble côte à côte à travers le pays pour nous en aller dans une villégiature estivale avec des heures à rouler devant nous au cours desquelles j'aurais pu l'interroger, tout reprendre depuis le début, lui faire raconter, elle et ses parents, elle et mon père, elle et ses histoires, elle et ses affaires, elle et ses idées, elle et ses projets, j'aurais su alors par où commencer, j'aurais trouvé comment l'interroger, les mots d'eux-mêmes auraient jailli nous nous serions enfin parlé vraiment, cela n'a pas eu lieu jamais et les choses sont ainsi entre nous que lui poser des questions sur elle sur sa vie m'aurait paru incongru et même obscène, comme si je l'avais forcée à se dénuder à dévoiler une part de son intimité, ce que j'étais censé savoir d'elle je devais le savoir par moi-même, l'apprendre par d'autres ou le déduire, l'observer, des fois le lire dans la presse. Et peut-être après tout que les tribulations de ma mère en Russie n'avaient pas été étrangères à la retraite anticipée de mon grand-père, la mettre aux responsabilités c'était une manière de la rappeler à lui, la rappeler en France, qu'elle prenne ses distances avec ses engagements orientaux, mon grand-père les Russes ce n'était pas son truc, il ne les avait pas aimés communistes il ne les aimait pas beaucoup non plus devenus capitalistes, peut-être gardait-il un vieux réflexe de pensée inoculé par la guerre froide qu'il avait toujours connue, qui était l'ordre du monde où il avait grandi vécu mené son commerce, une solidarité atlantiste anticommuniste héritée de l'ancienne répartition bipolaire et qui voulait qu'il se sente toujours inconditionnellement du côté des Américains contre ceux de l'Est, et peu importe qui ils étaient, pour lui c'était toujours la même engeance, la même coterie d'apparatchiks seulement pourvue de nouveaux moyens, il se méfiait de cette bande de voyous disait-il, voyait d'un mauvais œil les investissements que ma mère multipliait, d'un plus mauvais œil encore ses partenaires en affaires et les grâces qu'elle leur accordait, certes elle avait trouvé là-bas des débouchés pour quelques filiales du groupe, des ventes juteuses d'armes et d'équipements électroniques pour Capris, c'était important d'être présent sur ce marché émergent, d'être un interlocuteur préférentiel et de ne pas laisser l'espace à la concurrence, mais il ne s'agissait pas non plus de voir se déplacer le centre de gravité des activités Valier vers les steppes, il fallait la faire revenir aux priorités. Mais surtout, en lui donnant le fauteuil qu'il avait occupé jusqu'ici, il pourrait l'avoir à l'œil pas loin de lui quelque part sous sa coupe tant qu'il était encore là, il la verrait lui succéder, ne la laisserait pas complètement libre de disposer à sa guise de la situation, il pourrait rôder par son ombre peser par son absence la hanter statue du commandeur, la juger la rabaisser la comparer à ses propres et exceptionnelles réussites, éventuellement lui signifier sa désapprobation, lui donner des motifs de se meurtrir les méninges et l'amour-propre, l'écraser de sa superbe et de sa définitive supériorité sur elle, parmi les vraies raisons de la succession il y avait sans doute eu celle-ci et quelques autres que je ne suis pas arrivé encore à définir, à cerner, et le pourrai-je un jour ? Pourtant, après la passation ma mère avait fait le contraire de ce à quoi tout le monde se serait attendu, et plus encore ceux qui la connaissaient le mieux, ceux qui étaient les plus proches de mon grand-père de la famille, c'est-à-dire ceux qui n'ignoraient pas qu'entre eux ne régnait pas la bonne entente apparente celle qu'ils donnaient à voir au-dehors, mais que des liens beaucoup plus troubles et tendus se cachaient dans leurs liens, les redoublaient les cimentaient leur belle haine inextinguible, alors qu'on se serait donc attendu à ce qu'elle imprime sa touche personnelle son sceau, à ce qu'Eugénie Valier désormais seule à la tête du groupe éponyme s'empresse de s'approprier les lieux de placer ses personnes de confiance de tout changer ou presque dans la façon de fonctionner du groupe, qu'elle marque son territoire et envoie par là même au père le signe de son indépendance de sa propre vision des choses de son mépris pourquoi pas, elle s'était au contraire évertuée à tout laisser en ordre, à garder les mêmes gens aux mêmes places, eux qui se voyaient déjà se mettre en quête de nouveaux points de chute d'autres jobs, elle a conservé tel quel le comité exécutif, elle n'a quasiment pas touché aux organigrammes aux directions aux conseils d'administration, elle a confirmé les investissements les orientations de recherche laissé les carnets de commandes suivre leur cours, elle n'a pas cessé ses séjours en Russie, elle n'a rien modifié de ses habitudes, c'était comme un pacte réciproque tacite avec les autres dirigeants du groupe, un gage de paix mutuel, puisque tout avait changé rien ne changerait, dans la presse elle a communiqué sur cette continuité, elle en a fait son petit-lait son storytelling, la table rase très peu pour elle, elle était la garante d'une institution la gardienne de l'empire, et sans doute y avait-il là avant tout de sa part une dimension stratégique, quelque chose d'opportuniste visant à rassurer les actionnaires les partenaires les prestataires les clients, sans doute s'était-elle dit que ce discours serait le plus apte à lever les craintes et les doutes sur l'avenir de la boîte et sur sa faculté à le conduire, mais elle savait aussi, plus profondément, qu'en faisant cela elle empêchait son père de lui nuire, elle ne donnait pas prise aux reproches paternels, elle n'a pas laissé à son père la satisfaction la joie de la voir tout bouleverser et prendre des risques et risquer de faillir, il n'a pas eu ce plaisir, elle l'a relégué dans sa retraite et dans un silence forcé puisque tout ce qu'elle faisait c'était ce que lui avait fait, c'était ce que lui aurait continué de faire à sa place, il ne lui servait plus de contre-modèle ni de conscience morale de surmoi ni de lourde tutelle dont s'émanciper, il ne servait plus à rien. Et il en est mort. Il n'avait plus que ça à faire, plus qu'à crever, et il a développé son étrange maladie qui l'a emporté, ça a été très vite, il s'est exécuté. Deux générations, c'est tout, c'est donc ce qu'aura duré l'empire Valier, un père sa fille et puis l'effondrement, la liquidation, mais peut-être n'y a-t-il rien d'étonnant rien de singulier aucune énigme là-dessous, seulement la vieille loi dynastique qui s'applique et qui un jour s'enraye, toujours plus tôt qu'on croit, ainsi marchent les empires, l'histoire en est pleine, on les pense fondés érigés façonnés pour se perpétuer, régis par de belles règles de succession faites pour assurer leur longévité leur stabilité, et finalement deux générations suffisent à ce qu'ils naissent et s'écroulent à ce que leurs pans se disloquent s'éparpillent passent entre d'autres mains à d'autres dynasties peut-être, pendant ce temps le jeu se poursuit, les péripéties entremêlées de la chance de l'habileté et de la roublardise, les tours de cartes s'enchaînent et je reste à l'écart, j'attends, j'éprouve toute ma patience, je la laisse s'étirer grandir et m'envahir tout entier, prendre ses aises, je bois mon écossais, je me fonds dans le décor de cette suite. Tout à l'heure je sais déjà que je jouerai la main de trop, celle que l'on joue toujours, pas toujours mais presque toujours, celle qu'on ne devrait jamais pouvoir perdre et qu'on perd pourtant, celle où le sort est résolument contraire, où les probabilités se contredisent c'est-à-dire se confirment, celle qui nous précipite dans ce monde renversé où le plus incrédible ce qui a le moins de chance d'arriver est justement ce qui arrive, et je perdrai alors tout ou presque tout ce que j'ai amassé ramassé ce soir, je me rappelle une nuit semblable à celle-ci, une partie s'était prolongée jusqu'au petit matin, j'étais monté assez haut j'avais gagné plusieurs grosses mains avec des tapis entiers comme celle que j'ai gagnée il y a une demi-heure, je commençais à fatiguer à me dire que j'allais rentrer prendre l'oseille le gros cash et me faire reconduire à la maison, et puis on m'a servi une paire de rois, j'ai eu un coup d'adrénaline, je me suis vu beau, une dernière et on y va, le flop tombe il y a encore un roi, ça me fait donc un brelan, j'y vais mollo j'appâte et au *turn* je mets le tapis, il y a un seul joueur qui me suit, on découvre nos cartes sur table, l'autre montre une paire d'as et là je sens venir le truc, un pressentiment, la roue qui tourne, la routourne comme avait dit dans une interview virale un autre footballeur un copain du Brésilien, sur les cinquante-deux cartes il n'y a que deux cartes à cet instant qui peuvent me faire perdre, autrement dit les deux as qui restent, ceux qu'il n'a pas en main, et à la rivière naturellement un as tombe. Je suis bien baisé, et mon *stack* amputé de moitié, je me lève dégoûté sans en avoir l'air autant que possible, je dis poliment au revoir à tout le monde avec un sourire courtois beau joueur, je change mes jetons enfile mon manteau fourre les liasses de cash au fond de mes poches comme si elles n'étaient rien, *peanuts* par rapport à ce que je viens de perdre sur ce dernier coup ce coup rageant ce coup du sort cette injuste inepte irrévocable manifestation du hasard surgissant malgré une probabilité quasi nulle, et une fois sorti, plutôt que de me faire raccompagner, je décide de marcher, de rentrer à pied, lentement, tranquillement je ressassais mon échec, ma déveine, je croisais dans les rues les gens ordinaires qui peuplent la ville, les bistrots, les bouches de métro dont les gens sortent où ils entrent, les voitures qui patientent au feu rouge, il faisait froid et le jour se levait, je sentais mon corps se détendre et cela me faisait du bien de marcher, il y avait cette odeur caractéristique vaporeuse chimique et sucrée qui flotte sur les trottoirs après qu'ils ont été nettoyés, un vague arôme de barbe à papa, et petit à petit j'ai alors senti en moi, très distinctement, s'opérer une transformation, l'exaspération la frustration l'impression de malchance orgueilleuse se défaire se disperser et laisser place à un sentiment à la fois plus profond et plus doux, une vibration première qui apparaissait comme si l'énervement en s'éteignant l'avait dévoilée, m'avait permis de la percevoir enfin, comme si elle avait été déjà là en moi mais que d'ordinaire elle ait été recouverte étouffée empêchée de se faire ressentir de se diffuser, quelque chose de l'ordre d'une sensation de recommencement de purgation de régénérescence, ce que j'avais perdu je n'en étais pas privé, j'en étais délesté débarrassé soulagé, je n'en avais pas été dépossédé, non, je l'avais gaspillé, sciemment dilapidé, j'avais cherché sa dissipation son évaporation, et peut-être est-ce cela ce que les joueurs recherchent avant tout sans même le savoir, cette légèreté que l'on ressent après avoir perdu, l'expérience de cette légèreté trouvée en soi-même et que seul l'échec le fiasco procure, je marchais et j'étais étonnamment léger, libéré, ouvert au jour, au monde, c'était comme une sorte de petite extase, oui, un plein assentiment, je devais je crois sourire bêtement béatement un imbécile heureux qui traverse la ville, avec cette chose à la fois nouvelle et très ancienne en moi, cette joie secrète immense et calme dans ma poitrine, et peut-être que depuis, de ces longues nuits je n'attends rien de plus, cela me suffit, c'est ce que j'attends, je n'aurai rien de mieux, j'attends de pouvoir seulement librement continuer de perdre, perdre tout, perdre encore, perdre jusqu'au bout et vouloir de nouveau perdre.

3

Rotors

À présent le vent avait faibli, les bourrasques s'étaient muées en une simple brise, haleine chaude exhalée depuis les profondeurs de l'océan, et, tandis que le soleil approchait de son zénith, écrasait la surface des eaux alentour sous le plomb ruisselant de ses radiations verticales – ce même plomb qui vous cogne tout droit sur le crâne, vous assomme et vous met dans l'esprit de grandes étendues plates, laiteuses, éblouissantes –, un grand battement blanc coupa le ciel.

La capitaine plaça alors en visière sa main sur son front, les yeux réduits à une fente étroite, plaie entre les paupières, et chercha dans quelle direction avait filé l'oiseau qui venait de percer les airs au-dessus de sa tête : elle eut juste le temps, en retrouvant la bestiole dans son champ de vision, de l'identifier comme un albatros à sa manière caractéristique de planer en se laissant porter par les courants ascendants puis de virer lentement, d'une simple inclinaison du corps qu'un infime mouvement d'ailes redresse, pour décrire de longs arcs sinusoïdaux, avant de le voir aussitôt rétrécir en un point sombre *Allez, vole mon agneau fils de pute* jusqu'à se dissoudre au loin dans l'azur ; la capitaine se maudit intérieurement d'avoir oublié sa casquette dans sa cabine.

Elle entendit s'enclencher derrière elle les pales de l'hélicoptère, d'abord lourdes rames propulsant lentement leur poids dans l'espace, s'enroulant avec effort autour de leur axe puis tournoyant de plus en plus vite à l'intérieur de l'espace circulaire imparti à leur rotation, jusqu'à bientôt dessiner un disque de métal coiffant l'appareil à la façon d'une auréole et, au terme de l'accélération continue, devenir pure vibration, pulsant au-dessus de la carlingue derrière laquelle, au bout de la plateforme, une porte s'ouvrit dans la paroi blanche au pied du bâtiment de timonerie, dont sortit, flanqué de la conseillère et escorté par deux marins, en bras de chemise, le front dégoulinant d'une sueur abondante qu'il épongeait à l'aide d'un mouchoir blanc plié en quatre, sans se départir d'un sourire tranquille, l'ex-vice-président qui, en l'apercevant, faussement surpris, s'approcha d'elle "Capitaine Muirhead !" comme au-devant d'une vieille connaissance et la gratifia d'un *hug* assorti à la camaraderie d'une bonne bourrade complice dans l'épaule – un geste de vieux loups de mer entre eux, l'équivalent d'une bouteille de rhum qu'il lui aurait tendue d'une main pendant que, du revers de l'autre, il aurait essuyé ses lèvres humides après la dernière rasade. Et si la capitaine trouvait cette familiarité un peu cavalière, excessive de la part d'un homme dont elle avait combattu la politique lorsqu'il était le numéro deux de l'administration gouvernant l'un des États les plus pollueurs du monde, elle qui n'avait cessé alors de multiplier les actions, les interpellations publiques, jouant son rôle de "lanceuse d'alerte" devant la dégradation des écosystèmes marins et l'inaction climatique, elle s'était finalement résolue, dans le combat qu'elle menait, à considérer en lui un allié objectif : ils étaient tous deux les pièces, utiles l'une à l'autre, de stratégies réciproques, militants de la même cause quoique pas pour les mêmes raisons, et s'il fallait monter dans le même hélicoptère que lui, se faire filmer côte à côte (bien que la capitaine Muirhead ne fût évidemment pas dupe du fait que, aussi sincère soit-il dans ses engagements, il s'était emparé là d'un sujet à la mode, démagogiquement disponible, qui lui permettait de revenir en vue après ses anciennes disgrâces, de redevenir un acteur du débat public en donnant des gages de modernité malgré son âge croissant, tout en se démarquant des autres politiciens de son pays, à commencer par l'affairiste xénophobe grimé en bouffon à toupet blondard peroxydé, climatosceptique revendiqué, notoirement hostile aux écologistes qu'il appelait "khmers verts" et qui, de mauvaise grâce et en attisant, lors de la récente passation des pouvoirs concluant son unique mandat, la fureur de ses supporters massés en foule devant la tribune d'où il les haranguait (tous persuadés que seul un complot avait pu priver de réélection leur candidat, lequel, loin de les détromper, les avait au contraire, d'une manière aussi forcenée qu'imbécile, aiguillonnés, échauffés jusqu'à ce que des hordes d'excités, sous ses injonctions, finissent par se lancer à l'assaut du bâtiment officiel où était en train de se dérouler le protocole de transition démocratique, cherchant à empêcher celui-ci d'arriver à son terme (autrement dit à perpétrer ce qu'il fallait bien nommer, malgré ce que le mot pouvait avoir de suranné, anachronique ou exotique (renvoyant à de basses et grossières manœuvres militaires, à de folkloriques guérillas civiles opposant dans la jungle généraux et chefs de junte, commises dans de lointains royaumes arriérés ou dans de vieilles contrées ayant tradition à la dictature comme si elles ne comprenaient que ça) une tentative de coup d'État)), avait finalement dû céder la place présidentielle à un vieillard têtu, austère, arborant pour sa part un élégant halo de cheveux blancs bien disciplinés nimbant son digne front de vétéran de la chose publique, rescapé de maintes campagnes électorales perdues et qui s'était tant accroché à sa chance qu'on eût dit qu'il avait fini par obtenir la magistrature suprême en récompense pour son obstination, à l'usure, simplement parce que le peuple (l'électorat) s'était accoutumé à sa présence dans le paysage politique, et pour qui la question environnementale ne paraissait pas représenter une priorité non plus), s'il fallait en somme utiliser la notoriété de l'ex-vice-président et ses professions de foi écologistes pour aider à la préservation des océans, la capitaine était prête à mettre en veilleuse certaines de ses convictions, de ses répugnances, de ses exigences ; à, pensait-elle, aller chercher le fric là où il était et poser pour la photo, bras dessus, bras dessous, avec des crapules éligibles.

Ainsi plantée au milieu de la plateforme, la capitaine n'était pas sans évoquer aux yeux de l'ex-vice-président une espèce de créature de légende maîtresse des lieux, régnant sur un domaine hostile, régi par ses règles propres, et dont elle fusionnait avec les éléments, avec la mer, le ciel et cet air moite et salé dont elle paraissait une émanation matérielle et presque magique, quelque chose comme l'improbable rencontre entre une déesse antique incorruptible, séductrice et vengeresse, et le harponneur sauvage de *Moby Dick*, ou même comme une de ces femmes pirates dont la chronique relate les sanguinaires exploits, plus puissantes, plus impitoyables encore que leurs comparses masculins, Ann Bonny, Mary Read, ces barbes noires sans barbe qui entravaient la route des navires de la marine marchande, les arraisonnaient au large des îles où elles avaient leurs planques, qui pillaient, pliaient à leur volonté l'équipage des vaisseaux circulant sous les pavillons des empires : avec son épaisse tignasse blonde colmatée en dreadlocks qui lui tombaient jusqu'en bas des reins, ses bras musculeux intégralement recouverts de tatouages mêlant motifs maoris, encrés sur son île néo-zélandaise d'origine, et figures d'animaux stylisés que lui avaient injectées l'une après l'autre, patient enlumineur œuvrant à même la peau, un tatoueur de San Francisco qu'elle retournait voir chaque fois qu'elle passait du côté de la baie, ses épaules larges d'ancienne skippeuse qui avait parcouru en long et en large toutes les mers du globe, participé aux principales courses en solitaire, avant de troquer son monocoque de compétition contre un ancien baleinier réaffecté dans le but de faire la chasse aux pêcheurs de baleines, bientôt rejoint par un navire d'observation météorologique japonais reconditionné, puis par un bateau-pilote de la marine française défroqué et deux patrouilleurs des garde-côtes américains laissés en rade (avant que d'autres bateaux encore ne viennent s'agréger à cette flotte croissante, tous successivement offerts par des bienfaiteurs sensibles à la cause de son ONG autant qu'à la forte personnalité, haute en couleur comme on dit, de la capitaine, à ses rares mais impressionnantes apparitions médiatiques, son étrange beauté farouche, sa grande gueule, son côté aventurière, justicière punk, que rien ne paraissait intimider ni, encore moins, pouvoir dissuader lorsqu'elle décidait de se consacrer à un objectif, capable de passer des semaines en haute mer afin de traquer jusqu'à leur reddition les contrebandiers convoitant des espèces menacées, illustrant ainsi un genre de radicalité pragmatique qui lui avait attiré le soutien, aussi bien, du fonds de dotation d'un grand groupe d'assurances allemand, d'un entrepreneur en technologies médicales, d'un milliardaire suédois philanthrope ou d'un acteur hollywoodien vieillissant – celui-là même qui avait tenu, dans sa jeunesse, le rôle principal d'une magistrale fresque guerrière où, dans une scène mémorable, on voyait, pendant qu'à l'arrière-plan la jungle s'enflammait en un brasier d'apocalypse sous les épandages de napalm, des soldats yankees faire du surf sur une plage, comme si l'océan était le dernier terrain de jeu, indemne et régressif, qui restât lorsque sur Terre tout brûle, comme si l'océan était également ce que les *boys* avaient de plus habitable, de plus familier pendant qu'ils combattaient à l'autre bout du monde, et que l'océan fût donc le même partout –, de sorte que l'identité de ses mécènes révélait assez les forces avec lesquelles la capitaine devait faire alliance et savoir jouer, toujours les mêmes qu'il fallait mobiliser ici-bas, en quoi que ce soit : l'image et l'argent), elle qui avait précisément adopté comme étendard de sa flotte contestataire un drapeau noir orné d'un crâne blanc et de deux tridents entrecroisés, version neptunienne du Jolly Roger piratesque, pratiquait après tout, pensait l'ex-vice-président en regardant Muirhead plisser les yeux dans sa direction, une espèce de flibuste à l'envers, s'emparant des butins caritatifs pour financer ses expéditions et courant les océans, non pour y commettre des exactions, y exercer sa prédation, mais pour rappeler à l'ordre ceux qui les perpétraient, quitte à user à leur encontre de méthodes musclées, spectaculaires, qui outrepassaient quelque peu son rôle supposé.

L'ex-vice-président se sentait rassuré par la présence de la capitaine. Elle était un gage de crédibilité, qui donnerait au film de la nouvelle fondation son indispensable caution activiste et, en tout cas, qui l'exonérerait, lui, des éventuels soupçons d'accointance particulière avec la milliardaire française par qui était commanditée la production (ou même, au-delà d'elle, avec quelque puissance d'argent supposée que ce fût, les intérêts privés susceptibles de dévoyer son engagement) : lorsqu'il avait été sollicité, par l'entremise de la conseillère philanthropique chargée d'organiser l'opération, pour faire partie du casting, son équipe s'était aussitôt enquise des autres personnalités qui figureraient au générique, et le seul nom de Muirhead – davantage que ceux du documentariste scandinave qui le réaliserait ou des autres protagonistes envisagés, l'ancien ministre français de l'Écologie, le cinéaste multioscarisé passionné par les grands fonds, la kyrielle de scientifiques interviewés – avait alors suffi à justifier qu'il en soit, qu'il s'affiche en sa compagnie et se retrouve donc maintenant avec elle, sur ce plateau suspendu au-dessus des eaux, quelque part vaguement entre Hawaï et la Californie, en plein large, il ne savait pas bien où, les coordonnées géographiques disponibles, longitude, latitude, degrés, relevant pour lui d'un charabia kabbalistique dont il abandonnait très volontiers, comme un privilège dû à leur science maritime et impénétrable pour le néophyte de bonne volonté, le déchiffrage à Muirhead et à ses pairs.

Après eux, ils virent sortir à leur tour et s'avancer sur le pont les autres membres de leur petite délégation filmique : l'ex-ministre Victor Lanquais en chemise de lin kaki largement ouverte sur une poitrine glabre et dont l'échancrure, en découvrant ce grand V pâlot de thorax sec, presque osseux, renforçait encore l'impression que sa tête était, proportionnellement au reste étroit de son corps, d'une taille inconvenante, flanqué de la conseillère Zeuchter qui lui parlait en moulinant de grands gestes pendant que, juste derrière eux, le documentariste, la caméra ficelée autour du poing, levant les yeux vers le ciel avec une mine examinatrice, paraissait vérifier, avant de monter à bord de l'hélicoptère avec les personnages futurs de son long métrage, que le temps était suffisamment clément, le fond de l'air favorable, la lumière propice aux images.

Le pilote, casque aux oreilles, micro enroulé autour de la joue – lui au moins n'avait pas oublié sa casquette, il l'avait bien vissée sur le crâne –, attendit que ses passagers soient installés à ses côtés, au premier rang à sa droite le principal hôte de marque, l'ex-vice-président de la plus grande démocratie du monde, derrière lui Muirhead près de Lanquais, en retrait la conseillère et le documentariste qui, de là où il était, pourrait à la fois pointer sa caméra au-dehors vers les étendues azur, les surfaces ondoyantes du grand large, et, dans la cabine, cadrer chacun des protagonistes (saisir leurs émotions sur le vif, enregistrer les commentaires qu'ils échangeraient tous ensemble grâce aux casques interconnectés dont on les avait pourvus). Lorsque l'aéronef arracha de la plateforme ses longs flotteurs jaunes en basculant sur le côté, il amorça un virage serré qui le rejeta d'un souffle vers la poupe du navire, puis aussitôt il se redressa et prit de la hauteur, pas trop, quelques dizaines de mètres au-dessus des flots, lesquelles déjà suffisaient à donner aux passagers une vue panoramique, à trois cent soixante degrés, sur l'océan infini au-dessus de quoi l'appareil avançait en ligne droite à une vitesse moyenne, survolant paisiblement la zone qui les intéressait, supposée se trouver en plein milieu de la plaque de déchets du Pacifique nord et située à peu près à la même latitude que San Diego, autrement dit au sein de cet espace intermédiaire – ce fin bandeau qui ceinture le globe entre les trente et trente-cinquième parallèles nord – ignoré à la fois par les vents d'Ouest, dont la circulation est plus septentrionale, et par les alizés qui soufflent plus au sud, région de calmes subtropicaux que l'on nomme assez bizarrement la Latitude des Chevaux parce que, selon la tradition, l'air y est tellement atone, les courants si amorphes, que les bateaux qui jadis s'y laissaient prendre pouvaient quelquefois rester là longtemps, dans un état d'inertie stationnaire tel que les vivres bientôt venaient à manquer, que les réserves d'eau s'épuisaient, et les marins finissaient par jeter les chevaux à la mer afin d'économiser les provisions.

Conformément aux recommandations du réalisateur, la capitaine Muirhead leur servait de guide, elle faisait la visite comme si les autres personnes à bord avaient été ses invités dans son fief, leur décrivant ce qu'ils (les passagers et la caméra) avaient sous les yeux, détaillant avec le didactisme fiévreux et huilé, chevronné de la militante (ces explications s'adressant de fait, indirectement, plutôt qu'à ses comparses embarqués, aux spectateurs du film à venir) en quoi consistait le *garbage patch*, premier *trash vortex* connu du genre, dont la formation avait été découverte presque par hasard, à la faveur d'observations scientifiques de routine, à la toute fin du vingtième siècle, et qui avait aussitôt surpris les chercheurs par son ampleur, sa taille et sa densité, de sorte qu'on avait rapidement pris l'habitude, dès que le phénomène avait d'abord été identifié puis porté à la connaissance du grand public, de le qualifier de septième continent. Désormais, celui-ci couvrait 3,4 millions de kilomètres carrés (six fois la France, songea l'ex-ministre de l'Écologie) en perpétuelle expansion, croissant de l'intérieur au cœur de l'immense tourbillon de courants marins qui s'enroule, selon le sens des aiguilles d'une montre dans l'hémisphère Nord, la même chose se produisant dans le sens inverse au Sud, sous l'effet de la rotation de la planète en vertu du principe dit "de Coriolis", c'est-à-dire, précisa encore la capitaine, de la force inertielle agissant à la perpendiculaire du mouvement giratoire terrestre, occasionnant ainsi la création d'une spirale océanique dont la force centripète – la capitaine mimait ce maelstrom avec ses doigts, son index tournicotant à la verticale, tel un cyclone miniature, au-dessus de la paume de sa main ouverte – aimante, aspire et capture les détritus errants, les acheminant vers des zones stagnantes, des remous géants, dont ils ne ressortent jamais.

La capitaine Muirhead poussa un soupir en regardant, l'un après l'autre, ses compagnons de virée répartis dans la carlingue ; le pire restait à venir. Des recherches récentes faisaient état de la présence, aux endroits comme celui qu'ils étaient en train de survoler, d'une moyenne de plus de trois cent trente mille fragments de plastique par kilomètre carré, l'ensemble cumulé représentant plusieurs dizaines de milliers de tonnes, sans doute plusieurs millions, disséminés dans la masse du Pacifique essentiellement sous la forme de particules microscopiques, résultats de la photodégradation (l'action des rayons du soleil sur la matière) qui usait, déchiquetait les polymères jusqu'à les réduire à une espèce de substance meuble inédite, poudre confondue à son environnement aquatique, que l'on désignait sous les termes de "sable de plastique" ou même de "plancton plastique", et que les poissons ingéraient à longueur de journée : à la pensée de cette faune sous-marine décimée par les résidus toxiques de la consommation humaine, le visage de la capitaine gagna en gravité, le front se plissa sous les dreadlocks, et son regard (ses grands yeux bleu pâle qui avaient vu l'épouvantable spectacle d'un monde menacé, le spectre funeste d'une extinction inéluctable) s'éloigna vers le large, abîmé dans ses pensées, sombrement méditatif, et offrant au documentariste un beau plan solennel avec en toile de fond l'océan cérulé, vergeté de traits d'écume, allégorie canonique d'une nature immaculée, immuable, puissante et souveraine, à laquelle il était impossible de supposer qu'elle recelât, sous sa surface pure, l'enfer subaquatique dont la capitaine, à la manière de Virgile pour le Dante au fil de leur descente à travers les cercles abyssaux, décryptait les mystérieux arcanes à l'intention des pèlerins héliportés qui, eux, l'écoutaient, observaient, prenaient des airs inspirés, opinaient et s'écarquillaient sans toutefois parvenir à dissimuler, dès lors qu'ils ne se trouvaient plus dans le viseur du documentariste, une certaine forme de perplexité : renfrogné, le menton dans sa main, l'ex-ministre français regardait l'horizon morne et régulier en laissant percevoir un ennui peu cinégénique, pendant que l'ex-vice-président, juste devant lui, les sourcils froncés, scrutait les flots désespérément tranquilles et purs qui, de toutes parts, entouraient l'appareil, et dont la virginité apparente n'était pas sans susciter en lui une sourde et inavouable inquiétude, celle de passer pour un charlatan enrôlé dans une mise en scène abusive, un vulgaire *fake* reconstitué en studio avec, en guise d'océan contaminé, n'importe quel plan d'eau artificiel prolongé en images de synthèse.

Il n'y avait rien. Ils se trouvaient à l'endroit supposé du septième continent et une mer sans événement s'étalait à perte de vue.

Même s'ils savaient que la soi-disant plaque d'ordures ressemblait, plutôt qu'à une couche solide, à une manière de soupe, sans doute n'avaient-ils pas imaginé qu'elle demeurerait ainsi imperceptible à l'œil nu et se seraient-ils attendus, au lieu de ce paysage uniforme et parfait, digne d'un poster d'agence touristique exaltant les merveilles marines (une pub pour la plongée ou des croisières), à voir surgir, depuis leur observatoire volant, une pellicule ostentatoire de saloperies tanguant à touche-touche, de gros morceaux de plastique bigarrés offrant leurs anatomies manufacturées au roulis des vagues et à l'objectif de la caméra.

Peut-être même auraient-ils préféré voir la mer se couvrir d'une multitude d'objets flottants identifiables, ainsi que cela avait pu se produire, par exemple, le 10 janvier 1992, un peu plus à l'est de là, dans le même océan de l'autre côté des îles Hawaï, quelque part non loin de l'*International Date Line*, lorsqu'un navire de fret parti la veille de Hong Kong à destination de

Tacoma, État de Washington, USA, avait été pris dans une forte tempête, malmené durant des heures, subissant creux et crêtes, hissé tout à coup à la cime des plissements océaniques, replongé à travers des gouffres, fracassé contre des vagues pareilles à des falaises jusqu'à ce que, sous la violence des collisions répétées, une partie des lourds caissons de métal multicolores qu'il transportait, et dont chacun mesurait plus de treize mètres de longueur, se détache, se renverse, que les uns sur les autres comme sur des rampes de toboggan ils glissent, s'entrechoquent et bientôt, sous la poussée des lames incessantes qui continuaient de déferler sans relâche, se couchent : à ce moment, une douzaine d'entre eux, d'un bloc, versent ensemble à la baille et s'échappent, happés par les tourbillons qui les emportent un instant puis les rabattent, les jettent contre le bâtiment où les containers cognent et recognent et se disloquent, leurs verrous se tordent, leurs charnières, les barres qui les renforcent, tout éclate, laissant leur cargaison se répandre parmi la tornade bouillonnante ; et pendant que l'océan recouvre et engloutit les plaques de ferraille désarticulées, les entraîne par le fond, près de vingt-neuf mille jouets flottants dans leur emballage individualisé, aspirés par les reflux, se propagent à la surface des ondes démontées, patients dans la tourmente, ballottés et téméraires sous leur coque vive : des grenouilles vertes, des castors rouges, des tortues bleues, des canards jaunes que le destin, n'eût été cette tempête rencontrée par le porte-conteneur, appelait à voguer parmi les bulles de bain moussant dans des baignoires américaines nagent désormais de concert au milieu du Pacifique déchaîné en laissant le cargo allégé d'une partie de son chargement s'éloigner, continuer tant bien que mal sa route vers la Côte Ouest. Bientôt les vents se taisent, les pluies cessent, la trombe peu à peu s'apaise ; au matin, océan plat, beau temps ; et comme une nappe polychrome répandue à la surface de la mer, et progressant d'une même coulée, vingt-neuf mille jouets de plastique se balancent.

L'un d'entre eux maintenant tournoie sur lui-même comme s'il cherchait sa direction. Par pur souci de commodité, ce jouet en mal de boussole, appelons-le Ferdinand. Hier encore, serré entre ses congénères sortis de la même matrice industrielle, cuits dans le giron du même œuf et qui, tandis qu'au-dehors le déluge s'abattait sur le container et que les vagues mauvaises, énormes, agressaient le pont du navire, lui pesaient alors sur la tête et lui tapaient dans le ventre tels des ivrognes, se frottaient contre ses ailes moulées de plastique jaune et heurtaient, à chaque cahot, la proéminence rigide et retroussée de son bec orange, Ferdinand, engoncé dans son fin sachet individuel transparent scellé par une carte de papier bariolée, basculait d'un flanc sur l'autre, les pastilles noir sur blanc qui dessinaient ses yeux semblant s'exorbiter, rouler au rythme monotone du tangage, hallucinées par une psalmodie maritime berçant en chœur tout le chargement.

Avant de se trouver là, Ferdinand avait vu le jour en Chine sur une chaîne des usines de la société The First Years Inc. Au terme d'un long périple par voie terrestre (qu'il ait transité de nuit *via* des gares désertes traversées en convoi de marchandises lancé à pleine allure, ou froissé son étui dans des caisses en carton à l'arrière d'un poids lourd sur des routes parsemées de nids-de-poule), il a embarqué à Hong Kong à bord du cargo promis au tumulte en ignorant tout de l'élément aquatique pour lequel il était programmé et dont il n'avait pourtant jamais fait l'expérience directe ; jusqu'au naufrage, sa connaissance de l'eau restait toute théorique, il ne s'était jamais mouillé ; il lui manquait encore l'exercice pratique, l'intelligence sensible.

Ferdinand se retourne à présent dans son film plastifié ; il télescope quelques-uns de ses semblables bringuebalés, joue des ailes au milieu de cette marée colorée, oscillante, cette multitude ludique déroutée, inopinément jetée à l'aventure. Une vague perdue s'abat sur lui, l'enfonce dans les entrailles de l'océan ; un temps Ferdinand demeure entre deux eaux ; à la faveur d'un courant ascendant, brusquement, comme un petit nénuphar éclos parmi les ondes, ou comme saute un bouchon de liège, il émerge de nouveau. Dans l'eau, la feuille de carton repliée qui gardait le jouet enfermé dans son paquet s'est peu à peu ramollie, érodée, en une journée elle a déjà fondu, décomposée en lambeaux baveux de couleurs acidulées ou grisâtres, en filaments mâchés bientôt éparpillés au gré du courant ; l'étui s'est ouvert, déchiré, délivrant ainsi avant de sombrer dans les limbes la figurine de la membrane qui la tenait prisonnière : Ferdinand désormais évolue à l'air libre, il vogue sans entraves.

Tout ce petit peuple affranchi bientôt se met en route, d'abord charrié vers l'est, convoyé par le grand flux marin latéral engendré, au large des côtes japonaises, par la collision entre les deux courants dits d'Oyasho (descendant du nord de l'archipel) et de Kuroshio (montant du sud), et qui, de là, sillonne le Pacifique nord sur toute sa largeur dans l'intervalle entre les quarantième et quarante-cinquième parallèles, emportant sur son échine souple le troupeau de plastique qui suit la voie navigable initialement prévue pour lui, comme si ce dernier souhaitait emboîter le pas au cargo enfui, effectuer malgré tout, à son rythme mollasson mais têtu, le périple programmé ; et pendant plusieurs mois, Ferdinand et les siens se laissent ainsi mener, sans rencontrer de filets de pêche où s'empêtrer ni de navire-obstacle contre quoi venir buter, sans entrevoir ne serait-ce qu'une fois la terre ferme au loin, ni île ni continent, escortés par une faune aquatique qui s'interloque probablement de ces nageurs d'une autre nature, impassibles et dédaigneux, survolés par les oiseaux qui peut-être un instant perçoivent en eux des proies, descendent piquer du bec contre leur coquille synthétique, puis remontent bredouilles planer dans l'éther en abandonnant les babioles indigestes à leur exode traînard.

Au fur et à mesure de sa progression la foule se desserre, la masse des jouets se disloque, s'atomise, tous dérivent selon les humeurs qui les poussent, suivant le caprice des flux et des vents qui paraissent agir différemment sur chaque individu et le douer d'une volonté propre, distinguer entre les grégaires – ceux qui prennent inconditionnellement le même chemin que le plus grand nombre et avancent moutonnièrement, selon les courants dominants –, les affinitaires qui préfèrent naviguer en petites bandes motivées par des aspirations secondaires, des souffles mineurs, et d'autres encore, plus solitaires, qui se séparent du gros des troupes afin d'aller tenter la fortune là où les mène leur fantaisie de baroudeurs, leur esprit de tribulations. Ainsi, près d'une année complète de voyage s'est écoulée lorsque le groupe des artefacts animaux se scinde, d'abord, en deux bancs principaux, à la manière d'une colonne de pionniers décidant de se diviser et de se répartir l'espace à découvrir, à conquérir, l'une quittant l'orbite circulaire du gyre septentrional et divergeant vers le sud (amorçant une boucle nouvelle et longue, virgulant jusque sous les touffeurs torrides de l'Équateur et le franchissant au beau milieu des années quatre-vingt-dix, puis doublant l'aire des canicules fixes avant que, passé du côté de l'hémisphère austral, le contingent se morcelle de nouveau et que les jouets d'eau douce accoutumés à l'iode, aux sels et aux algues ne continuent leur route indolente vers les plages éparses où ils iront finalement se déposer, pour certains en Océanie, en Indonésie pour d'autres, ou même – pour quelques rares spécimens téméraires, probables aficionados des ambiances latines – au Chili), la seconde colonie mettant le cap, quant à elle, sur le golfe d'Alaska dont elle embrasse la courbe, glissant sous l'arc des Aléoutiennes jusqu'au courant du Kamtchatka et retour, effectuant une rotation entière entre deux continents, comme une caravane tournerait en rond en quête d'un havre où poser pied et se trouverait, somme toute, mieux en perpétuel mouvement qu'échouée sur une côte.

Début 1995, la flotte plastifiée amorce un tour supplémentaire, une autre saison circulaire à travers les vagues nordiques. Et c'est alors le moment que choisit Ferdinand (mû par quelle subite inspiration ?) pour se détacher de ses compagnons d'errance et s'en aller extravaguer dans son coin ; où il s'éclipse discrètement, bifurquant sur sa droite, prend la tangente à la manière d'une voiture à une bretelle de périphérique laissant filer sans elle la file des autres véhicules ; et où il commence alors à remonter en solitaire, en se faufilant entre les îles Andreanof, jusque dans la mer de Béring où l'hiver le surprend. Il y frôle des icebergs, souvent la nuit il bute du bec contre une paroi de glace qui obstrue sa route, s'échoue même parfois sur un banc qui se déploie à la surface, au ras des flots ; et le petit canard jaune se laisse alors porter (à la manière d'un *hobo*, un routard grimpé en clandestin dans la remorque d'une vieille camionnette crachotante ou sur le plateau dégarni d'un train de marchandises en fin de service) quelques jours par cet esquif de raccroc, ce radeau blafard et gelé, puis il retombe, il glisse à l'eau et continue sa marche propre, obstinée, entravée, semaine après semaine, au milieu des icebergs de plus en plus nombreux, de plus en plus denses à mesure que Ferdinand progresse vers le nord, comme aimanté, aiguille de la boussole fixée droit au pôle, passant bientôt le détroit de Béring et nageant dans l'Arctique, se frayant son chemin tant qu'il peut à travers la croûte glaciaire qui, petit à petit, s'épaissit, envahit tout le paysage, se confond avec l'océan même et un jour finit par s'emparer de Ferdinand, par s'accrocher à ses flancs, le retenir dans ses griffes de givre, le recouvrir tout entier et l'absorber en elle, l'enfermer dans une anfractuosité où le jouet repose, prisonnier de la banquise.

Pendant des mois Ferdinand reste là, immobile, en hibernation. Certaines nuits, alors qu'il gît prostré, abandonné aux tréfonds d'un sommeil sans rêve ni trêve, au-dessus de son refuge boréal le ciel s'anime d'étranges voiles luminescents, verts, roses et pourpres, qui s'élancent en arabesques et en volutes, s'effilent en linéaments serpentins puis s'étendent en nappes vaporeuses, vibrant sous les étoiles. Mais par un beau matin ensoleillé quelque part près de lui un craquement se fait entendre, aussitôt suivi d'un autre plus lointain, et puis d'un autre encore ; de l'eau se met à suinter le long de ses ailes, ça coule et se relâche, ça se défait ; un peu d'air s'infiltre à travers une mince brèche ouverte dans la paroi de la caverne, laquelle peu à peu s'élargit, laisse entrer une lumière vive, et au bout de quelques heures voilà Ferdinand délivré qui reprend, encore engourdi, ankylosé, mais déjà grisé par le zéphyr qui court entre les glaciers, sa dérive obstinée au fil du courant.

Au loin passe un brise-glace, sans doute un navire scientifique dont on ne décèle pas d'ici le pavillon. Une semaine après c'est un baleinier (de ceux à qui, plus tard, la capitaine Muirhead donnera la chasse) qui avance sur la ligne d'horizon et contourne Ferdinand sans le voir. Ainsi va-t-il, de saison en saison, et plusieurs années s'écoulent au rythme de la formation des glaces et de leur fonte, toujours guidé par un mouvement subreptice, impérieux, issu des profondeurs et qui l'entraîne à travers la grande baignoire de l'Arctique dont il longe les bords, les terres déchiquetées du Grand Nord canadien, du Nunavut et puis du Groenland ; après quoi le destin remonté des abysses, fatigué des interminables hivers encroûtés au cours desquels il lui faut veiller sur son petit canard jaune endormi, las à la fin de la répétition du même cycle et des mêmes images, ou las peut-être d'avoir trop joué avec son jouet de plastique, décide pour lui d'un autre sort, une autre épreuve, et le fait entrer dans l'Atlantique non par le passage du Nord-Ouest, qui aurait été la voie la plus brève, celle qu'aurait favorisée un capitaine barrant son gouvernail, mais par la mer de Norvège, avant de l'envoyer se trimbaler (aller voir s'il y est) du côté de l'Islande dont les côtes, les noirs rochers volcaniques se découpent menaçants entre chaque levée de brume, et devant quoi Ferdinand passe sans trop s'attarder, intimidé par cette effusion minérale, profitant d'un courant subitement plus rapide pour filer en diagonale en direction de la mer du Labrador et de Terre-Neuve, ces régions aux noms de chiens où son ventre se plaît, la mer y est fraîche et douce, la houle apaisante et ronde, les icebergs baguenaudent, corpulents plaisanciers en cure thermale venus profiter des eaux bienfaisantes : de la rencontre entre les courants nordiques et le Gulf Stream autour des Grands Bancs naît une zone de tourbillons souples (cette zone qu'on dit la plus poissonneuse du monde) enchâssés les uns dans les autres (du ciel on croirait une chorégraphie de cyclones embrassés dont les yeux exercent, chacun, leur magnétisme réciproque), au milieu de quoi Ferdinand volontiers s'attarde et batifole, ô jours heureux de son voyage, jusqu'à ce que d'autres *streams*, hélas, l'attrapent par son paletot de polymère, le sortent de là, l'emmènent plus loin, le rappellent à l'itinérance. Car le voyage n'est pas achevé. Et après avoir doublé la baie de Trepassey aux galets sombres et laissé s'effacer à tribord les passes du splendide golfe du Saint-Laurent, Ferdinand descend le long de la Nouvelle-Écosse, suit la berge nord-américaine – mais la Côte Est, cette fois, c'est-à-dire opposée à celle où il aurait dû débarquer près de huit ans plus tôt.

Est-il assez près du rivage pour entendre les feux d'artifice qui célèbrent l'an 2000, admirer les soleils crachés rouges et blancs dans le ciel d'une cité portuaire, les comètes métamorphosées en larges pétales d'or, les belles bleues qui éclatent et embrasent la nuit pour fêter ce basculement symbolique, épiphanie d'un calendrier universel qui scande un Temps dont Ferdinand, lui, n'a cure, qu'il ne reconnaît pas pour sien et qui ne dit rien de la matière dont il est fait ?

Il eût pu s'échouer dans le Maine, sous l'un de ces vieux pontons de bois proprets où les mangeurs de homards font leur promenade digestive, ou bien sur les langues de sable fin de Long Island battues par le vent. Il arrive en vue de Nantucket.

Mais alors la destinée, ici confondue avec l'insondable et capricieuse mécanique des fluides subaquatiques, se manifeste de nouveau, lui refuse d'accoster en Amérique – comme à un vulgaire immigrant tubard d'autrefois, refoulé à la douane d'Ellis Island – et le renvoie plutôt balader est-nord-est : désormais le soleil se couche dans son dos, demi-cercle flamboyant et frissonnant plongé dans la mer allée, sur le fond de quoi se détache l'obscure silhouette minuscule de l'animal factice, seul et disposé à la nuit dans laquelle il entre et nage à l'aveugle, n'écoutant rien que les forces qui sourdent sous son abdomen et le meuvent, enfourchant ainsi l'intangible dragon – le grand flux inexorable – qui balaye l'océan par le travers et qui, incidemment, amène Ferdinand à passer sur sa route à une poignée d'encablures de l'endroit où, trois mille huit cent vingt et un mètres plus bas sous les mers, repose la carcasse engloutie, corrodée et calcifiée, mangée d'algues et de micro-organismes dévoreurs de ferraille, du plus célèbre paquebot du monde, l'éphémère Léviathan fracassé dans sa gloire, siphonné par l'abîme.

Un soir, c'est la forme spectrale et majestueuse d'un de ses héritiers dévoyés, l'un des rares transatlantiques subsistants (qui traîne avec placidité moins des voyageurs accomplissant la traversée que des touristes prélassés sur des chaises longues, sirotant des cocktails en sandales et maillot de bain autour de la piscine), qui apparaît dressée de toute sa haute masse dans le couchant, et dont les lumières (les projecteurs ceinturant ses flancs, les feux intenses des ponts, les hublots des cabines éclairés telles des fenêtres d'appartements) s'éloignant peu à peu se verront jusque tard dans la nuit sur l'océan serein, sous l'immense voûte céleste où se déploie la valse figée des constellations.

Et puis encore un an, deux ans plus tard, de plus en plus souvent des navires de pêche, thoniers-senneurs-congélateurs et chalutiers, avec leur harnachement compliqué de treuils et de portiques, des bateaux-usines et bateaux-citernes, méthaniers et pétroliers mastodontes, des porte-conteneurs vastes comme des docks ambulants semblables à celui dont il a chu quinze ans plus tôt, croisent la route du petit canard en plastique ; parfois, le temps de quelques brasses au creux d'une vague, Ferdinand côtoie une paire de baskets qui flotte ventre en l'air, ou un bidon éventré, ou une bouteille qui s'érode, un flacon médicinal ophtalmique en voie de dissolution, toutes choses dont il ne sait pas le nom ni l'usage ; l'Europe approche, Ferdinand se dirige vers les îles Britanniques.

4

Catamarans

Et nous voudrions croire que ce fut dans une main d'enfant que s'acheva l'odyssée de Ferdinand ; que ce fut une innocente main d'enfant, toute prête à jouer avec lui, qui, la première (quelque part entre les rochers d'une crique isolée où il était, ce providentiel gamin au nez piqueté de taches de rousseur, venu de bon matin promener son chien, un bon setter un brin foufou, au poil brun et soyeux, qui se précipitait à l'eau comme un dératé et revenait s'ébrouer sur la grève en éclaboussant son jeune maître), se saisit délicatement, avec toute la précaution que lui imposait l'étonnement, du canard jaune échoué là ; elle encore, cette main, qui caressa sa coque de plastique afin d'enlever une lanière de varech enroulée autour de son col, et le glissa ensuite dans la poche d'un duffle-coat pour le rapporter à la maison où l'enfant, ébloui par ce cadeau facétieux apporté par la marée, le présenta à ses parents, content de son coup, fier de sa trouvaille, en le brandissant au creux de ses mains telle une offrande. Nous n'en savons rien. Ce qui est sûr, en revanche, c'est qu'une fois que Ferdinand fut identifié grâce à l'inscription *The First Years* qu'il portait sous le ventre, l'information selon laquelle, un beau jour de 2007, un spécimen du chargement dispersé quinze ans plus tôt dans le Nord-Pacifique avait été découvert sur les côtes irlandaises remonta jusqu'à un certain océanographe qui, depuis près d'une décennie, faisait profession de traquer, dénicher, cataloguer les membres de la cargaison fabriquée en Chine, les condisciples de Ferdinand dont un certain nombre en effet étaient progressivement réapparus (la plupart isolés, parfois aussi par petits groupes d'individus rapprochés, accostés à quelques hectomètres les uns des autres, rejetés de concert par les vagues) sur les berges de l'Alaska ou du Japon, du Québec, du Washington (État où l'océanographe avait justement son laboratoire dans une université de Seattle) mais dont de rares seulement avaient, à l'exemple de notre héros, franchi l'Amérique par le nord en dérivant avec les glaces, étaient ainsi passés d'un océan à l'autre, et les avaient même parcourus tous les deux en tous sens, *coast to coast*.

Aucun toutefois, à la connaissance de l'océanographe, n'était arrivé jusqu'à l'Irlande (ce qui faisait de Ferdinand, à cette date, le jouet le plus éloigné du point zéro (de la position exacte, selon les coordonnées communiquées par l'équipage même, où se situait le cargo pris dans la tempête lorsqu'il avait été délesté de ses containers) qui eût été retrouvé : il remportait la palme du canard le plus aventureux, la médaille d'or du jouet voyageur), et ce n'est pas sans une excitation teintée de respect pour le protagoniste d'un tel périple que le scientifique ajouta un point de chute inédit parmi ceux déjà recensés ; qu'il consigna cette nouvelle donnée dans les programmes informatiques conçus spécifiquement par son laboratoire, au moyen desquels il cherchait à recomposer l'itinéraire des animaux de baignoire disséminés, espérant lire dans les multiples tracés enchevêtrés, ces lignes d'errance cartographiées, comme en une géomancie déchiffrant le sens secret d'improbables combinaisons, des figures permettant de modéliser les flux marins, de mesurer les complexes interactions du vent et des courants de surface, d'en tirer des simulations qui aideraient à comprendre comment va la marche des océans, et des puissances qui les bougent.

Ce grain à moudre pour les savants ne se cantonnait pas aux seuls vertiges théoriques ni aux belles représentations virtuelles qui les traduisent. Il était utile aussi pour comprendre, entre autres, comment se déplacent les alevins ou les œufs de poissons, donc pour œuvrer à la sauvegarde des espèces et anticiper les campagnes de pêche, qu'elles fussent légales ou sauvages ; à ce titre, l'océanographe était d'une aide précieuse aux militants, et lui ou quelques-uns de ses confrères avaient maintes fois collaboré avec la capitaine Muirhead, laquelle, avec le temps, s'était attaché la sympathie d'une flopée de chercheurs en diverses disciplines qui lui envoyaient régulièrement des notes sur l'état de leurs travaux.

Des fois, ils l'invitaient à donner une conférence dans leur établissement (toujours ardente et déterminée, pugnace, sans se départir d'un humour féroce qu'elle contrebalançait par de subites et altières envolées lyriques, elle racontait alors la vie en mer, le bonheur des régates en solitaire de jadis et les joies amères de la communauté activiste d'aujourd'hui, les courses poursuites avec les fraudeurs, les moulins à vent politiques qu'il ne faut jamais renoncer à combattre, l'océan, le bel océan qu'il ne faut jamais renoncer à tenter de préserver ; et ses dreadlocks blondes s'agitaient inlassablement, ses poings se serraient, sa voix s'emportait, pendant qu'elle parlait dans tel amphithéâtre baptisé au nom d'un riche mécène quelconque, devant un parterre d'étudiants et de professeurs qui, comme on dit, buvaient ses paroles imprégnées de grand large et de grande colère, en quoi ils décelaient sans doute, transportés jusqu'à eux, les excitants parfums de la lutte menée sur un front dont ils constituaient, avec leurs calculs, leurs banques de datas, leurs expériences de laboratoire, leur logistique, leurs connaissances, en quelque sorte la base arrière) et ils voyaient en elle le truchement, à la fois, d'une mise en application pratique de leur savoir et d'une publicité pour leur objet d'étude, une porte-parole de la cause océanique dont eux aussi étaient partie prenante, sinon acteurs, si bien qu'à aucun d'entre eux, probablement, il ne serait venu à l'idée de discuter du bien-fondé de sa notoriété ni de contester l'utilité de ses interventions publiques, et encore moins de ne pas se réjouir sincèrement de voir la capitaine Muirhead apparaître dans un film "de sensibilisation" du genre de celui dont elle était, à présent, en train de tourner une scène à bord de cet hélicoptère bourdonnant à l'aplomb des eaux. Bien au contraire : ils en seraient tous ravis (et y verraient une belle occasion pour solliciter des crédits de recherche supplémentaires), elle était leur représentante et elle le savait ; elle parlait un peu en leur nom à tous, devant la caméra, lorsqu'elle donnait à l'ex-vice-président et à l'ancien ministre de l'Écologie, tout ouïe à travers leur casque, ses explications chargées de pallier l'absence de cochonneries surnageantes visibles depuis l'habitacle.

L'ex-vice-président avait envie d'un chewing-gum, il avait la bouche sèche, un mauvais goût de sel et d'effluves de carburant qui lui traînait à la glotte, mais il devait parler, sourire, donner le change à la caméra. Se montrer à l'image en train de ruminer son chicot de chiclé n'eût pas été du meilleur effet, et aurait par ailleurs obligé, au montage, les techniciens à d'improbables contorsions pour dégoter, dans la somme des rushs tournés personnellement par le documentariste danois, les séquences où le grand homme n'aurait pas été affublé de son infamante mastication. Il devrait donc faire sans, ne s'agacerait pas les molaires avec du latex parfumé, garderait les lèvres disponibles pour y apposer les rictus appropriés, la langue libre et apte à articuler les commentaires adéquats, le palais pâteux et secrètement amer aussi vide, inoccupé que, décidément, cette foutue surface de l'océan étalée sous ses yeux et dont il essayait, à défaut du moindre bitoniau plastifié immédiatement en vue, de se figurer à quoi elle ressemblerait lorsqu'on la survolerait, deux ou trois ans plus tard, une fois que la fondation aurait lancé ses grandes opérations de nettoyage, qu'elles (ces croisades antipollution synthétique) battraient à plein régime, et ce qu'il verrait alors si, d'aventure (pour une suite à ce documentaire peut-être ? ou un autre film d'autocélébration commandé par la fondation ?), il revenait planer dans les parages, baladé par les mêmes rotors, le même pilote.

D'ici, s'imaginait-il, l'océan ressemblerait à une mine, une de ces excavations à ciel ouvert où les entrailles de la terre sont sans cesse retournées, fouillées, filtrées par l'action méthodique d'un grouillement de machines qui en extraient quelque substance convoitée. La surface des flots pacifiques serait couverte d'engins besognant leur périmètre, déployés en alignements serrés quadrillant l'ensemble du champ, affairés chacun sur son lopin comme des essaims d'insectes technologiques qui, en guise de précieux minerai, convoiteraient les filons d'ordures et de matières dégradées recelés par les eaux.

Mais il avait du mal à visualiser quelle allure prendraient exactement les engins en question, à quelle bestiole laborieuse et de socialité rigidement organisée, abeilles, fourmis ou poissons-pilotes, ils ressembleraient, de quelle flottille de navires-aspirateurs se doterait la fondation : officiellement (pour ce qu'en pouvait savoir l'ex-vice-président, c'est-à-dire ce que lui en avait raconté la conseillère Zeuchter qui dirigeait les opérations), les commandes n'étaient pas encore passées, les dirigeants de la fondation prospectaient encore, sondaient les potentiels fournisseurs, les solutions innovantes, les technologies adaptées que ces derniers proposaient, ayant très tôt, malgré l'évident bénéfice médiatique qu'ils en eussent pu tirer, dû abandonner la première piste envisagée – celle menant à un jeune ingénieur hollandais à la gueule d'ange éberlué, sorte de version adolescente et romantique du savant fou, de doux rêveur scientiste aux cheveux bruns tombant en cascade sur ses épaules, aux yeux gris translucides et qui semblaient apercevoir, au-delà du monde effroyable où il trempait et dont il ressentait dans sa tendre chair d'écorché juvénile tous les dangers actuels et à venir, un monde meilleur, inaccessible au commun des mortels, où toute sa tâche, son sacerdoce (le sens inhérent à son existence singulière d'individu humain), serait d'aller découvrir, de bricoler et de rapporter vers nous quelque inédit bienfait permettant d'améliorer substantiellement les conditions réelles de la vie sur Terre (notre pauvre planète en péril possiblement périssable), et qui, moins d'une décennie plus tôt, s'était fait connaître en apparaissant, alors qu'il avait à peine dix-huit ans, sur la scène d'une conférence itinérante bien connue, organisée par une ONG dont la vocation revendiquée consistait en la diffusion d'idées novatrices, d'initiatives prometteuses, c'est-à-dire de propositions économiquement viables (et où l'ex-vice-président, lui aussi, était déjà intervenu plusieurs fois pour y professer ses propres engagements écologistes, en appeler d'abord à défendre les forêts, les lacs, les glaciers, les rivières, les montagnes et les océans, ensuite dire l'immense opportunité industrielle que représentait le nécessaire basculement vers une économie non polluante, non énergivore, décarbonée, propre, et non seulement au niveau mondial mais (il n'oubliait pas son électorat potentiel, les *working classes* délaissées par les technocrates de Washington dont il se targuait de ne pas faire partie) pour l'Amérique elle-même), laquelle conférence promenait de ville en ville, et diffusait en ligne, son barnum de pensées, d'opinions, de trouvailles, et les personnalités "inspirantes" plus ou moins sérieuses, extravagantes ou illuminées qui les professaient, et dont les participants, lorsqu'ils montaient seuls, comme pour un one man show, un sketch de stand-up, debout au milieu du podium où ils se relayaient (équipés de l'un de ces casques-micros somme toute assez analogues, pensa l'ex-vice-président, à ceux qu'arboraient à présent les passagers de l'hélicoptère, et dont la tige incurvée, enroulée autour de leur joue, leur portait devant les lèvres une petite prune de mousse noire où leur parole était recueillie), avaient quelques minutes pour exposer leur topo sur le thème de leur choix, celui sur lequel ils avaient non seulement une compétence, une expertise supposées, mais plus encore une prise de conscience à faire valoir, un point de vue original, disruptif, surprenant à transmettre, un concept, une formule à donner en partage, parfois même une prière ou, simplement, une belle envolée verbale à prononcer lyriquement, pleine d'élan et de bienveillance, caressante, poétique, consolante, qui fasse du bien à celles et ceux qui l'écoutent, chauffe l'oreille et le cœur de ce parterre d'auditeurs passionnés, créatifs et inquiets (entrepreneurs, intellectuels, investisseurs, cadres supérieurs, communicants ou amateurs éclairés) rassemblés là pour réfléchir tous ensemble et qui avaient, plus que jamais, besoin d'espérance et de perspectives concrètes : d'un peu d'utopie, d'un peu de rêve, et surtout de possibilités d'applications pratiques.

Et c'était en effet ce que leur avait d'abord offert le petit prodige néerlandais en leur racontant comment, à l'âge de seize ans, alors qu'il faisait de la plongée en famille sur la côte d'une île grecque, il avait été estomaqué, épouvanté de croiser, au cours de son excursion subaquatique (une banale promenade entre les rochers à la découverte des fonds méditerranéens qui bordent les rivages idylliques où se détendent les vacanciers, activité bienvenue pour ceux que la seule bronzette lasse), les innombrables membranes gélatineuses aux déplacements erratiques qu'il avait d'abord prises pour des méduses avant de comprendre qu'il s'agissait de sacs en plastique traînant entre deux eaux (et en même temps qu'il parlait, on voyait sur un grand écran derrière lui le frêle garçon, harnaché d'une combinaison, d'un masque et d'une bouteille d'oxygène, nager à souples coups de palmes dans de belles eaux bleues traversées d'obliques rayons de lumière pâle, similaires à toutes celles qui fournissent leur fond chromatique, leur soupçon d'onirisme kitsch, à n'importe quelle image de plongée) et comment aussitôt il s'était passionné pour les recherches des scientifiques et des activistes tels que la capitaine Muirhead grâce à qui il avait appris l'existence des grands gyrcs océaniques souillés, et avait, dès lors, décidé de mettre à contribution tout ce qu'il apprenait de ses études, son énergie et son jeune savoir, afin de débarrasser les eaux du monde de l'inflation plastique qui les infectait.

Tout en récitant son exposé, il essayait d'occuper l'espace scénique, ainsi qu'on lui avait sans doute conseillé de le faire, en avançant vers les spectateurs, en reculant de deux pas, se tournant vers la droite, vers la gauche pour capter l'attention de l'ensemble de son auditoire, en revenant se poster au centre du plateau dans un cercle rose dessiné sur le sol ; mais toujours ses longs bras enfilés dans les manches bouffantes d'une chemise bleu ciel trop large et boutonnée aux poignets, ses mains ouvertes pour donner de la conviction à ses paroles, gardaient une raideur malhabile, quelque chose de cet air empoté et touchant des adolescents mal déniaisés qui ne savent pas encore manier le corps volumineux qui leur a poussé d'un coup, trop vite pour eux, et dont ils se voient affublés sans qu'on leur ait au préalable appris (fourni le mode d'emploi stipulant) comment ils devraient disposer de leurs membres, qu'en faire quand ils ne font rien, les siens ballant un peu mollement et contrastant avec l'agitation qui le parcourait aux épaules, avec l'air fiévreux que lui conféraient ses yeux creusés dans leurs orbites comme sous l'effet d'une puissante vision dont ils auraient eu du mal à revenir et que corroboraient les atroces photographies projetées derrière lui, montrant de pauvres oiseaux déchiquetés, le ventre ouvert farci d'objets plastifiés de divers formes, dimensions, usages et couleurs – surtout des rouges, soulignait l'orateur, parce que les oiseaux les confondent avec les proies qui font leur alimentation –, puis d'adorables phoques en détresse pris dans un fatras de filets de pêche emmêlés et de cordages fluorescents, et encore d'autres oiseaux, et des tortues marines aux yeux crevés, aux narines percées par des pailles, qui illustraient son laïus alarmiste au milieu duquel il s'efforçait néanmoins de glisser, afin de détendre l'atmosphère, de ne pas consterner trop l'audience (ne pas risquer de la perdre par catastrophisme), quelques plaisanteries assez ratées qui tombaient à plat et à quoi il ne semblait lui-même pas trouver grand-chose de drôle, se contentant de les signaler par un petit pouffement crispé dont, pendant un quart de seconde, tendu, il guettait l'écho de la part de quelqu'un dans la salle.

Mais l'écho ne venait pas, personne ne rigolait, le jeune homme pas drôle poursuivait son speech chronométré qu'il dépliait avec son étrange charisme rentré, comme si sa maladresse, son malaise même lui donnaient une aura nébuleuse, un côté petit frère perché plus intelligent que nous et dont on aimerait pouvoir encourager les idées bizarres, à qui l'on souhaiterait de donner raison, pas seulement pour le flatter mais parce que ses tocades ne nous semblent étonnamment pas si farfelues que cela et que l'on se dit qu'après tout, si par le plus grand des hasards le gamin avait vu juste, l'on s'en voudrait plus tard de ne pas lui avoir prêté foi et d'avoir paru le brider en opposant à ses démonstrations ferventes une perplexité dédaigneuse ; et sans doute le gosse n'était pas dupe de cette possible condescendance à son égard, qui ne cessait de souligner sa propre jeunesse, son appartenance à une génération négligée dont l'héritage commun était un monde détérioré, insistant sur le fait que ce qui n'avait été jusqu'ici qu'une question secondaire, une affaire de paysage harmonieux, une sorte de cosmétique planétaire, revêtait pour lui et les gens de son âge un caractère crucial dont dépendait l'existence de l'Humanité et des autres espèces vivantes, ni plus, ni moins.

Au fil de son allocution, il avait paru prendre confiance, ne pas se trouver si mal finalement sur cette scène, sa chemise trop grande, son jean grisâtre interchangeable et ses baskets flashy d'une célèbre marque américaine, dont on n'aurait su garantir toutefois que leur confection ne contenait pas un chouïa de la matière plastique honnie, lui prêtant un costume crédible pour le rôle naïf d'ado visionnaire (le Rimbaud des coraux) qu'il s'était composé. Et, après quelques punchlines préparées soigneusement ("le mouvement des courants océaniques n'est pas un obstacle, il est la solution"), il avait enfin décrit son projet, le suc de ses recherches ingénieriques, qui consisterait en une plateforme flottante affectant l'aspect triangulaire, ailé d'une raie manta (il s'était inspiré pour en dessiner le prototype en 3D de celles qu'il avait observées lui-même en faisant de la plongée aux îles Canaries) arrimée par des filins au fond de l'océan et qu'on laisserait dériver au gré du courant (à laquelle on laisserait les courants dicter vitesse et direction), entièrement autonome car recevant son énergie du soleil et des vagues, et d'où partiraient latéralement, courant à la surface des eaux, deux antennes de plusieurs kilomètres de long disposées de part et d'autre de la plateforme, en V, telles des digues souples de trois mètres de profondeur seulement qui, tout en permettant à la faune marine d'aller et venir librement par en dessous, capteraient, rabattraient et conduiraient les déchets vers un collecteur central (sorte de mégabenne à ordures remorquée sur le dos de la raie nettoyeuse) où ceux-ci seraient amassés, stockés, en attente d'être vidangés tous les mois et demi à peu près, avait calculé l'ingénieur en herbe qui avait conclu (une franche et visible excitation frémissait alors sur la peau légèrement grasse de son visage) en remarquant que tout le plastique, par dizaines de milliers de tonnes, tiré de ces récoltes serait recyclable et par conséquent susceptible d'être revendu en tant que matière première, pour un prix, avait-il calculé, excédant rapidement, et largement, celui cumulé de l'investissement et du coût de fonctionnement des machines. Autrement dit, l'opération ne se contentait pas d'être indispensable, elle était, insista-t-il, *rentable* ; ce qu'il synthétisa dans une belle formule finale : "si nous réalisons que le changement est plus important que l'argent, l'argent viendra".

Bien que sa performance ait fait alors une impression telle qu'aussitôt plusieurs souscriptions en ligne avaient été lancées, depuis les quatre coins du globe, par divers sympathisants convaincus, afin de permettre au jeune ingénieur de *développer son projet*, jusqu'à rassembler, en l'espace de quelques semaines, plusieurs millions de dollars, l'ex-vice-président se souvenait que, assez vite, la solution miracle du Néerlandais à peine pubère avait été discréditée par les contre-expertises des spécialistes qui, tous, accordaient au garçon le mérite de l'ingéniosité et d'une communication persuasive, mais lui opposaient qu'il serait rigoureusement (scientifiquement) impossible de river ses raies mantas éboueuses au fond des mers, lesquelles s'en iraient vite à la dérive, en bateaux ivres, risquant de s'entrechoquer, de briser leurs branches les unes contre les autres, sans compter même qu'elles ne résisteraient pas bien longtemps aux voraces intempéries du grand large, aux tempêtes qui n'y ont rien de commun avec ce que nous connaissons sur terre. Depuis, le garçon hollandais, quoique de moins en moins jeune, continuait d'être invité à des meetings, de s'exprimer parfois en activiste, en témoin, mais, si l'on prétendait par ailleurs qu'il tentait, avec une méritante obstination passionnée, de résoudre les problèmes soulevés par les critiques, de faire évoluer son invention, les années passaient sans qu'on vît rien se profiler de probant, aucune nouvelle proposition, rien en tout cas qui pût intéresser à court terme la fondation ni inciter la conseillère à l'y associer, sinon peut-être, un jour, au même titre que certaines personnalités publiques de notoriété secondaire, dans le cadre de campagnes promotionnelles ciblées.

L'ex-vice-président, à cette idée, ne put s'empêcher, malgré la caméra susceptible de revenir à lui à tout moment, de détourner quelques instants la tête vers l'arrière de la cabine en direction de la conseillère Zeuchter, dont la queue-de-cheval rigidement tirée, que le vent balançait légèrement au-dessus du col échancré de son tee-shirt portant la griffe d'un couturier italien, le profil impassible, le petit nez pointu se découpaient sur la tôle grise garnissant le fond de l'appareil et qui, de son côté, désormais que le tournage était en cours (que ce volet de la communication de la fondation se déroulait conformément à ce qu'elle avait prévu ; et qu'elle avait dûment accompagné les acteurs qui pouvaient être maintenant abandonnés entre les mains compétentes du documentariste danois), paraissait s'en être abstraite, le laisser se poursuivre sans elle, et demeurer le regard fixe, détachée, appelée au-dehors, non pas captivée par l'immensité marine, la fascinante perspective de l'étendue vierge, mais profitant de l'écran inerte que celle-ci dépliait devant ses yeux pour se retirer dans ses propres pensées impénétrables et énigmatiques, sans qu'aucun trait de son visage n'indiquât si elles étaient, ces pensées, exaltantes ou sévères, calculatrices ou rêveuses.

Elle seule savait déjà que, d'ici peu, la fondation passerait une impressionnante commande auprès des trois chantiers navals que venait de racheter, quelques semaines à peine avant cela, l'oligarque Iouri Kouritchev, provoquant au passage l'étonnement des observateurs les plus assidus de ses faits et gestes, journalistes, consultants et concurrents, lesquels ne s'attendaient pas à le voir intervenir (se diversifier) dans ce secteur – étonnement relatif néanmoins, presque distrait, anecdotique et blasé, car ils avaient l'habitude de ses investissements impromptus et volontiers baroques, en quoi ils voyaient d'inopinées et farouches émanations de l'âme slave, rémanences d'une part ombrageuse et pour ainsi dire tribale, habituellement enfouie sous les convenances de la vie mondaine, le pragmatisme policé du business, et qui resurgissait de loin en loin sous la forme de ces improvisations financières comparables à des coups de sang, acquisitions ou spéculations dont, par la suite seulement, et parfois même plusieurs années après, selon qu'elles capoteraient ou s'avéreraient juteuses, il leur serait permis de juger si elles avaient été des réussites ou des échecs, d'occasionnelles (disaient-ils) erreurs de stratégie ou de nouvelles (disaient-ils encore) intuitions visionnaires à l'instar de la vertigineuse revente du tableau apocryphe du maestro toscan que la conseillère avait, de bout en bout, menée et ficelée. Revente depuis laquelle Kouritchev vouait à Hélène Zeuchter une confiance fidèle et reconnaissante, si bien que lorsqu'elle avait débarqué, un matin, après un long vol de nuit, dans son bureau vitré de Dubaï et s'était installée dans un fauteuil, face à lui qui, le dos toujours un peu voûté, y compris quand il restait assis, la regardait avec son attitude habituelle, par en dessous (les yeux enfoncés derrière ses lunettes rondes et reculé en lui-même, en proie à d'obscures et tortueuses pensées qu'il paraissait chercher à élucider tout en vous écoutant), pour lui parler en toute discrétion, sous le manteau pour ainsi dire (comme on se refilerait, dans les allées d'un hippodrome, à l'écart derrière le paddock, un tuyau sûr entre affranchis mis au parfum de l'arrangement clandestin passé entre certains parieurs, éleveurs et jockeys, afin de déterminer par avance quel sera le cheval gagnant dans la prochaine course), du projet de fondation à quoi elle était en train d'œuvrer pour le compte de la mère Valier (cette chère vieille Eugénie), l'oligarque n'avait pas tergiversé, il avait aussitôt mandé ses propres conseillers pour dégoter, *via* l'une de ses sociétés intermédiaires, des usines capables de produire le matériel adapté à la fondation, ayant reçu l'assurance par Zeuchter elle-même (puisqu'en tant que décisionnaire elle pourrait y veiller personnellement et que les commissions qu'il ne manquerait pas de lui octroyer en retour, voire les prises de participation qu'il lui proposerait sur d'autres deals, le lui garantiraient) que lors de l'appel d'offres que celle-ci s'apprêtait à lancer, le contrat serait attribué aux entreprises en question : non, comme on eût pu s'y attendre, des arsenaux industriels habitués à produire à la chaîne d'imposants bâtiments spécialisés, vedettes, chalutiers, ferries ou croiseurs militaires, ni même des petits bateaux de grande série, mais trois constructeurs de voiliers de plaisance plutôt modestes, presque des artisans, fabriquant des embarcations de marins du dimanche et autres adeptes de régates amateurs, le premier situé en Floride, au bord de la baie de Tampa, d'où partiraient les appareils chargés de nettoyer les Atlantique nord et sud, le deuxième dans le coin de Christchurch, en Nouvelle-Zélande, pour traiter le Pacifique sud, et le troisième, le plus gros, du côté de Busan en Corée, pour desservir à la fois l'océan Indien et le Pacifique nord.

De leurs ateliers sortirait, dans les deux années à venir, une flotte de bateaux-usines d'un genre nouveau, élaborés avec la participation de la capitaine Muirhead elle-même – laquelle, parallèlement à ses campagnes militantes, à ses courses poursuites en mer et à ses expéditions scientifiques, avait progressivement rassemblé autour d'elle au cours de la dernière décennie un consortium composé d'une soixantaine d'ingénieurs et de techniciens, et mis à contribution tout un réseau d'entreprises et de laboratoires de recherche universitaires, afin d'imaginer, de façon plus convaincante que le gamin néerlandais ou les apprentis sorciers de son espèce, une méthode crédible pour nettoyer les océans.

Ces investigations avaient accouché d'une version inédite de catamaran mesurant une quarantaine de mètres de long pour vingt-cinq de large, réunissant l'ensemble des caractéristiques et des dispositions voulues par les concepteurs, et équipée d'un système permettant, à la fois, l'efficacité en matière de collecte des déchets plastiques par des sortes de bassins filtrants accrochés aux deux coques et descendant sous la surface et une entière indépendance énergétique grâce à des éoliennes embarquées, des panneaux solaires recouvrant une partie du pont (autant de technologies bien connues, très répandues, rodées à terre et, d'ordinaire, destinées à demeurer immobiles, fixées sur leur tige, inclinées sur leur pan de terrain ou de toit, qu'il avait donc fallu miniaturiser, stabiliser, afin de les adapter à l'espace restreint du bateau et aux conditions aléatoires de la navigation), mais aussi (et c'était là une plus étonnante innovation) grâce à une véritable petite usine embarquée chargée de convertir au fur et à mesure, par pyrolyse, en énergie l'intégralité du plastique ramassé – si bien que les gréements automatisés et les moteurs des voiliers géants, une fois ces derniers convoyés sur place (en haute mer, au lieu de leur affectation, au-dessus des *trash vortex*), marcheraient à l'électricité produite en utilisant les déchets collectés eux-mêmes, en circuit autonome.

"En résumé, nous appliquerons les principes de l'économie circulaire à l'échelle du bateau nettoyeur. Pas besoin de stockage, presque aucune empreinte environnementale", avait insisté la capitaine Muirhead lorsque, se souvenait la conseillère, sur la terrasse de l'Humanistolab, avec le vent qui faisait frissonner ses dreadlocks dans son dos, devant le chantier de Notre-Dame dont les grues hirsutes et statiques rayaient toujours, interminablement, le ciel blanc parisien, elle lui avait expliqué la dernière mouture de son projet de catamaran et le tour de force technologique dont il procédait (on était allé jusqu'à trouver une solution permettant de dessaler instantanément, à l'intérieur du circuit de pompage, le plastique, sinon le chlorure de sodium serait néfaste pour la pyrolyse) : désormais, il ne demandait plus qu'à être développé.

Mais si les fonds qui alimentaient le budget de recherche de l'ONG dirigée par l'ancienne skippeuse avaient suffi à en financer la conception, l'étape suivante, celle de la réalisation, nécessitait de plus amples moyens. Et pendant que ses copassagers se faisaient shooter par le Scandinave à la caméra, que la capitaine Muirhead continuait très pédagogiquement à faire la guide devant l'objectif et que l'hélicoptère avait lentement viré sur lui-même, exécuté un demi-tour en décrivant une large, presque imperceptible boucle et se dirigeait maintenant gentiment vers la plateforme d'où il s'était envolé tout à l'heure, sans doute était-ce précisément cela que la conseillère voyait, quant à elle, se superposer à l'océan lorsque son regard s'éloignait vers le large : l'éparse colonie de grands voiliers dernier cri, flambant neufs, qui croiseraient bientôt dans ces eaux, à perte de vue, construits et mis en circulation grâce à la cagnotte qui allait irriguer, par milliards de dollars, la fondation et que, en ce moment même, Madame était en train, tranquillement, de constituer, depuis le huis clos de son château où, que ce soit dans son salon aux murs tapissés de tentures et bardés de bibliothèques ou dans l'Orangerie aux meubles de rotin, défilaient (à la queue leu leu, tels des loups en marche, jour après jour, sous l'examen permanent, jaloux et intimidant, inquisiteur à sa façon, d'Igor l'ancien légionnaire russe qui veillait à ce que les visites se déroulent conformément à ce que la patronne en attendait, qu'elles ne durent pas trop longtemps et ne la fatiguent pas outre mesure, raccompagnant les hôtes de Madame jusqu'au vestibule où les attendaient leur manteau, leur imperméable, leur chauffeur, une fois que ceux-ci l'avaient entendue ratiociner à sa guise, remâcher ses éternels chromos d'imminente fin des temps, une fois, en somme, qu'elle les avait bien accablés comme il fallait et qu'en retour ils s'étaient vus, au pire, congédiés sans suite, au mieux attribuer quelque onéreux pan démantibulé du groupe qu'elle leur concédait comme une faveur), les repreneurs ou leurs intermédiaires (les candidats à la reprise, les participants à ce jeu de massacre et leurs représentants) qui briguaient les morceaux de choix, les fleurons de la société qu'il restait à emporter.

Cela avait commencé assez discrètement, par des propriétés, des ensembles immobiliers (autrement dit par les reliquats de la plus ancienne activité, du corps de métier historique du vieux Valier, lesquels avaient été sacrifiés en premier), puis par telle branche un peu branlante de la section armement, filiale de Capris spécialisée dans la fabrication d'armes légères et autres diverses bricoles technologiques plus ou moins létales (fusils à pompe et mitrailleurs, pistolets, drones de vidéosurveillance équipés de systèmes balistiques), sur quoi, aussitôt que la rumeur de sa mise en vente avait circulé dans les milieux d'affaires, avait immédiatement sauté le dénommé Morlaiter, énergumène libertarien de la Côte Ouest autant réputé pour les convictions radicales qu'il professait haut et fort, en les assortissant d'un soutien gueulard aux personnalités publiques, elles-mêmes souvent des plus gueulardes, censées les incarner, que pour le sinueux parcours d'investisseur qu'il avait précocement entamé, dans sa jeunesse, en lançant une plateforme de paiement en ligne (c'était à la toute fin du siècle précédent, du temps où la toile virtuelle était encore un microcosme balbutiant, nébuleux et dispensable, véhiculé vers ses rares utilisateurs par une connectique grossière de câbles épais et de modems gémissants, un gadget amélioré et vaguement intrigant, un truc réservé à une congrégation de curieux qui en exploraient entre eux, de concert, les improbables possibilités – autant dire une autre époque, un autre monde, n'ayant avec le nôtre presque rien de commun), plateforme qui, au demeurant, existait encore aujourd'hui quoique Morlaiter et ses premiers collaborateurs l'aient revendue depuis belle lurette, avant de profiter du boom des réseaux sociaux, associé au fondateur de l'un des plus emblématiques d'entre eux, pour propulser sa fortune personnelle à des hauteurs incongrues, puis de créer son propre fonds financier et d'émarger aux conseils d'administration d'une flopée de boîtes de la tech, tout en s'adonnant assidûment, ces dernières années, à la futurologie décliniste et aux prédications eschatologiques (dadas qu'il partageait donc, sans le savoir sans doute, avec la vieille milliardaire européenne qui venait de lui abandonner son bout d'entreprise), s'improvisant aruspice, entremêlant ses propres désarrois paranoïdes, ses angoisses nanties, ses aversions religieuses et ses irritations épidermiques de mâle blanc supposément menacé dans sa légitime hégémonie occidentale, pour les faire confluer en une unique obsession sécuritaire dont il s'était, par la même occasion, convaincu qu'elle ne relevait pas d'une pure monomanie personnelle, d'une excentricité idiotique, mais qu'au contraire elle serait de plus en plus partagée par divers possédants craignant, comme lui, pour leurs biens et leurs personnes, qu'elle recelait donc, cette obsession, un marché en puissance, ce qui l'avait par conséquent conduit à acheter cette armurerie bradée qui fourbirait, fournirait, un arsenal idéal, sur mesure, pour survivalistes et autres adeptes de l'autodéfense (de la mitraillette sur cible mouvante, du drone patrouilleur, de la télésurveillance centralisée, de la clôture électrifiée, de la protection domotique ou de l'enfermement délibéré), c'est-à-dire pour ses comparses de marotte (cet autre genre d'entre-soi, de congrégation de sectateurs : une avant-garde dédiée, celle-ci, non à changer la vie ni à inventer des formes de pensée neuves, ni même à servir de cobaye volontaire dans l'expérimentation d'une dimension inédite de l'existence humaine, mais à protéger sa peau, ses possessions et ses croyances, à se planquer aux endroits stratégiques les plus adaptés possibles à la continuation présumée de l'espèce).

La conseillère attendait désormais de savoir, elle qui avait été habituée à mener les ventes elle-même et à anticiper leur dénouement, quelle prochaine pièce partirait, se détacherait du giron Valier, et combien cette séparation rapporterait à la fondation ; on disait que les complexes hôteliers d'une station balnéaire populaire, érigée d'un coup, parmi les dunes, par papy Valier au début des années soixante-dix, avaient trouvé preneur, ça ferait un joli pactole ; à Venise, pendant ce temps-là, sur l'île de Poveglia les travaux suivaient leur cours, aux mâchoires des bulldozers avaient succédé les bouches des bétonneuses tournant sur leur axe tandis que, près d'elles, s'amoncelaient, déchargés des bateaux à fond plat (ces poids lourds utilitaires de la lagune), les tas de briques, les marbres et les stucs qui redonneraient leur lustre aux bâtiments désaffectés de l'ancien lazaret, modèleraient et recouvriraient les intérieurs redessinés, renforceraient les ailes reconstruites du siège de la fondation, lequel devrait être achevé (la conseillère espérait que le chantier, au moins, évoluerait de manière plus tangible, visible, que celui de Notre-Dame) dans deux bonnes années et demie, en même temps à peu de chose près que serait terminé le film dont la première projection accompagnerait l'inauguration.

Et cette perspective (cette date, et avec elle la pensée du grand écran de la Mostra sur quoi apparaîtrait, en ouverture, le futur logo de la fondation et, après lui, les noms, les visages très estimables des personnalités qui se succéderaient) la fit s'extraire de sa rêverie bleutée, revenir vers les passagers qui l'accompagnaient et qui, tous, à présent s'étaient tus, et attendaient, attachés à leur siège, l'air un peu fatigués soudain, flottant au rythme lancinant de l'appareil, et se sentaient sans doute, désormais qu'ils avaient accompli la performance d'acteurs pour laquelle on les avait embarqués (qu'ils avaient donné au cinéaste scandinave le lot d'images qui lui suffirait pour faire sa tambouille en post-production), à l'étroit dans cette cabine suspendue, engourdis et mal à l'aise dans la promiscuité prolongée qu'il leur tardait de pouvoir rompre, de sorte que la conseillère remarqua bientôt qu'un tremblement nerveux parcourait les jambes de l'ex-vice-président, que l'ancien ministre de l'Écologie se massait la nuque et que la capitaine Muirhead se tripotait machinalement les dreadlocks cependant que l'hélicoptère, au-dehors, bombait son carénage sur quoi couraient les réverbérations du soleil et déplaçait son ombre minuscule à la surface des eaux, ralentissant bientôt pour parcourir les quelques hectomètres qui restaient, et amorcer sa manœuvre d'atterrissage au-dessus de la plateforme.

5

Les enlèvements rêvés

Tout à l'heure la bagnole a chassé sur une grande flaque d'eau la route a failli se défausser, pour un peu j'aurais pu valdinguer terminer dans le décor une barrière un platane, et un coup de volant m'a remis dans l'axe le bon, le décor pas pour cette fois, ai-je eu peur seulement je ne crois pas, n'ai pas eu le temps, nos réflexes vont plus vite que la peur, pendant quelques kilomètres après ça j'ai roulé avec prudence, les mains un peu tendues crispées autour du volant, le cœur un peu battant, les yeux plissés fixes à travers le pare-brise attentifs, et les essuie-glaces battaient expulsaient la pluie et la pluie sans relâche tombait fort et rendait toujours la visibilité difficile, petit à petit j'ai senti les mains se détendre, le cœur retomber, le corps se dénouer à l'intérieur cossu de l'habitacle confortable, la belle bagnole, les yeux encore à l'affût, à cause du chauffage antibuée de cette chaleur artificielle je les avais secs, j'aurais voulu me mettre des gouttes mais j'avais laissé le flacon de larmes dans mon imper sur la banquette arrière et n'avais aucune envie de me garer sur le bas-côté de prendre le temps de me contorsionner pour attraper la fiole, on verrait ça à l'arrivée, je clignais pour que mes paupières sécrètent leurs propres larmes, pleurer tout seul de moi-même comme un grand, faire l'effort de pleurer, je n'étais pourtant pas pressé, personne ne m'attendait particulièrement, pas à la minute près, bientôt l'accident celui que j'aurais pu avoir je n'y pensais plus du tout, l'hypothèse de la sortie de route s'était dissipée en même temps que la crispation de mes mains, la possibilité de l'accident n'était même plus un souvenir elle n'avait jamais existé, j'ai suivi cette route que j'ai prise cent mille fois, dont je connais le moindre virage la moindre haie qui la borde, je ne voyais pas trop les bas-côtés, même les virages je peinais à les reconnaître, la pluie ne cessait pas, elle s'atténuait quelques instants et puis reprenait de plus belle, par moments les essuie-glaces me frottaient sur les yeux, me raclaient les paupières, enfin le mur d'enceinte est apparu le long mur de briques rouges de la propriété, et je me suis arrêté devant le portail automatique, j'ai actionné mon bip le petit boîtier noir je suis une des rares personnes à en avoir un à soi, dernier privilège d'héritier sans doute, distinction d'intime, le fils de la maison, la grille s'est ouverte le château tout au fond, dans le parc le jardinier capuché d'un k-way bleu électrique jouait du râteau à feuilles mortes sur une pelouse gorgée, il les amassait en tas monticules poisseux dégoulinures, et le temps que je parcoure l'allée, roule jusqu'au pied du perron, Igor au bout était là qui m'attendait sous un grand parapluie noir. Il est descendu me chercher à la portière, il m'a accompagné m'a abrité jusqu'à l'intérieur, dans le vestibule je l'ai regardé, il a eu une moue, un silence, l'air de dire rien de neuf, alors je me suis dirigé vers le salon où ma mère, je l'ai entendue discourir à travers la porte ouverte avant même de pénétrer dans la pièce, était avec son brave Decarrière, le gestionnaire de fortune, le pauvre, le mec doit gérer une fortune qui s'est donné pour vocation de s'anéantir, drôle de métier, je lui ai serré la main j'ai embrassé maman sur son front tendu vers moi, je l'ai trouvée très vieille, très pâle, et sa voix un peu faible chevrotante a dévié encoche dans la discussion pour dire "comment vas-tu mon petit", j'ai répondu "je vais bien, je te vois après", je les ai laissés. En haut à côté de ma chambre dans la salle de jeux j'ai ouvert un deux trois placards encastrés leurs parois laquées qui se confondent avec les murs, les boîtes de morceaux de voies ferrées en métal fin et plastique noir de plusieurs formes et tailles, des incurvées des droites et des embranchements maintenus ensemble par des élastiques, des blocs de rails à monter, de quoi bâtir tout un réseau pour y faire courir les trains gardés eux aussi dans d'autres boîtes que j'ai ouvertes également, les unes après les autres, les locomotives, des wagons pour passagers lilliputiens fantômes, il n'y en avait pas autant dans mon souvenir ni d'aussi différents, combien d'années ai-je donc pu passer enfant à m'occuper de la sorte ?, est-ce que cela m'a vraiment intéressé longtemps d'envoyer tourner en rond ces machines minuscules multicolores sur leur circuit ?, où croyais-je aller où espérais-je partir avec ces petits trains ?, ou alors étais-je justement fasciné par l'idée de ne pouvoir partir nulle part ?, de faire et refaire à mon humeur les configurations du réseau et pourtant toujours à la fin aboutir à une boucle close retenue à l'intérieur de la même pièce ?, et les rampes et les ponts les passages à niveau les éléments de décor les gares, tout dans leurs boîtes, en les revoyant cela me paraissait à la fois familier et lointain, je les connaissais les reconnaissais mais comme s'ils avaient appartenu à l'existence d'un autre moi, à quelqu'un qui peut-être me ressemblait mais que je n'étais plus vraiment, c'était beau, ces couleurs et ces chromes, ces roues miniatures, cette précision dans les finitions les inscriptions, cela me donnait envie de m'y atteler, de prendre une feuille et dessiner un tracé vaste et tarabiscoté avec des enchevêtrements des aiguillages compliqués, dehors la pluie sautait au carreau, elle voulait entrer se mettre au chaud dans mon enfance, et puis j'ai remballé les boîtes, tout remis à sa place, refermé le mur, à travers les gouttes qui cascadaient en rigoles sur la vitre on voyait le parc lacéré par petits bouts, on devinait la forêt au loin trembloter, cette fois ce n'était pas un temps à aller chercher les champignons à m'aventurer dans les bois ni à errer dans le parc sans autre but à part tuer les heures en attendant le soir. Je me souviens qu'en me baladant ici, souvent quand j'étais jeune je me demandais pourquoi personne ne pensait à venir me kidnapper, j'étais pourtant une proie idéale et facile, j'étais vulnérable sans protection à leur merci, ils auraient pu me cueillir, n'importe quelle bande même pas très bien organisée, des malfrats des activistes, n'importe quel bandit semi-amateur en quête d'une bonne affaire bien juteuse, je scrutais la clôture, je la longeais de l'intérieur et je me disais qu'ils pourraient bien passer par là ou là, à tel endroit, au-dessus de tel pan de mur à travers tel bout de grillage, j'imaginais qu'ils auraient préparé minutieusement leur coup, qu'ils auraient observé, attendu, observé encore, avec des jumelles et des chronomètres et d'autres appareils de guet et de mesure, rien au hasard, le moins possible, ils auraient tout connu des habitudes de la maison et de sa disposition, le plan du parc, la place de chaque chose et de chaque personne, avec une échelle ils auraient franchi avant l'aube le mur d'enceinte qui entoure les bois et ils se seraient introduits dans la propriété, auraient attendu patiemment planqués dans un coin que je sorte me promener, ou alors ils auraient découpé pendant la nuit, non, pas la nuit, les faisceaux des lampes torches c'est trop risqué, ça se repère de loin dans le noir, ils auraient plutôt découpé pendant la journée à la pince-monseigneur un coin de grillage dans la partie la plus éloignée du château, ils auraient rampé parmi les fougères m'auraient guetté depuis le coin d'un fourré, ils m'auraient sauté sur le dos plaqué au sol par surprise, bâillonné ligoté mis dans un sac avec un bandeau sur les yeux, basculé par-dessus l'enceinte comme un paquet, ils m'auraient emmené dans une cachette à des dizaines de kilomètres, une ferme anonyme dans un coin de campagne discret, ils m'auraient nourri ou affamé, épargné ou battu, aurais-je été un trésor ou une marchandise méprisable, la promesse d'une vie meilleure ou un ennemi de classe à qui on en profite pour lui en faire baver, m'auraient-ils menacé ou rassuré ?, ils auraient demandé une rançon gigantesque et mon grand-père aurait bien été obligé de payer, entre ma mère et lui ils se seraient renvoyé la balle la faute la culpabilité, l'affaire aurait été pour eux une nouvelle occasion providentielle de se détester, de donner une forme et une énième bonne raison à leur haine, mon enlèvement aurait fait les gros titres de la presse, l'ouverture du journal télévisé, la gueule enfarinée d'un pseudo-séducteur sur le retour, avec son cou serré dans sa cravate faussement chic et sa moumoute cathodique, l'aurait annoncé de sa voix sirupeuse à tous les foyers du pays à 20 heures, bonsoir, le rejeton d'un de nos grands patrons une de nos fiertés nationales a été kidnappé, terreur, nous attendons les revendications des ravisseurs, le prix de la rançon exigée a été maintenu secret, le lieu de détention de l'enfant n'a pas été identifié, quel feuilleton. Ou même les bandits déguisés auraient pu s'introduire par le fourgon d'une camionnette de livraison, un truc moins série noire, moins polar contemporain, plutôt Tintin, rocambolesque à souhait, au lieu d'apporter les victuailles du week-end du fuel pour les chaudières au sous-sol des équipements électroménagers neufs fraîchement commandés ou de venir réparer la toiture ramoner les conduits, ils auraient neutralisé le personnel du château le temps de monter m'attraper dans cette salle de jeux où j'aurais été là connement assis par terre à faire tourner mes petits trains en rond, ils m'auraient arraché à mes boucles de rails à mes aiguillages répétés à mes combinaisons de trajectoires restreintes ressassées. Je ne savais pas je crois si je devais en avoir peur ou l'espérer, si au fond de moi j'attendais les bandits de la même façon que j'attendais les fantômes, ils viendraient me tirer de là, de cette baraque trop grosse énorme pour moi où j'étais maintenu en retrait de ma vie, de mes après-midi à respirer à travers les murs, le long des couloirs, de la rampe du grand escalier, les vieux remugles de défiance et d'aversion qui selon les saisons suintaient ou se faufilaient avec les courants d'air, et c'est par l'un de ces après-midi-là que, je ne sais pas pourquoi poussé par quel pressentiment ou plus probablement par quel ennui ahuri et imbécile, le grand escalier je l'ai descendu sans bruit, la pointe des pieds nus sur le tapis, j'avais quoi, neuf dix ans peut-être, et depuis la même pièce la bibliothèque où j'ai été embrasser maman tout à l'heure j'ai entendu sortir des voix au début chuchotantes, mais pas de ces chuchotements discrets complices qui lient à voix basse deux personnes désirant que personne n'entende les confidences qu'elles se font, plutôt un chuchotement amer acéré décoché comme des piques, des murmures agressifs des invectives feutrées, je me suis arrêté, j'ai tendu toutes mes oreilles pour essayer de comprendre ce qui se disait se jouait, je ne saisissais qu'un mot par-ci par-là, puis d'un seul coup le ton a monté, mon grand-père s'est mis à crier brusquement, j'ai dû sursauter, et cette fois j'ai très distinctement entendu "tu m'emmerdes vous m'emmerdez ta fille et toi", et dans ma petite tête d'enfant déjà prêt à quitter l'enfance, déjà tout au bord d'autre chose que l'enfance, ce "ta fille" je le sais a résonné bizarrement, il arrivait de loin, il avait raclé charrié ramassé brassé de la bourbe en chemin, il contenait un arrière-fond implicite un sens caché déposé en lui, cela ne semblait pas qu'une simple manière de parler telle qu'on en a parfois pour se dissocier ponctuellement ironiquement de quelqu'un qui nous contrarie mais envers qui on conserve toute sa bienveillance, comme par exemple dans "chéri chaton tu surveilleras ton fils s'il te plaît, il est en train d'essayer de bouffer une connerie", ce genre, non, il y avait un truc là-dessous qui m'était à la fois palpable et scellé, un truc qu'immédiatement confusément j'ai eu conscience d'ignorer, je n'avais pas la clé, ce "ta fille" je ne voyais pas quoi en faire alors je l'ai gardé pour plus tard, je l'ai mis en réserve, et j'ai cru aussi qu'après ce cri il y en aurait d'autres, que mon grand-père était parti pour grimper sur ses grands chevaux, en train de se lancer dans une de ces colères bouillonnantes fracassantes dont j'apprendrais, mais plus tard également, qu'il était plus que coutumier, au point que ses associés et employés en avaient tous à un moment été témoins ou en avaient essuyé à leur tour. Pourtant alors aussitôt il a rabaissé la voix, les murmures ont repris toujours vifs aigus fusés, les comptes n'étaient pas encore tout à fait réglés lorsque ma grand-mère a fini par prononcer à voix haute, c'est-à-dire à un niveau de voix sans doute normal mais qui, en rompant les chuchotements, paraissait soudain plus fort que d'ordinaire, "ça va comme ça" avec une autorité que je ne lui connaissais pas et qui sans doute n'appartenait qu'à leurs échanges, n'avait cours qu'entre eux, et moi en l'entendant je me suis carapaté, éclipsé avec la souplesse le poids plume de mes dix ans vers l'escalier que j'ai remonté dare-dare, j'ai couru m'enfermer dans cette salle de jeux comme si je n'en avais jamais bougé, pas plus que les trains électriques vissés à leur réseau fermé. Mes grands-parents m'ont-ils entendu, ont-ils su deviné que j'étais là derrière la porte entrebâillée que je les avais écoutés espionnés je ne sais pas, le soir ils n'en ont pas fait mention, il n'y avait plus trace de dispute, ils avaient recouvré leur distance leur froideur habituelles autour de la table et je n'ai pas eu plus d'explications sur la phrase qu'avait gueulée papy quelques heures plus tôt ni sur ce qu'elle signifiait, mais avais-je alors la conscience diffuse que cette signification était la chose même qui me donnait envie de sortir de là, la chose même qui me faisait espérer ravisseurs ou fantômes, que ce que je percevais sans le saisir était précisément la racine la cause profonde et véritable du malaise trouble et muet qui fermentait dans le château, c'est possible, aujourd'hui oui j'ai tendance à le croire en tout cas, et non seulement dans le château mais aussi sans doute jusque dans la maison parisienne, dans l'hôtel particulier où la semaine je vivais avec ma mère quand elle était là et le plus souvent seul avec le personnel et où le même gaz invisible inodore et asphyxiant pesait aussi dans l'atmosphère, la même haine était à demeure quoique plus tamisée, comme si les doses qui entraient là dans la composition de l'air étaient calibrées différemment de celles qu'on trouvait au château, je n'échappais jamais à cette pesanteur muette, elle était pour ainsi dire le milieu l'élément le biotope où j'évoluais. Et à Paris également, au collège et encore au lycée plus tard, j'y pensais très souvent, je ne comprenais toujours pas pourquoi personne n'en avait l'idée, pourquoi on ne m'enlevait pas à la sortie des classes dans la rue des beaux quartiers parisiens, c'était si facile, mes ravisseurs déguisés en passants ordinaires Messieurs Tout-le-monde m'auraient alpagué brusquement parmi mes condisciples devant la porte de l'établissement, une main ferme sur l'épaule hep viens là mon petit gars, une voiture aurait pilé le long du trottoir, la portière se serait ouverte et moi aussitôt bousculé plié engouffré sur la banquette arrière, la bagnole démarre en trombe et il faut juste quelques minutes pour quitter Paris par une des portes de l'Ouest, direction toujours la même ferme abandonnée, il y en a une identique dans un polar français que j'ai lu, plutôt pas mal au demeurant, sans doute écrit par un de ces gentils zozos d'extrême gauche qui croient que leurs livres peuvent faire la révolution à la place de la révolution, et d'ailleurs peut-être mes ravisseurs eux-mêmes auraient-ils été non pas des bandits appâtés par le coffre-fort sur pattes que représentait le petit-fils à grand-papa, non pas des auteurs de polars non plus, mais des révolutionnaires des vrais des militants têtes brûlées passés à la lutte armée, dans la clandestinité, qui auraient plutôt vu en moi l'ignoble rejeton du Capital bon pour la guillotine, et leurs revendications leurs exigences pour me relâcher, me rendre à papy, auraient été alors non pas le pognon la vulgaire rançon mais la libération de leurs camarades iniquement incarcérés dans les geôles de la république bourgeoise, mettons, ou quelque demande politique ou sociale concrète, le retrait d'une loi l'arrêt d'une privatisation d'une délocalisation, et au début ils m'auraient écrasé quelques baffes dans la gueule pour ce que j'incarne, j'imagine, quasi pour le principe, pour le plaisir d'avoir une petite bouille privilégiée telle que la mienne sous la main, ils m'auraient tancé sermonné insulté, craché leur rage et leur ressentiment, puis ils se seraient radoucis m'auraient parlé avec patience puisque nous n'avions que ça à faire, avec flamme avec foi expliqué leurs points de vue leurs attentes leur lutte, raconté leurs batailles leurs souvenirs de vieux combattants, les meilleurs coups comme si c'étaient des entourloupes, des victoires des camouflets adressés à la société, plusieurs jours auraient passé dans cette ferme barricadée, ils auraient mené leurs tractations au-dehors, elles ne m'auraient pas vraiment regardé et je n'en aurais appris qu'une infime partie, le peu dont ils auraient jugé utile de me tenir au courant, je n'aurais rien su de la réaction de ma famille mais j'aurais cohabité au lieu de ça avec mes geôliers, partagé leurs repas, j'aurais beaucoup et très bien dormi dans ma chambre gardée surveillée attaché du poing à un barreau de lit en ferraille, on aurait bavardé échangé comme on dit, et pourquoi pas bientôt j'aurais su leurs rêves leurs idéaux la justice qu'ils espèrent et cherchent à faire advenir, ça m'aurait fait mouliner hésiter flancher, ça m'aurait ouvert à des pensées qui jamais ne seraient venues jusqu'à moi autrement, ils m'auraient bien traité et, qui sait ?, petit à petit rendu compréhensif, sensible à leur cause jusqu'au point de me la faire épouser, avec ma propre naïveté adolescente semblable à la leur je leur aurais donné raison, j'aurais voulu les mêmes choses qu'eux. Alors je serais resté en leur compagnie, ça s'est déjà vu, j'aurais été des leurs, je serais devenu ravisseur moi-même, le nom Valier aurait été associé non plus seulement à un groupe industriel mais aussi à un groupuscule terroriste insurrectionnel, ou plutôt j'aurais alors changé de nom, pris un alias, j'aurais tiré un trait sur mon patronyme et sur mon héritage, et maman, comme ça, n'aurait pas eu à m'en spolier pas eu à le faire à ma place aujourd'hui, on aurait kidnappé d'autres fils de salopards de mon espèce, on leur aurait fait payer la semence que leur paternel avait un jour daigné éjaculer dans le ventre de leur mère, ma vie aurait pris une autre tournure une autre valeur une autre gueule, elle aurait commencé au moins, moi qui me contentais d'attendre j'aurais alors réellement vécu, ça aurait été autre chose tout de même que les petites transgressions dérisoires auxquelles je m'adonnais afin d'espérer me faire remarquer par ma chère maman et de m'infliger l'illusion qu'elle y serait hostile, je la provoquais dans ma tête lui donnais du fil à retordre et, elle, ces menues bêtises supposées elle ne s'en apercevait pas, ou à peine, elle s'en foutait pas mal, que valaient mes incartades mes bravades mes provocations anodines mes pauvres désobéissances à côté de la lutte sans merci qui se jouait en elle, mon micro-cirque de rien, fumer des pétards gober de la MD s'envoyer des traces de C coupées avec des cartes bleues noires, faire des demi-fugues qui consistaient juste en réalité à rentrer plus tard que prévu dans la nuit, je n'allais pas dormir dehors non plus, ou alors à aller squatter sans prévenir chez un pote dont la plupart du temps la baraque était à, quoi, quelques pas de la nôtre et les parents à peine moins thunés que les miens, maman était en Russie de toute façon l'essentiel du temps, à Pétaouchnokgrad à Trifouillisk-les-Oiskoïe au Nimportoukistan, de là-bas c'est sûr que les états d'âme de l'ado occidental au chaud dans sa pouponnière dorée devaient lui paraître bien pâles futiles ordinaires, mes camarades ravisseurs eux m'auraient offert autrement plus de considération, mais rien, jamais ils ne sont venus, je n'intéressais pas plus les candidats à l'action directe que les lascars de la pègre et je pouvais partout me promener librement sans protection, sans gardes du corps, sans risque de servir de monnaie d'échange à quiconque, aller jouer au squash et voir les matchs en loge au stade, me faire conduire depuis notre hôtel particulier jusqu'au château sans que personne ait l'idée de nous faire sur la route une queue de poisson, de nous barrer le chemin me mettre le grappin dessus, on ne peut vraiment pas compter sur les activistes ni les truands pour changer la vie, on ne peut pas leur faire confiance, parmi toutes les négociations qu'il a menées au cours de son existence mon grand-père n'a jamais eu à négocier ma restitution, jamais dû monnayer mon retour, il l'aurait fait pourtant sans aucune once d'hésitation, de cela je suis persuadé, et en aurait-il fait de même en revanche, aussi inconditionnellement, si c'était ma mère qu'on avait enlevée je ne sais pas. Si, bien sûr, évidemment que oui, il l'aurait fait, il n'aurait pas pu ne pas le faire, malgré les doutes malgré la colère elle était sa fille unique, l'héritière. Après la fameuse fête pour ses trois quarts de siècle, le passage de flambeau inattendu spectaculaire, pendant les premières semaines il n'a pas arrêté, il était encore plus actif si c'était seulement possible qu'il l'était avant, il y avait mille choses à solder à préciser à ratifier, laisser la place prend un peu de temps, le faire et l'accepter, rendre ça concret, mais petit à petit par la suite il s'est mis à passer plus de journées au château, presque insensiblement à être plus souvent là, avec des gens qui venaient le voir, lui rendaient visite, son gestionnaire de fortune personnel, qui n'était pas Decarrière mais un gros bonhomme à quatre épingles qui suait beaucoup et conduisait une grosse voiture de sport italienne dont on se demandait comment il arrivait à entrer dedans, et puis son bras droit de toujours, le fameux Dominique, tous les deux ou trois matins, tandis que de son côté mon grand-père sortait moins à leur rencontre, il donnait ses rendez-vous à la maison, et quand je lui demandais comment il allait, lui qui d'habitude n'avait jamais dit grand-chose à part des "ça va" expéditifs de routine, des "il n'y a pas à se plaindre" tout faits qui éludaient évitaient la conversation et signifiaient surtout qu'entre nous, entre hommes, on n'était pas du genre à s'étendre à se communiquer nos petits tracas nos moindres humeurs, il était maintenant un peu plus bavard, il disait qu'il était heureux de son choix, qu'il avait bien fait, et il essayait sans doute moins de me le faire admettre, de chercher mon approbation, que de s'en persuader lui-même, ou plutôt de se montrer à lui-même à quel point il en était persuadé, enfoncer le clou comme on dit mais se l'enfoncer dans sa propre cervelle, et au fil des jours de plus en plus souvent il se sentait fatigué, et là encore le plus étonnant n'était pas qu'il le soit mais qu'il se l'avoue, le dise, toutefois tout le monde et lui le premier probablement mettait cela sur le compte de la décompression légitime après une carrière bien remplie, il avait gagné le droit de se reposer, de souffler un peu, puis la fatigue perdurant persistant on y a ensuite vu le signe d'une petite déprime passagère et là aussi tout à fait normale après tout, papy s'emmerdait même si son emploi du temps était encore des plus occupés, lui qui avait eu les plus hautes responsabilités maintenant qu'il en était délesté dépourvu ce n'était plus la même chose, plus les mêmes enjeux la même pression, et qui dit moins de pression dit dépression avait un jour rigolé Dominique quand je l'avais croisé dans le vestibule après une de leurs entrevues, il aimait les bons mots, il partait au moment où j'arrivais. On dirait que la pluie se calme hésite, qu'elle en est à ce stade intermédiaire, cet entre chien et loup de la pluie où elle ne sait pas si elle doit redoubler ou cesser, les gouttes au carreau restent en équilibre allongent leur traîne, en tournant la tête j'aperçois là-bas l'allée de gravier boueux qui mène jusqu'au tennis en contournant des bosquets, on distingue au loin un angle du grillage qui borde le court, autrefois il y avait aussi une sorte de mince filet vert qu'on a fini par enlever à force de le voir sale et déchiré, aujourd'hui cela fait longtemps que plus personne n'utilise le terrain dont le revêtement s'abîme se craquelle se lézarde par endroits, à cette saison il doit être enseveli sous les feuilles mortes, et la chaise d'arbitre maigre perchoir elle rouille, il faudrait tout refaire le retaper à neuf mais pour qui ? qui donc irait jouer là-dessus ?, pas moi et pas ma mère en tout cas, papy aimait ça lui cogner la baballe, c'était son défouloir peut-être, le moment parenthèse indispensable où il évacuait de sa tête tout le reste, il se vidait l'esprit en pliant les genoux en s'agitant la raquette, pour lui rien ne comptait plus alors, seulement les quelques règles somme toute basiques qui président à ce jeu, un bête rectangle tracé au sol quelques lignes perpendiculaires à l'intérieur de quoi il faut faire rebondir la petite balle jaune, un partenaire pour la renvoyer et c'est tout, rien d'autre, il jouait avec Dominique souvent, il le battait toujours, chaque fois il pestait après le match, il le trouvait trop mauvais pas de son niveau, et cette supériorité tennistique cette domination physique cette plus grande adresse raquette en main semblaient sans doute justifier au fond, de manière plus ou moins rationnelle, qu'il soit, lui, le chef et Dominique, pourtant plus diplômé que lui et plus brillant à bien des égards, son subordonné hiérarchique, son obligé, heureusement il avait son fidèle indéboulonnable prof un ancien pro du circuit qui l'a entraîné pendant des années des décennies, il a vieilli avec lui pour ainsi dire, il faisait la route pour venir lui donner des cours deux heures par semaine lui faire améliorer service coup droit revers et lui servir d'adversaire, mais un adversaire imbattable évidemment, infranchissable, un adversaire trop fort mille coudées au-dessus de lui et dont la seule vocation était donc de pousser mon grand-père dans ses retranchements, de lui faire atteindre le meilleur de lui-même en short, l'aider à progresser pour qu'ensuite il puisse mettre ses raclées à ce pauvre Dominique, l'ami préféré, c'est-à-dire la victime expiatoire le souffre-douleur consentant et en short lui aussi, au mois de juin ils allaient tous les deux ensemble immanquablement voir la finale à Roland-Garros, c'était leur rituel de printemps leur sortie entre copains la prolongation naturelle des branlées inlassables que l'un flanquait à l'autre tout le reste de l'année, il m'est arrivé plusieurs fois d'être invité de les accompagner, j'étais content d'être avec eux mais rapidement je m'ennuyais un peu, trop de temps morts à ce jeu, un service retour et c'est fini les gars vont s'asseoir, ils passent plus de temps les joueurs assis ou à s'essuyer avec leur serviette et à se remettre le short en place qu'à frapper dans la balle, je n'ai jamais compris leur engouement, ce qu'on appelle une passion je suppose, aussi lorsque mon grand-père a commencé à se plaindre qu'il n'avait plus envie de jouer au tennis, qu'il n'en avait plus la force, tout le monde a compris que quelque chose se passait, ça n'allait vraiment pas, si bien qu'aucun d'entre nous en réalité n'a été surpris quand après quelques examens on lui a diagnostiqué son cancer à l'estomac. Sans se le formuler on s'y attendait, comme s'il était inévitable que la maladie ait germé mûri dans ses entrailles à partir du jour où il s'était arrêté de travailler, qu'il avait pris sa retraite et laissé son empire à sa fille, tout ce qu'il avait retenu conjuré pendant la durée de sa carrière s'était réveillé, comme si l'autorité sans faille dont il avait fait preuve sur l'ensemble de son groupe il l'avait imposée également à son propre corps, à ce qu'il tenait enfoui en respect au fond de lui-même, ce qui était susceptible de le rogner de l'intérieur, et du moment où il avait abdiqué son pouvoir abandonné son poste cette chose s'était développée librement dans son ventre, elle l'avait envahi, avait rempli la place qui désormais était vacante en lui, alors bien sûr sa vie brusquement a changé, il est devenu un malade, soumis à un protocole à un calendrier autre que celui que ses seules affaires lui avaient dicté jusque-là, tout de suite on lui a prescrit un traitement, on a programmé préparé une opération, et tout le château s'était instantanément métamorphosé en une immense annexe d'hôpital où rôdaient des infirmières des médecins des néovisiteurs chauves-souris en mal de voyeurisme morbide qu'il fallait éconduire, c'est curieux la faune particulière que la maladie attire, la pulsion scopique que déclenche la pulsion de mort, et au cours de cette période Dominique dormait sur place, il s'occupait un peu de tout, mon grand-père pouvait compter sur la présence indéfectible de son ami vassal, son "directeur de la stratégie" selon le titre homologué dont il l'avait depuis des lustres affublé, dans les faits son ombre son âme damnée de Capris qui le veillait comme un frère comme un fils avec un zèle presque amoureux qui nous mettait un peu mal à l'aise, comme si se jouait entre eux à ce moment-là une sorte de drame intime dont les ressorts nous échappaient, parce qu'il était celui qui connaissait le mieux les tuyauteries financières économiques du groupe ce bon Dominique semblait s'arroger une responsabilité équivalente sur la personnalité physique du vieux Valier, le meilleur spécialiste de ses artères de ses vaisseaux de ses organes, faisait-il partie de ceux qui redoutaient la suite, qui craignaient pour leur matricule au cas où papy en viendrait à clamser ?, de manière presque superstitieuse essayait-il d'écarter le pire en espérant que son dévouement congédierait le mauvais sort aiderait le malade à guérir, cherchait-il à travers lui sa propre rédemption ?, toujours est-il que c'est lui qui a conduit, a insisté pour le faire, mon grand-père lorsque celui-ci est parti vers l'hôpital. Selon les docteurs, même si la détection avait été un peu tardive rien n'était fichu, les chances de guérison étaient encore bonnes, seulement l'anesthésie générale était lourde, elle ne présentait pas complètement zéro risque à son âge, ce n'était pas critique mais ce n'était pas non plus anodin, il devait en revenir mais il pourrait y rester, nous devions tous en avoir conscience, et la veille de l'opération, il nous avait fait venir ma mère et moi près de lui, à son chevet, on sentait qu'il était anxieux inquiet mais moins de disparaître que de laisser ma mère poursuivre seule, il aurait voulu je crois qu'elle le retienne, qu'elle ait en son pouvoir quelque formule magique qui, parce qu'elle l'aurait prononcée à cet instant précis, lui aurait permis d'être assuré de vivre encore, certain de demeurer près d'elle pour continuer tout ça tel quel comme avant, comme toujours, il avait l'air épuisé, épouvantablement las, et en même temps pas du tout résigné, je suis sorti de la chambre pour aller me chercher un café à la machine la plus proche, dans un de ces gobelets en plastique marronnasse de la même couleur que le jus qu'ils contiennent, et lorsque je suis revenu quand j'ai ouvert la porte j'ai vu ma mère penchée au-dessus de lui aussitôt se redresser et faire un pas en arrière, et lui son visage était méconnaissable, déformé tétanisé, toutes ses veines gonflées, et il donnait l'impression de vouloir cracher quelque chose, quelque chose qui serait resté coincé au fond de sa gorge et dont il n'arrivait pas à l'extraire, il paraissait faire un effort terrible pour dégurgiter, un effort affreux et vain, et puis finalement au bout de quelques secondes ses traits se sont détendus, il est réapparu dans son visage, il s'est apaisé comme s'il avait renoncé à expulser la chose qui obstruait sa gorge ou alors elle s'était dégagée d'elle-même, fondue et diffusée en lui, le calme lui est revenu, il respirait la bouche ouverte lentement sans bruit les yeux plantés au plafond et ensuite les yeux fermés, il paraissait vouloir dormir, j'ai regardé ma mère elle avait un air plutôt indifférent, Eugénie a soulevé les épaules navrée perplexe et détachée, et je n'ai jamais su ce qu'ils s'étaient dit, ce qui s'était vraiment passé entre eux pendant ces courts instants où je les ai laissés seuls, mais je me rappelle avoir compris alors pour la première fois aussi distinctement qu'elle était maintenant la vraie maîtresse du jeu, la véritable patronne. L'opération a eu lieu, selon la formule usuelle des chirurgiens tout s'est bien déroulé, les jours suivants j'allais en fin d'après-midi rendre visite à papy dans sa chambre, il y avait toujours déjà du monde l'inévitable ribambelle de proches improvisés de courtisans habituels, il se remettait normalement, évolution favorable, un dur à cuire le père Valier personne n'en doutait, il est sorti il est rentré chez lui, non pas au château mais à son "domicile parisien" comme diraient quelques jours plus tard les journalistes, il fallait encore qu'il suive son traitement et fasse une batterie d'examens, ne s'éloigne pas trop des médecins qui le gardaient à l'œil, il n'était pas tiré d'affaire même si tout le monde s'accordait à penser qu'il y avait de quoi être raisonnablement optimiste, le lendemain soir il recevait à dîner Dominique et sa femme avec venu en voisin le directeur de cabinet du ministre de la Défense, même s'il ne dirigeait plus Capris il avait évidemment conservé les meilleures relations un lien particulier avec ses anciens interlocuteurs du secteur, ses anciens clients amis intermédiaires qui favorisaient les ventes d'armes à l'étranger, à la fin du repas il s'est senti fatigué il a écourté s'est excusé auprès de ses hôtes, il a mis ça sur le compte de la récente opération il s'est couché tôt, et le lendemain matin à son arrivée son infirmière l'a trouvé étendu en travers de son lit, inerte paralysé, dans un état de complète crispation musculaire et ne répondant à rien aucun geste aucune parole, aussitôt il a été transporté d'urgence à l'hôpital vers un service de réanimation, personne ne comprenait ce qu'il avait, pourquoi il était tombé aussi soudainement dans un coma profond, au scanner ils ont détecté une grosse tache noire un œdème massif répandu dans le cerveau, un deux trois jours ont passé, c'était de pire en pire, son état critique, perdu, il a bien fallu se résoudre à l'idée qu'il ne reviendrait plus, et quand ma mère m'a appelé, il était 22 heures et quelques, pour m'apprendre qu'elle venait de recevoir un coup de fil de l'hôpital, que la mort de mon grand-père avait été par eux constatée prononcée, je le savais déjà, j'avais déjà cette mort en moi. Mais ensuite aussitôt il avait fallu retenir l'information, réfuter dire non de quoi parlez-vous aux journalistes aux membres des services du gouvernement qui téléphonaient débarquaient pour se renseigner, car bien sûr le bruit avait filtré quand même, il s'était divulgué, on ne sait jamais comment cela circule, nous avons accordé nos violons notre plan de bataille, prévenu en priorité les intéressés la direction du groupe le conseil d'administration les dirigeants des principales filiales et antennes, veillé à ce qu'il n'y ait pas de rumeurs inutiles pas de risque d'agitation sur les marchés, et à l'aube du troisième jour un communiqué officiel du groupe qui portait son nom avait annoncé le décès d'André Valier, le fondateur. Cela ne nous disait pas à quoi il avait succombé, c'était confus, on parlait d'un virus rarissime déjà présent dans le corps qui se serait réveillé après l'intervention chirurgicale, causant un étrange syndrome auto-immun une encéphalomyélite aiguë disséminée, certaines maladies ont décidément des noms plus jolis que d'autres, on nous a expliqué que lors de certaines infections il était possible que le système de défense immunitaire s'attaque à l'organisme qu'il est censé protéger, je n'ai pas tout compris, l'image m'est venue en tête d'une horrible bestiole qui se dévore elle-même, ou d'une de ces représentations illustrant la colère et qui montrent un homme déchiquetant à gros coups de dents son propre bras, s'enfonçant une épée dans son propre ventre, on en voit des fois dans les églises, j'ai chassé ces visions. Nous nous sommes retrouvés plusieurs soirs de suite dans le salon de l'hôtel particulier chez ma mère, Dominique tournait en rond nerveux furieux, il n'en démordait pas, pour lui mon grand-père avait été empoisonné assassiné, il ne gênait pourtant plus grand monde depuis qu'il était à la retraite, on essayait de le lui dire de le lui faire admettre, Dominique rétorquait que l'encéphalomachintruc la maladie bizarre, il s'était renseigné, elle était citée dans des livres sur les programmes soviétiques d'armes biologiques, elle faisait partie de l'arsenal des méthodes utilisées par le KGB et par leurs descendants les services secrets actuels, ce genre de délires, on ne l'arrêtait plus, il vrillait un peu pétait une durite fondait un plomb, il ne s'en remettait pas de se retrouver démuni sans son mentor l'homme à qui il avait consacré une partie de sa vie et qui l'en avait bien récompensé en retour, jusqu'à faire de lui la tête pensante de Capris le boss en second, il s'adressait à ma mère l'appelait "ma petite Eugénie", il ne l'avait pourtant pas connue enfant mais sans doute dans son esprit était-ce tout comme, et sans le dire il se voyait déjà, maintenant que le vieux son protecteur n'était plus là, devoir partir quitter Capris dans la prochaine charrette, il se disait que désormais plus rien n'empêcherait la petite Eugénie de se débarrasser de la garde rapprochée de Valier père, de tous ceux qu'il avait mis en place et qu'elle avait jusqu'ici conservés. Pourtant ma mère une fois de plus les a détrompés, du moins au début, en ne procédant pas plus à une purge en règle qu'elle ne l'avait fait quand elle avait pris les rênes du vivant de son père, elle a gardé tout le monde ou presque, en attendant les départs à la retraite, n'opérant que quelques ajustements au fil du temps, discrètement, sans tapage ni démonstration spectaculaire d'autorité, ceux qui avaient eu peur ont eu tort, ceux qui avaient espéré leur piquer leurs sièges aussi, c'est maintenant seulement qu'elle les évince les éjecte, qu'elle casse tout, en vendant les entreprises une à une, c'est maintenant qu'a lieu la vraie grande purge, le démantèlement intégral le bazardage en pièces détachées, c'est étrange et presque drôle de voir ces grands mécanos économiques se disloquer partir en morceaux comme des jeux d'enfant, quand on parle d'un groupe une grande entreprise on imagine du mythe sous-jacent une histoire une unité une espèce de lien organique entre les différentes branches et pourtant tout ça peut très bien se décomposer se fractionner se recombiner avec d'autres métabolismes, et le nom de la maison mère change, c'est amusant cette expression, maison mère, et rien ne change ou presque, ce ne sera donc plus Valier, ma mère aura fait s'éteindre effacé le nom de la maison, ce sera autre chose, n'importe quoi d'autre, il fait froid dans cette pièce, cette salle de jeux où personne ne joue jamais plus, l'étage n'est plus vraiment chauffé, à quoi bon ?, toute la vie au château est concentrée en bas à présent que ma mère ne monte plus, qu'elle a sa chambre de plain-pied, à présent que c'est à son tour d'être malade, la décliniste décline, la passionaria de la fin sent approcher la sienne et on dirait qu'elle se hâte de tout vendre pour être bien certaine qu'elle n'aura rien oublié de brader, qu'il ne restera rien une fois qu'on l'aura mise à pourrir dans le même caveau que son père, le tombeau de famille où sa place douillette patiente et la mienne après eux, il faut que je redescende moi aussi au rez-de-chaussée du château en attendant la tombe parentale le dernier château sous terre, je reparcours le couloir, enfant je le traversais vite il me faisait un peu peur, et j'aimais cette peur-là ce frisson, arrivé au bout je me retournais en espérant qu'un être malfaisant mystérieux apparaîtrait à l'autre extrémité dans la pénombre, que j'aurais le réconfort de lui avoir échappé en même temps que le désir qu'il cherche à m'attraper me capturer, je ne sais pas encore ce qu'elle souhaite faire de ce château maman, à qui elle entend le fourguer, les marches de l'escalier ont toujours le doux rebond sous les pieds le moelleux de l'épais tapis qui dévale de degré en degré, et à travers le vestibule puis arrivé sur le seuil de la bibliothèque je l'entends, elle, qui parle toujours, peut-être n'a-t-elle pas arrêté un seul instant, “mais la philanthropie n'est rien de plus que la version moderne des indulgences. Les plus fortunés rachètent leur âme et garantissent leur salut, si ce n'est auprès du Père éternel, auquel ils ne sont plus bien nombreux à croire, du moins dans la mémoire des hommes, puisqu'ils croient encore en l'Homme. Et vous y croyez, vous aussi, n'est-ce pas, mon cher Decarrière ? Qui peut dire décemment qu'il n'y croit pas ? Il reste une vieille culpabilité qui traîne, même à ceux qui s'en défendent, même aux plus bourrins, aux plus décomplexés, ceux qui affichent l'arrogance égoïste de la richesse pour la richesse, et qui sont d'autant plus arrogants qu'ils sentent bien qu'il y a là-dessous quelque chose de blâmable et d'indu. Ils clament leur mérite individuel parce qu'ils savent très bien, au fond, que ce prétendu mérite ne suffit pas, qu'il ne justifie rien. Une suspicion demeure sur la fortune et sur ceux qui l'accumulent, et c'est toujours la vieille coulpe battue, la vieille histoire du chameau dans le chas de l'aiguille. Alors ils donnent le change, à leurs yeux et à ceux de la société, c'est-à-dire à l'idée qu'ils se font de la société. Les papes vendaient leurs prières en faveur des généreux donataires, monnayaient leur intercession auprès des puissances célestes. Ils leur réservaient une place au Paradis, et la place était plus ou moins chère, selon les fortunes, selon les papes. Le Très-Haut n'était pas regardant, pourvu qu'on graisse la patte à ses vicaires. Aujourd'hui, c'est à l'humanisme bon teint qu'on graisse la patte. On ne soudoie plus les directeurs de conscience, on soudoie directement les consciences. Et les consciences, à considérer la générosité des autres, en sont largement soulagées. On remercie les belles âmes riches de dispenser leurs prébendes, ainsi sont-elles sauvées à leur tour. Une fondation est un beau mausolée, à choisir, mieux qu'une chapelle dans une cathédrale” et je ne sais pas, quand je l'entends parler de la sorte, ce qu'elle pense elle-même de ce qu'elle raconte, si ses mots ne sont pas juste comme ça parfois lancés en l'air presque au hasard, simples hypothèses avec lesquelles le temps de les dire elle s'accorde, à la manière d'un monologue de comédienne un simulacre par quoi elle exprimerait peut-être quelque chose de plus vrai de plus juste qu'avec ses mots à elle, et pourtant ce sont bien ses mots, à force de les faire siens de les rabâcher ils le deviennent, elle se raconte par eux, elle n'en a pas d'autres pour penser ce qu'elle pense, alors j'avance de deux pas dans la pièce et je m'exclame innocemment d'une voix enjouée "ça va ?", et le gestionnaire de fortune ce bon Decarrière tourne sa tête d'œuf de piaf rachitique et verdâtre vers moi, la laideur particulière de cet homme m'a toujours impressionné fasciné, une laideur quasi de dessin animé le personnage secondaire un peu effrayant un peu attendrissant que les enfants prennent en pitié en empathie, il me regarde avec dans les yeux une lueur de gratitude quasi désespérée, un comble de désarroi implorant, il prie supplie intérieurement pour que je le tire de là, l'extirpe de l'infinie litanie, abrège la comédie, le sorte des griffes verbales de maman qui lui assène ses théories lui dicte ses instructions et, puisqu'il est à son service, qu'il sert à ça, qu'il est grassement et depuis un bail payé pour, l'oblige à se faire la cheville ouvrière son émissaire démolisseur le messager exterminateur chargé de tout dilapider, de tout vendre, d'exaucer son ultime vœu, sa dernière volonté d'être une femme sans postérité.

6

Comédie interrompue

Tout à l'heure, en sortant de son club du quartier de l'Opéra avec son sac de sport sur l'épaule, ses écouteurs plantés dans les oreilles, la capuche d'un haut de survêtement rabattue sur la tête et les lunettes de soleil qu'elle enfilait pour éviter, si possible, qu'on l'identifie dans cet accoutrement au cas où elle viendrait à croiser sur le trottoir une personne de sa connaissance – de celles devant qui elle ne se serait jamais présentée qu'impeccablement vêtue et coiffée –, la conseillère Zeuchter, douée de cette faculté typiquement parisienne de marcher à toute vitesse en évitant les obstacles et gardant les yeux rivés sur un écran, pianotait sur son téléphone, slalomant entre les passants, lorsque le feu pour piétons à l'intersection entre deux avenues l'avait obligée à relever la tête. À côté d'elle, sur une colonne Morris, une affiche montrait, sous le titre en violet pétaradant CERISE NÉVROSE TOUT, l'humoriste en pyjama satiné, décoiffée comme au sortir de la sieste, arborant une moue boudeuse et mal réveillée qui contrastait avec la position de sa main enroulée autour du bas de son visage, l'index montant vers la tempe pour parodier une posture pensive et grave, digne de la photo de presse d'une femme de lettres ou d'un éditorialiste politique.

Il y a quelques instants, après que les rampes lumineuses s'étaient allumées au-dessus de la scène, Cerise sortie des coulisses s'était avancée, les pieds nus sur les planches, enveloppée dans le même pyjama rose flottant que sur l'affiche, et la conseillère en avait d'abord été surprise avant de se dire qu'évidemment, il ne pouvait pas en être autrement, la tenue arborée sur les colonnes Morris annonçait celle que l'artiste porterait pendant le show ; le pyjama serait le costume officiel du spectacle et peut-être même plus que ça : en quelque sorte, son thème. De là où elle était assise, au bout du troisième rang à l'orchestre, place qu'elle avait choisie non seulement parce qu'elle serait ainsi près de l'artiste mais parce qu'elle lui permettrait de garder un œil sur son téléphone sans importuner ses voisins de rangée, Hélène Zeuchter voyait l'humoriste quasiment de profil, qui vint aussitôt se poster au bord du plateau, la main en visière sur son front et faisant mine d'inspecter la salle.

— Ah, je pensais que vous seriez plus nombreux. Faut dire aussi qu'à mon dernier spectacle tout le monde était reparti avec un sale virus. Ça toussait, ça toussait. Au début, ça avait toussé seulement au fond à droite, oui, vers là où vous êtes, vous, dans ce coin. Et puis après ça a gagné vers l'autre côté là-bas, et c'est venu vers les premiers rangs, comme ça. Y en avait partout, ça expectorait dans tous les sens, on pouvait voir voler les gouttelettes. Je me souviens, même moi j'ai eu envie de partir avant la fin, j'avais peur que ça me saute dessus. Merci bien. Saloperie. Enfin bon, bienvenue quand même.

Soudain, toute la rangée de devant se leva, en essayant de faire le moins de bruit possible, afin de laisser passer une jeune femme retardataire coiffée d'un volumineux chignon rassemblé en désordre sur le haut du crâne et retenu tant bien que mal par quelque épingle ou barrette, laquelle vint prendre place (évidemment, pensa Hélène) en plein dans son axe de vision, si bien que pour voir Cerise elle devait se contorsionner sur son siège, se démancher le cou sur le côté ou se pencher pour éviter l'imposante masse capillaire.

— Parce que mon engagement pour la planète, il passe surtout par la bouffe. J'ai un compte au Biocoop, j'achète du tofu à l'ail des ours, j'ai l'impression d'être une résistante. Quand ils me demandent mon nom à la caisse je l'épelle en chuchotant comme si c'était un mot de passe entre les membres d'un réseau secret. Cerise J-O-U-R-D-A-I-N, oui, avec un J comme

Jean Moulin. Enfin ça, c'est quand ça va. Parce qu'aussi bien des fois je reste sur mon canapé à mater des séries en me goinfrant de saloperies cancérigènes. De toute façon quand tu vois l'état du monde, on se demande à quoi bon avoir une vie saine. L'humanité va disparaître, OK, certes, mais au moins elle mourra en bonne santé. Je saisis pas bien l'intérêt de faire une jolie vieille, vu qu'il y a quand même de fortes chances pour que je le sois jamais, vieille.

Le téléphone de la conseillère vibrait continuellement, les messages continuaient d'affluer, le dernier, à l'instant, envoyé par son assistant Sylvain, constata Hélène en retournant l'appareil qu'elle gardait dans sa main, sur ses genoux, qui lui souhaitait un "Bon spectacle ☺", spectacle auquel par ailleurs il était censé être lui aussi en train d'assister, quelque part dans cette salle, bien qu'elle ne l'ait aperçu ni dans le foyer du théâtre, ni parmi les spectateurs quand elle avait gagné cette place dont elle se disait maintenant que si elle avait pu deviner, lorsqu'elle l'avait sélectionnée sur Internet (cliquant sur la petite icône du fauteuil libre tout à gauche, au parterre), que celle-ci se trouverait coincée derrière une fille à chignon géant, elle en aurait pris une autre.

— Je fais des efforts quand même, je ne mange plus de viande. Enfin sauf à Noël parce que je me vois pas dire à mes parents "Non merci, cette année c'est fini, je prends pas de votre foie gras mi-cuit avec amour ni de votre dinde soigneusement arrosée toutes les dix minutes. Vous savez pas qu'il y a l'élevage intensif qui torture les bêtes, nique les terres agricoles et produit de l'effet de serre à cause des vaches qui pètent ? Et puis comment vous pouvez manger comme ça des êtres vivants ? Vous savez pas qu'à cause de vous la sixième extinction de masse a commencé ?". Non vraiment, vaut mieux éviter sinon je vous dis pas le drame, c'est l'extinction de masse immédiate de ma famille. En plus j'avoue moi j'adore ça le foie gras, et la dinde bien arrosée. Et le jambon. Et les knackis toutes molles dedans, là, voyez ?

De nouveau, la conseillère jeta un œil discret à son téléphone et constata qu'un des messages qu'elle attendait impatiemment était arrivé. Elle le parcourut rapidement, aussitôt rassurée par ce que lui annonçait l'un des adjoints à la mairie de Venise, qui avait la charge des négociations : les militants de l'association Poveglia per il secolo, qui s'étaient d'abord insurgés contre la vente à une milliardaire de l'île appartenant à la municipalité et dont ils souhaitaient faire un "espace commun" destiné à la population (un tiers-lieu insulaire où les habitants de la lagune viendraient s'adonner à la botanique, à la culture maraîchère et au farniente sous les arbres), acceptaient, moyennant l'engagement de la fondation à garantir le libre accès aux visiteurs, à préserver la partie enforestée et créer un potager, de renoncer à leurs divers recours contre les nouveaux propriétaires (aux actions intentées en justice, aux manifestations in situ et à la distribution de tracts dénonciateurs sur les vaporettos) et même de collaborer ponctuellement avec eux en organisant des rassemblements pédagogiques et des forums citoyens financés par la fondation.

— D'ailleurs, au Biocoop, quand je passe devant les armoires à charcuterie je détourne la tête en mettant la main sur le côté, comme ça. Direction : tofu. Du coup vu que je me saigne pour la planète, les gens qui s'en foutent, ça a tendance à m'agacer un peu. Je deviens intolérante, je sais, j'ai honte, pardon. Je terrorise les autres, du moins les autres qui sont pas mes parents. Les mecs par exemple. Enfin quand j'en ai un. "Attends, là, c'est la première fois qu'on dîne ensemble, j'ai pris un buddha bowl au quinoa et je dois te regarder bâfrer une entrecôte ?" Heureusement ça m'arrive pas souvent. D'avoir un mec. Le dernier il s'est barré parce qu'il m'aimait trop, qu'il m'a dit. À mon avis c'est surtout qu'il aimait trop les entrecôtes.

Très probablement, pensa la conseillère, la vocation éco-philanthropique de la fondation mais, avant tout, la caution de la capitaine Muirhead (bénie soit-elle), sa présence dans le tableau, avaient-elles eu raison des dernières réticences de l'association Poveglia per il secolo, déjà échaudée pourtant par plusieurs manœuvres politiques antérieures douteuses, d'autres tentatives pour mettre la main sur l'île, et particulièrement celle menée par l'ancien maire de Venise lui-même, qui avait offert à la ville la somme pour le moins ridicule de cinq cent mille euros afin d'acheter personnellement les lieux, où il voulait implanter un complexe hôtelier. La municipalité, conformément aux estimations foncières qu'elle avait commandées, attendait plus de vingt fois cette somme, et l'on avait donc dû faire comprendre à l'édile, un peu vertement à ce qu'Hélène en avait appris, que la plaisanterie avait ses limites, de sorte que, depuis, la situation était restée bloquée, le plan de privatisation de l'île à l'arrêt, les rares nouveaux projets regardés avec suspicion, jusqu'à ce que la fondation débarque avec l'argent de la mère Valier et fasse une proposition impossible à refuser, au-dessus même des prétentions vénitiennes.

— On était allés voir *Le Règne animal* au cinéma. Vous l'avez vu ? C'est des gens contaminés par une épidémie qui fait qu'ils deviennent des bestioles sauvages. Genre ça révèle ta part animale intérieure. Il est flippant le film, c'est flippant ces transformations, là, ça me terrifiait. J'étais toute crispée dans mon fauteuil. À un moment mon mec a essayé de me prendre la main, j'ai sursauté en hurlant "Taaaaah !" et en lui tapant dessus. Après, ça s'est mis à me gratter sous le coude, j'ai cru que ma peau se fendait et que j'étais en train de me métamorphoser en punaise de lit, un truc du genre. Quel film ! J'ai adoré.

Zeuchter repensa alors à la réflexion que lui avait faite, quelques semaines plus tôt, l'un de ses contacts du milieu de l'art contemporain, une commissaire d'expo qui reprochait au mot "Humanistolab" d'être trop anthropocentré, trop spéciste, de ne pas assez prendre en compte les non-humains, les animaux, à quoi la conseillère avait rétorqué, avec une mauvaise foi dont elle-même n'était pas dupe (et la curatrice non plus), que lorsque vous essayez de changer le monde il y a toujours un casse-couilles pour vous reprocher de le faire sous un mauvais nom.

— Le soir on en a reparlé avec mon mec. Surtout de cette idée, devenir l'animal que tu es déjà au fond de toi. C'est-à-dire que si tu as un côté loup tu deviens loup. Si tu as un côté chèvre tu deviens chèvre. Alors moi je me suis demandé ce que je pourrais devenir. Je sais pas si vous vous êtes déjà livrés à ce petit jeu, bah c'est horrible. Tout à coup tu te sens être le cloporte ou la méduse que tu portes en toi. Et moi là face à mon mec au lieu de dire un truc sexy comme une panthère ou mignon comme un panda, j'ai dit la vérité. Si je devais me transformer, ce serait plutôt en taupe. Le machin qui creuse tout le temps son propre trou et reste au fond sans jamais voir la lumière. Et mon mec lui il écoutait ça en silence, il me regardait en hochant la tête, genre "Oui, très bien, je vois". On était tranquilles, je venais de sortir le houmous d'algues, et puis là d'un coup il me coupe et me dit "Tu sais, je me rends compte, je crois que je t'aime trop en fait. Ça va pas pouvoir continuer nous deux, je suis hypersensible, j'ai trop de neurones miroirs, je suis envahi par les angoisses de l'autre, donc par tes angoisses à toi". Apparemment il supportait plus de voir à quel point j'étais mal, ça lui ruinait le moral, il avait l'impression de ne rien m'apporter de positif, il perdait l'appétit. De fait, c'est vrai, il a pas touché au houmous d'algues. Alors il s'est levé et quand il est parti, il m'a dit "Donnons-nous quelques jours de réflexion et appelons-nous". Bon, visiblement il réfléchit encore. Son appel, je l'attends toujours.

La meuf à chignon riait très fort, d'un rire rauque et tressautant, si bien que son empilement chevelu se balançait de droite à gauche et, par moments, en penchant dangereusement sur le côté, donnait le sentiment qu'il s'apprêtait à tomber et in extremis se rétablissait, à la faveur d'un nouvel éclat de rire qui le renvoyait vers l'autre flanc où il oscillait un peu, hésitait, avant de revenir dans son axe, au-dessus de la tête, puis de repartir immédiatement, emporté par un autre accès d'hilarité.

— Mais je suis bien, moi, toute seule. Je peux sortir quand je veux, je choisis les séries que je veux regarder, personne m'attend le dimanche matin, "Chérie tu viens avec moi prendre le petit-déjeuner ?". Peinarde. En fait il me manque qu'un chat. Je suis typique la fille à chat, mais sans chat. C'est pas que j'en veux pas, de chat, mais je suis allergique. Ça me donne des plaques rouges qui grattent. Je caresse le chat, je me gratte, je caresse, je gratte, et ainsi de suite. Et les yeux qui gonflent, on dirait un lapin qui a la myxomatose.

La conseillère encore une fois retourna son portable, mais moins pour regarder ses messages que pour consulter l'heure. Il restait, sauf erreur, encore presque trois quarts d'heure de spectacle, elle commençait à s'emmerder un peu mais elle ne pouvait pas s'en aller : elle n'était pas là pour se divertir ; il lui faudrait attendre la fin, mal assise sur son fauteuil au vieux velours élimé, avant de se pouvoir rendre en coulisse jusque dans la loge de Cerise, la féliciter, jouer les bonnes copines complices, en un mot "faire du réseau" et s'assurer que l'humoriste demeurerait dans ses petits papiers, dans les meilleures dispositions pour travailler de nouveau avec le Philanstère, apparaître à certaines occasions mondaines, figurer en bonne place dans son carnet d'adresses.

— Moi j'adore ça les chats. Des fois je brave le danger, j'appelle une copine et ensemble on va dans un bar à chats. Pas un bar à chicha hein. Un bar à chats, c'est une sorte de salon de thé où tu prends un earl grey hors de prix en t'extasiant sur des gros matous bien gras qui slaloment entre les tables dans une indifférence totale aux gens qui les appellent. "Minou minou, viens par là ! — Vas-y toi, parle-moi pas." De temps en temps ils s'arrêtent un peu, ils se laissent peloter par des clients et puis ils repartent en te dédaignant outrageusement. Et toi tu te sens encore plus merdique qu'en arrivant de te faire snober comme ça alors que tu as payé ton thé une fortune. Tu repars, tu as le moral archiflingué, pire qu'après un date foireux avec un mec naze. Tu rentres chez toi et à l'arrivée t'es encore plus seule.

C'était donc cela, le coup du pyjama, des pieds nus, ce à quoi l'affiche vous invitait : à venir écouter votre copine quadragénaire vaguement dépressive, un peu rigolote, gentiment zinzin, raconter la chronique de sa vie ordinaire, comme lorsqu'on est adolescente et que l'on fait (pour la conseillère Zeuchter, ç'avait été à Lausanne, avec ses amies de lycée elles regardaient dans la chambre de l'une d'entre elles des films d'horreur américains – elle avait découvert ainsi *Halloween*, *Scream* et *L'Exorciste* – et puis une fois qu'elles avaient eu bien peur elles bavardaient jusque tard dans la nuit, se confiaient de grands secrets indélébiles qu'aujourd'hui aucune d'elles, probablement, ne serait en mesure de se rappeler, et d'ailleurs elle les avait toutes perdues de vue depuis) ces soirées pyjamas qui créent une bulle d'intimité propice à toutes les confessions et surtout aux plus banales, aux plus essentielles donc, avec une préférence pour les premiers émois amoureux ou sensuels, leurs espoirs et leurs déconvenues, de sorte que la conseillère se doutait, de manière presque subliminale, que l'humoriste allait glisser bientôt vers le chapitre du sexe.

— L'autre jour dans *Télérama*, il y avait une enquête sur le déclin de la sexualité chez les jeunes. Apparemment les jeunes ne baisent plus. Eh bah j'ai été ravie. Je me suis sentie plus jeune d'un seul coup. Une vraie cure de jouvence, merci *Télérama*. La baise n'est plus tendance ? J'ai rarement été aussi à la mode, moi. D'ailleurs le dernier mec que j'ai daté, j'ai même pas baisé avec. On s'est roulé trois pelles et puis basta. Faut dire que j'étais pas mal bourrée, à un moment j'ai commencé à avoir limite la gerbe, je me suis éclipsée rapido, le mec a pas dû comprendre. Le lendemain j'avais une gueule de bois sévère, je me sentais un peu honteuse, au mec je lui ai envoyé un petit SMS pour le remercier. Bah il m'a juste répondu par l'émoji dégueulasse avec le bonhomme en train de gerber tout vert. On s'est pas revus.

Et la conseillère, alors, se laissa décrocher, comme si son esprit, de lui-même, avait soudain décidé de profiter du temps disponible (de cette rare demi-heure de vacance qui restait) pour divaguer à sa guise, et elle se mit à penser qu'elle pourrait, en plus de tout le reste, lancer un Spac, autrement dit l'une de ces sociétés financières qui se présentent a priori comme une coquille vide, sans aucune activité préalable (elle ne produit rien, ne propose rien, ne promet rien sinon le miroitement de la promesse elle-même), et dont les fondateurs (les "sponsors"), généralement des acteurs bien connus du monde des marchés, quelque personnalité économique en vogue, parfois même d'étranges et improbables alliances de circonstance entre business et show-business, vedettes des affaires et peoples, attirent à eux les capitaux des investisseurs sur la seule foi de leur réputation et du crédit qu'on leur porte, en vue d'un futur placement qui n'est pas déterminé au départ, à l'aveugle en quelque sorte – comme des parieurs de second rang confieraient leur pécule à miser entre les mains d'un autre parieur mieux informé, un supposé spécialiste plus au fait qu'eux des bons tuyaux et des magouilles des bookmakers. Ainsi initiée sur la notoriété d'un nom, la société, immédiatement introduite en Bourse, mène ensuite une campagne de levée de fonds puis, en fonction du volume des sommes récoltées, identifie sa cible, acquiert une entreprise non engagée sur les marchés financiers qui, une fois celle-ci absorbée, se retrouve de la sorte, elle aussi, cotée en Bourse sans avoir eu à en passer par les longues étapes du processus habituel de cotation. Hélène imaginait qu'elle pourrait embarquer dans le deal, au hasard, ce cher Kouritchev (tant qu'elle y était), ou alors l'un de ces investisseurs-collectionneurs de Palo Alto, de Genève ou de la City à qui elle avait vendu des œuvres d'art durant sa carrière précédente et sous le patronage duquel le Spac récolterait vite une somme suffisamment importante pour faire l'acquisition de telle ou telle entreprise qu'elle avait repérée au cours de ses recherches. Celle, par exemple, qui travaillait actuellement sur un projet de bases de tri et de traitement des déchets plastiques en pleine mer, véritables petits ateliers flottants permettant de recycler sur place (au plus près de leur lieu de collecte), en les transformant en objets manufacturés grâce à l'impression 3D, les matériaux ramassés – à qui la fondation pourrait donc à la fois fournir ces matériaux et commander de nouveaux équipements à son usage.

Pour la conseillère, cette formule aurait surtout l'avantage de lui permettre d'investir ses propres deniers discrètement, sans risquer d'être soupçonnée de conflit d'intérêts (ou du moins sans que celui-ci soit trop visible) : elle ne figurerait pas parmi les fondateurs officiels du Spac, ne serait pas elle-même sponsor, elle leur donnerait gentiment son argent, en tout anonymat, pour qu'ils s'amusent avec, au même titre que n'importe quel petit porteur plaçant quelques sous. Elle s'assurerait simplement que la société acquise par le Spac devienne florissante grâce à la fondation et qu'ainsi le prix de ses titres grimpe d'autant. Ce pourrait être un joli plan, songeait-elle au moment où une sorte de hennissement poussé par la femme au chignon la tira de sa rêverie financière.

IV

LE LIMBE DES ENFANTS

1

Les années

Lorsque Madame se trouvait seule dans le salon, le plus souvent en début de soirée, une fois que le cortège des convives, des solliciteurs et des importuns avait cessé, si elle n'était pas trop fatiguée, si son état le permettait, au lieu de se faire emmener vers la chambre aménagée depuis le début de sa maladie au rez-de-chaussée, au bout du couloir, elle restait dans son fauteuil et prenait l'un des deux livres qu'elle conservait en permanence à portée de sa main, sur un petit guéridon, à côté de la tasse de thé que le majordome, à sa demande, venait régulièrement chercher avec son plateau d'argent (qu'elle fût vide ou refroidie) pour la remplir au samovar.

Elle posait alors l'ouvrage sur ses genoux et, lentement, tournait les pages sur lesquelles se répétait, dans un alignement de cases immuables, de gauche à droite et de haut en bas, semblables à une enfilade de photos d'identité inlassablement cadrées de la même façon – avec la même pose, le même regard droit et placide fixé sur l'objectif, les mêmes lèvres fines et closes –, sans sourire ni gravité, sans expression particulière, simplement exposé devant l'appareil, le beau visage de Roman Opalka capturé en autoportrait, jour après jour, année après année, et dont l'image en noir et blanc évoluait graduellement (les marques de l'âge s'y imprimant d'abord insensiblement, de manière presque invisible si l'on se contentait de n'observer que deux ou trois planches, puis de plus en plus nettement au fur et à mesure que l'on feuilletait le livre, des rides apparaissant au front, les sillons nasogéniens s'accentuant, et les cheveux, qui avaient toujours gardé la même coupe négligée, bouclés sur la nuque, virant peu à peu du blond de la jeunesse au blanc dégarni) depuis 1965, l'année où il avait commencé à suivre ce protocole sériel dont l'idée lui était apparue par un après-midi quelconque, avait-il raconté plus tard, alors qu'il n'était encore qu'un jeune artiste de trente-cinq ans qui cherchait sa voie, pendant qu'il attendait tout bêtement sa femme dans un café de Varsovie et que celle-ci n'arrivait pas, le laissant en tête à tête avec son attente, avec le pur écoulement du temps qui se prolongeait interminablement sans qu'il eût, de lui-même, la moindre possibilité d'y mettre fin autrement qu'en patientant ou en s'en allant (mais il aurait alors pris le risque de rater sa femme), de sorte que, soudain en proie à l'une de ces expériences impromptues, de ces épiphanies par lesquelles se produit un basculement décisif, un jaillissement qui peut aller jusqu'à décider de l'orientation d'une vie entière (et qui semble condenser en soi la totalité de ce à quoi un esprit s'était préparé, disposé, tout ce en vertu de quoi une existence s'était organisée et à quoi elle tendait, en insufflant brusquement à la conscience la chose en plus (l'étincelle, l'illumination, la grâce peut-être) qui lui manquait – et qui, n'étaient ce moment et les conjonctions mystérieuses qui s'y nouent, aurait pu tout aussi bien continuer à lui manquer, ne jamais venir), il s'était dit en reprenant une bière, et en se penchant pour voir à travers la devanture du café si sa femme se pointait enfin, qu'à partir de cet instant il consacrerait toute son œuvre future à cela : rendre sensible l'écoulement du temps, lui donner corps dans une forme plastique. Et cette forme, qui lui avait valu une notoriété mondiale (avait fait de lui l'un des artistes les plus emblématiques du courant conceptuel dont il était aussi l'un des précurseurs), elle s'était déclinée en un rigoureux ensemble de cérémonials consistant notamment (outre à se photographier après chaque séance de travail quotidienne) à peindre en blanc, tous les jours, des nombres à la suite les uns des autres sur des tableaux tous d'égale dimension et sur des fonds, au début, uniformément noirs, puis de plus en plus clairs au fil du temps, si bien que pendant les dernières années de sa vie, de sa carrière, parvenu au bout d'un processus qui continuait malgré tout, il en était arrivé à peindre blanc sur blanc, comme si le décompte même du temps avait été absorbé, dissous dans sa matière, et qu'il se poursuivît après sa propre fin.

Ou bien, si c'était l'autre livre que Madame choisissait, entre deux gorgées de thé noir elle regardait courir d'une page à l'autre une autre sorte de série, celle des tableaux, tous conçus sur le même modèle, que l'artiste japonais On Kawara avait commencé de réaliser à New York en 1966, à peine un an, donc, après l'illumination varsovienne d'Opalka, et qui représentaient invariablement la date du jour de leur exécution, peinte minutieusement, à la main quoique sans aucun effet calligraphique, avec quelque chose, au contraire, de machinal, impersonnel, comme imité de l'indication figurant au cadran d'un réveille-matin ou d'une horloge électronique, en blanc sur des fonds monochromes, souvent de couleur vive au cours des premières années, bleus, rouges, puis, les décennies se succédant, l'artiste vieillissant, de plus en plus sombres et ternes, gris, noir pâle, comme si, chez lui, ce n'était plus tant le motif des *date paintings* qui exprimait le passage du temps (l'inéluctable décompte du calendrier universel) que l'arrière-plan sur lequel l'inscription se déposait.

En tournant ces pages, en voyant ces dates s'enchaîner, la Valier s'efforçait parfois de se rappeler où elle était, ce qu'elle faisait tel ou tel jour. Au mitan des années soixante, quand les premiers tableaux avaient été faits, elle était encore jeune adolescente, et si certaines images, certains épisodes lui revenaient, elle ne savait quand les situer précisément : leur date restait floue, interchangeable ; ils apparaissaient, surnageaient en plein dans un brouillard morne, une épaisseur de temps indistincte, et elle ne gardait de ces années qu'une impression de répétition poisseuse, le sentiment d'une vague et constante menace qui flottait autour d'elle, au milieu de quoi quelques réminiscences tranchaient, sans pour autant qu'elle les pût rattacher à l'un des tableaux. Mais plus elle avançait vers la fin du livre, plus elle pouvait identifier avec certitude les jours précis où avaient eu lieu certains événements – son départ et son retour des États-Unis, la naissance de son fils, le deal avec l'un de ces oligarques russes parmi lesquels elle frayait à l'époque, le lancement de l'OPA sur Capris, la cérémonie pour les trois quarts de siècle d'André Valier, la passation, la mort de sa mère, celle de son père ; les autres dates (les autres œuvres cataloguées dans l'ouvrage), en revanche, ne signifiaient rien de plus qu'une simple annotation pour ainsi dire abstraite, quelques chiffres, un nom de mois consigné dans la langue du pays où, chaque fois, se trouvait l'artiste au moment où il avait peint son tableau, empreinte prélevée au hasard dans le fil de la fuite des jours.

De sa main frêle aux doigts striés de bagues, elle caressait le beau papier épais, lisse, sur lequel les images s'étalaient, se suivaient en ritournelle visuelle, inaltérable ressassement plastique ; et elle faisait défiler sous ses yeux, en alternance selon les jours, ou quelquefois l'une après l'autre, ces séries de dates et de visages aux infimes variations, auxquelles la répétition, la monotonie même, redoublées par l'habitude, le recommencement perpétuel, conféraient quelque chose d'hypnotique qui donnait à Madame la sensation, en contemplant les deux épais volumes, de feuilleter du Temps.

2

Surfaces

Au milieu du terrain, après un enchaînement de passes courtes, Sergio Busquets exécuta un une-deux avec Frankie De Jong puis, d'un joli extérieur, il lança dans la profondeur, sur l'aile, Jordi Alba démarqué qui déborda le latéral droit adverse Dani Carvajal avant d'adresser un centre en retrait vers Lionel Messi, seul à l'entrée de la surface de réparation, lequel (sans même prendre la peine de contrôler) enroula une frappe du plat du pied gauche qui alla se loger en pleine lucarne : immédiatement, Igor lâcha la manette de jeu et se jeta à genoux devant le canapé tout en pointant les doigts vers le ciel, le visage extatiquement levé au plafond comme s'il remerciait quelque dieu personnel avec lequel il aurait eu une convention particulière et à qui il devrait son talent (le don inouï, unique et véritablement divin de Messi, dont Igor aurait été le dépositaire pour le temps où il dirigeait son avatar, son simulacre exultant dans un stade virtuel), ou encore quelque esprit défunt et bienveillant en direction de qui monteraient sa pensée, ses hommages, imitant ainsi l'attitude que le footballeur argentin adoptait à chaque fois qu'il célébrait l'un de ses innombrables buts ; et en même temps, derrière lui, Malo faisait mine d'être effondré, la tête dans les mains, piteux et vaincu, accablé, réclamant sa revanche.

Avant de reprendre le match, ils se firent une trace de cocaïne sur le plateau de verre de la table basse, une belle ligne de poudre blanche soigneusement découpée, tassée, étirée, envoyée d'une longue et unique inhalation, d'un trait dans une narine, et accompagnée de quelques gorgées de vodka tonic : de quoi flanquer un bon coup de fouet aux joueurs avant de retourner en découdre sur leur terrain de pixels, le grand écran plasma placardé sur un pan de mur. À la fin de la partie, Barcelone avait écrasé Madrid cinq à zéro (la logique sportive était respectée) et les deux anciens légionnaires commençaient à être légèrement attaqués, juste ce qu'il fallait pour avoir envie de faire un tour en ville.

Le scooter roulait lentement, prudemment, et Malo enroulait ses bras autour du torse d'Igor serré dans un blouson de cuir noir, en ricanant à l'intérieur de son casque dont la visière, associée aux substances qu'il avait déjà ingurgitées, dressait devant ses yeux une membrane cristalline, surface isolante et transparente à la fois, à travers laquelle il regardait le monde de loin avec une impression mêlée d'étrangeté robotique et d'extralucidité qui ajoutait une dimension absurde, un côté comique, aux gestes de tous les gens qu'il observait, à droite, à gauche, massés aux feux rouges, sur les trottoirs, aux terrasses des bistrots, agglutinés à la sortie des cinémas et des salles de spectacles, et dont Malo se moquait, hilare pour lui-même, galvanisé par le sentiment de supériorité, d'invulnérabilité, qu'instillaient en lui non seulement la coke, les amphétamines et la vodka, mais surtout la proximité d'Igor, de ce corps ferme, sec, noueux, qu'il connaissait par cœur et qu'il savait redoutable, capable de combat sans merci et de veille sans fin, de courses interminables où son endurance jamais n'était prise en défaut, capable aussi d'une méchanceté brutale et subite qu'il excellait à canaliser, à garder en réserve, par-devers soi, comme s'il la thésaurisait précieusement (que la violence fût son capital), et à déchaîner lorsqu'il le décidait, sur commande.

Collé contre lui, en passant au milieu de cette sorte de haie d'honneur lumineuse, bariolée, que leur faisaient les vitrines et les enseignes étincelantes le long des Grands Boulevards, Malo toisait avec un mélange de plaisir, de convoitise et de défiance toute cette luxuriance débraillée, outrancière, ce luxe dans lequel ils se mouvaient aujourd'hui, qui les entourait, qu'ils avaient voulu, recherché, et qui contrastait tellement avec l'univers dépouillé et austère, l'environnement spartiate, rude et rustre qui étaient les leurs au temps où ils s'étaient rencontrés – à la période où côte à côte, ou l'un derrière l'autre, ils rampaient sur du ciment à s'en écorcher les mains et les joues au seul prétexte qu'ils en avaient reçu l'ordre, creusaient des trous pour rien dans rien, pour le principe de se roder à creuser des trous dans du sol solide et rêche, cassaient des cailloux à s'en faire saigner les pognes autour de leur manche de pioche, s'éclaboussaient dans la boue, clopinaient dans le sable ; quand, ensemble, ils suivaient les entraînements, leurs exercices de troupe, se planquaient sous un muret le Famas au poing en attendant le signal de prendre d'assaut un immeuble vide, réduit à un squelette de béton, aux étages suspendus, raccordés par des escaliers décharnés, au sein de quoi ils évoluaient comme si les guettaient des unités ennemies fictives, des hordes sanguinaires fantômes, face auxquelles ils se contorsionnaient en treillis camouflage, et abritaient leurs bérets verts derrière des poteaux de béton nu.

Il n'y avait rien à regretter de tout ça, se disait Malo, mais comment se faisait-il que, parfois, il lui arrive encore de sentir de la nostalgie envers quelque chose qu'il ne regrettait pas ? Pour rien au monde il n'aurait voulu retourner à la Légion, avec les crève-la-faim arrivant de nulle part, tous à moitié fêlés, avec la paie chiche, rachitique, les casernes rudimentaires, la bouffe à chier, le corps corvéable, la tête cannibalisée, l'être entier affecté à la troupe, et surtout avec cette permanente, arbitraire et dévorante discipline qui semble ne servir rien ni personne d'autre qu'elle-même, avoir sa justification en soi : la discipline comme origine, comme principe et comme fin de tout.

Pour le compte de l'agence Protect&Connect, lorsqu'ils se retrouvaient au service du président, de Iouri Kouritchev ou de la mère Valier, la discipline, certes, n'était pas moindre, mais au moins était-elle tendue vers un but concret ; on savait ce qu'on faisait, on protégeait quelqu'un, on ne se pliait pas à une idée ; et surtout, on gagnait du pognon. Un gros tas de fric. Pourtant, quand avec Igor ils se remémoraient une blague, un épisode de leur vie de légion, ou ce commandant aux yeux tristes qui donnait l'impression de s'être échoué là après avoir tout raté et de ne plus rien attendre d'autre de la vie que de pouvoir asséner des ordres que seule la hiérarchie, sans autre espèce de foi ni de raison, l'autorisait à brailler, ou encore l'un de leurs anciens collègues (par exemple cet inénarrable abruti de Hongrois, prénom Tibor, une armoire à glace de vingt-sept ans dont huit de légion, absolument con comme ses pieds qui, pour ce qu'on en savait, venait d'un affreux bled perdu dans une plaine boueuse où il s'était distingué, adolescent, comme champion de boxe régional catégorie grand cinglé et comme délinquant, avait mangé de la prison pour mineurs, s'était évadé, y était retourné, et à dix-neuf piges finalement s'était barré en autostop à travers l'Autriche et l'Allemagne avant de débarquer à Metz où il s'était engagé, et qui, un soir de perm à Castelnaudary, avait fait le serment imbécile de n'épouser aucune femme, jamais, si ce n'était pas une veuve qui tiendrait un bistrot, afin de pouvoir ainsi s'enquiller à l'œil des pastis au comptoir toute la journée, accessoirement se taper la patronne dans la réserve quand bon lui chanterait et (il n'oubliait pas la compagnie) rincer les potes de passage ; et il avait exactement tenu parole, ça lui était tombé dessus, il avait rencontré en Guyane, lors d'une autre perm avinée, une femme qui était là en vacances chez des cousins, qui venait juste d'enterrer son jules et présentait l'avantage d'être propriétaire d'un bar-tabac à côté d'Angoulême : le con avait peut-être trois neurones valides mais il les avait tous bluffés, il avait eu ce qu'il voulait, la belle vie selon lui, il était le plus heureux des gars du régiment, se souvenaient Igor et Malo lorsqu'ils y repensaient), ils se disaient alors en soupirant : "C'était trop la bonne époque."

Sur une zone entre des zébras réservée aux deux-roues, à une centaine de mètres de l'entrée de la boîte, ils garèrent le scooter (casques enfournés dans le coffre sous selle) et, sur le trottoir, en contournant la file d'attente coagulée devant la façade en faux marbre de l'établissement, saluèrent familièrement Pascal le physio et Moussa le videur, poignées de main, bourrades à l'épaule, qui leur ouvrirent de concert *Bonne soirée les gars*, synchros, les deux panneaux laqués noirs entre lesquels ils s'engouffrèrent dans un sas enduit de moquette rouge tigrée, flamboyante. Après quoi, devant eux s'écarta une nouvelle double porte noire similaire à la précédente, derrière laquelle on tombait face à face avec une sculpture de léopard dorée qui vous accueillait, altière et placide (un bon gros matou), sur le seuil d'une grande salle balayée de spots multicolores et de lasers tournoyants, dont un côté était occupé par une piste de danse où des corps nombreux, à touche-touche, se trémoussaient en chœur selon des cadences désaccordées (comme s'ils ne suivaient pas tous la même musique, ou épousaient des rythmes divers à l'intérieur de la même musique), donnant une sympathique impression globale de désordre improvisé, bon enfant, sous les regards des buveurs affalés sur leur banquette en velours, ou plantés sur des tabourets de skaï, devant de petites tables rondes et basses au-dessus desquelles montaient, pareilles à des bouches de canon miniatures et dressées vers le ciel en différentes directions, les bouteilles dont le goulot dépassait des seaux à champagne remplis de cubes de glace.

Entre les piliers en forme de palmiers artificiels, un serveur qu'ils ne connaissaient pas (un nouveau, sans doute) vint à leur rencontre. Quand ils lui eurent donné leurs prénoms, il les accompagna vers le fond de la boîte, au-delà du bar en bois sculpté où, entre les consommateurs ordinaires accoudés, les danseurs assoiffés qui s'octroyaient une pause le temps de se rafraîchir, et les crevards errants sans table réservée qui faisaient la queue pour commander leur boisson avant de la siroter debout, splendides et suspendues, juchées sur de hautes chaises, exposées à la vue (et Igor et Malo, au passage, ne se privèrent pas de les reluquer goulûment), les mêmes putes africaines que de coutume (et si ce n'étaient elles, c'étaient donc leurs sœurs) s'offraient au chaland, les yeux dans le vague et l'air de s'emmerder autant que dans une salle d'attente de la sécu.

Une fois que le garçon leur eut désigné leur place du soir (une table correcte, VIP *middle-class*, pas les meilleurs spots en première ligne juste devant la piste de danse, ni les plus distingués, en retrait), Malo lui fila un biffeton en réponse à quoi, vrillant souplement sur lui-même et secouant la tête au son du *Daddy Cool* (comme si c'était plus fort que lui et que, par contamination, la proximité du dancefloor envahissait irrépressiblement son corps, le poussait à s'associer à celui des danseurs, et qu'il eût le plus grand mal à se retenir de tout lâcher pour rejoindre la piste), il s'en alla chercher la bouteille incluse dans la réservation.

Autour d'eux, ils pouvaient reconnaître quelques visages familiers, d'autres habitués. Là-bas, à droite, derrière une tablée de Reubeus, il y avait trois types en costard à qui ils n'avaient jamais parlé mais qu'ils voyaient tout le temps, à chaque fois qu'ils venaient, qui restaient toujours en trio, assis sur leur canapé, à bavarder en matant les meufs, et qu'ils imaginaient travaillant à la Défense. Et puis Malo reconnut, adossé à un mur, sous une tapisserie imprimée baveuse représentant un paysage tropical au coucher du soleil, l'un de ces intermédiaires dont on ne sait jamais exactement dans quel commerce ils trempent, des armes, du bois, des minerais ou du pétrole, avec qui il lui était arrivé de boire des verres (généralement, pour Malo, de la vodka bien frappée) dans un club très similaire à celui-ci (était-ce à Bangui, à Dakar, à Abidjan ?).

Du temps de ce que l'on avait appelé la Françafrique, ici se réunissait le beau monde du partenariat colonial perpétué après les indépendances ; on négociait des contrats, on débloquait un permis de construire ou de séjour, on dansait avec tout un tas de gens respectables, avec des fils de chefs d'État, voire avec les chefs d'État eux-mêmes, qui, après leur petit tour de piste, replongeaient dans des conversations versatiles, oscillant entre bagatelles, ragots et transactions, avec des hommes politiques locaux – ministres de la république, parlementaires, conseillers occultes, escrocs agréés – et des hauts dirigeants d'entreprise venus moins pour la samba, le zouglou, le collé-serré ou le coupé-décalé que pour éclaircir et promouvoir leurs intérêts, y intéresser à leur tour des interlocuteurs choisis et bien disposés, en somme user de la boîte de nuit comme d'un accélérateur de particules relationnelles, un vivier d'affaires juteuses. Aujourd'hui, de cette époque glorieuse ne restaient plus que des survivances, et la dégradation du pédigrée des clients, l'étiolement des renommées reflétaient directement la perte d'influence de la France en Afrique et la disparition des hommes qui l'incarnaient, les figures hautes en couleur, comme on dit (à l'image de tel conseiller de l'ombre, adepte d'une sorte de bohème du grenouillage politique, trimbalé au gré de ses amitiés entre les Affaires étrangères, la mairie de Paris, le Sénat et la présidence de la République, aussi discret dans la vie publique qu'exubérant dans le privé, et mort d'une crise cardiaque à soixante ans après avoir consumé un nombre invraisemblable de ses nuits à se mettre la tête à l'envers sous les stroboscopes et les cocotiers factices, à se défoncer à la colombienne et jubiler sur des danses afros où, paraît-il, il excellait, ce qui lui avait valu la pudique réputation de "fêtard" et le statut de pilier du lieu, ou encore du patron "historique" du club lui-même, lequel s'était rangé des bagnoles il y a quelques années, c'est-à-dire qu'il avait rangé pour de bon, dans le garage de sa maison de Neuilly, la Rolls-Royce blanche qu'il avait eu coutume pendant trois décennies de garer tous les soirs dans la rue, juste devant la porte de la boîte), laissant désormais la place à des succédanés de moindre flamboyance, des ingénieurs, des cadres ou des barbouzes de seconde catégorie, tout ce personnel qui continuait de travailler pour les entreprises françaises en Afrique (de servir les intérêts de la vieille puissance coloniale destituée dont la domination s'était érodée d'année en année, l'espèce de courroie organique qui avait attaché l'ancienne métropole aux anciens morceaux de son empire s'étant détériorée, réduite au point de ne plus persister qu'à l'état d'idée reçue, toujours rabâchée mais sans effet véritable, à la façon de ces tournures proverbiales, figées dans la langue et quasi folkloriques, que l'on persiste à usiter par habitude, par commodité, par paresse, et qui ne renvoient plus à rien dans le réel, ou de ces fallacieuses traditions d'emprunt, entretenues pour faire plaisir aux touristes, aux visiteurs en mal de dépaysement à qui elles se destinent exclusivement, qui servent aux autochtones à leur vendre les colifichets et les certitudes qu'ils sont venus chercher), ces employés de grands groupes et d'administrations qui s'expatriaient et vivaient là-bas entre eux, isolés de la population, regroupés dans des quartiers pelotonnés sur eux-mêmes, des bulles urbaines résidentielles sécurisées, où ils fréquentaient exclusivement d'autres expats, habitaient les mêmes maisons, se drapaient dans les mêmes couleurs locales, envoyaient leurs enfants dans les mêmes écoles, fréquentaient les mêmes lieux, les mêmes restaurants et cabarets.

Malo y était allé, lui aussi, il avait vu suer à grosses gouttes, sur des dancefloors clairsemés, en dansant maladroitement avec des filles du cru, les toubabs aux oreilles rouges, aux fronts cramoisis, qui formaient le contingent des exilés, la queue de la comète coloniale. Et à leur retour en France, ceux-là s'empressaient de venir ici pour se donner la sensation de retrouver le dépaysement perdu, parler de l'Afrique entre initiés et pour ainsi dire sur place, dans un bout d'Afrique rapporté en plein Paris, où les expats pouvaient continuer à faire les expats, jouir des privilèges et de l'entre-soi des expats, et porter sur les filles qui dansent, sur celles qui patientent au comptoir, le regard de l'expat.

Igor trépignait déjà et Malo sentit sa main passer dans son dos pour lui signifier qu'il fallait y aller. Ils procédaient toujours de la même façon : tandis que l'un restait finir son verre, l'autre se levait (le plus souvent, Igor) et se dirigeait vers les toilettes où il faisait gentiment la queue en attendant d'être la dernière personne devant la porte ; trois minutes plus tard le copain arrivait et d'abord demeurait un peu en retrait puis, lorsque le premier était entré dans les chiottes, le second guettait le moment où la voie était libre (l'endroit désert ou presque, une ou deux personnes peut-être avec le dos tourné en train de pisser à l'urinoir ou de se sécher les mains sous la soufflerie automatique) pour grattouiller contre le battant et, dès celui-ci entrouvert (la mollette tournée à l'intérieur et la petite pastille rouge, au-dessus de la poignée, soudain virant au vert), se glisser à son tour dans la cabine.

Leur manège n'était pas franchement discret, probablement le staff de la boîte n'en était-il pas dupe ; mais il ne leur importait pas de passer inaperçus, simplement de donner des gages de discrétion par égard pour le club, pour le service de sécurité : leur montrer qu'ils ne considéraient pas les règles à la légère, ni avec nonchalance, puisqu'ils veillaient à prendre des précautions pour les enfreindre. Ils se retrouvaient alors debout l'un près de l'autre dans le réduit minuscule, leurs deux corps empêtrés d'eux-mêmes et de celui qui le frôlait, et ils entremêlaient leurs respirations, l'odeur de leur transpiration, ils bougeaient sans bruit, en déplaçant lentement leurs membres pour trouver, à chaque mouvement, le bon emboîtement, leurs peaux se touchaient, la peau blanche, glabre d'Igor, celle plus mate de Malo, et d'une poche sortait un sachet de plastique transparent enroulé dans une gaze bleue, d'où une main (un doigt qui tapotait sur l'arête rigide du sachet) faisait tomber un petit tas de poudre sur la surface plane, en plastique blanc, du couvercle du réservoir de la chasse d'eau ; une carte bleue séparait, égalisait les deux rails identiques, juxtaposés sur la tablette. Au moyen d'un billet de cinquante euros roulé en paille, Igor sniffa la première ligne avant de se coller à la paroi de la cabine pour laisser Malo se faufiler, prendre sa place, accéder lui aussi, avec la même paille improvisée que venait de lui tendre Igor, à la trace de cocaïne préparée pour lui. Ils se regardèrent ; ils sentaient en même temps, tous les deux, descendre au fond de leur gorge le trait âcre de la substance, et presque aussitôt une électricité particulière se mettre à circuler en eux, gagner leur mâchoire, irradier dans les épaules, la poitrine, bander les muscles des cuisses, une modification simultanée les envahir, le même flux chimique passer de l'un à l'autre, et cette reconnaissance mutuelle (le fait de savoir exactement, pour l'éprouver soi-même, ce qui était en train de se tramer dans le corps du camarade) accrochait à leurs lèvres un sourire de délectation. Il y eut un bref silence au-dehors, aucune voix, aucun bruit de pas, ni robinet ni chasse d'eau, et Igor sortit alors de la cabine pendant que, derrière lui, Malo se renfermait et restait encore quelques instants cloîtré, qui en profita pour remballer la came et pour pisser un coup en se disant que oui, décidément, la belle vie c'était maintenant qu'ils l'avaient, et tant pis pour le commandant triste, pour Tibor le Hongrois, pour les autres parmi lesquels on se fondait jusqu'à n'être plus qu'une seule force collective, tant pis pour l'adrénaline des projections opérationnelles et le fun des entraînements, l'uniforme super classe et les chansons, les chouettes soirées au cercle mess du Cenzub, tant pis, ils avaient eu raison de quitter la Légion, pensait-il en se rebraguettant puis en se frictionnant les mains au-dessus du lavabo tout en scrutant son reflet joufflu dans le miroir, sa barbe bien taillée, avant de rejoindre Igor à leur table et de se resservir du champagne : si ça n'avait tenu qu'à lui, il aurait préféré une bonne vodka glacée, mais l'étiquette du lieu était catégorique, elle exigeait en contrepartie d'une table réservée qu'on se payât le Moët & Chandon qui allait avec.

Somme toute, avec de la coke dans le pif, les bulles faisaient du bien, le picotement sur la langue et cette pointe acide se mariaient idéalement avec le goût amer laissé par la prise, et, épaule contre épaule, écroulés sur leur banquette et leur flûte à la main, trinquant joyeusement dans le vide à la santé de personne, de leurs pupilles dilatées les camarades zyeutaient les clients qui allaient et venaient de la piste aux tables et au comptoir. C'était ce moment de la nuit où la boîte est toujours le plus bondée, entre 2 et 3 heures, quand ceux qui sont arrivés tôt n'ont pas encore mis les voiles et que ceux qui ont commencé la soirée ailleurs, dans les bars qui ferment à 2 heures, poursuivent ensuite la fête en club ; et parmi les nouvelles têtes qui peu à peu prenaient possession de l'espace, soudain, Malo crut voir quelqu'un.

Depuis qu'il avait été écarté de l'équipe de sécurité du président, et lorsque la famille Kouritchev n'avait pas besoin de lui, il s'était vu confier par l'agence plusieurs missions en Afrique, où il devait accompagner divers intermédiaires, négociateurs ou experts, que leurs sociétés envoyaient sur le terrain pour mener quelque tractation commerciale, superviser des opérations, et qui pour la plupart ne se privaient pas, au passage (cela donnait du piment au séjour, figurait, pour ainsi dire, dans le package de leur rôle d'émissaire européen), de visiter quelques hauts lieux de la vie nocturne locale. Un soir, à Bangui, dans l'un des plus anciens dancings de la ville où l'on entrait, sous une arcade, par une épaisse porte capitonnée rouge vif, on diffusait en direct sur un écran géant un combat de boxe qui se déroulait à Riyadh (le championnat du monde des poids lourds où un challenger camerounais affrontait le tenant du titre, mastodonte au physique gras d'ogre de conte, de fort de foire plus que d'athlète, un colossal *traveller* irlandais que l'on surnommait "le Roi des gypsies") que le client de Malo et sa tablée de toubabs étaient spécialement venus pour regarder et que Malo se trouvait bien heureux, grâce à eux et sans déroger à l'exercice de ses fonctions, de pouvoir suivre lui aussi. En plein milieu du match un ramdam du côté de la porte avait annoncé de nouveaux arrivants et l'on avait vu apparaître, bardé de ses médailles, ses distinctions en barres sur le paletot, un des chefs militaires membres de la garde rapprochée du président, l'un des plus hauts gradés de l'armée centrafricaine, qui était venu s'asseoir sur une banquette, non loin d'eux. Et puis, quelques minutes plus tard, trois Russes passablement éméchés dont, se souvenait Malo, il était évident pour tout le monde à l'intérieur du club (nul n'avait besoin d'en parler ni de les observer attentivement pour le savoir : leur présence dégageait une sorte d'émanation sulfureuse qui signait leur appartenance) qu'ils faisaient partie des troupes de mercenaires qui quadrillaient la région et que le pouvoir en place, afin de garantir sa sécurité et de lutter contre les rebelles, employait en échange de l'accès à des concessions minières accordé à leur patron (l'oligarque, parmi les plus terrifiants de la clique gravitant autour du tyran aux yeux glacés, qui finançait l'armée privée, recrutait ses effectifs et les mettait à la disposition d'alliés choisis), ces Russes étaient entrés à leur tour, qui riaient et s'esclaffaient bruyamment dans leur langue, et s'étaient installés à une table près de la piste de danse.

Un mois plus tôt, trois journalistes de leur pays avaient été assassinés dans des conditions atroces sur le chemin d'une de ces mines d'or, au nord de la capitale (on avait retrouvé sur le bord d'une route de terre rouge, en plein milieu de la brousse, à plusieurs kilomètres du premier village, leur véhicule et leurs cadavres sauvagement mutilés, mais aucune trace de leur chauffeur, évaporé dans la nature), et malgré le sommaire déguisement de ce massacre en un guet-apens qu'auraient pu mener des milices insurgées, nul n'ignorait à Bangui que c'était bien cette autre milice, celle des Russes, avec la bénédiction de l'armée officielle (et peut-être même l'assentiment direct du général à présent assis près d'eux, éberlué, bouche ouverte, devant le combat de boxe), qui avait torturé et abattu les trois hommes, et sans doute autant pour les empêcher d'aller mener l'enquête sur les sites d'orpaillage que pour, comme on dit, faire un exemple, envoyer un message, dissuader leurs éventuels comparses trop curieux de s'embarquer à l'avenir dans de similaires investigations.

Sur l'écran, sa majesté des *travellers*, la montagne de muscles et de graisse, levait ses bras gigantesques au milieu du ring : son adversaire était déjà allé trois fois au tapis, à la septième reprise ça sentait le KO, l'arbitre avait pris la décision d'arrêter le combat et de déclarer vainqueur le champion du monde irlandais qu'entouraient maintenant une foule de gens manifestement très contents, qui félicitaient chaleureusement le perdant hagard aux arcades sanguinolentes, aux pommettes défoncées, et célébraient le triomphe du géant à qui l'on avait remis l'énorme ceinture dorée (un bijou à sa taille) symbolisant son titre (l'hégémonie mondiale), qu'il brandissait dans les airs au-dessus de sa tête. Indifférentes à l'issue du combat, de l'autre côté de la salle, des filles se déhanchaient sur le dancefloor, arpentaient le damier lumineux que formait le plancher, dont les combinaisons d'éclairages multicolores variaient avec la musique. L'un des Russes s'était levé, approché de l'une d'elles et avait commencé à lui tourner autour, à mimer des postures suggestives, à se coller à elle, à poser les paluches sur ses hanches dont la fille se dégageait, une fois, deux fois, si bien qu'un brave type qui se trouvait là, à portée de main, avait tapoté sur l'épaule du mercenaire (une petite tape sans agressivité, presque amicale) et d'un geste de l'index, un battement de métronome, lui avait indiqué qu'il était préférable qu'il laisse la dame danser en paix. Alors tout était allé très vite : le Russe avait agrippé au col le type, qui, surpris, cherchait à le repousser tandis que déjà les comparses du mercenaire étaient sur lui, l'un armé d'une bouteille de bière qu'il lui avait explosée sur le front pendant que l'autre lui balançait un féroce crochet au foie et que le troisième lui assénait une balayette dans les jambes qui l'avait fait tomber à plat ventre, et ce fut un déluge de coups de pied dans les côtes, dans la tête, de sang qui gicle sur la peau noire et de crachats dans la gueule.

Et Malo se souvenait distinctement qu'à cet instant précis de la bastonnade, en voyant le plaisir manifeste, débridé que les soldats prenaient, sous les demi-boules à facettes encastrées dans le plafond, devant les yeux épouvantés des femmes, à fracasser le pauvre gars, il avait eu envie de se joindre à eux, de participer à cette éruption absurde, gratuite et débile de violence ; qu'il lui avait fallu prendre sur lui, se retenir et rester tranquille, ne pas perdre de vue pourquoi (pour qui) il était là, et assister sans moufter à la scène, à l'intervention de quelques gros bras centrafricains courageux qui s'étaient interposés entre les mercenaires et leur victime, leur avaient signifié que ça suffisait bien comme ça, et que la raclée qu'ils venaient d'infliger à celui qui, à moitié assommé, gisait en contrebas du dancefloor devait s'arrêter là sous peine de provoquer un plus ample désordre à quoi nul n'aurait intérêt, personne ne voulant voir débarquer la police, ni les propriétaires, ni les clients du club, ni les amis du malheureux garçon châtié, ni le général d'armée ici présent, ni les mercenaires eux-mêmes qui s'entrefélicitaient comme après une bonne blague, une franche partie de rigolade, et déjà retournaient s'asseoir à leur table en abandonnant à son sort le souffre-douleur qu'on aidait à, péniblement, se relever, s'éloigner en chancelant, en se tenant les côtes et le visage ensanglanté, soutenu par un vigile qui l'avait emporté vers le fond de l'établissement où, sans doute, on avait dû le soigner sommairement, lui éponger la face tuméfiée, le raccommoder vite fait à l'aide d'un rudimentaire attirail, d'une simple trousse à pharmacie, avant de le laisser rentrer chez lui – de le renvoyer dans la rue sans autre forme de secours.

Du regard, dans l'épaisse foule bambocharde du club parisien, Malo à présent cherchait l'homme qu'il croyait avoir entraperçu, sans se lever de sa place, discrètement. Il commençait à se dire qu'il avait eu la berlue, s'apprêtait à renoncer à son étrange traque visuelle, à proposer à Igor de retourner vers les chiottes se taper une nouvelle trace avant de troquer le champagne contre de la vodka, lorsque brusquement, derrière un pilier (un palmier artificiel), il distingua le visage qu'un faisceau de lumière verte, en passant, éclaira en plein, et en qui il reconnut, cette fois il en était certain, mais qu'est-ce qu'il pouvait foutre ici ?, l'un des trois Russes de Bangui, de ceux qu'il avait observés avec envie (et même plus que de l'envie : ce sentiment de fraternité muette et clandestine qui lie ceux qui s'adonnent aux mêmes jeux interdits ou partagent des pulsions semblables) se défouler contre un pauvre gars de bonne volonté, courtoisement accouru pour défendre une jeune femme importunée ; et Malo se dit que ce serait amusant qu'ici, ce soit lui, le mercenaire, à son tour, qui se fasse démonter le portrait.

3

Tunnel

C'est Londres et son crachin, cette pluie en poudre le ciel décomposé dont on croirait qu'il se répète se recycle s'évertue à se ressembler à lui-même se conformer à sa propre caricature, faire de Londres une parodie londonienne, et mon imper lui aussi je crois qu'il fait un bon chromo de vêtement, le pardessus typique du passant ordinaire de Kensington, il ne me manquerait plus qu'un assortiment pépin chapeau melon pour avoir l'air sorti tout droit d'un polar sauce à la menthe élémentaire mon cher Watson ou un vieil Hercule Poirot à moustaches, quiconque me croiserait n'importe qui penserait sur ces trottoirs avec mon col relevé que je suis un bon Londonien moi-même, l'Anglais de base et de la haute, un des nombreux aristocrates ayant élu domicile dans les beaux quartiers plutôt que dans leur lointain manoir perdu froid venteux pluvieux dans le Biduleshire, je pourrais tout à fait l'avoir la gueule anglaise et pour cause, une moitié de sang rosbif ce qui coule dans mes veines, je n'ai peut-être pas le nom ni la nationalité l'état civil mais j'en ai le père le géniteur, le patrimoine génétique. Tout à l'heure mon père quand il m'a ouvert sur le seuil de chez lui je l'ai trouvé vieilli, toujours quand même bel homme svelte élégant, il lui reste quelque chose c'est sûr du playboy qui a séduit ma mère dans leur jeunesse il y a bientôt cinq décennies, mais peut-être que si je n'étais pas là, si je ne lui téléphonais pas ne venais pas le voir de loin en loin il s'en souviendrait à peine, ma mère ne serait plus pour lui qu'un vague souvenir en voie d'effacement au milieu des souvenirs déjà perdus, sa femme était là comme lui toujours digne droite et encore chic ils sont bien tous les deux, une sorte de classe british *I presume*, il m'a fait entrer m'asseoir dans le même fauteuil que d'habitude, c'est une habitude distendue étirée dans le temps faite d'occasions rares éparses qui ne se répètent qu'à intervalles irréguliers mais c'en est une, la répétition suffit à ce que je puisse dire "quand je viens voir mon père" et à fabriquer avec ça un souvenir, celui d'une chose qui aura fait partie de ma vie, que je pourrai plus tard quand je ne viendrai plus me remémorer comme une habitude ancienne, dans le temps je venais à Londres voir mon père, je prenais un taxi à Saint-Pancras déposais mes affaires à l'hôtel dans son quartier, je me rafraîchissais parfois je me changeais et ensuite je marchais le long de quelques rues jusqu'à la maison victorienne prise dans son alignement de maisons mitoyennes presque toutes identiques cossues devancées par un porche un portique porté par de belles colonnes cannelées façon hellénisante et trois marches à monter, je me pointais j'étais attendu et content de revoir mon père, le type sympa, celui que je n'avais pas pu enfant appeler papa, je n'allais pas m'y mettre à vingt ans et puis après c'était trop tard. Mais jusqu'à aujourd'hui jamais, ce sera un autre genre de souvenir, je n'étais venu avec quelque chose à lui dire de précis, quelque chose d'important, un message que je voulais lui délivrer seul à seul et de vive voix, et il l'a senti sans doute, il a senti que je n'étais pas là comme d'habitude pour le voir prendre des nouvelles au hasard d'un passage à Londres, qu'une autre nécessité me portait jusqu'à lui, et même si nous avons commencé par bavarder un peu les considérations d'usage les derniers résultats d'Arsenal qui remontait la pente après une période de vaches maigres et ceux de Chelsea fort décevants ces derniers temps, assez vite, je ne sais plus comment la conversation a glissé comment j'y suis venu, je me suis mis à parler de maman, à dire à mon père qu'elle était malade, très malade, même si elle dissimulait encore plus ou moins sa maladie, et que malgré cela cette dissimulation de plus en plus de gens étaient au courant, ça fuitait, ça courait, et lui mon père l'aurait peut-être appris bientôt par d'autres biais et je préférais que ce soit par moi plutôt que par je ne sais qui, par la presse ou par tel indiscret de la City amateur de ragots du milieu financier cancanés entre deux pintes d'ale dans un pub aux murs en lambris vieux bois sombres recouverts de fanions de collèges de clubs de cricket et de rugby, je lui ai dit presque à voix basse comme un secret une confession embarrassante que c'était grave, que j'étais inquiet triste et m'attendais au pire, j'ai vu alors à son visage à la fois flegmatique et doucement médusé qui me regardait fixement qu'il cherchait à comprendre pourquoi j'étais moi en train de lui raconter ça, il était étonné de ce que je lui annonçais mais sans que je puisse savoir si cette surprise était due à la nature de ce que je lui disais, à la maladie de ma mère, ou au fait que j'aie pris le train jusqu'ici, que je sois venu moi-même la lui annoncer comme si cela pouvait le concerner, avoir une incidence une résonance quelconque dans son existence intime, dans sa vie, à lui qui n'avait pas revu ma mère depuis presque, quoi, un demi-siècle ? J'aurais pu lui téléphoner me contenter de lui envoyer un mail un SMS mais non, j'ai préféré faire le chemin en première classe par le tunnel sous la mer et pourquoi ? moi-même à ce moment-là je ne le savais plus, à considérer la réaction de mon père je ne comprenais pas pour quelles raisons j'étais là, ce que j'étais venu chercher, peut-être avais-je seulement voulu donner du poids à l'annonce, donner ainsi une importance au fait lui-même mais surtout à son destinataire, montrer à mon père que malgré tout, malgré la distance les années, malgré son nom qui n'était pas le mien, je tenais à lui et que je l'incluais dans l'histoire, si ce n'était dans celle de ma mère du moins dans la mienne, et que la perspective de la disparition possible sinon prochaine d'Eugénie, j'avais cru bon de venir l'en informer personnellement, de la partager avec lui. Il avait l'air embêté pour moi, sincèrement attristé, il ne s'en foutait pas, non, il était sans doute réellement peiné, après tout il s'agissait quand même de son ex comme on dit et bien que ce mot "ex" entre eux, à propos d'eux, je ne puisse m'empêcher de le trouver cocasse dissonant un peu absurde mais ils étaient restés quelque temps ensemble aux plus beaux jours de leur plus belle jeunesse, et si ça n'avait tenu qu'à lui sans doute l'aurait-il épousée la petite Valier, et peu importe quelle dose d'amour d'opportunisme et d'arrangement il y aurait eue dans ce mariage, comme s'il n'y en avait pas comme si ça n'était pas le cas dans la plupart des épousailles, presque toutes, si elle n'avait pas voulu élever son gosse toute seule sans son concours ni son avis, si elle avait accepté de l'inclure dans la famille, de lui faire une place entre elle et son propre père, c'est-à-dire faire de lui une entorse à leur haine, une contrepartie un contre-feu à leur conflit sourd larvé permanent, cette sorte d'union paradoxale dévorante qui occupait déjà tellement de place dans leur équilibre affectif, dans leur cœur comme on dit, mon père anglais serait resté avec et parmi nous, il aurait été mon père, je l'aurais appelé papa, j'aurais porté son nom. Dans les rues de Londres je n'aurais pas été cet étranger de passage avec son déguisement imperméable mais un enfant du pays. Quand on me l'aurait demandé j'aurais épelé son nom au lieu du mien, de celui de ma mère et de mon grand-père et surtout par-dessus tout de celui du groupe Valier. Mon nom n'est pas mon nom, c'est celui d'une entreprise multinationale, notre famille n'a pas comme on pourrait le croire donné son nom à un grand groupe c'est le contraire qui s'est passé, c'est l'entité économique qui a infusé dans notre nom, qui s'en est emparée l'a délesté peu à peu de la litanie d'ancêtres inconnus qui l'avaient porté avant mon grand-père et ma mère, c'est le groupe qui nous a baptisés et non l'inverse. Nous sommes devenus les prête-noms d'une société, presque une marque un label une appellation contrôlée, et aujourd'hui après tout ma mère ne se rend-elle sans doute pas compte, ou alors n'en tient-elle pas compte, qu'en vendant tout le groupe comme elle est en train de le faire, de finir de le faire, en soldant une à une les activités les branches en dilapidant la fortune le capital en purgeant notre famille de tout ce à quoi notre nom était attaché, tout ce à quoi nous prêtions notre nom, tout ce qui l'avait envahi jusqu'à l'en faire devenir le réceptacle le signe, elle le débarrasse de la créature économique qui se l'était approprié, notre nom au moins ça elle ne le vendra pas, elle ne trouverait personne pour l'acheter. Le groupe Valier sera bientôt complètement dissous et il ne conditionnera plus alors l'existence des porteurs de ce nom, notre existence, en séparant notre nom de l'entreprise à laquelle il servait d'enseigne ma mère sans le vouloir le rend à lui-même, et moi si je perds la fortune les actions la tête du groupe, que ça lui plaise ou non au moins cela me reviendra-t-il, je vais retrouver mon nom, c'est une chose que ma mère ne pourra pas m'enlever. Quand il m'a raccompagné à la porte dans le couloir de la maison victorienne mon père s'est tenu devant moi, il avait encore ce regard étrange où je me demandais s'il fallait lire de la compassion de la consternation ou juste une affection authentique et authentiquement navrée, il a paru hésiter quelques instants sur la conduite à tenir les mots à me dire, et soudain, très doucement, il m'a pris dans ses bras, assez longuement avec tendresse comme il ne l'avait jamais fait avant, est-ce que c'était comme à un ami ? comme à un fils ? comme à n'importe qui confronté à un malheur et que l'on tente de consoler avec le très peu de moyens que nous avons, un peu de douceur, de chaleur humaine ? Depuis longtemps il n'a plus ses parents lui je le sais, s'est-il dit que bientôt ce serait mon tour ? Je serais moi aussi sans mère et sans père, sinon ce père qu'il n'avait pas été, j'entrerais bientôt avec lui dans la confrérie des orphelins, et puis il m'a embrassé, c'est ça, avec une sorte de fraternité dans son geste, et lorsqu'il m'a relâché il m'a regardé encore, m'a demandé en chuchotant si ça allait et j'ai fait oui de la tête, j'ai fait oui et j'ai dit merci, il m'a embrassé de nouveau sur les deux joues, à la française, et c'est moi qui ai ouvert la porte une jolie porte blanche à la peinture parfaite victorienne, avec une clochette contre le chambranle, il est resté sur le seuil, dans l'encadrement, il m'a regardé descendre les marches partir m'éloigner dans la rue propre tranquille victorienne, il m'a fait un au revoir de la main avec un sourire qui signifiait reviens bientôt quand tu veux, un sourire simple sans émotion particulière sans adieu sans rien qui évoquerait une séparation décisive, juste le salut affectueux ordinaire de ceux qui savent qu'ils vont se retrouver un jour prochain, que rien ne s'opposera à leurs retrouvailles. La bruine continue persiste, elle fait comme une nappe cotonneuse à l'intérieur de laquelle on bouge englué, le sentiment de vivre dans un nuage, et mon imper couleur locale est trempé ruisselle autant que si au lieu de ce crachin insistant pleuvait une vraie pluie battante, je ne sais pas si j'aurais aimé vivre à Londres en fait, être de ces gens dans la rue londonienne qui portent des imperméables tout le temps et partout, et des parapluies, se promener se déplacer escorté par un flottement lavasse de particules suspendues, être perpétuellement mouillé, et qu'est-ce que j'irais faire avec un nom anglais ? Je marche vers l'hôtel, à la réception je n'ai plus besoin de me présenter ils me connaissent, je suis Mister Valier pour eux pour tout le monde là-dedans, et ce nom, oui, je m'en rends compte, je serai probablement bientôt le seul le dernier à le porter, je n'ai pas eu d'enfants du moins pas encore, sait-on jamais ce que la vie réserve, il n'est pas trop tard après tout, je serai peut-être un père tardif il y en a plein, et s'il y a un autre Valier après moi au moins il aura le nom de son père et pas d'un titre en Bourse, en attendant je rentrerai demain à Paris, dans la semaine j'irai voir maman au château qui sera toujours dans la même pièce le salon-bibliothèque, assise dans ce fauteuil là où elle se tient désormais l'essentiel de son temps et qui était déjà le fauteuil où son père mon grand-père s'asseyait avant elle, à l'époque où c'était lui qui habitait le château, un jour il était là je me souviens à cette même place et il m'avait raconté, il racontait pourtant rarement quoi que ce soit et surtout pas ses souvenirs, je ne sais pas ce qui lui avait pris, un moment d'égarement de paresse d'attendrissement ou seulement un peu de temps à tuer, que lorsqu'il était enfant, aux vacances il quittait Périgueux où il vivait alors avec ses parents et il se rendait chez un vieil oncle une vieille tante, dans un coin de campagne au bord d'une rivière là d'où est originaire la famille et d'où eux l'oncle et la tante n'avaient jamais bougé, à la sortie du village au bord de la route il y avait une grande maison entourée d'arbres et d'un muret en pierre, une maison qui lui paraissait si grande si belle que son rêve était alors de pouvoir se l'offrir un jour, de réussir dans la vie pour habiter là, précisément là, gagner assez d'argent pour s'offrir ce qui était à ses yeux la plus belle maison du village, et puis le temps a passé, il travaillait bien à l'école, un élève brillant le petit André Valier, s'il travaillait suffisamment bien il aurait une bonne situation se disait-il et alors oui il pourrait un jour acquérir la maison, il le disait aussi à ses parents à son oncle et à sa tante lorsqu'ils passaient devant ensemble, un jour vous verrez cette maison sera la mienne et eux cela leur semblait une attachante fantaisie mignonne de gamin, une de ces ambitions démesurées de gosses qui n'ont pas encore pris la mesure du monde, de ce qu'ils y sont et de ce qu'ils pourront y faire. Il a grandi, l'oncle et la tante sont morts, il ne retournait plus au village il n'avait plus vraiment de raison d'y aller, les vacances il les passait sous d'autres cieux et après la guerre il a quitté Périgueux, il a fait des études les études brillantes à quoi il était promis et qu'il s'était promises à lui-même, et sa vie ailleurs, loin, à la capitale et puis dans d'autres capitales aussi, les grandes villes là où était la vie en somme, peu à peu il a oublié la maison, il l'a eue sa bonne situation, et même meilleure que ça meilleure qu'il n'aurait osé l'imaginer lui-même, il a acheté son château et une somptueuse demeure à Paris, et quand plus tard après bien des années il est retourné finalement au village, en pèlerinage sur les lieux de son enfance de sa prime jeunesse, il est retourné voir la grande maison qu'il avait tant désirée, où il s'était tant imaginé, celle pour laquelle il travaillait si bien à l'école. Et il s'est rendu compte qu'elle n'était pas si grande ni si belle que ça la maison, qu'elle était vétuste et plutôt kitsch, qu'elle correspondait à un goût démodé, qu'elle était bien moins confortable et pimpante et luxueuse que dans son souvenir, il ne désirait plus ce dont il avait rêvé, il ne voulait plus de ce qu'il avait aspiré à posséder jadis et qui maintenant lui paraissait dérisoire, cette maison on la lui aurait donnée qu'il n'en aurait pas voulu. Il était devenu riche pour pouvoir se payer la maison de ses rêves d'enfant et cette maison à présent il n'en voulait plus, m'avait-il raconté, et en finissant cette histoire il avait un air terne morose rare chez lui ses yeux dans le vague relevés vers la fenêtre sur le parc et c'est à ce regard-là à ce moment-là que j'ai compris qu'il n'était pas, comme je l'avais d'abord cru, en train de me servir sa jolie fable édifiante personnelle sur les vertus du travail et de la volonté dans laquelle il se serait octroyé le beau rôle, celui du jeune ambitieux doué qui à force de mérite s'élève monte bien plus haut encore sur l'échelle sociale qu'il ne l'avait espéré, le petit campagnard devenu capitaine d'industrie, mais qu'au contraire il exprimait là un regret une mélancolie résignée, la déception de s'être aperçu que son rêve son idéal étaient si peu de choses si pauvres ordinaires, que ce n'était que ça, une illusion quasiment un mensonge qu'il s'était raconté à lui-même, ou bien pire encore qu'en surpassant son rêve il ne l'avait pas accompli mais il l'avait effacé détruit, que ce qu'il avait vu avec ses yeux d'enfant avait disparu, il ne le voyait plus, n'était même plus seulement capable de le voir, et finalement tout ce qu'il faisait avait fait ou voulu faire tout ce qui l'avait mû dans la vie toute l'accumulation la soif de s'étendre et de s'approprier, l'énergie la volonté l'intelligence la stratégie incessantes qu'il y avait mises, tout ça qu'il avait cru faire en fonction d'un but un idéal enraciné en lui, en vérité c'était sans idéal qu'il l'avait fait. Il y a quelques années je suis allé moi aussi au village, j'ai vu la tombe de l'oncle et de la tante morts bien avant ma naissance, j'ai vu la maison elle est encore là elle n'a pas été détruite, c'est vrai qu'elle n'a rien de particulier, une grosse maison de gros fermier du coin qui avait dû être bâtie par des propriétaires agricoles jouant aux bourgeois ruraux, c'était peut-être la maison du médecin du maire de la commune, pas de quoi en faire un rêve à mes yeux mais qu'en sais-je après tout, qui ai grandi vécu dans les capitales les grandes villes moi aussi, je ne sais rien des aspirations d'un homme qui aurait passé ses premières années au fin fond de la province entre les deux guerres, c'est un autre temps un autre monde, j'entre dans un hôtel victorien de Kensington où l'on connaît mon nom, je prends l'ascenseur pour gagner ma chambre dont le balcon donne sur un petit jardin aux pelouses vertes aux arbustes buissonneux à l'anglaise, et j'ai posé mon imperméable non pas sur la patère au revers de la porte mais au-dessus de la baignoire, je l'ai accroché à la façon d'une serviette trempée, mais comment font-ils eux les gens dans ce pays les bons Anglais où mettent-ils à égoutter leur pardessus, mystères des cultures nationales, tout est sans cesse question de savoir-faire et d'habitudes il faut croire, sur le balcon je n'y sors pas, je reste derrière le carreau, il crachote encore et toujours, c'est sûr il va pleuvioter comme ça toute la nuit.

4

Seconde nature

— Nous aurons inventé d'autres cérémonies, ainsi que font les hommes, depuis qu'hommes il y a, pour circonscrire les énigmes qui les écrasent, isoler leurs effrois, conjurer les vertiges. Nous aurons offert de nouveaux exercices à nos peurs, chorégraphié des danses inconnues, faites de gestes ignorés, exécutés à l'aurore sur des places publiques en ruine aux dalles déchaussées, semées de mauvaise herbe, autour de statues délabrées représentant d'anciens personnages illustres aux noms oubliés, aux histoires désapprises, perdues au cours du temps, et dispersées avec leur gloire. Là ne demeureront plus que des silhouettes sans modèles, des effigies décapitées. Des amas biscornus de pierraille dépouillés de leur signification, des tiges de ferraille rouillées sortant de bras arrachés, des inscriptions illisibles. Comme des stèles couvertes d'alphabets dont le chiffre échappe à nos codes, nous contemplerons alors ces monolithes étranges issus d'époques révolues, ces fétiches indéterminés. Ces dieux enfuis. Ces héros sans légende. Nous les entourerons de célébrations inouïes. Plus ils auront été vidés de leur sens, mieux ils s'offriront à la pure mécanique du rite. Ils seront les idoles de l'extinction. Nos dernières idoles.

Une fois encore, Madame se tut, le temps d'avaler délicatement une gorgée de son thé noir et de jauger le visage impassible de la conseillère, qui semblait non seulement l'écouter avec une attention scrupuleuse, non feinte, mais chercher, pendant qu'elle suivait les bordées de cette pelote de mots qui se dévidait constamment, à faire apparaître pour elle-même les images que celles-ci suscitaient et les idées qui se succédaient – à, véritablement, tenter d'épouser la pensée d'Eugénie Valier, d'entrer dans ses raisons ; de voir peut-être, elle aussi, ce que la vieille avait vu.

Et de cette concentration palpable, cette tentative que la Valier pouvait percevoir dans le regard clair, à la fois calme et tendu de la conseillère, Madame en éprouvait une étrange et inhabituelle gratitude : le sentiment qu'entre la jeune femme, dont elle avait déjà percé à jour l'ambition, le tempérament roublard, déterminé, imperméable aux scrupules excessifs, prêt à mille petits arrangements avec le réel et avec la probité pour arriver à ses fins, et elle, Eugénie, se nouait, plus qu'une alliance de circonstance due à la menée d'une opération où l'une était mandatée, commissionnée par l'autre, une forme légère et subreptice d'identification. C'est qu'en Hélène Madame voyait maintenant non pas un double possible d'elle-même, ni sa propre vigueur qui lui eût été rendue sous les traits d'une quadragénaire énergique telle qu'elle-même l'avait été, mais une affinité trouble, et difficile à définir : une tournure d'esprit similaire à la sienne, un panel d'attitudes et d'attentes en quoi elle reconnaissait celles que, dans des conditions semblables, elle eût pu avoir à sa place. Elle ne savait pourtant presque rien de sa vie personnelle, dans quel quartier elle habitait, avec qui elle couchait, ni si d'ailleurs elle préférait les hommes ou les femmes ; si, lorsqu'elle travaillait pour la célèbre maison de ventes, elle prenait plus de plaisir à mettre aux enchères les maîtres anciens, ceux de l'avant-garde du vingtième siècle ou les artistes contemporains ; si elle aussi, elle pouvait s'absorber pendant des heures à tourner les pages d'un livre sur Opalka, sur On Kawara ou sur le Titien ; et encore moins ce qu'elle comptait faire du fric que Madame lui déversait à pleins tonneaux à travers son agence philanthropique, ni même ce qu'elle pensait profondément, à titre personnel, du Philanstère et de la fondation. Ce n'était au demeurant pas son problème : seules lui importaient cette acuité singulière avec laquelle la conseillère transformait les vœux de Madame en projets concrets, son programme en propositions, et l'aptitude qu'elle prouvait donc à aspirer les fonds dégagés par la désagrégation du groupe, à créer les structures aptes à les absorber, les neutraliser et les mettre hors service – en somme, à matérialiser la dissolution ; et en cela, il semblait à Madame que la qualité d'écoute dont la conseillère témoignait auprès d'elle, qui dépassait l'exercice coutumier, imposé, de la séduction professionnelle, démontrait qu'elle était l'exécutante parfaite de ses œuvres, la bonne personne : un peu à l'image, se disait-elle, de ce qu'elle-même avait connu en Russie dans les années quatre-vingt-dix, lorsqu'elle était allée participer au basculement d'un système vers un autre (à la captation d'un effondrement par des intérêts émergents, son retournement dans une nouvelle peau), ce qui se jouait ici, entre elles, c'était plus qu'un contrat d'affaires, c'était une initiation philosophique, une approbation morale.

— En offrande pour les dieux déserteurs, nous ferons s'évaporer de l'eau potable versée dans des bassins de fer-blanc sous lesquels seront allumés de grands feux. Nous ne raconterons plus. Le récit sera devenu le cadet de nos soucis, survivance folklorique et dérisoire que, peut-être, seule cultivera encore, parmi les derniers reclus qui parachèveront notre histoire, une poignée de sectateurs improbables, des amateurs un peu fêlés qui n'auront pas trouvé de meilleure façon pour occuper leurs jours. Ces zélotes en déshérence ne seront pas les ultimes gardiens de la parole mais les balbutiants, les murmurants qui, en reprenant les mots de jadis, se chargeront d'en disperser les intonations définitives. Oui, comme des cendres au-dessus de l'océan. Nous n'aurons plus besoin de dire les mythes qui traversent et fondent les civilisations. Nous n'aurons plus besoin de traversées, puisque l'étendue de nos mouvements aura été endiguée. Nous n'aurons plus besoin de fondations, si celles-ci ne servent qu'à nous permettre d'avancer munis de quelques flambeaux dans l'épaisseur opaque des ténèbres futures. Sans avenir, nous n'aurons plus besoin de relancer les souvenirs piochés dans le passé. Ce qui est en train de s'achever n'a pas besoin d'épopées pour se dire. Nos fables auront été remisées. Au simple fait d'être là, nous ne donnerons pas d'autre visage que ces rites sans lendemain, et leur répétition, jusqu'à ce que la disparition s'ensuive.

Il y aura des alignements de pierres levées autour des puits de pétrole désaffectés. Et nous jetterons les appareils électroniques, les ordinateurs morts, les téléphones mobiles au fond des anciens silos à missiles nucléaires. Oui, des smartphones comme le vôtre, chère Hélène. Des choses comme cela. Il y aura aussi des hordes de chiens gras qui déambuleront dans les faubourgs des villes abandonnées, parmi les ruines des civilisations mortes, où ils auront établi leur domaine. Je ne divague pas, je ne fais pas de prospectives fumeuses, de science-fiction, je déduis de ce monde ce qu'il en restera bientôt, avant qu'il n'en reste plus rien. Ce n'est pas moi qui suis sénile, c'est ce vieux monde qui débloque et se défait et hoquette et se bave dessus et vit ses convulsions finales. Oh, je voudrais bien voir ça, dit-elle avec une voix brusquement frêle, fébrile, qui sembla s'éteindre avec ce dernier mot.

Et ce que la conseillère vit, elle, depuis le fauteuil où, comme à chacune de ses visites, elle se tenait assise juste en face de Madame, de l'autre côté de la table basse (si bien qu'à force il lui était venu le sentiment d'avoir sur elle toujours le même angle de vue, cet unique point d'observation, le seul, apparemment, sous lequel Eugénie consentît à se présenter), ce fut ce visage si beau, avec son nez droit, son maquillage harmonieux et savant, exécuté avec un art parfait qu'Hélène n'était pas sans envier quelque peu, parce qu'il semblait correspondre naturellement à l'être qu'il mettait en valeur (et plus que ça : qu'il paraissait faire advenir à lui-même), qui soudain – ce visage – eut l'air de lâcher, de se flétrir et de se disjoindre comme si sa physionomie, tout à coup encombrée par la pellicule de fard, les traits aux yeux et le rouge aux lèvres qui la recouvraient, cherchait à s'y soustraire de l'intérieur et que l'enveloppe externe rigide, homogène, s'en détachât, pareille à une sculpture dont la partie faciale, rejetée par la matière dans laquelle le reste de la tête aurait été façonné, se décollerait de son support pour former un masque autonome.

La vieille dame ferma les yeux, en proie à une intense fatigue, et sous le rayon de lumière qui tombait depuis l'abat-jour, la conseillère pouvait observer dans le détail l'extrême délicatesse de sa mise, l'élégance sobre des effets de lignes et de volutes, la superposition des tissus qui mariait aux taffetas les velours, assemblés dans un entrelacs subtil de rouge sombre et de bleu nuit à quoi une broche en camée, fermant la veste sur la poitrine, ajoutait une touche argentée. Le corps avait beau faiblir, s'affaisser, la toilette de haut raffinement dans laquelle il était enroulé, drapé, gardait sa superbe et son lustre qui, ne pouvait s'empêcher de penser Zeuchter, exprimaient la tradition vivace et puissante, souterraine et persistante, de cette civilisation que, par ailleurs, Madame voulait pourtant enterrer, de sorte que son aspect cosmétique, le soin porté à sa personne et à sa mise contredisaient ses propres paroles, ou bien qu'en dépit de ses croyances une force d'habitude persistait en elle, dont peut-être elle ne se rendait pas compte qu'elle était – cette force encore présente, si bien ancrée qu'elle lui était devenue un instinct, une seconde nature – la civilisation même.

La conseillère espérait que Madame n'était pas trop coutumière de ce genre d'évanouissements et que ceux-ci n'avaient pas lieu devant certains visiteurs diversement intentionnés, le gestionnaire de fortune par exemple ou d'autres flagorneurs politiques, lesquels auraient tôt fait de s'alerter de son état et de faire passer ses logorrhées, jusqu'ici plutôt qualifiées de farfelues, d'originales, pour complètement incohérentes et preuves de démence. On risquait de pouvoir plaider qu'elle n'avait plus tous ses esprits, elle serait confiée aux mains des psychiatres et des neurologues, et quoique le poste de la conseillère, sa mission l'obligeassent à anticiper toute éventualité, à parer au déclin et surtout à privilégier sa propre voie, elle s'inquiétait un peu (se surprenait à s'inquiéter) pour elle et se demandait si la vieille dame qui venait de protester contre sa supposée sénilité ne le faisait pas, précisément, parce qu'elle sentait ses capacités s'effriter ; parce qu'elle se sentait partir.

Mais alors qu'Hélène, devant cette hypothèse, commençait à réfléchir à quel parti en prendre (quel parti en tirer), à se demander s'il fallait signaler la situation au majordome assis sur sa chaise à côté de la porte et qui paraissait ne s'être aperçu de rien, ou du moins ne pas s'en émouvoir, Madame ouvrit de nouveau les paupières et resta quelques instants ainsi, immobile, le visage incliné, le menton toujours flanché sur sa poitrine, à considérer fixement la conseillère avec l'air de l'examiner par en dessous, comme si elle avait fait exprès de s'étourdir devant ses yeux afin d'estimer sa conduite, sa loyauté, son sang-froid. Et peut-être était-ce l'impression qu'elle voulait en effet lui communiquer, de manière que la jeune femme ne sût pas si elle avait assisté à un moment d'absence, d'effondrement intermittent, ou à une comédie suspicieuse, l'un de ces petits tests à quoi Madame jouait de temps en temps à soumettre ses interlocuteurs pour sonder leurs intentions et à l'issue duquel, comme rassurée sur le compte de la conseillère, Madame pouvait revenir à elle, reprendre possession de son corps, se redresser insensiblement et se remettre à parler – même si sa voix, remarqua la conseillère, portait un grain voilé, un peu pâteux, inhabituel (un arrière-souffle difficultueux qui lui ajoutait une fine épaisseur, une nuance supplémentaire de patine comme à un vieux meuble marqué par une trop longue exposition au soleil, au vent ou à la poussière), la ténue persistance d'une faiblesse qui la laissa penser que tout, dans la défaillance que Valier avait eue, n'avait pu être feint.

— Ils disaient que philosopher c'est apprendre à mourir, on entend ça à l'école, tarte à la crème, Platon, Montaigne, vous y êtes passée vous aussi, nous y passons tous. Bons petits écoliers. Nous avons dû philosopher beaucoup, alors, vous ne croyez pas ? Apprendre à mourir, on dirait que nous n'avons jamais fait que ça, jusqu'à en appeler pour nous tous à la mort même. Depuis toujours, nous nous souvenons que nous allons mourir, c'est une discipline de l'esprit à part entière, un répertoire d'images, une obsession déguisée en sagesse. L'art classique en a fait l'un de ses plus beaux thèmes. Les prières l'ont rabâché à n'en plus pouvoir. Mais c'est un savoir sans signification, une conscience qui ne résout jamais son objet. Mourir sans résolution, ce à quoi nous étions probablement dès toujours condamnés. Ne cherchons pas à résoudre le mystère, ni à trouver dans la transmission le palliatif à notre condition, le pis-aller de notre désarroi. Je ne veux pas laisser mon nom dans l'intitulé de la raison sociale d'une belle et noble institution, que ce soit votre fondation ou autre chose. La noblesse ne m'a jamais fascinée, pas plus que les fondateurs. Ni les preuves de la grandeur d'âme et de cœur de ceux qui ont fait fortune. Je ne veux pas améliorer le monde, je veux que ma disparition précède notre disparition. Je vous ai juste demandé de m'aider. Je sais qu'il n'est pas facile d'effacer une fortune telle que la mienne. Supprimer de la surface du monde ce jeu d'écritures en quoi consistent les sommes astronomiques que j'ai amoncelées, et mon père avant moi. Ces montages imbriqués, dispersés en mille sociétés ramifiées où je vous avoue qu'il m'est arrivé moi-même de me perdre un peu, de n'y plus comprendre grand-chose, tant il y en avait. J'oubliais parfois le nom d'entreprises qui portaient mon nom et desquelles je touchais des intérêts, des bonus, des bénéfices. Nous avons des gestionnaires de fortune, ils servent à cela, à s'y repérer mieux que nous. Vous êtes bien plus qu'une exécutrice testamentaire, Hélène. Vous êtes l'administratrice d'une disparition.

Et sans doute en ces mots fallait-il entendre encore quelque chose d'autre : que la succession dont Madame avait cru réfuter jusqu'au principe même, à quoi elle ne s'était pas tant refusée que décidée à la considérer avec un mépris absolu et ostensible, comme une déplorable coutume arriérée, machinalement observée par une société expirante et se donnant par cela l'illusion de sa survivance, à laquelle elle n'eût pu condescendre sans déchoir dans sa propre estime, c'est-à-dire dans la lutte qui l'avait opposée à son père et, à travers lui, à l'idée même de filiation, cette transmission héréditaire s'étant transformée en une dispersion, la donation en un don, dès lors c'était cette jeune femme qui serait sa véritable héritière. Non qu'Eugénie Valier projetât en elle quelque lien familial de substitution (elle n'avait aucune nostalgie de cet ordre, aucun remords parental non plus), ni qu'elle (comment l'aurait-elle pu ? elle la connaissait à peine, n'aurait ni le temps ni le désir de la connaître mieux) la vît comme une possible fille adoptive ou putative, légataire d'élection qui tiendrait précisément une plus grande légitimité du fait de provenir de l'extérieur du cercle imposé de la famille génétique, mais parce que grâce à elle la désintégration était entre de bonnes mains. La jeune conseillère se ferait, par son action même, sa continuatrice en anéantissement ; elle prendrait sa suite lorsqu'elle ne serait plus là.

5

Cible

La crosse fraîche et douce du fusil d'assaut revint se poser contre la joue impeccablement rasée du libertarien qui, en prenant tout son temps, afin de prolonger la délicieuse sensation du contact entre sa peau et la surface légèrement veloutée de l'arme, avec application, posa son doigt sur la détente, cligna d'un œil, de l'autre aligna la cible derrière la petite aiguille matérialisant l'axe de l'anneau du viseur, enfin déclencha son coup de feu qui partit se perdre sur la droite, dans le monticule herbu de la butte de tir (un véritable petit tertre artificiel que Morlaiter avait fait élever pour délimiter le champ d'entraînement aménagé au bord du lac, dans une partie de la propriété suffisamment éloignée des unités d'habitation, de sa villa personnelle et des autres résidences). Il lâcha alors quelques jurons penauds, mi-agacé, mi-amusé, tandis qu'à côté de lui, à son tour son comparse Backklinkk accomplissait des gestes similaires, épaula, ajusta la crosse en la pressant presque voluptueusement contre sa joue crevassée de souvenirs acnéiques, et tira sans plus de réussite, la balle allant se ficher tout droit dans la base du talus où elle souleva autour du point d'impact un nuage dérisoire d'herbe et de poussière, aussitôt balayé par le vent.

Le tireur eut un bref moment d'étonnement, doutant lui-même de l'ampleur de sa propre maladresse, d'avoir pu expédier son projectile aussi loin d'une cible qu'il lui semblait pourtant avoir bien tenue dans sa ligne de mire, et, à sa gauche, Morlaiter explosa subitement de rire en regardant l'air hébété, un peu couillon de Backklinkk – le juvénile programmeur informatique qui s'était fait connaître sous ce surnom au point que le libertarien, comme tout le monde, ne l'appelait jamais que de cette manière, ayant pour ainsi dire oublié quel pouvait être par ailleurs son nom de baptême et partant de toute façon du principe que, parmi toutes les libertés dont devaient pouvoir jouir les individus souverains sur cette foutue planète, il y avait celle de recomposer à volonté son identité, de troquer un nom contre un autre, de métamorphoser son propre corps en un corps nouveau (même s'il admettait malgré cela que les multiples formes de reconnaissance, digitale, vocale, faciale, celles, autrement dit, qui supposent un état stable, repérable et classifié de la personnalité et de ses caractères distinctifs, contribuaient beaucoup à la fiabilité des plus récentes méthodes de surveillance, à la sécurité globale et à la sienne en particulier ; mais il n'y voyait pas de contradiction, puisqu'à ses yeux c'était précisément contre ceux qui n'avaient pas les moyens de devenir autres qu'eux-mêmes, les classes dangereuses, misérables, envieuses et grégaires condamnées à demeurer telles qu'elles étaient, à persister, vieillir et crever dans leur jus, que les candidats à la transformation et à l'évolution, les élus de la sélection technologique par quoi l'ancienne sélection naturelle avait été remplacée devaient se prémunir (protéger leurs biens, leurs personnes et leur futur)), en somme dépasser son humanité originelle pour faire de soi un être d'une autre espèce, une espèce supérieure, à laquelle lui, Morlaiter, estimait de fait appartenir et à quoi aspirait sans doute aussi Backklinkk, s'il en croyait, en tout cas, la raison de sa visite et de leur petit exercice de tir.

Il leur restait quelques progrès à faire pour être parfaitement autonomes, aptes à la *self-defense* (peut-être d'ailleurs valait-il mieux compter sur quelque implant oculaire ou cérébral qui doterait les tireurs d'une acuité nouvelle, d'un talent dont manifestement la nature ne les avait pas pourvus), et, en attendant, le programmeur prodige comptait, plutôt que sur ses propres qualités au maniement des armes, sur le staff qu'il avait réuni dans le but de quadriller, surveiller et défendre la propriété qu'il venait d'acquérir sur une île excentrée de l'archipel hawaïen, dont il avait déjà, avant toute autre chose, intégralement fait entourer le territoire d'un mur de plusieurs kilomètres, et où la société Terra Viva était en ce moment même en train de planter des abris souterrains, de dissimuler des portes blindées résistant à tous types d'explosions et de forer tout un système sophistiqué de réservoirs d'eau alimentés par des pompes qui plongeraient directement dans la nappe phréatique, sur quoi veilleraient en permanence plusieurs dizaines d'hommes recrutés grâce à une agence de sécurité spécialisée, une petite armée privée pour laquelle Backklinkk désirait, bien sûr, le meilleur équipement possible (il n'allait pas lésiner sur l'arsenal de sa survie ni sur les moyens de sa protection). Morlaiter avait tout ce qu'il lui fallait : depuis qu'il avait racheté à la mère Valier (prélevé sa part dans le grand équarrissage) une filiale secondaire de Capris qui produisait des armes légères et de la balistique, il était devenu, en quelque sorte, le dealer en autodéfense officiel de toute sa confrérie *upper class* de shootés aux théories collapsologiques et aux pratiques survivalistes, et, à ce titre, il avait très élégamment invité son jeune coreligionnaire de Palo Alto à venir en personne, avant même de passer toute commande de drones, de grenades et de fusils, voir sur place, en guise de source d'inspiration confraternelle, sa propre utopie sécuritaire sise entre lac et montagne à une douzaine d'heures en jet privé de San Francisco, et à essayer en sa compagnie les différents attirails qui bientôt garniraient son arsenal particulier.

C'était au fond l'équivalent de ces chasses en forêt, de ces rituels d'automne organisés sur leurs vastes domaines privés à quoi se conviaient mutuellement les aristocrates et les grands bourgeois européens ; de ces battues en Sologne ou en Bavière que partageaient les partenaires en affaires et en marge desquelles, tandis que des meutes de chiens et de traqueurs faisaient affluer vers eux un gibier que, avec leurs splendides fusils monogrammés (de vrais bijoux de famille), ils visaient, rataient, et que leurs hommes de main, leurs accompagnateurs accrédités, tuaient pour eux, ils concluaient des négociations avant de faire un bon repas où ils dégustaient, en sauce, un autre gibier que le leur. La nullité des tireurs ne remettait pas en cause la précision des armes. Morlaiter actionna alors un petit levier et, toutes en même temps, comme des faces de dominos effacées d'une seule chiquenaude, les cibles se couchèrent, disparurent dans le sol tandis que d'autres apparaissaient, se dressaient à des positions différentes et à diverses distances dans la profondeur de champ, toutes représentant le même visage carré aux mâchoires massives, proéminentes et basses, comme dilatées sous l'effet d'une poussée latérale provoquée par quelque invisible forceps, par une étrange drogue chimique (un anabolisant spécial) ou par une sorte de travail musculaire obstiné, de bodybuilding maxillaire, alignées sur le même niveau que le menton si bien que l'on aurait dit que, de menton, il n'en avait pas et que les deux pans de la mâchoire se raccordaient sous la bouche en constituant un seul bloc horizontal, et avec ça un large front plat qui, lui aussi, donnait l'impression d'être découpé dans un bloc unique et d'avoir été dopé par une tenace discipline de développement facial.

Tout de suite, dans ce portrait qui n'était que front et mâchoires et comme intégralement gonflé aux stéroïdes, démultiplié partout sur le champ de tir, le programmeur californien, hilare, reconnut l'ancien ami et associé du libertarien, l'excité sud-africain devenu superstar planétaire du business, dépassant en notoriété les plus célèbres acteurs hollywoodiens, version attardée du gamin hyperactif, arrogant, égocentrique et inlassablement énervé, avec qui Morlaiter, dans leur jeunesse à tous les deux, avait fondé la société de paiement en ligne à partir de quoi s'étaient élancées leurs aventures financières ultérieures, ami qui, en outre, partageait avec lui les mêmes convictions libertariennes et droitières mais qui avait suivi, pour les exprimer et les exploiter, des voies distinctes des siennes, délaissant vite les logiciels et les applications (revendant au passage ses start-up avec des plus-values faramineuses) pour se consacrer à des projets de plus en plus improbables, fantaisistes et pourtant concrets, comme si ses élucubrations personnelles se traduisaient en certitudes par anticipation, en perspectives sonnantes et trébuchantes à condition de mettre les moyens nécessaires pour les faire advenir, pour infléchir le réel dans leur sens, s'intéressant ainsi, en priorité, à certaines technologies futuristes (droit sorties de l'imaginaire type d'un enfant à la fois extraverti, obsessionnel et sujet à des troubles de l'humeur, biberonné aux jeux vidéo, aux figurines de dinosaures en plastique, aux dessins animés et aux revues de vulgarisation scientifiques), moins prophétiques (ces technologies) qu'autoréalisatrices, c'est-à-dire produisant par elles-mêmes non seulement leurs concepts et leurs objets, mais surtout les conditions économiques justifiant leur avènement (et l'investissement qu'elles impliquent), des voitures à moteur électrique et des vols spatiaux touristiques, des équipements d'énergie solaire et des systèmes d'intelligence artificielle, jusqu'à des laboratoires de neurotechnologie où l'on installait dans les cerveaux de petites pastilles électroniques permettant à un individu humain d'interagir directement avec un ordinateur (et réciproquement) et d'où, qui sait ?, bientôt peut-être sortirait l'implant cérébral qui permettrait à Backklinkk et Morlaiter d'être plus précis au tir. Autant d'aberrations tangibles en faveur de quoi l'ancien ami à la gueule carrée engageait pleinement sa personnalité tapageuse, à laquelle les investisseurs sidérés, émerveillés par son audace et son excentricité, et sur le seul gage de son aisance, de son culot et de la réputation qu'il lui avait acquise, adhéraient, emboîtaient le pas et donnaient le blanc-seing fiduciaire (la confiance aveugle) qu'il lui fallait pour réaliser ses extravagances, le degré de faisabilité des choses dépendant strictement de la quantité de croyance qu'il arrivait à susciter, au point, par exemple, que pendant plusieurs années, alors même que le nombre des voitures électriques qui sortaient effectivement de ses usines restait dérisoire, la cotation de l'entreprise, elle, atteignait des sommets délirants, la spéculation focalisée sur son titre n'entretenant aucun rapport, aucune mesure avec la production (l'activité actuelle) de la société, toute sa valeur reposant alors sur une promesse, un acte de foi, autrement dit sur la séduction qu'opéraient la gueule carrée et les discours qu'elle soutenait, toujours proférés avec un mélange de conviction incantatoire, d'esbroufe technicienne et de mise en scène de soi, de personnalisation narcissique ; avec, aussi, un sens indéniable du show, imprévisible, versatile, quelque part entre le prophète et le pitre, tantôt enjoué, débitant son speech écrit à la manière d'un sketch de stand-up, tantôt froid et cassant tel un augure sévère (comme si ses levées de fonds étaient moins des appels que des mises en demeure, des sommations), quelquefois catégorique et presque menaçant, d'autres fois, au contraire, débarquant sur scène devant une assemblée d'actionnaires déguisé en super-héros ou en personnage de jeu vidéo, ou encore imitant la voix de l'un de ses concurrents, si bien que l'on eût dit qu'avec lui tout était toujours fait, avant tout, *pour le fun* : que votre prochain implant cérébral, le type de carburant consommé par votre véhicule, l'automatisation prochaine de votre travail, votre métamorphose potentielle en robot ou l'avenir de la planète, tout cela n'existait somme toute que pour son plaisir d'éternel sale gosse.

Récemment, il s'était surtout distingué en déboursant une somme proprement inouïe et indécente, inédite, afin d'acquérir l'un des réseaux sociaux les plus populaires, dont il avait personnellement pris la direction en se réclamant d'abord de ses principes libertariens, défendant le droit de tout dire et de s'adresser à n'importe qui, de refuser tout type de contrôle et d'autorité, pourfendant l'idée même de restriction de la parole, assimilée par lui à de la censure, et utilisant lui-même en permanence le réseau pour y faire part de ses moindres faits, gestes et opinions comme si le statut de propriétaire d'un moyen d'expression mondial impliquait nécessairement qu'il soit la personne qui en aurait l'usage le plus intensif.

Très vite toutefois, lorsque les attaques à son encontre, les contradictions et les contrariétés avaient commencé à se multiplier, il avait fait édicter de nouvelles règles, fermer des comptes d'utilisateurs, renommer le réseau pour l'affilier aux autres entreprises qu'il détenait. Et finalement, la façon toute particulière, despotique, avec laquelle il disposait, en patron omniprésent, de son porte-voix aux ramifications globales consistait à y faire personnellement le plus de tapage possible tout en maîtrisant le tapage des autres, c'est-à-dire non pas en le tempérant (le tapage était la raison même du réseau, la moelle de son succès), mais en décidant de qui serait par lui autorisé à le faire.

Était-ce, plutôt que pour les investissements passés et les scissions qui s'étaient ensuivies, pour ce revirement, cette faille idéologique, cette trahison des idéaux libertariens que Morlaiter lui en voulait ? Ou alors lui tenait-il grief, précisément, du *tapage*, c'est-à-dire de sa célébrité, de son incommensurable richesse, et surtout de sa propension à faire de tous ses caprices des sujets d'actualité ou des projets industriels ? Était-ce là simple jalousie ?

Sait-on jamais, de toute façon, quels sont les vrais mobiles de la haine qu'une personne voue à une autre ? Et cette haine, était-elle seulement réciproque, ou l'autre s'en foutait-il pas mal de son côté ? Toujours est-il que Backklinkk regardait devant lui s'étendre ce vaste terrain où la grosse gueule carrée, avec son arrogance affichée, dupliquée en dizaines d'exemplaires, plus qu'une cible de tir rappelait ces avis barrés de la mention *"Wanted"* que l'on voit placardés partout dans les westerns, sur les portes en planches et les poteaux où l'on attache les chevaux, à la station de chemin de fer et aux abords du corral, devant le saloon, à l'entrée du bureau du télégraphe et de celui du shérif, avec le visage patibulaire et recherché du hors-la-loi censé éveiller moins une aversion morale, une soif de justice, qu'une convoitise de chasseur pour la prime proposée. Même ici, sur ce bout de lande australe où il régnait en maître et possesseur, Morlaiter laissait donc l'effigie de son ennemi intime venir lui rappeler sa présence obsédante et omnipotente, envahir son espace et son esprit. Le libertarien poussa un long soupir, censé expirer l'air que ses poumons contenaient, faire baisser son rythme cardiaque et relaxer l'ensemble de son corps ; puis il reprit une profonde aspiration, mit son fusil en joue (sa belle arme témoin dont il espérait vendre quelques centaines à son invité), visa une cible, une gueule carrée choisie à mi-distance, tira et de nouveau la manqua ; alors, sans reposer le fusil il détourna le viseur vers la cible la plus proche, à quelques mètres seulement de lui, presque à bout portant, appuya rageusement sur la gâchette et la grosse gueule en effigie explosa, pulvérisée sous l'impact en mille morceaux de cartons qui valsèrent dans tous les sens et parurent flotter, une fraction de seconde, dans l'air avant de retomber avec un bruit mat, infime, couvert par l'écho du coup de feu qui résonnait encore le long du lac.

6

La reconnaissance

Elle entendait de la musique.

Sans qu'elle sût d'où celle-ci sortait, de quelle pièce du château attenante ou lointaine, glissant sur les parquets et la dalle de marbre du vestibule, passant derrière les cloisons et les motifs de la tapisserie, courant le long des plinthes, entre les cadres des tableaux fixés aux murs, s'infiltrant sous les bas de porte, elle se frayait un chemin jusqu'au salon. Quelque part, un orchestre jouait un air de musique de chambre, un air qui lui disait quelque chose ; elle fermait les yeux, les rouvrait, il lui semblait qu'une vibration se propageait par vagues contre les rayonnages de la bibliothèque et tournoyait autour d'elle ; il y avait un ou plusieurs violons, un piano, il y avait un violoncelle.

Elle ne comprenait pas comment cet air lui parvenait, de quels instruments qui le joueraient, cachés derrière une porte ou un paravent, de quelle source sonore, quel appareil quelconque où l'on aurait placé un disque et sélectionné tout spécialement un morceau du répertoire qui pût la ramener au temps où, dans son enfance, à la maison, pour elle et certaines de ses petites camarades d'école triées sur le volet – celles avec qui elle s'entendait le mieux et à qui l'on avait envoyé des cartons d'invitation sur lesquels Eugénie s'était appliquée à écrire leurs prénoms –, on faisait donner des concerts que des instrumentistes enrôlés grâce à l'entregent de son père, recommandés par ses relations mélomanes, venaient interpréter dans l'intimité du salon pour cette poignée de petites filles assises sur leur chaise, apprêtées, vêtues des jolies robes qu'elles avaient eu le droit de mettre pour l'occasion. Madame se souvenait du soin qu'elle prenait à choisir l'habit qu'elle porterait pour son goûter musical, et de sa robe préférée, d'un blanc ivoire avec des broderies pailletées, le comble du chic pour elle à cet âge où les gamines de l'époque aimaient les tulles et les dentelles, les tissus flottants aux couleurs acidulées, les robes roses de princesse à volants.

Elle n'avait pas dix ans alors ; on n'avait pas encore acheté le château et ses parents, qui avaient dû juger bon, en accueillant ces concerts pour enfants dans le salon de leur hôtel particulier parisien, de lui offrir une éducation musicale précoce, partageaient en cela le souci de se parer des atours d'une classe sociale qui n'était pas la leur, qu'ils commençaient seulement à pénétrer et, avec elle, d'en pénétrer les manières, ou plutôt ce qu'ils s'imaginaient encore en être les manières et dont ils découvriraient bientôt, à mesure qu'ils s'installeraient dans ce nouveau milieu, y prendraient leurs aises et leurs habitudes, qu'elles ne reflétaient que les idées préconçues qu'ils en avaient eues avant précisément de les connaître, et que les véritables codes différaient de ce qu'en croyaient, tant qu'ils ne les avaient pas acquis, ceux qui ne les possédaient pas.

Est-ce que c'était déjà ringard, à la fin des années cinquante, de rassembler des écolières afin de les initier à l'harmonie, de former leur oreille et leur offrir un avant-goût précoce des raouts mondains, des rallyes ou des réceptions à vagues motifs culturels qu'elles fréquenteraient plus tard ? Aujourd'hui, Eugénie Valier n'aurait su le dire, elle aurait sans doute eu tendance à penser que, oui, ça l'était plutôt, mais au moins là-dessus, semblait-il, ses parents étaient-ils d'accord ; c'était l'un de ces rares sujets à propos desquels la tension sourde, l'électricité statique presque permanentes qui flottaient entre eux se dissipaient ponctuellement ; et elle, sur sa chaise, parfois avec un ennui qu'elle prenait garde de dissimuler et que contrebalançait le plaisir d'arborer sa robe ivoire, d'autres fois avec un ravissement qui la surprenait elle-même, elle écoutait se déployer des airs d'une telle limpidité, d'une telle évidence, que dans sa tête d'enfant il lui semblait inconcevable qu'ils aient pu ne pas exister un jour, que l'univers ait pu vivre sans eux, comme s'ils avaient été moins composés que dévoilés, et que les plus beaux morceaux de musique eussent donc été conservés de toute éternité dans quelque région secrète, une sorte de ciel musical où l'esprit de certains hommes téméraires – ces gens du passé dont on égrenait les noms aux consonances compliquées, la plupart allemands, italiens, avant l'exécution de leurs œuvres – était allé jadis les cueillir et d'où il les avait rapportés vers nous, déjà cristallisés dans leur forme parfaite. Elle se souvenait de ce sentiment et surtout elle se rendait compte qu'elle ne l'avait jamais vraiment perdu : qu'une part d'elle avait toujours continué de croire, en assistant à certains concerts, en écoutant certains airs particuliers, que les compositeurs célèbres étaient moins des créateurs qu'une espèce de voyageurs fantastiques qui se seraient aventurés au bon endroit, au bon moment, qui auraient mis la main, avant tout le monde, sur des trésors à l'état brut, et que tout leur génie consistait à nous y avoir ensuite donné accès : à avoir fait que, grâce à eux, nous puissions nous aussi les entendre et les admirer.

À la fin de ces concerts, la mère d'Eugénie, qui parfois s'était glissée au fond de la pièce pour écouter elle aussi quelques beaux mouvements, servait des rafraîchissements en papotant avec d'autres mères, jouait son rôle de maîtresse de maison, de bonne maman ; André Valier, lui, n'avait probablement jamais assisté au moindre bout de ces récitals qu'il hébergeait et dont il rémunérait les artistes, mais le fait même qu'il les organisât, qu'il eût pour sa fille de telles attentions, avait longtemps compté parmi ces choses gratifiantes et délicates qui contribuaient à semer le doute en elle, et qui probablement traduisaient toute l'ambivalence du lien qu'il avait, lui, envers Eugénie.

Car elle avait mis du temps à comprendre, à cerner d'où venait l'animosité que lui témoignait son père et d'abord, dans son enfance, sa prime jeunesse, à se rendre compte de cette animosité même, et que les brimades occasionnelles, les piques vexantes qui fusaient, les petites réflexions qui la rabrouaient en lui opposant un mépris permanent, tout ceci qui constituait l'ordinaire de leur relation, l'ambiance générale de l'éducation qu'il lui donnait, n'était pas "normal" ; que cela ne formait pas le fond invariable, unanime de l'affection que dispensent tous les pères. Quand elle prit l'habitude, elle aussi, non seulement de recevoir mais de se rendre chez ses amies, dans les autres familles Eugénie voyait bien que les choses étaient différentes et que les pères ne montraient pas nécessairement à l'encontre de leur progéniture cette défiance systématique, ni la petite cruauté dérisoire qui en découlait. Longtemps, elle avait dû imaginer confusément que les diverses expressions des liens filiaux relevaient de sphères séparées, et que le visage avenant, les flatteurs encouragements que prodiguait le papa d'une de ses copines de classe à l'occasion d'un goûter d'anniversaire n'empêchaient en rien que, à d'autres moments, dans l'intimité familiale, hors de la vue de ses camarades, celui-ci se montre plus dur, cassant, et peut-être impitoyable. De même, Eugénie avait pu percevoir dans l'attitude de son père, qui travaillait beaucoup, les débordements mal canalisés d'un homme agacé, stressé par ses affaires et dont les angoisses rejaillissaient sans filtre, malgré lui, dans le cadre privé du foyer – et retombaient donc inéluctablement sur ses habitants, contaminaient le comportement qu'il adoptait au quotidien à l'encontre de sa fille et de sa femme, prises toutes les deux ensemble dans les tourbillons des mêmes fureurs, cibles des mêmes rancœurs ; et souvent, la mère d'Eugénie, après tel accès de colère, telle réflexion blessante, lui glissait pour la consoler : "papa est fatigué", comme si c'était la seule explication, naturelle et compréhensible, à son attitude.

Il lui avait fallu voir chez les autres des pères aimants pour se dire que, aimant, un père pouvait l'être, et donc que, par comparaison, le sien ne l'était pas. Mais une fois que cette certitude s'était peu à peu installée en elle, qu'elle s'était imposée à son esprit jusqu'à devenir, à ses propres yeux, un fait acquis, une incontestable vérité, c'est toute leur relation qui en avait été remodelée et qui avait pris la tournure non seulement d'une aversion réciproque mais, tandis qu'Eugénie grandissait, s'affirmait, gagnait en aplomb et en amplitude, d'une hostilité tacite, d'une lutte froide. Non bien sûr que son père fût tout le temps déplaisant ; il lui arrivait même de l'embrasser, de jouer quelques minutes avec elle, de lui poser patiemment des questions sur ce qu'elle faisait à l'école – d'oublier, éphémèrement, ses propres griefs ; et plus tard, d'être fier d'elle, de cette belle jeune femme brillante qui portait son nom, qu'il avait élevée, qui vivait sous son toit puis qui n'y vécut plus, qui faisait sa vie, et n'en était que plus remarquable. Sans aucun doute, elle était la fille qu'il aurait voulu avoir s'il n'en avait pas eu ; mais plus il était fier d'elle, plus il lui en voulait de l'obliger à ressentir cette fierté, et lui faisait payer l'estime qu'il lui vouait.

Face à cela Eugénie, elle, pendant tout ce temps avait attendu sans même savoir qu'elle attendait ; ou plutôt, elle ne sut qu'elle attendait que lorsque cela le lui fut révélé. Pourquoi, un jour, sa mère lui avait-elle parlé ? Elle ne s'en souvenait plus, à ce qu'elle sache il n'y avait pas eu d'événement particulier, pas de crise monumentale ou singulièrement violente, aucune raison apparente sinon peut-être, après un étalage de sous-entendus persifleurs, de petites humiliations autour de la table du dîner, ou une démonstration d'indifférence affichée plus mordante encore que des admonestations, une exaspération lasse, un ras-le-bol de sa mère conjugué avec le sentiment soudain que le moment était venu ; que la petite fille désormais adolescente (elle devait avoir quatorze, quinze ans) était en âge de comprendre, de recevoir une explication pour ces longues années d'impalpable lourdeur, de hargneux échanges et de fréquentes disputes, d'apprendre pourquoi son père lui avait voué, dès la naissance, cette sorte de haine ambivalente, faite de rémissions et de points d'orgue, dont lui-même probablement avait depuis toujours cherché à s'extraire, à se convaincre par tous les moyens possibles, tous les signes à interpréter qu'il puisse trouver, qu'elle n'avait pas lieu d'être. Hélas le doute ne l'avait jamais quitté, ce doute qui tenait (avait dit sa mère à Eugénie de sa voix un peu étranglée et pourtant ferme dans sa force, comme si elle était la première étonnée de la facilité avec laquelle, tout à coup, elle formulait un secret qui était resté caché si longtemps qu'elle avait dû souvent penser que jamais peut-être elle ne le révélerait), à cette circonstance très simple et très banale, que l'on trouverait dans un nombre indéfini de couples et de familles, à savoir qu'il n'était pas certain d'être son père.

Et sans doute se rendait-il compte lui-même de cette banalité, de la médiocrité de la situation et de son aspect pathétique, et celle-ci ne faisait-elle que renforcer encore sa rage et son malaise de voir ainsi l'exceptionnelle réussite dont il était en train, par ailleurs, d'allumer les premiers feux puis de multiplier les sources, de tisonner et nourrir ensuite opiniâtrement les foyers, jusqu'au moment où tout avait flambé d'un coup, en un audacieux et imprévisible embrasement, et que la fortune brutale qu'il avait alors amoncelée, exacerbée en l'espace de quelques années, quelques mois peut-être, avait dépassé incommensurablement celle qu'il avait jamais espéré briguer dans sa jeunesse et à quoi il s'était cru destiné – de voir cet indécent succès, donc, remis en cause de l'intérieur, au sein de sa vie personnelle, familiale et affective, le contraste ne se trouvant que plus puissant et détestable entre les affaires, la figure publique éminente qu'il devenait peu à peu, et le mari bafoué, le père honteux, le piteux homme qu'il avait intimement l'impression d'être en même temps, et à quoi la seule vue de sa fille ne cessait de le renvoyer.

Comment avait-il appris que la mère d'Eugénie avait eu ce qu'il est convenu d'appeler une aventure extraconjugale (chose en soi, d'ailleurs, elle-même des plus convenues) ? Y avait-il eu du vaudeville, des quiproquos, une enquête de détectives privés engagés à prix d'or sous le sceau du secret, ce genre de scénario lourdingue dont le fait même de devoir l'ourdir n'avait pu qu'enfoncer encore le père Valier dans la piètre opinion qu'il avait de lui-même ? Toujours est-il que s'il y avait eu quelque chose à savoir, il ne l'avait jamais su, et pour cela précisément il avait haï Eugénie : parce que cette incertitude lui était plus insupportable que tout, bien plus que s'il avait appris formellement, par exemple, qu'elle était la fille d'une conquête de passage de sa mère, ou même d'un amant régulier dont l'existence têtue, tapie dans l'ombre, lui serait restée inconnue pendant des années, car alors il aurait pu se montrer grand seigneur, faire preuve d'un acte d'amour, décider d'élever l'enfant en décrétant qu'en dépit d'une incartade pardonnée, d'une erreur de jeunesse ou d'une tocade de sa femme, il la considérait comme sa fille véritable, choyée et éduquée comme telle.

Mais ne pas savoir était pire. Pour lui Eugénie portait en elle l'irrémissible poison de l'incertitude et celle-ci ne lui laissait aucune alternative chevaleresque, aucun répit possible ; et plus il avait avancé en âge, plus la fortune immense qu'il avait amassée s'était mise elle aussi à le tourmenter, le confrontant peu à peu à cette unique question risible et presque obscène :

que faire de tout cet argent, de toutes ses possessions – le fruit d'une vie entière d'ambition et de chance insolente – lorsque la mort approche ? Lorsque l'on n'aura jamais le temps de consumer ne serait-ce que le millième de ce que l'on a accumulé ? Il était soudain mis face à cette absurdité, celle du capital nu, réduit à une écriture vertigineuse, ineffable, qui ne se rapporte à rien de tangible et dont l'unique signification dernière est de savoir à qui l'on va la remettre, la céder, qui en sera après soi le dépositaire et le successeur ; et sans doute son père aurait voulu ne pas la lui laisser à elle, mais il n'avait pas d'autre héritier.

Alors un retournement avait dû s'opérer en lui : puisque le mystère de sa filiation le dépasserait toujours, il avait feint d'en être l'organisateur ; non seulement il s'était résolu à faire d'Eugénie sa continuatrice mais, en mettant lui-même en scène la transmission, en l'anticipant et en choisissant de l'orchestrer, il s'était donné les moyens, illusoires ou pas, de faire qu'elle soit un effet de sa propre volonté. Et c'est bien ce qui avait eu lieu, comme cela en tout cas que les choses avaient été interprétées, vues du dehors, certains se surprenant même de cette proximité dévoilée entre le père et la fille, qu'ils n'avaient jamais perçue jusque-là ; et toutefois nul ne put dire vraiment, pas même Eugénie, si d'avoir confié cette montagne d'or à sa fille – laquelle ainsi, à défaut de l'avoir aimé, serait au moins forcée de le perpétuer – André Valier en avait à la fin éprouvé une forme de réparation ou une ultime humiliation.

De tout cela, Sacha aurait pu (aurait peut-être même *dû*) ne rien savoir, pourtant quelques semaines après que Madame lui avait appris sa décision de mettre en vente le groupe Valier (et elle ne le lui avait annoncé, bien sûr, que lorsqu'une partie des dispositions étaient déjà prises, que le mouvement était déjà inéluctablement lancé), une fois qu'il était venu lui rendre visite, en arrivant il avait contourné le château par le parc et l'avait vue de loin assise sur la terrasse, confortablement installée dans son fauteuil de rotin, les bras étendus sur les accoudoirs et le visage serein, les yeux mi-clos, plongée dans un recueillement qui lui donna l'impression qu'elle avait pu rester des heures durant dans cette position et que l'arrivée de son fils ne la troublait pas mais, au contraire, s'intégrait naturellement à cet état pensif, et qu'il y était accueilli comme si la place que, physiquement, il était maintenant invité à prendre auprès d'elle correspondait à celle qu'il occupait dans ses réflexions du moment. Et puis elle l'avait parcouru du regard, assis lui aussi dans un de ces beaux fauteuils tressés, des pieds à la tête, et en s'inclinant légèrement vers lui, à la manière de quelqu'un qui va vous faire un commentaire discret sur votre tenue vestimentaire, ou vous souffler qu'il y a une tache de rouge à lèvres compromettante sur le col de votre chemise.

— Est-ce que ton grand-père te manque ? lui avait-elle demandé, et elle fit mine de ne pas remarquer son étonnement, ni le haussement d'épaules par lequel il y réagit.

— Je ne sais pas. Des fois. Oui.

— Il t'aimait bien toi. Vous vous entendiez bien tous les deux.

— Je ne sais pas, je crois. Je me demandais.

— Si, vraiment. Il t'aimait beaucoup.

— Moi aussi tu sais je l'aimais beaucoup. C'était un peu compliqué, avec mamie, toi, et moi au milieu, comme ça, pas toujours facile. Je ne comprenais pas trop.

Elle lui avait alors raconté toute l'histoire, rapidement, en quelques phrases, sans s'appesantir ni paraître y apporter une importance excessive, de la même façon qu'elle lui aurait communiqué une information utile sur un sujet qu'ils auraient jusqu'ici, par manque de temps ou absence d'occasion, négligé d'évoquer ensemble, quelque chose qu'il serait désormais préférable qu'il sache parce qu'il en aurait peut-être l'usage à l'avenir.

Au cours des années, cette conversation, ils auraient été en mesure de l'avoir déjà cent fois, bien plus tôt ; et si aujourd'hui seulement, sur un ton presque badin, elle avait décidé d'éclaircir une question qu'il n'avait pas pu ne pas se poser souvent, de lui révéler à la fois, explicitement, la haine qu'André et Eugénie Valier avaient eue l'un pour l'autre (chose qui n'était en rien une découverte pour Sacha puisqu'elle avait imprégné l'atmosphère même dans laquelle avaient baigné son enfance, sa jeunesse, et avait continué à déteindre sur sa vie présente, à la conditionner en partie : ce qui était nouveau, en revanche, c'était de mettre un mot sur cette chose, et d'admettre par là non seulement son existence mais le fait de l'avoir consciemment cultivée) et le mobile idiot, pour ainsi dire indigne d'eux, d'où découlait cette haine, il se doutait que la raison en était moins anodine que ce qu'elle voulait bien lui laisser croire : étaient-ce la maladie, la perspective de la mort qui l'incitaient aux confessions ? Cela ne lui ressemblait pas, ne coïncidait pas avec ses obsessions apocalyptiques ni avec son caractère peu enclin aux attendrissements, quand bien même elle les aurait atténués, relativisés par l'apparente désinvolture avec laquelle, sans ciller, sans se départir d'un vague sourire nonchalant, elle se livrait.

Et soudain, il comprit. Ce n'était pas la maladie qui la poussait à cette révélation, c'était la liquidation en cours du groupe Valier. Comme si restituer à son fils une part incertaine et confisquée de son histoire devait compenser la perte de l'héritage qu'elle s'employait par ailleurs à lui retirer, elle était en train, mue non par un sentiment de culpabilité, contre quoi elle lui semblait assez immunisée, mais par une sorte de souci paradoxal d'équité, de lui confier, l'air de rien, une clé, un sésame inestimable afin de mieux comprendre sa propre vie – le seul secret, probablement, qu'elle détînt et qui le concernait, le seul dont elle pût lui faire l'offrande.

En somme, avait-il pensé, elle l'avait placé, volontairement ou non, dans une situation symétriquement inverse à la sienne : elle avait été élevée par un homme dont elle n'était pas sûre, et lui non plus, qu'il soit son père ; alors que Sacha, lui, avait toujours su avec certitude qui était le sien, sans que ce dernier ne l'ait jamais reconnu ni élevé. Mais aussitôt, pour la première fois, une question nouvelle lui apparut à l'esprit, une question induite par l'aveu que venait de lui faire sa mère, bien qu'elle en soit restée en quelque sorte la tache aveugle : puisqu'elle n'était peut-être pas sa fille, cela voulait évidemment dire que lui non plus n'était donc pas sûr d'être le petit-fils de son grand-père. Et Madame, à un certain raidissement de Sacha, ou en parcourant intérieurement une ligne de pensée similaire, s'empressa d'ajouter, sans marquer la moindre pause ni lui laisser le temps de s'interroger, de gamberger, encore ceci : qu'après la mort de son père dans les conditions troubles que l'on sait elle aussi avait enfin voulu en avoir le cœur net, et qu'elle était allée faire un test ADN avec un prélèvement obtenu grâce aux médecins qui avaient pratiqué l'autopsie – à cause de la maladie foudroyante et bizarre, forcément suspecte, qui avait frappé le vieux Valier, on avait procédé sur sa dépouille à toutes sortes d'opérations et d'examens, au milieu desquels il n'avait pas été difficile pour elle de soudoyer un des légistes afin d'obtenir l'échantillon de peau, de sang ou de cheveu, Madame ne le précisa pas, nécessaire à l'expérience de reconnaissance génétique. Et, dit-elle comme si ce détail juridico-scientifique avait revêtu pour elle une importance cruciale, la loi française n'autorisant pas à réaliser un test de paternité sur la personne d'un défunt à moins que celui-ci n'y ait donné son consentement de son vivant, elle avait dû aussi graisser généreusement la patte au laboratoire et convaincre le personnel qu'elle ne ferait des résultats aucun usage judiciaire ou administratif – qu'elle faisait ça *pour elle*.

En contrebas de la terrasse, près d'un parterre de jacinthes et de jonquilles, un gros rouge-gorge ventru bombait son paletot écarlate entre deux picorages, puis replongeait le bec dans l'herbe fraîchement coupée d'où montait ce parfum que Sacha aimait tant. Des oiseaux quelque part chantaient dans les arbres, et au-dessus des deux Valier, de la mère et du fils soudainement muets, le château qui pendant des décennies avait été le refuge d'une haine ombrageuse, scellée entre ses murs, avançait sa silhouette massive et raffinée, indifférente, son vieil air de bonne famille qui en a vu d'autres, comme pour accuser encore l'imbroglio atavique absurde qu'il avait hébergé.

Madame leva la main en donnant l'impression qu'elle allait appeler quelqu'un, demander quelque chose, puis la fit retomber en poussant un soupir ; il sentit qu'elle attendait qu'il lui pose la question, qu'elle estimait que celle-ci devait venir de lui. Il ne dit rien, il tourna simplement le visage vers elle.

— J'étais sa fille.

— Tu veux dire…

— Qu'il m'a haïe pour rien, oui.

Sacha laissa les mots se retourner en lui, y creuser lentement leur place et avec eux l'étrange état de sidération qu'ils y répandaient, qui ne tenait pas tant à l'erreur elle-même, à cet énorme malentendu, qu'au fait qu'il ait pu, ce malentendu, durer pendant toute une vie et la gâter, la pourrir, en changer fondamentalement, aux yeux de ceux qui l'avaient vécue, la signification entière.

— Tout ce temps.

— Pour rien.

Il ne percevait en elle ni tristesse ni dépit, aucun frémissement n'était passé sur son visage ou n'avait troublé son nez droit dont Sacha n'avait pas hérité, et comme s'ils s'étaient tacitement mis d'accord entre eux pour observer un laps de silence, ils écoutaient de concert les trilles des mésanges qui faisaient un interlude impromptu. Madame se recula au fond de son fauteuil, prit cette position habituelle, en retrait, par quoi elle paraissait chercher à mettre la plus grande distance possible entre elle et son interlocuteur. Et puis elle recommença.

— Le sang n'est rien. Personne ne reconnaît son propre sang lorsqu'il le voit s'écouler des blessures d'un enfant. La reconnaissance du sang n'est rien d'autre qu'une procédure administrative. Non, ce n'est pas cela qui nous attache aux autres. Ce lien-là est le plus ténu, le plus anecdotique qui soit. Le plus aveugle. Un rien le contredit, un rien l'annihile. La moindre petite incertitude. La vraie reconnaissance est ailleurs, dans d'autres relations. Ulysse reconnu par son chien.

Mais déjà Sacha ne l'écoutait plus, il l'avait laissée renouer sans lui son soliloque interminable, replonger dans ce vortex de sentences et de divagations où elle s'enfonçait toute seule et où, depuis longtemps, il refusait de la suivre, de consentir à se voir engloutir avec elle dont les paroles à présent, mêlées au bruit du vent tournoyant dans les ramures et aux pépiements des oiseaux, flottaient autour d'eux, l'environnaient sans avoir prise sur lui qui avait préféré s'en abstraire et concentrer ses sens, une nouvelle fois, sur l'exquise odeur graminée qui s'élevait depuis le jardin et à propos de laquelle il avait lu, il ne savait plus où – dans quel magazine de gare s'essayant à l'anthropologie amateure – une théorie qui l'avait amusé et séduit, même si sa valeur scientifique paraissait plus que douteuse, et qui prétendait que le plaisir associé à ce parfum, partagé par à peu près tout le monde, était en réalité engrammé dans la mémoire primitive de l'hominidé, dans la partie reptilienne de son cerveau, parce que l'odeur de l'herbe coupée ravivait le souvenir des temps reculés où celle-ci annonçait aux chasseurs-cueilleurs que nous étions la présence proche de troupeaux de ruminants, et donc de viande fraîche.

Et elle en retour, haïssait-elle autant son père ? s'était-il alors demandé. Certainement pas ; pas à temps plein et surtout pas tout de suite. Dans l'enfance, sans doute avait-elle d'abord recherché ces moments d'affection mutuelle, ces instants complices qui unissent un père à sa fille, un geste, une étreinte douce, un baiser. Ou bien, si elle ne les avait pas cherchés parce qu'elle n'avait pas supposé qu'une autre relation entre eux était possible, au moins n'avait-elle pas dû souffrir de leur absence, puisqu'elle ne pouvait pas imaginer qu'ils lui manquaient. C'était donc venu après. Elle avait appris à le détester comme on apprend à marcher, à lire ou à connaître la musique ; et pendant que, joliment habillée, dans sa robe ivoire de petite fille, attentive sur sa chaise, elle écoutait dans le salon familial les concerts que Valier père faisait donner pour son enfant, en même temps qu'elle découvrait les harmonies parfaites, sans le savoir, elle s'initiait à la haine.

7

King Kong furieux

"En somme elle a déjà presque tout vendu", reprit le secrétaire général du Palais, avec la fâcheuse habitude qu'il avait de toujours répéter ce qui venait d'être dit en transformant simplement quelques mots, ou leur ordre, comme s'il lui fallait traduire toute information en un message définitif, intelligible et communicable dont seul il aurait la maîtrise, la juste formule universelle ; manie qui, bien sûr, exaspérait systématiquement Courbevoie, lequel se voyait cependant contraint de la tolérer, de la subir au quotidien, et qui ne put toutefois se retenir (tout en sachant que ce n'était là que temps perdu, furtive satisfaction mesquine et dérisoire dont la dignité de sa fonction aurait dû l'inciter à se dispenser) de répliquer pour le seul plaisir presque infantile de le contredire.

— Pas tout. L'essentiel, oui, la partie industrielle quasiment entière, le plus gros de l'immobilier, mais il reste quelques complexes, quelques parcs de bureaux, des hôtels sur la côte, et donc le volet presse éco plus la télé.

En parlant, le directeur de cabinet prenait soin de ne pas laisser son regard retomber vers la sculpture qui se trouvait sur le bureau du président, un horrible petit gorille se cognant la poitrine des deux poings, sorte de King Kong furieux revisité en résine laquée, d'un rouge rutilant comme une carrosserie de voiture de sport italienne et aux surfaces anguleuses, taillées en facettes, réalisé par un ancien promoteur immobilier devenu artiste autorevendiqué "pop" qui avait les faveurs du couple présidentiel et dont les créations d'un abominable kitsch criard, représentant tout un bestiaire sauvage modélisé par logiciel en 3D, trônaient dans les vitrines des galeries saisonnières des stations de ski chics, sur la page d'accueil de start-up de vente en ligne et dans l'ameublement des intérieurs néobourgeois plutôt que dans les collections des musées internationaux, de sorte que Courbevoie non seulement, à titre personnel, abhorrait cet immonde bibelot et, par extension, le fat ostrogoth qui avait pu le générer, mais ne comprenait pas comment le chef de l'État, personnage qu'il était pourtant enclin à respecter de toute son âme et que depuis toujours (quel que fût le corps qui en endossait successivement le mandat) on lui avait inculqué d'estimer, de servir, voire de chérir, pouvait tolérer la présence sur son propre bureau, sous les moulures du Salon doré, de cette verrue décorative à la silhouette simiesque grotesque, cette effroyable négation du bon goût à quoi, malgré eux, ses yeux ne pouvaient s'empêcher de revenir sans cesse s'accrocher, aimantés par une telle hérésie esthétique qui pour lui évoquait moins l'idée d'œuvre d'art qu'une de ces figurines de super-héros en plastique déboîtables qu'on achète en grandes surfaces et avec lesquelles jouent les petits garçons ; et peut-être après tout, se disait Courbevoie, fallait-il y voir (dans cette déplorable inclination envers l'infecte babiole) un effet de la grande jeunesse du président (cette jeunesse qui avait été son premier argument de séduction politique au point d'être devenue son principal signe distinctif – une sorte de marque déposée), une lubie du petit garçon qu'il était encore au fond de lui et dont il n'avait pas eu le temps de se débarrasser (c'était allé trop vite) avant d'accéder à la magistrature suprême.

— Toute la thune est en train d'être captée vers leur fondation à la con, en plus c'est défiscalisé, résuma encore le secrétaire général. Les nouveaux actionnaires feront ce qu'ils veulent, il y aura des délocalisations, des licenciements à tous les coups, ça fuit l'escarcelle nationale. Apparemment ils restent sur leur ligne, ils n'ont prévu de garder que la boîte dirigée par le fils, celle qui construit des bunkers et des villas. Le reste, à la trappe, au plus offrant.

Depuis le Palais, on avait jusqu'ici suivi le démantèlement du groupe Valier sans broncher, quoiqu'avec l'attention particulière, l'indispensable vigilance tacite que l'on aurait apportée à toute transaction, tout changement de main capitalistique se produisant à un tel niveau d'intérêts, lequel concernait autant le patrimoine d'une des familles les plus riches de France que l'avenir d'un groupe industriel présent, entre autres activités, dans celles, singulièrement sensibles, de la fabrication et de la vente d'armes. Ces dernières semaines, deux candidats s'étaient positionnés pour le rachat du bouquet médias (comptant plusieurs titres de presse spécialisée et une chaîne de télé) et, cette fois, le dossier était remonté jusqu'au président dont on attendait, sinon un arbitrage, du moins qu'il se prononçât sur les potentiels repreneurs qui disposeraient de ces leviers d'opinion.

Mais en discutant des scénarios possibles, de leurs acteurs, Courbevoie, pour sa part, pensait surtout à elle, *la vieille emmerdeuse* déposée dans son fauteuil au milieu de sa bibliothèque, avec sa tasse de thé, ses gâteaux secs qu'elle ne mangeait pas et ses tirades inlassables, dont il ne savait pas si elle jouissait de mettre en branle une telle complication d'émois politiciens, de convoitises et de procédures, un tel monceau de bavardages et d'écritures, ou si elle s'en fichait complètement ; si son dessein, sa tête étaient de toute façon ailleurs, dans d'autres sphères de pensées et de parole, loin de ces vulgaires tracas contingents qui n'étaient plus les siens. Et en se la remémorant ainsi lancée dans ses radotages, hautaine, dédaigneuse envers lui, Courbevoie croyait ressentir encore le paradoxal état de léthargie et d'impatience, d'inertie morale et de bouillonnement dissimulé, qui l'envahissait lorsqu'il passait des plombes à l'écouter, en quête de subsides électoraux, seulement parce qu'alors, selon l'intérêt supérieur de la république, lui-même ne valait pas mieux que cette occupation forcée.

— Elle, on ne sait pas. Elle est imprévisible. Le fils serait de notre côté.

— Il a son mot à dire ?

Courbevoie se tourna vers Fabianis, l'ancien conseiller spécial du président, debout juste à côté de lui devant le bureau et à qui il venait de rétorquer ces mots, et il constata (il n'y avait pas fait attention plus tôt) que, vissée à son conduit auditif, pastille blanche à peine plus grosse qu'un comprimé de paracétamol agrémentée d'une petite queue taillée en biseau et tenant comme en équilibre, presque par magie, par attraction magnétique, celui-ci avait toujours l'une de ces oreillettes qui le reliaient sans doute à son smartphone, plus discrète toutefois que jadis, lorsque son agaçant cordon bringuebalait en permanence, cette dématérialisation témoignant des spectaculaires et permanents progrès que l'on accomplissait dans l'art des prothèses technologiques, ce dont se félicita intérieurement le directeur de cabinet. À moins que le fait de travailler désormais dans le privé ne lui donnât l'accès à une batterie d'ustensiles de pointe dont Fabianis ne voyait pas l'usage du temps où il n'était "que" le conseiller spécial du président de la République ? Après l'histoire du légionnaire tabasseur (Malo la main dans le sac), en tant que responsable de son recrutement il avait dû quitter l'entourage du président, au grand dam de ce dernier qui perdait alors en lui non seulement un fidèle compagnon, mais en quelque sorte son fétiche politique, le trèfle à quatre feuilles humain qui lui avait continuellement porté chance (et une chance insolente) pendant son ascension rapide et comme impromptue (une espèce d'état de grâce opportuniste qui avait vu, avec une facilité désarmante, les éléments, les astres, les déroutes des adversaires, la nullité des autres aspirants et ses propres ajustements idéologiques (ses habiles trahisons tombées à pic), s'organiser, la voie devant lui s'ouvrir, large, dégagée, où il n'avait pour ainsi dire plus eu qu'à s'avancer sans commettre d'impair pour être élu) et dont la défection contrainte marquait les premières anicroches, la fin de l'insolence.

À son départ du Palais, la mort dans l'âme probablement, Fabianis avait rejoint un cabinet de communication qui comptait parmi ses meilleurs clients (ses précieux portefeuilles) l'oligarque Iouri Kouritchev, pour qui il menait presque exclusivement des campagnes employées à blanchir et promouvoir son image, à traquer sur Internet les opinions défavorables, les critiques à son égard, jusqu'aux posts d'anonymes crétins hostiles sur les réseaux sociaux, à faire disparaître les fâcheux, décrédibiliser et invisibiliser ses détracteurs en les harcelant en ligne ou en les reléguant en trentième page dans la série des recherches sur Google, dans les limbes des moteurs de recherche, en allumant surtout des contre-feux lorsqu'un article négatif sortait – un reportage qui s'intéressait de trop près à son passé d'exploitant de sites miniers, à certains de ses investissements et de ses montages fiscaux ou à son amitié avec l'autocrate du Kremlin –, et en commanditant des tribunes laudatives, des interventions ciblées, qui paraissaient dans la presse à des doses calibrées par le cabinet, en rafales ou homéopathiques, selon l'actualité.

Le communicant était donc à présent prié d'user de son influence auprès du président (qu'il avait continué de fréquenter régulièrement, au Palais même, et de conseiller gracieusement, en off, en visiteur du soir comme on dit) et de pousser la candidature de Kouritchev au rachat des activités médias du groupe Valier, affaire dont le président ne se serait pas soucié outre mesure si l'oligarque n'y avait été en concurrence avec un puissant homme d'affaires alsacien, traditionaliste revendiqué, nationaliste fervent (lequel aimait à parader, lors des fêtes de famille, en compagnie de ses quatre fils, en tenue folklorique sur le parvis de l'église du village, vêtu du gilet rouge à double rangée verticale de boutons dorés et du manteau noir assorti, le col orné d'une lavallière du même noir que son chapeau), dont les préférences idéologiques allaient vers d'autres camps que le sien et dont une partie de la fortune, l'influence qu'elle lui permettait d'obtenir, lui, le légataire vieillissant d'un consortium industriel bâti sur cinq générations, depuis le dix-neuvième siècle, qu'il avait su faire prospérer, diversifier jusqu'à le pourvoir notamment d'un vaste domaine médiatique (de journaux à foison et de plusieurs chaînes de télévision qui, tous en chœur, veillaient docilement à véhiculer les mêmes opinions que celles du patron), dont tout l'arsenal économique, donc, servait ouvertement les convictions, sans qu'on sût vraiment déterminer quelle était la cause première entre l'idéologie et la recherche du profit, si les ressources de son commerce favorisaient ses visées politiques ou bien si l'idéologie était bonne pour le commerce.

Dès lors, il était certain que, sous le prétexte officiel d'éviter une concentration excessive, il valait mieux, à choisir, que les reliquats audiovisuels en mal de repreneur et autres feuilles de chou économiques vacantes du défunt empire Valier échussent à un oligarque discret qui, de loin en loin, tout au plus, les utiliserait pour redorer son blason aux yeux des Français (les habitants de ce petit pays déclinant et provincial, pittoresque, où il avait quelques intérêts mineurs, marginaux dans l'ensemble de ses possessions, à défendre ou, pour le moins, à ne pas perturber), plutôt que de les voir passer entre les mains du richissime indigène alsacien, l'opposant politique radical acharné qui, lui, les mettrait au service de ses idées et, surtout, de ses champions. Encore fallait-il que la mère Valier soit du même avis.

Le jeune président quitta son fauteuil et, contournant le vaste plateau de son bureau, vint se poster au milieu du Salon doré, devant les trois hommes silencieux, à l'affût, suspendus à ce qu'il allait dire. "Elle commence à nous enquiquiner, la vieille, elle nous pète les roupettes menu", lâcha-t-il alors en secouant la tête avec un petit air content de soi et regardant à droite, à gauche, comme s'il cherchait des yeux, par réflexe, tout autour de lui, dans cette pièce qu'il regrettait de ne pas voir plus fréquentée pour l'occasion, une galerie à épater, un parterre de partisans à prendre à témoin de son bon mot, un public pour lui faire approuver non tant l'impertinent jugement formulé à l'encontre d'une personne aussi éminemment notable qu'Eugénie Valier que le vocabulaire fleuri, l'audacieuse expression à quoi il venait de se risquer (sa provocatrice grossièreté d'enfant qui veut montrer aux adultes que lui aussi connaît des insanités et sait en faire usage) et en laquelle, outre son penchant personnel pour les locutions désuètes qu'il s'efforçait d'utiliser à tout bout de champ afin de faire peuple et qui juraient quelque peu avec son âge (si bien que l'on avait souvent l'impression que l'argot qu'il employait n'était pas celui de sa génération mais une sorte de caricature d'argot factice, un florilège de langage populacier d'antan tiré d'un manuel vieillot chiné aux puces ou trouvé dans le grenier d'une grand-mère picarde (un *Lagarde et Michard* du jargon canaille), répertoire puisé dans de vieux films noirs, des chansons réalistes et des romans de gare d'autrefois), il voyait une licence loquace, le signe lexical que, tout redevable qu'il lui fût pour son soutien financier, il gardait son franc-parler, son autorité, et ne se laissait pas impressionner par l'auguste vieillarde. Et devant le sourire de complaisance figé, un peu crispé des trois conseillers, le jeune président répéta tout seul "menu menu" comme si, à défaut d'une audience adéquate, il s'assurait de sa propre approbation et se parlait à lui-même, ses yeux bleu métallique vaguement vides, ne reflétant rien d'autre que l'unique préoccupation de soi, imperméable à tout ce qui pouvait avoir lieu en dehors de sa propre tête, se promenant indifféremment d'un visage à l'autre et, en définitive, à l'issue de cette espèce de jeu de roulette mentale, s'arrêtant sur Courbevoie.

Lorsqu'il se posait ainsi sur vous, le regard du jeune président semblait vous traverser – non pas comme s'il vous perçait les parois de la boîte crânienne afin d'accéder aux méninges en action à l'intérieur de votre cervelle et qu'il vît directement clair dans votre esprit, mais comme si vous étiez transparent et qu'à travers vous il fixât un point déterminé situé loin derrière votre nuque, épinglé sur le mur du fond, et qu'entre ce point et lui vous ne formassiez qu'une négligeable masse gazeuse, évanescente. Alors un discret frisson fit trembler sa mâchoire ; il eut l'une de ces inspirations subites dont il était coutumier et, instantanément reconnecté aux individus qui l'entouraient, il décocha du plat de la main une bonne trempe dans le bras de son directeur de cabinet, à la façon d'un capitaine d'équipe de foot qui encouragerait ses coéquipiers ou d'un camarade de bistrot content de vous retrouver parce qu'il attendait le bon prétexte pour boire un verre, l'air de dire "Tiens, te voilà, vieille branche". Et pour accompagner ce geste familier la lueur qui teignait ses yeux changea, passant de l'absence nébuleuse à une théâtrale implication, du métal froid à de la guimauve douceâtre, exhibant à l'égard de ses conseillers une démonstrative sollicitude et même, pensa Courbevoie, une forme de tendresse apparente, de sorte que le directeur de cabinet eut l'impression que le président empruntait là, sans s'en rendre compte, un registre inconvenant et déplacé, à côté de la plaque : qu'il jouait l'énamouré au lieu de la solidarité virile dont il aurait souhaité témoigner, à la manière d'un mauvais acteur qui se tromperait d'émotion.

"Va pour le fils", dit le jeune président, après quoi il pivota sur lui-même d'un mouvement décidé, opéra une légère flexion des genoux (un squat partiel, inabouti) qui montrait que son corps svelte, fringant dans son costume trois-pièces ajusté, avait des envies d'agitation, des fourmis dans les jambes, et qu'il eût volontiers quitté, tout de suite si le devoir ne l'y avait pas retenu, son bureau, le Palais même, pour aller s'adonner à quelque activité au grand air, un footing, un tour de vélo ou un match avec des potes, pourquoi pas ?, et tandis qu'il se contorsionnait ainsi, brièvement, avant de retourner s'asseoir, Courbevoie debout derrière lui observait, sur la partie postérieure de son crâne, le très discret filet (à peine une ligne : plutôt un cran presque imperceptible, un simple et infinitésimal dégradé que l'on ne remarquait qu'au bout d'un certain temps, si l'on avait l'habitude de l'approcher d'aussi près, mais que, une fois qu'on en avait repéré l'existence, l'on ne pouvait plus ne pas voir, tels ces détails malicieusement cachés dans une image que, pendant longtemps d'abord, nous ne discernons pas du tout et qui, une fois que, le plus souvent par hasard, par mégarde, nous les avons identifiés, nous sautent ensuite aux yeux immanquablement, à chaque fois, jusqu'à prendre le pas sur l'image même, la dissoudre au profit de ce motif rapproché) qui se dessinait à l'endroit où sa chevelure postiche se superposait à ce qu'il restait de ses cheveux d'origine – où la teinture sur mesure de sa perruque suppléait (se confondait à) sa couleur capillaire naturelle. "Il fait un peu chaud, non ?" ajouta le président tandis qu'il se rasseyait en attrapant sur son bureau, à côté de l'ignoble gorille miniature, la télécommande de la climatisation, qu'il avait la manie de tripoter compulsivement.

8

Le belvédère des anges

Et lui Kouritchev a-t-il seulement eu peur, peur que ce soit son tour d'être dans la charrette désigné froidement dans un bureau froid par le tyran froid qui aurait apposé son nom au milieu d'une liste ou plutôt, puisqu'il n'y aurait bien sûr pas eu de liste pas de traces, qui aurait acquiescé d'un plissement de ses petits yeux gelés à l'énoncé de ce nom parmi tous les autres qui y passent chacun à leur tour, a-t-il cru et le croit-il encore être espionné visé menacé, que cela puisse lui tomber dessus à n'importe quel moment, et vit-il dans la terreur la résignation ou l'assurance négociée avec le tyran lui-même qu'il ne sera pas choisi cible entre les cibles ? Et si c'est le cas ajoute-t-il vraiment foi aux serments du tyran qui apparemment ne considère la solidité des serments que de manière univoque, comme quelque chose qu'on lui prête mais à quoi lui il n'est pas tenu en retour ? comment le savoir, sur son visage on ne décèle presque rien, jamais, il aurait dû jouer au poker à la place de son fils il aurait paumé moins souvent que lui, j'ai bien tenté au cours de la visite de nos discussions par moments de surprendre une expression qui m'aurait laissé penser qu'il se tenait aux aguets gardait une vigilance instinctive, quelque chose qui trahirait sa crainte son sentiment de vivre sous un ultimatum permanent mais *nada niente* pas un regard alerté jeté sur le côté, pas un tressaillement quand un bruit quelconque retentit. Et pourtant il les connaissait personnellement, peut-être pas tous mais presque, la plupart, les morts en série les victimes de l'hécatombe bizarre de l'épidémie d'accidents bêtes et de suicides inexplicables chez les oligarques, plusieurs dizaines tout de même, une quarantaine une cinquantaine depuis que le boss du Kremlin l'adoubeur et maître chanteur a décidé d'envahir l'Ukraine, toutes ces morts suspectes comme on dit pudiquement, le langage a des fois de ces trouvailles cocasses de ces doux euphémismes, tous ces morts étranges celui bêtement tombé de la fenêtre de l'hôpital le jour même où le tyran visitait les lieux, celui qui s'endort malencontreusement sur son lit avec sa cigarette allumée et meurt dans l'incendie de son appartement, celui qui succombe à un accident d'hélicoptère sur la Côte d'Azur à peine à quelques kilomètres d'ici, celui qui coule en même temps que son bateau, et le baraqué fournisseur en logiciels d'espionnage qui fait une crise cardiaque à quarante ans, et la bimbo vice-présidente d'une banque qui après avoir passé la soirée chez elle avec un homme qu'elle ne fréquentait que depuis trois semaines termine encastrée dans le bitume du boulevard onze étages plus bas, le jeune ponte de l'énergie condamné pour corruption découvert mort au fond de sa cellule en Sibérie, celui qui se fait cribler la peau au neuf millimètres Parabellum, celui qu'on retrouve un neuf millimètres à la main le cerveau explosé avec près de lui sa femme et sa fille abattues, celui dont la femme et la fille gisent massacrées à la hache et au couteau dans leur lit et lui pendu à une balustrade, ceux suicidés sur un balcon dans un garage ou dans une salle de bains en laissant tous à côté d'eux une note manuscrite identique, celui roué de coups battu à mort dans la ruelle, celui empoisonné par du venin de crapaud, celui victime d'une intoxication à la suite d'un rituel chamanique chez un sorcier jamaïcain de Moscou, celui qui se noie deux heures tout juste après avoir twitté une remarque mitigée à l'égard du régime, on dirait une blague sinistre un comique de répétition avec variations burlesques comme dans ces films d'horreur un peu parodiques qui renchérissent dans la fantaisie macabre l'inventivité dans la cruauté les crimes baroques et les situations abracadabrantes. Je doute que Kouritchev soit lui très féru d'humour noir ou de cinéma gore je l'imagine mal en train de se bidonner devant un écran gorgé d'hémoglobine et saturé de viscères qui débondent, le hurlement de frayeur le grand éclat de rire cathartiques chez lui je ne les sens pas trop venir, sans doute pour évacuer la peur a-t-il d'autres méthodes d'autres courroies psychologiques, il fait passer la peur ailleurs que dans la catharsis, on dirait presque qu'il la ventile l'absorbe la réduit en oxygène qu'il s'en remplit calmement les poumons et la recrache sous forme de dioxyde de carbone, il l'expulse dans l'air alentour où elle se dissout disparaît, tout à l'heure il se tenait sur la terrasse de sa villa blanche, son promontoire sur la corniche presque à l'extrémité du cap, il observait droit devant la mer, il avait mis sa main en visière au-dessus de ses lunettes rondes, au large il n'y avait que le soleil son reflet argenté, un calme parfait à la surface des ridules des stries mouvantes plutôt que des vagues et l'immense bleu partout l'odeur de la garrigue des chênes verts et des pins parasols, nous baignions dans les parfums et dans la lumière, nous venions de remonter du sous-sol de la villa où nous avions écouté les architectes nous commenter l'avancée des travaux, Urbach et Stanic arrivés plusieurs jours avant pour superviser le chantier nous avaient expliqué les solutions énergétiques privilégiées afin d'autonomiser la nouvelle partie souterraine de la propriété, ils nous avaient présenté l'agencement des appartements les salons en quinconce les chambres les salles de sport et de cinéma et les réserves de vivres le réservoir d'eau, et Kouritchev ce cher Iouri avait suivi leur exposé sans rien y perdre ni montrer, nous avons parcouru cette villa renversée au revers de la villa son double secret encaissé par en dessous et lorsque nous sommes remontés à la surface à l'air libre, à Philippe et Mira debout devant lui qui attendaient sa réaction guettaient comme une récompense la moindre marque d'assentiment qu'il leur accorderait il s'est contenté de dire merci, ce qui sans doute a suffi à donner aux architectes la satisfaction qu'ils souhaitaient ou en tout cas cela a eu valeur pour eux d'approbation puisqu'il ne fallait pas espérer mieux, ils le savent ils le connaissent, ils ont déjà travaillé avec lui pour sa résidence d'altitude son ranch datcha dans l'Altaï, et moi Sacha en tant que président de Terra Viva dirigeant de la société prestataire employant les deux archis j'ai hoché la tête en les remerciant à mon tour, j'ai joué au patron solidaire de ses équipes, fait ce qu'il fallait moi aussi, j'ai ajouté que c'était parfait que j'avais hâte de voir les finitions, quelque chose comme ça qui visait moins à les féliciter qu'à combler le silence relatif l'enthousiasme pour le moins rentré du client et envers ce dernier à exercer une espèce de suggestion performative, comme s'il me suffisait de dire que c'était parfait pour que Kouritchev acquiesce soit convaincu et en conçoive aussitôt la même opinion que moi, il m'a regardé, il a regardé Philippe et Mira l'un après l'autre, il a eu un sourire aimable gentil, il a dit dans son français impeccable oui, c'est très bien, vraiment très bien. Il m'avait expressément invité, ça peut se comprendre et se faire, pour un client de son rang et vu le chèque engagé, vouloir parler directement au patron c'est de bonne guerre et d'usage, surtout de sa part à lui qui me connaît qui connaît ma mère si bien de si longue date, même si sur le coup lorsque j'ai reçu par ma secrétaire cette cordiale prière à venir me joindre à la visite, inspecter le chantier en compagnie de ce cher ami ce client fidèle et collaborateur en affaires de la famille, cette vieille connaissance, je me suis méfié demandé pourquoi soudain cet empressement à me voir à m'associer à cette construction à ce contrat particulièrement, en tant que PDG de Terra Viva ça faisait sens et pourtant en tant que Sacha Valier fils d'Eugénie Valier j'ai tout de suite senti qu'il y avait quelque chose d'autre, qu'il ne me faisait probablement pas traverser le pays en diagonale descendre sur la Côte d'Azur pour le seul plaisir de me montrer à quel point les architectes les ouvriers de ma propre entreprise travaillent bien ni pour m'offrir la primeur le privilège de ses agréments ou de ses doléances. Quand ma mère m'avait proposé d'être à la tête de Terra Viva je l'avais d'abord pris comme une marque d'intérêt de sa part, un coup de pouce, elle me mettait au poste clé de l'entreprise du groupe qui l'excitait le plus, il lui fallait un complice quelqu'un qui lui soit proche pour s'occuper de ce nouveau domaine qui avait sa prédilection et personne mieux que moi ne pouvait être cette personne-là, je n'avais pas compris alors qu'en réalité en me donnant cette branche secondaire mineure de la société elle m'offrait un pis-aller doré, un beau lot de consolation un hochet, elle avait préparé son coup anticipé la manœuvre, elle préparait mon éviction de tout le reste du groupe, m'offrait un petit refuge lucratif et survivaliste dans mon coin bien en phase avec ses propres lubies et avec les dernières innovations les seules qui peut-être l'intriguaient encore, des bunkers des home cinémas et des armoires à fusils, y mettre son propre fils lui permettait de ne pas s'en débarrasser tout à fait, de ne pas vendre mais de simplement céder, c'est-à-dire de garder la mainmise, un droit de regard et d'ingérence sur l'activité de cette entreprise, la seule qui pour elle avait encore un futur relatif, un futur dans les limites étroites de l'avenir qu'à ses yeux ce monde avait encore, un futur resserré qui consistait en réalité à escorter le plus longtemps possible ce monde dans les convulsions de son agonie, la seule donc qui correspondait encore à ses visions, à la conception du monde qu'elle professait et avec laquelle elle s'apprêtait à mourir. Oui, peut-être au fond qu'elle m'a destiné ce petit morceau ce confetti de l'empire industriel, cet os épargné par le dépeçage la braderie générale, parce que c'est celui qu'elle aurait gardé pour elle-même si parmi tous les lots les lambeaux qui s'en iraient les uns après les autres on lui avait laissé le choix, quelle délicate et aimante attention maman, à ton fils tu as réservé ta part préférée, ce que tu aurais pris pour toi, et tant pis pour le reste, je n'ai qu'à m'en contenter et ne pas non plus prétendre de toute façon que j'aurais été en mesure de gérer le groupe Valier tout entier, trop gros pour moi, déjà tout le monde actionnaires observateurs et même clients avait dû s'étonner, après la première transmission, que maman de l'aveu de tous se débrouille aussi bien, qu'elle fasse fleurir encore la société florissante, que la fille soit au niveau de la trempe du père dans un genre différent, ce genre de transition est si rare où le légataire s'avère le digne héritier de son prédécesseur, combien d'exemples au contraire du fils ou de la fille à papa maman à la ramasse et qui fait péricliter la boîte saccage l'objet de la belle réussite, se fait bananer balader par des tiers arnaquer escroquer écraser et finalement qui plante le truc, se le laisse piteusement subtiliser par le premier clampin un peu plus malin que lui venu, et moi le rejeton l'avorton indigne forcément indigne de mon lignage rapace, moi je le sais j'aurais été vu comme ça le parachuté aux épaules trop étroites, le gentil branleur pas fiable pour deux sous dont le seul mérite est d'être un beau jour des années soixante-dix sorti de tel vagin plutôt que d'un autre, les gens pensent toujours qu'un homme n'est pas foutu de savoir ce qu'il est ce qu'il vaut, qu'il se voit toujours plus beau plus malin qu'il n'est, mais pas moi, je ne crois pas, je ne suis pas dupe, je ne suis pas très malin mais je ne suis pas si con non plus, et comme patron de Terra Viva peut-être suis-je seulement ce que l'on attendait de moi, l'héritier insipide qui ne dispose de rien d'autre que de sa supposée légitimité à hériter et doit se contenter de ce qu'on lui a donné. Toujours est-il que c'est en cette qualité que Kouritchev m'a demandé de me déplacer invité dans sa villa blanche de style néobyzantin sur la Riviera construite au début de l'autre siècle pour la femme d'un propriétaire de grand magasin parisien l'un de ces palais du commerce, elle avait beaucoup voyagé m'a expliqué Iouri Kouritchev sur la terrasse à mi-voix calme soudain bavard prolixe comme ému personnellement touché par cette histoire, elle avait vu l'Orient et l'Italie, elle en voulait un peu pour elle, un peu de ces pays qu'elle avait traversés des édifices et des choses qu'elle y avait vus, un air de Constantinople de Naples de Damas et de Venise à la fois assemblées et blanchies et perchées à l'aplomb des falaises qui plongent dans le golfe. Et puis il a fait un signe aux architectes, leur a intimé gentiment de rester en arrière, de nous laisser en tête à tête, ils connaissaient de toute façon déjà les lieux les recoins, ils les avaient arpentés en long en large et en travers avaient tout mesuré sondé ils n'avaient pas besoin eux de la visite guidée, nous avons marché ensemble lui et moi à travers le parc jusqu'à la splendide pergola aux arcs de briques soutenus par des doubles colonnes en marbre sous un petit toit de tuiles, un côté vénitien en effet, et nous nous sommes accoudés quelques instants là au parapet avec la baie devant nous, au loin Monaco d'autres caps escarpés à pic et les montagnes en cirque au-dessus, il ne parlait plus, peut-être savourait-il simplement le fait de pouvoir regarder le paysage de pouvoir être ici, lui qui pendant plusieurs mois après le déclenchement de la guerre avait été interdit de séjour indésirable et qui avait dû patienter relégué à Dubaï avant d'obtenir l'autorisation de revenir le droit de séjourner chez lui. En contrebas il y a cet escalier vertigineux qui dévale en ligne droite vers la mer à travers les chaos de pierre et une végétation méditerranéenne de taillis d'arbustes et de buissons, des jeunes oliviers des cyprès des palmiers nains, et des parfums encore de garrigue de sieste d'été sous les cigales, nous sommes descendus entre les acanthes et les lauriers-roses, tant qu'à faire le tour du propriétaire allons-y jusqu'au bout, il n'allait pas me laisser partir avant le clou du spectacle, et à chaque marche je me disais que ma mère avant moi était venue là elle aussi, il y a bien longtemps, déjà quinze vingt ans sans doute, lorsque son ami russe son cher Iouri avait acquis cette villa l'une des plus belles de la Côte d'Azur, elle aussi elle avait mis le pied sur ces dalles et s'était extasiée sur l'époustouflante beauté du lieu du site du jardin, je marchais dans ses pas je répétais ses gestes, mais pris dans cette vague euphorisante lumineuse odorante qui nous enveloppait je me suis senti à ma place, pas du tout substitué à elle, pleinement complètement à la mienne. Tout en bas de l'escalier, après une passerelle qui enjambe la promenade du littoral le chemin des douaniers, juste devant la mer en façade, comme la porte d'une ville antique il y a une rangée de hautes arches de pierre leurs piles accrochées dans la pente plantées debout droit dans les rochers, on dirait le seuil du paradis sans autre accès que par les eaux au-dessus d'une crique d'éboulis, et nous sommes montés à la cime de ce portique sur l'espèce de loggia ouverte face à la mer, une galerie de cloître à colonnade inspirée par un monastère sicilien et suspendue dans le ciel, nous étions là lui et moi comme deux moines en conciliabule, deux petits théologiens obscurs sortis de leur salle capitulaire devisant des écritures qu'ils viennent d'entendre et de Celui qui les dicta, deux têtes à tonsure jumelles tournées vers le large depuis le belvédère des anges. Et alors à côté de moi il a pris l'air embêté, il ne l'était pas vraiment sans doute mais il voulait me montrer qu'il l'était, qu'il abordait une question déplaisante épineuse soulevait une possibilité qui ne nous ferait plaisir ni à lui ni à moi, il a fait mine d'hésiter à me poser la question mais bien sûr j'ai compris aussitôt que nous n'étions là que pour ça, pour cette question, il m'a demandé si je savais où en était la santé de ma mère et j'ai dit oui, non, je n'en savais pas plus que lui sans doute, il était au courant de sa maladie naturellement, peut-être même avait-il été la première personne à être au courant sitôt qu'elle avait fait les premiers examens sitôt qu'elle avait reçu les premiers diagnostics il a ses réseaux ses informations et informateurs, j'ai repris et j'ai dit que son état était stationnaire, j'ai dit ce mot, état stationnaire, et de nouveau il a eu l'air plus embêté encore. Il ne voulait pas être brusque a-t-il dit, il imaginait combien pour moi la période était délicate et douloureuse, et lui n'avait pas besoin de préciser toute l'affection qu'il avait pour Eugénie, mais dans sa position il devait penser à tout, "parer à toutes les éventualités" a-t-il ajouté autant pour insister je crois que pour me montrer sa maîtrise parfaite du français de ses tournures et me donner ainsi confiance, créer entre nous une bulle de connivence linguistique, je savais n'est-ce pas qu'il était en concurrence avec l'autre zozo le nationaliste alsacien pour l'attribution du pôle média du groupe Valier, ça traînait un peu c'était un dossier très politique, vendez des yaourts des fringues ou des refuges antiapocalypse et le pouvoir s'en mêle assez peu, par contre dès qu'il est question d'armes ou de médias, de moyens de faire la guerre ou l'opinion, là c'est le branle-bas de combat, j'étais au courant, oui, comment ne l'aurais-je pas été, merci pour la question rhétorique, qu'est-ce qui se passerait donc si ma mère n'avait plus les capacités de suivre les ventes ? Si jamais ça traînait en longueur si d'aventure ma pauvre mère n'était plus en mesure d'octroyer son avis, son aval ? S'il devait lui arriver quelque chose ? a-t-il dit. En l'absence de ma mère je serais de fait de droit le président intérimaire du conseil d'administration, le président du peu qui reste du groupe Valier, alors la décision me reviendrait à moi, et il désirait tout simplement savoir si je lui vendrais les médias, si j'arbitrerais en sa faveur, si c'est entre nous que le deal se ferait, et il s'est encore excusé d'avoir à me poser cette question. Il s'est éloigné de moi, il a fait quelques pas pour me donner le temps de la réflexion, prendre ma décision tranquillement, il m'a laissé seul face à la mer, accoudé à la balustrade dans ce bout de cloître aérien cette galerie céleste ce belvédère sur l'infini, et combien de temps suis-je resté là, d'abord je n'ai pas pensé à ce qu'il venait de me dire, j'ai seulement regardé contemplé le paysage, la vision sublime qu'offre cette loge mystique avancée au bord de son promontoire naturel, comme si ses paroles avaient commencé par s'effacer de mon esprit oubliées aussi vite, et puis cela a fait retour cela m'est revenu dans la tête, j'y ai pensé, et tout m'a paru soudain extrêmement simple extrêmement clair, limpide comme le ciel, je me suis retourné, je me suis avancé vers lui et je lui ai dit oui, et je savais ce que cela impliquait recouvrait, l'accord tacite que ce oui tout bête supposait, je n'avais rien d'autre à dire ou presque, tout juste à acquiescer pour donner mon accord à des choses qui avaient été préparées sans moi et pourtant en ma faveur, du moins dans l'idée de ceux qui les avaient préparées. Je ne m'opposerais à rien laisserais les ventes se faire se poursuivre, les rares pièces du groupe encore sous la propriété de la famille Valier continuer de passer dans d'autres mains, et surtout j'appuierais l'offre de reprise de Kouritchev de préférence à celle du milliardaire idéologue en costume alsacien pour les journaux la chaîne de télé qu'ils convoitent tous les deux, et peut-être même que lui aussi Kouritchev pour fêter ça son acquisition il pourrait apparaître sur sa chaîne de télé personnelle en costume traditionnel russe, avec la tunique les bottes en cuir et la chapka, il aurait l'air finaud. En échange je n'ai demandé qu'une chose, une seule, au cas où pour on ne sait quelle raison malheureusement ma mère ne pourrait pas aller jusqu'au bout et que je doive me substituer à elle, c'était d'être consulté également à propos de la fondation, que celle-ci ne se fasse pas sans moi si jamais elle devait se faire finalement sans elle, et que Kouritchev voie donc auprès de la conseillère Zeuchter, la nouvelle âme damnée de ma mère avec qui, j'ai mes informations moi aussi, il est de mèche pour les équipements la flottille de la fondation, qu'elle ne m'oublie pas, ce qui n'a paru ni l'étonner ni le déranger, formalité à ses yeux sans doute du moment qu'on n'attentait pas, et il se doutait bien que telle ne serait pas mon intention, aux juteux contrats que ses chantiers navals tout neufs avaient passés avec la nouvelle organisation éco-philanthropique en cours de construction. Et une fois cela dit, il s'est fait soudain un grand vide en moi, le même genre de sensation qu'au poker lorsque vous avez misé tout votre tapis, que vous avez découvert vos cartes sur la table et qu'à présent vous attendez sans plus rien pouvoir faire que la dernière carte tombe, qu'elle soit dévoilée à la rivière pour savoir si vous avez le hasard avec ou contre vous, je me sens vide, vide et soulagé je crois, sur mon visage sur ma peau les rayons du soleil se déposent, c'est doux et paisible et me donne envie de fermer les yeux, Kouritchev a quitté la galerie a repris l'escalier pour remonter vers la villa retourner aux affaires, et je peux m'attarder un peu dans ce cloître sicilien élevé en plein ciel, rester seul ici avant d'aller retrouver les autres, rester flottant dans le vide enveloppé de pure beauté, ici devant la mer en attendant que tout continue.

9

L’invention du désert

Et puis un jour, brusquement, son état de santé s’était dégradé. Alors qu’elle était dans son fauteuil en train de regarder l’un de ses livres d’art, Igor avait remarqué au bout d’un moment que ses mains ne bougeaient plus, qu’elles ne tournaient plus les pages ; et même s’il lui arrivait parfois de rester plongée dans ses pensées et de garder alors, pendant de longues minutes, la même image ouverte sous les yeux, la durée de contemplation que Madame s’octroyait sembla au majordome anormalement prolongée, si bien que, en renfilant dans sa poche de blazer le smartphone sur lequel il passait la majeure partie de son temps lorsqu’il était ainsi confiné auprès d’elle (c’est-à-dire à l’écart dans la même pièce, muet, discret, se tenant à sa disposition), Igor se mit à remuer sur sa chaise afin d’attirer l’attention de Madame, à faire des bruits de bouche, des raclements de gorge inhabituels et incongrus qui l’eussent, si elle avait été lucide, non seulement intriguée, mais incommodée, voire exaspérée.

Igor en s’approchant s’était rendu compte qu’elle était inconsciente, inanimée ; il avait tâté son pouls qui lui avait paru battre à un rythme très faible, très lent, l’avait un peu secouée à l’épaule, assez doucement pour ne pas lui faire mal au cas où elle aurait été seulement endormie, en l’appelant, Madame Valier, Madame Valier, Eugénie, et comme elle ne donnait aucun signe d’éveil, aucun indice qui laissât percevoir qu’elle entendît seulement la voix d’Igor, qu’elle sentît sa main sur son épaule, celui-ci était allé chercher l’infirmière, qu’il avait trouvée en pleine discussion avec la comptable, dans le grand bureau que cette dernière occupait dans l’aile ouest du château et qui donnait sur le parc.

Alors, ce fut comme si quelque chose d'inéluctable s'était mis en branle – quelque chose qui, sans que personne en ait eu clairement conscience, avait été déjà préparé, organisé de longue date, et qui n'avait attendu que le moment fatidique pour se déclencher : tous les trois se précipitèrent vers le salon et l'infirmière, aussi désemparée que le majordome devant l'absence de réaction de Madame, immédiatement appela la clinique et demanda le directeur, lequel suivait en personne l'évolution de la maladie de sa célèbre patiente. Avec l'aide d'Igor, elle déplaça Eugénie et l'allongea sur un divan, puis elle s'en alla chercher dans la chambre le chariot de monitoring, qu'elle fit rouler à travers le couloir, avec ce paradoxal mélange de précaution et de hâte embarrassée qu'impose le matériel fragile lorsqu'il en est besoin urgemment ; enfin, elle connecta la machine mise en route au corps inerte, branchant autour de l'index de la main droite, juste au-dessous d'une bague oursin de chez Lorenz Baümer dont le dôme, serti d'un gros diamant rose, était pavé de saphirs jaunes et de tanzanites, l'un de ces capteurs en plastique qui ressemblent à une pince à linge.

Moins d'une demi-heure plus tard, une ambulance se garait devant le perron, vers laquelle deux imposants gaillards en blouses blanches firent descendre Madame couchée sur un brancard, tandis qu'autour du véhicule s'affairaient tous les membres du personnel venus assister, comme un chœur assemblé au bord de la scène, au départ de la patronne. Les mines étaient graves, les gorges serrées ; le mot "coma" avait été prononcé ; lourdement, l'ambulance avait remonté l'allée, dans la stupeur et le silence de la petite communauté qu'abritait le château et qui l'avait regardée disparaître au bout du parc, derrière la grille automatique qui sur elle, déjà, se refermait.

Pendant les semaines qui suivirent le départ de Madame, la vie au château semblait scindée en deux, entre une partie qui continuait comme avant (la comptable ne manquait pas de comptes à faire, la femme de chambre entretenait les appartements d'Eugénie en paraissant attendre son retour d'un instant à l'autre, les femmes de ménage nettoyaient, lustraient, aspiraient, lavaient les carreaux de toutes les pièces du château sans se soucier du fait qu'elles soient ou non inhabitées, le jardinier jardinait tout en fumant les mêmes cigarillos coupés en deux que d'habitude et le cuisinier cuisinait pour eux tous, à défaut de préparer les repas frugaux de Madame) et une autre pour laquelle l'absence de la patronne signifiait un désœuvrement plus ou moins complet, l'infirmière ayant déjà dû quitter ses fonctions, remerciée par la secrétaire qui elle-même vaquait désormais à des tâches subalternes, anecdotiques, à du rangement et des listes brèves ; quant au gestionnaire de fortune, on ne le voyait plus, il gérait ailleurs.

Igor errait dans le parc, donnait un coup de main au jardinier et lui taxait un demi-cigarillo, se demandait ce que lui-même fichait là, à veiller sur une ombre, à rester au service d'un fantôme (et pire que ça : d'une mourante – un fantôme en devenir), à feindre de croire à l'idée que Madame reviendrait et qu'à l'instant où elle poserait un pied ragaillardi sur la première dalle de marbre du perron, tout recommencerait, la ronde des visites et le manège du samovar, en attente de quoi il fallait donc qu'il demeurât dans cet état d'inutilité en faction, cette latence mobilisée qui lui rappelait les exercices ineptes et abrutissants à quoi il devait se soumettre à la Légion, lorsqu'il s'agissait par exemple de surveiller toute une nuit, sans fermer l'œil, depuis un poste d'observation où il était censé se tenir en embuscade et en alerte, dissimulé à la vue d'assaillants imaginaires, un baril d'essence complètement vide, un simulacre de tôle cylindrique, contre de supposés voleurs, ennemis convoiteurs, saboteurs en puissance qui n'existaient jamais que dans l'esprit du commandant aux yeux tristes (lequel leur imposait ses instructions et dont on aurait dit que lui-même les leur dispensait par dépit, asservi à sa propre tâche et en manque d'idées pour meubler le temps des troupes), dans la fiction de cette mise en scène martiale.

Et ici, la fiction à laquelle il était sommé non pas de croire, mais de se conformer, de faire comme si l'hypothèse autour de laquelle elle s'échafaudait (et dont absolument tout laissait à penser que jamais elle ne se confirmerait) conservait une once de crédibilité (cette once qui justifiait qu'on se tînt en ordre de bataille pour l'accueillir), c'était le retour prochain de la patronne, qui maintenait en suspens le personnel du château dont Igor croisait les membres, çà et là, au détour d'un couloir ou d'un bosquet, en train de chuchoter comme des conjurateurs qui ne conspiraient à rien, sinon à savoir jusqu'à quand durerait la comédie et s'ils devaient se mettre en quête d'un nouveau job ou patienter tranquillement avant qu'on les dégage ; qui parlaient surtout d'argent, sur toutes les lèvres et dans toutes les conversations, conscients que les émoluments qui leur étaient versés ici, au service de Madame, ne trouveraient pas d'équivalents chez d'autres employeurs de moindre générosité ou simplement au train de vie moins hors sol. Ils restaient donc, égrenant les jours au rythme de cette mystification arrangeante pour tout le monde, pour eux-mêmes, pour les administrateurs du groupe Valier, les gestionnaires de fortune, les avocats, les conseillers, et pour Madame au cas où elle se réveillerait, où elle reviendrait de son coma, entretenant la propriété dans un statu quo de décor vide organisé autour d'une figure absente, entièrement dévoué à quelqu'un qui n'était plus là.

10

Philanstère

Sylvain réprima un bâillement et étira ses bras devant lui, loin à l'horizontale, plus engourdi encore à mesure que la journée avançait, que l'après-midi s'écoulait, tirait vers le soir : il hésita à prendre un énième café qui de toute façon ne ferait effet que plusieurs heures plus tard, trop tard, et à défaut d'un shoot de caféine supplémentaire, lança une impression papier depuis son ordinateur et se leva, enchaînant quelques flexions, des assouplissements et de nouveaux bâillements, pour passer dans la petite pièce contiguë à son bureau (à peine une pièce : une sorte de local exigu et aveugle) où se trouvaient la machine à café et l'imprimante en train de cracher les feuillets sur lesquels s'étalait le maigre butin de sa journée de travail. Avoir à relire sa propre prose administrative l'ennuyait déjà ; finalement il prit le temps de se le faire, ce café, long, sans sucre, et contempla d'un air morne le mécanisme qui opérait, le voyant lumineux indiquant que la boisson était en préparation, le gobelet qui tombait sous le bec verseur d'où coulait un jus noirâtre, et puis le même voyant clignotant qui annonçait que le breuvage était déjà prêt.

En traînant mentalement des pieds il se dirigea vers une table libre, y étala les trois différents documents dont la fastidieuse rédaction, depuis le matin, l'avait exclusivement occupé et s'appliqua à les relire, mis en pages et en couleurs, tous leurs encadrés remplis, l'un se présentant comme une fiche explicative agrémentée d'une série de statistiques censées inspirer confiance aux potentiels donateurs et stipulant point par point, sous le titre aguicheur "Consacrez vos impôts à la préservation des océans", comment souscrire, comment déduire et comment les dons apportés à la fondation seraient affectés – chose qui, en outre, faisait l'objet d'un autre document à part, une lettre personnalisée ("Cher Monsieur", "Chère Madame") de la direction générale présentant la vocation et le fonctionnement de l'organisation, très écrite, mêlant des précisions programmatiques (la description des *trash vortex*, des différents phénomènes de pollution marine, des méthodes et des investissements pour y remédier) aux touches lyriques (où l'océan parle au cœur), et sur quoi Sylvain avait aujourd'hui le plus bloqué, tardant et peinant à rassembler ses esprits encore embrumés par la soirée de la veille, qu'il avait passée avec quelques amis dans un bar de la Bastille et où, comme d'habitude, dès que dans la conversation il avait été question de son boulot pour le Philanstère, les sarcasmes des copains avaient fusé. Toujours les mêmes inévitables arguments qu'il connaissait par cœur, les mêmes attaques. Et que le vrai problème, c'est que les gens n'ont plus confiance dans la politique alors ils se tournent vers des organismes de substitution. Et qu'ils préfèrent choisir eux-mêmes la destination de leurs deniers plutôt que de les confier à l'État qui les redistribuerait en fonction de l'intérêt général et pas selon les sensibilités de la bonne conscience de chacun. Et que c'est vraiment typique de notre époque où l'initiative individuelle prime sur les grands projets collectifs, la vertu personnelle sur le bien commun. Et que la véritable solidarité c'est de payer ses impôts, pas de les réduire. Et que du coup la dette publique explose, que par conséquent les services publics n'ont plus un rond, et que plus rien ne marche, ni les hôpitaux, ni les transports, ni l'éducation nationale. Et que la philanthropie, ce n'est rien d'autre que de l'évasion fiscale légalisée. Et que d'ailleurs elle nous vient de la société paternaliste américaine. Et que cela arrange bien les gouvernements néolibéraux, qui en profitent pour diminuer encore la place de l'État dans la société. Et que la vieille bourgeasse Valier croulante, qu'elle crève, on ne la pleurerait pas.

En s'enquillant les verres de corbières, Sylvain encaissait avec un flegme amusé (celui des amitiés sûres, qui se nourrissent volontiers de piques et de vannes et savent absorber les désaccords ponctuels, les partis pris tranchés, pour en faire des motifs de bavardages échevelés, d'oppositions franches et complices qui les tissent et les renforcent, et qui sont sans doute la matière de l'amitié même) ces récriminations dont il savait bien qu'il n'était pas, lui, la cible, et avec lesquelles par ailleurs, dès que la nuit avançait, que l'alcool lui montait, autrement dit qu'il s'éloignait des heures ouvrées, de l'orbite morale et psychologique de la conseillère Zeuchter et du Philanstère pour pénétrer dans cette autre temporalité, cet autre domaine de l'existence où la pensée et la parole s'affranchissaient des principes, des exigences et des compromis du travail, il était assez d'accord, partageant lui aussi les mêmes sentiments et aversions, dressant les mêmes implacables constats sur le fait philanthropique que ses amis. Et non seulement, alors, il finissait par leur donner raison, mais il renchérissait, en remettait plusieurs couches, si bien que plus il était tard et plus il se faisait l'un des plus vindicatifs d'entre eux envers l'hypocrisie des belles âmes et le système absurde qui spoliait le pays des recettes fiscales supposées lui revenir et, à travers lui, à la population. Jamais toutefois il n'aurait dit du mal de la conseillère, ni émis la moindre réserve à son encontre. Même à quatre grammes, il lui savait gré de la confiance qu'elle lui faisait et du rôle qu'elle lui permettait de prendre ; tout au plus lui arrivait-il de formuler à son égard des remarques aux connotations, disons, plus intimes, voire légèrement salaces, qu'en aucun cas bien sûr il n'aurait laissé échapper dans un autre contexte ni avec d'autres personnes que ses potes les plus proches.

Hier, la soirée s'était prolongée, ils avaient fait la fermeture du bar et au lieu de rentrer seul, Sylvain était allé passer le restant de la nuit chez Marianne, comme cela leur arrivait de temps en temps ; il avait très peu dormi. Encore envapé, au matin, après avoir pris une douche rapide, embrassé tendrement Marianne sur les lèvres (ils s'étaient promis de se revoir plus vite que la dernière fois, et tous les deux étaient sincères dans leur promesse, encore engourdis de volupté et aiguillonnés de désir, pleins de l'amour qu'ils avaient fait et qu'ils auraient immédiatement refait si Sylvain n'avait pas dû partir travailler, et tout aussi conscients l'un que l'autre que cela n'arriverait pas, qu'il s'écoulerait de nouveau des semaines avant qu'ils se retrouvent attablés dans le même bar avec leurs amis communs et que, au terme d'une jolie soirée d'ivresse et de papotages, ils s'abandonnent ensemble, peut-être, à un épisode sentimental en fin de nuit), il avait descendu les cinq étages en haut desquels se perchaient les deux chambres de bonne raccordées qu'habitait Marianne, puis avait pris un café à un comptoir près du port de l'Arsenal, en jetant un œil sur *Le Parisien*. La Confédération paysanne annonçait des manifestations, des déversements de fumier, de purin ou de lait sur le parvis des préfectures, une tempête approchait de la façade atlantique, qui toucherait la capitale en fin de journée, une société spécialisée dans l'intelligence artificielle avait vu sa capitalisation boursière augmenter de près de trois cents milliards de dollars en un jour (Sylvain se dit qu'il aurait dû en acheter quelques actions) et la Russie annonçait un renfort de ses troupes en Ukraine.

Il y avait autour de lui dans le rade les mêmes trognes et les mêmes commentaires que d'usage, la maire de Paris en prenait pour son grade, le jeune président tout autant, sinon plus. Sur un coin du comptoir, un numéro de l'hebdomadaire sportif national traînait : en couverture, l'ex-ministre de l'Écologie, aventurier médiatique et écrivain-voyageur Victor Lanquais s'exhibait au sommet d'une montagne, appuyé sur deux bâtons d'alpiniste, son pied conquérant, chaussé de gros godillots bruns de randonnée, posé sur une pierre, les jambes imberbes et costaudes pointant entre bermuda et hautes chaussettes, les bras de chemise retroussés (une pub vivante pour le Vieux Campeur, pensa Sylvain), les yeux couverts de lunettes sombres équipées de coques de protection latérales et tournées vers le soleil pour montrer que si, comme chacun le sait, ni le soleil ni la mort ne se peuvent regarder en face, Lanquais, lui, depuis son promontoire métaphysique, les toisait sans peur et en affrontait les vertiges.

"La montagne, le plus beau des poèmes", titrait le magazine, guillemets compris, et sous la citation l'on pouvait lire en petits caractères : "Pour se ressourcer, Victor Lanquais a fait des géants des Alpes son jardin secret. Rencontre exclusive avec un adepte de l'exploit qui puise son inspiration dans les hauteurs". Et Sylvain s'était dit qu'aucun lecteur de l'hebdo sportif, probablement, ne pourrait imaginer que cette présence en une du chantre des cimes faisait partie du plan de communication d'une nouvelle fondation dont la plupart n'avaient même jamais encore entendu parler, que cela avait été financé par un budget promotionnel grâce à quoi l'on avait acheté la couverture du magazine, le reportage et l'interview qui allaient avec, comme on l'aurait fait d'un espace publicitaire, ni qu'elle (cette présence) était liée à quelque chose qui se préparait (que Sylvain lui-même contribuait à préparer) en sous-main, sorte de première banderille plantée en attendant que le barde des alpages apparaisse bientôt, par enchantement, parmi les personnages principaux de l'histoire qu'on s'apprêtait à raconter au moment du lancement de la fondation, et que la savante distillation de sa popularité sans cesse cultivée, relancée d'ici là par piqûres de rappel judicieusement étalées tout au long du temps médiatique, anticipait le buzz à venir, l'amorçait, et servait ainsi les visées à moyen terme de l'organisme éco-philanthropique naissant, au même titre que toute une panoplie d'autres produits dérivés, le film du documentariste scandinave, les visuels publicitaires qui se dispatcheraient dans la presse, le beau livre de photos aériennes de l'océan signé par un artiste grand public et publié chez un gros éditeur, le partenariat avec une marque de vêtements de surf (qui, au-delà des amoureux de la vague, toucherait tous les habitués des plages), les expositions dans les métros de Paris, Londres, Rome et Madrid, celles qui occuperaient les salles dédiées du futur siège sur l'île vénitienne de Poveglia, et celles, itinérantes, que promènerait de ville portuaire en station balnéaire un bateau-musée de démonstration.

En voyant la mine fiérote de Lanquais grimpé à flanc de pic, Sylvain n'était pas sans en éprouver un peu de fierté, lui aussi, comme si le panachage d'icône romantique, de sportif du dimanche et de vacancier hors saison qui s'étalait en couverture était en partie son œuvre, qu'il l'eût personnellement mis en scène ; et cette gratification inattendue de bon matin, recouvrant la fatigue traînante et la persistance des plaisirs de la nuit qui continuaient de se diffuser en lui, avait suffi à le faire s'arracher à ce comptoir et se remettre en route, descendant ensuite tranquillement le boulevard Henri-IV, son large trottoir assez peu fréquenté, avant de passer un premier bras de Seine et d'hésiter un instant entre s'engouffrer dans la rue Saint-Louis-en-l'Île, l'épine dorsale rectiligne qui, encaissée entre les hôtels particuliers et les boutiques étroites aux devantures de bois peint, scinde en deux, sur toute sa longueur, la masse compacte des vieux immeubles insulaires, ou bien contourner l'île de l'extérieur en passant par le quai d'Orléans, sur lequel, en définitive, il s'engagea en suivant une intuition, peut-être une inflexion des rayons du soleil ou l'axe de navigation des péniches chargées de sable et de gravier qui remontaient le fleuve en silence à main gauche, levant les yeux sur son chemin vers les quelques plaques scellées dans les façades, celle signalant l'entrée de la Société historique et littéraire polonaise, celle en mémoire du poète bordelais Jean de la Ville de Mirmont, jusqu'au pont piétonnier qui relie les deux îles sur la Seine et par quoi il atteignit le chevet de Notre-Dame.

Hélène Zeuchter avait une sorte de sixième sens pour déceler chez lui une fatigue inaccoutumée. Elle aurait pu être espionne ou détective privée, pensait-il – et peut-être l'était-elle, après tout, qu'est-ce qu'il en savait ? Il ignorait si elle le remarquait à sa tenue, identique à celle de la veille (mais il s'habillait toujours de la même façon, jean, chemise claire, pull sombre, et une veste ou un manteau adapté à la saison), ou si elle percevait à ses cernes un peu creusés, à quelque chose de vitreux qui émaillait son regard, le manque de sommeil et le surplus de java ; toujours est-il que lorsqu'il se pointait dans le bureau de la conseillère, comme ce matin, son bloc-notes à spirale sous le coude, avec une semi-gueule de bois qu'il ne parvenait pas à dissimuler, elle prenait un malin plaisir à lui embrouiller les méninges, à lui demander expressément d'accomplir les tâches qui exigeaient de lui le plus de vivacité mentale, le plus de concentration, la pire de toutes, la plus pénible (mais qui était aussi, principalement, celle pour laquelle la conseillère l'avait choisi et conservé, là où il démontrait un indéniable talent) étant de devoir s'atteler à la rédaction des papiers officiels, des communiqués de presse et autres divers textes destinés à la com, en quoi il était tenu de se faire le porte-parole de la fondation tout entière, de parler en son nom, à sa place, *pour elle*, inventant un langage qui serait donc celui de l'organisme même, pareil à l'un de ces *speechwriters* qui composent les discours d'une personnalité publique ou d'un haut dirigeant du monde des affaires et se doivent de singer ses manières et ses opinions, de donner forme à son message et texture à sa voix : en l'occurrence, pour Sylvain, il s'agissait plutôt de prêter voix à une personne morale, une entité abstraite ; d'inventer la façon dont la fondation s'exprimerait.

Ce matin, à son arrivée à l'Humanistolab, l'assistant était directement monté à l'étage pour saluer la conseillère – un niveau complet de la "pépinière de générosité" était désormais réservé à la fondation créée pour Eugénie Valier, tandis que l'étage inférieur se consacrait à l'ensemble des autres projets portés par le Philanstère – et Hélène ne l'avait pas raté : un coup d'œil avait suffi, un sourire entendu, presque complice, et elle lui avait rappelé qu'il leur fallait d'ici ce soir, impérativement, le matos pour les envois aux mécènes. Et en relisant ce dont il avait, depuis, passé la journée à accoucher, d'abord envahi par les effluves intempestifs de désir qui faisaient brusquement retour (des remontées de stupre nocturne, le goût de la peau de Marianne) et qui ne s'étaient estompés que lentement, au fur et à mesure de la matinée, ensuite vaseux et luttant contre les coups de barre qui se succédaient, lui tapaient dans la nuque et lui brouillaient l'esprit, il était maintenant moins fier qu'au matin devant son café noir et la couverture du magazine sportif, et même vaguement honteux.

Mais au moins, ce soir, pourrait-il quitter le bureau avec le sentiment du devoir accompli, soulagé d'avoir réussi, tout en décuvant, à force de patience et de morne obstination, à mobiliser le peu de ses supposés talents de rédacteur disponibles et à arracher quelque chose aux longues heures accablées, cafardeuses, se disait-il en reparcourant encore une fois le "Bulletin d'engagement personnel" qui viendrait s'adjoindre au pli adressé aux donateurs, réexaminant une à une chaque case spécifiant la somme des dons proposés (montants types à cocher en centaines ou en milliers d'euros, "autres montants" laissés à la libre discrétion du mécène qui souhaiterait donner plus) et, juste au-dessous sur la même page, cette mention récapitulative, relative à l'abaissement d'impôts :

Votre réduction fiscale

66 % de votre don déductible de votre impôt sur le revenu dans la limite de 20 % de votre revenu imposable	75 % de votre don déductible de votre impôt sur la fortune immobilière dans la limite de 50 000 euros par an

Au bas de chaque feuillet dans un cartouche bleu des mers du Sud, en lettres simili-cursives, se détachait la phrase : "Les grands rêves poussent les hommes aux grandes actions. André Malraux", et Sylvain avait eu envie de prononcer à voix haute et chevrotante l'aphorisme, en imitant le ton vibrant, emphatique du romancier ministre de la Culture déclamant son célèbre discours pour l'entrée de Jean Moulin au Panthéon (avec son terrible cortège). Décidément, il était temps que la journée se termine : après une dernière relecture globale, il envoya par mail à la conseillère et à la correctrice les documents finalisés et aussitôt bondit de sa chaise, enfila son manteau en tâtant ses poches pour vérifier que son nécessaire à fumette s'y trouvait en bonne place, et gagna le grand escalier en pierre qu'il s'apprêtait à escalader quatre à quatre lorsque face à lui se présentèrent, qui descendaient les marches, enveloppés dans l'un de ces silences pensifs, en suspens, dont l'on devine qu'ils succèdent à une longue conversation qui vient de s'achever, la conseillère en compagnie d'un homme à qui Sylvain aurait donné entre quarante et cinquante ans, plutôt mince, de taille moyenne, habillé d'un costume d'une élégance sûre sans être extravagante ni ostentatoire, et dont les cheveux, dégarnis aux tempes, étaient d'un châtain foncé tirant sur le roux – quelque chose d'un peu british, lui sembla-t-il. L'homme, surpris de croiser quelqu'un dans ce colimaçon, s'arrêta pour le regarder et la conseillère, à côté de lui, marqua elle aussi un temps d'arrêt, comme si elle hésitait à les désigner l'un à l'autre, que dans sa tête, à toute vitesse, elle sondât les opportunités, les rapports de force, le degré de confidentialité à quoi elle était tenue ; après quoi, retrouvant aussitôt son plus beau sourire, cette mine enjouée et décontractée qui semblait signifier que pour elle le monde était une évidence, une pleine positivité, comme si elle n'avait attendu que son apparition, voire prévu de venir à sa rencontre afin de procéder aux présentations, elle s'exclama : "Sylvain Manin, mon assistant ! Sylvain, je te présente Monsieur Valier."

À l'instant même où elle le nomma, Sylvain se rendit compte qu'il reconnaissait l'héritier déchu, qu'il avait déjà vu en photo, et que seuls l'étonnement et l'espèce d'étourdissement larvé dans lequel le maintenait la fatigue l'avaient empêché d'immédiatement mettre un nom sur son visage. Sacha ne lui tendit pas la main, et se contenta de lui adresser un signe de tête cordial assorti d'un "Bonjour, enchanté" timide auquel l'assistant répondit "Monsieur Valier..." sur le même mode, en s'effaçant d'un pas sur le côté pour les laisser, Zeuchter et lui, poursuivre leur descente pendant que, d'un pas soudain moins empressé, il montait vers la terrasse en se demandant ce que pouvait fabriquer le fils Valier dans les murs, pourquoi il était venu jusqu'ici voir la conseillère ; mais au lieu de se perdre en hypothèses qu'il ne se sentait plus l'énergie de soupeser, il se dit qu'il l'apprendrait bien assez tôt, si tant est qu'il y ait quelque chose à savoir.

Les premières bourrasques de la tempête annoncée balayaient le rooftop, et l'on avait mis à l'abri les tables et les chaises du restaurant qui, ce soir, ne ferait pas le service dehors ; la couverture nuageuse était trop épaisse pour que les ultimes lueurs du coucher de soleil en soient perceptibles, la nuit était déjà installée, et dans l'obscurité relative qui étendait sur la ville son nimbe intermédiaire, où la propagation diffuse des éclairages électriques s'alliait à la pénombre pour tramer une texture incertaine, versatile et vaporeuse, les échafaudages de Notre-Dame élevaient leur complexe écheveau d'échelles et de tubulures métalliques, constellé ici et là de barres de néons qui s'incrustaient dans l'ouvrage comme entre les mailles d'une cuirasse selon un ordre à première vue aléatoire, dont la logique paraissait n'obéir à aucune règle optique ni géométrique, et où les lames de lumière opaline, laiteuse, disposées à travers l'immense carcasse de bardages, lui donnaient un air de vaisseau spatial échappé d'un film fantastique, en lévitation au-dessus du fleuve.

Depuis peu, dressée sur le faîte du bâtiment en réfection, de nouveau s'élevait la flèche que l'incendie avait abattue, encore encagée dans une large tourelle d'armatures, une dentelle d'acier que bientôt, s'imaginait Sylvain tout en se protégeant du vent derrière un pan de mur et en malaxant, au creux de son poing, une mixture d'herbe et de tabac, l'on détricoterait nœud après nœud, pièce à pièce en partant du sommet, pour faire apparaître la pointe dorée portant la croix puis le reste de l'aiguille de bois, dénudée de ses oripeaux de ferraille et de tous ses tuteurs momentanés ; et après ceci, très vite, c'est tout l'édifice que l'on dénuderait de sa gangue, que l'on débarrasserait des stigmates du chantier et jusqu'aux dernières traces du souvenir du feu.

À peu près à la même date que la cathédrale restaurée, la fondation serait inaugurée ; en se souvenant de l'après-midi au cours duquel, avec la conseillère, à cet endroit même où le restaurant n'en était encore qu'au stade des travaux, ils avaient contemplé tous les deux ensemble, inclinés à la balustrade, les lances à eau des pompiers qui bombardaient les ruines encore fumantes, il se dit que depuis l'incendie, vraiment, il n'avait pas vu le temps passer, que tout était allé trop vite.

Et il ne pouvait s'empêcher de penser également qu'il avait, alors, manqué le plus beau ; qu'il était arrivé un jour trop tard, à la fin, qu'il était passé à côté de l'apogée de la tragédie ; et que, à choisir, il aurait bien voulu être sur cette terrasse, sur ce toit, la veille, durant les heures splendides et terrifiantes où le spectacle du grand brasier montait au-dessus de Paris, où Notre-Dame flambait de tout son être, partait en flammes et en fumée à travers le ciel : il regrettait de ne pas l'avoir vue brûler.

V

LA FONDATION

Puis il y eut quelques dernières images, un enchaînement de longues prises de vue aériennes éthérées, voguant au-dessus de l'océan bleu, entrecoupées de plans qui montraient des ouvriers en plein travail, leurs visages casqués, éclaboussés de gerbes d'étincelles qui se reflétaient dans leurs lunettes de protection, tendus par l'effort et la concentration, usinant, soudant et ponçant, affairés autour de coques et de gréements en cours de montage sur un chantier naval ; après quoi un voilier solitaire filait dans une mer sereine, sur le pont duquel, à contre-jour, la silhouette athlétique de la capitaine Muirhead, ombre immédiatement reconnaissable à son épaisse chevelure entortillée, massive, se dressait devant le ciel rosâtre d'un soir encore jeune, agrippée d'une main (sa poigne ferme et chevronnée de navigatrice infatigable) à une écoute et plongée dans la méditative contemplation des lointains.

Une voix off enveloppait le tout, une voix de femme légère et précise, douce, rassurante, qui distillait le message d'espoir *La pollution marine n'est pas une fatalité, l'océan peut être défendu et assaini, il n'est pas trop tard pour faire bifurquer le cours de l'histoire* que l'on avait souhaité (et cela avait été discuté dès avant l'écriture entre le documentariste scandinave et l'agence qui gérait la communication de la fondation) volontairement conventionnel, accessible, "démocratique", *Ensemble nous pouvons agir, aujourd'hui et demain, car c'est à nous qu'il revient désormais de veiller sur les eaux où la vie est née, là où l'aventure du vivant a commencé* afin que toute personne qui verrait le film puisse se sentir immédiatement concernée *Il est temps de prendre soin de notre bien commun* et se dire *Rejoignez-nous, impliquez-vous* qu'elle aussi, à son niveau, selon ses moyens, saurait contribuer à la vertueuse entreprise ; et à l'issue d'une nouvelle salve de phrases définitives exhortant à la mobilisation *Pour faire que le berceau de nos origines, l'espace de nos plus belles conquêtes, le plus vaste écosystème sur cette planète, le grand océan se régénère et s'épanouisse dans le futur, notre futur*, conclues par les notes synthétiques planantes d'un compositeur de musique électronique à la mode, en surimpression sur la mer vue du ciel se dessina, comme spontanément tracé à la surface de l'écran par une invisible main d'enfant, le logo de la fondation, un trident dont la troisième branche, celle de droite, s'achevait par le corps stylisé d'un dauphin fièrement dressé à la verticale, en train de bondir hors de l'eau, tel qu'on en voit dans les spectacles de parcs aquatiques.

Du film, il existait une version longue que l'on destinait aux festivals, aux manifestations militantes et autres conférences internationales, voire, si des distributeurs se trouvaient intéressés, à une sortie en salle ; mais l'on avait jugé suffisant de ne projeter ici, en cette fin d'après-midi, que le format de cinquante-deux minutes, celui qui serait distribué aux chaînes de télévision partenaires, car on ne voulait pas que le beau monde massé dans la salle du Palazzo (la cohorte choisie et très officiellement conviée, composée d'un savant mélange de partenaires et d'aspirants mécènes, de journalistes homologués, d'influenceurs et de notables hétéroclites) risquât de piquer du nez, ni de déperdre une part de son entrain avant la grande soirée. Les applaudissements, quand ils éclatèrent, parurent toutefois globalement un peu mous, dénués de vivats et d'acclamations bruyantes, tout au plus rehaussés de quelques mercis en plusieurs langues lancés à la va-vite par des voix orphelines, et modérés par on ne sait quelle bienséance, tamisés par une sourde perplexité, dont on eût dit que le public, à l'oreille, dut prendre conscience lui-même, collectivement, et en être surpris, légèrement embarrassé peut-être, si bien que pour pallier l'effet de flottement qui s'en pouvait découler, à défaut de redoubler dans sa claque, déjà trop avancée pour en modifier l'intensité sonore, il la prolongea pendant de longues minutes, substituant à la vigueur spontanée des battements une endurance méritoire et tout aussi gratifiante pour les auteurs, les acteurs, les artisans du film, dont certains, pendant ce temps, prenaient place sur la scène, sous l'écran, afin de saluer le parterre tandis qu'un pupitre était disposé, des micros distribués, et que bientôt, d'un geste amical de la main, tout en continuant à hocher la tête en signe d'assentiment et de reconnaissance, l'ex-vice-président de la plus grande démocratie du monde demandait que les bravos, progressivement, se tussent.

Quand enfin le silence fut revenu, il sortit de la poche de sa veste une feuille de papier, et lut un discours bref, enlevé, truffé de plaisanteries qui visaient à créer une accointance entre l'assemblée des spectateurs et l'association de vedettes, de personnalités qui figuraient au générique ; à montrer (tant l'humour est notoirement fédérateur) que ces dernières n'étaient après tout que les représentants, délégués à l'intérieur du film, commissionnés à l'écran, des invités qui se trouvaient maintenant dans la salle et qui partageaient ce moment, cette "première" et les engagements qu'elle supposait – leurs pareils, leurs porte-paroles en quelque sorte, et, au-delà d'eux, de tous les spectateurs à venir vers qui le film, désormais, irait librement ; à donner à l'atmosphère, loin de la pesanteur militante ou de la gravité des sujets abordés pendant les cinquante-deux minutes écoulées, un air de fête, car ce qui nous réunissait ici n'était-il pas une bonne nouvelle ? L'occasion de la fêter ? La fondation œuvrerait pour un monde meilleur, et, par "monde", il ne fallait pas entendre seulement l'ensemble des sociétés humaines mais véritablement tout ce qui *fait monde* sur ce globe, l'humain et le terrestre réunis, l'alliance indissociable d'Anthropos, de Thalassa et de Gaïa, leur fusion dans une destinée commune : or cette fusion n'était-elle pas précisément l'objet de l'éco-philanthropie dont la fondation donnait l'un des exemples les plus ambitieux, les plus impressionnants qu'on ait jamais vus ? Trop longtemps, l'Homme s'était tenu coupé de la nature, il s'était soucié de son seul bien-être, de son propre développement, il avait étendu partout sa domination, sur tout il avait exercé sa prédation, sans tenir compte des ressources limitées de notre arche fragile. À force de croissance inconsciente, de soif de possession morbide, il avait épuisé, abîmé la Terre, sa faune, sa flore, ses sols, ses mers et son climat. Il était temps de retisser le lien, de penser et de reconstruire un réel équilibre universel, une solidarité entre les femmes, les hommes, les enfants, les animaux et la planète tout entière. En un mot, faire lien, insista-t-il. Il y allait de la vocation d'une entreprise telle que cette fondation. Car, nous le savions à présent, tout marche ensemble, nous sommes tous, êtres vivants, inanimés, les éléments d'une unique et même histoire en mouvement.

Après lui ce fut la capitaine Muirhead qui parla, brièvement et comme à contrecœur, non que cela lui coûtât de prendre part à ce lancement, ni même d'apporter son écot verbal à une causerie d'aussi bon aloi, mais surjouant un peu la roguerie maritime, le caractère bourru et laconique de la timonière au long cours, afin de mieux signifier que les mots étaient moins son domaine de prédilection que la mer arpentée, les discours moins que l'action, les podiums moins que le grand large, et que dans la répartition des tâches, entre les faiseurs de conviction, les propagandistes aux belles idées et ceux qui se contentaient d'aller au charbon (de monter au front) pour les mettre en application, sur le motif, elle se trouvait résolument parmi ces derniers. Puis, à son tour, le réalisateur y alla de ses remerciements obligés, égrena des noms de techniciens, de producteurs (le nom de la conseillère Hélène Zeuchter, bien sûr, fut mentionné, ainsi que celui de son assistant Sylvain Manin, et cela flatta fugacement l'ego modique de l'intéressé assis au fond de l'assemblée, près de la sortie, en bout de rangée), et humblement, avec une petite voix d'enfant, minaudant presque en dépit son accent nordique, il émit le vœu que le film, dont il redit tout le plaisir qu'il avait eu à le faire, soit utile à la cause qu'il défendait, qui le dépassait ô combien et que pour sa part, précisa-t-il comme pour souligner les mérites pédagogiques qui, puisque le documentaire les avait prodigués, inoculés à son auteur même, ne pourraient manquer de se communiquer à sa future audience, il avait en grande partie découverte in vivo, en participant à cette aventure formidable, au contact de toutes ces personnes extraordinaires, de ces consciences aiguisées, ces êtres de conviction qui s'étaient également révélés, ajouta-t-il en se tournant vers la capitaine et l'ex-vice-président avec un sourire de complicité qui manifestait le mélange d'ironique plaisanterie et d'hommage authentique qu'il mettait dans sa remarque, d'excellents acteurs, dont chacun avait pu juger de la forte présence à l'image.

Cette fois les applaudissements furent francs, sonores ; une partie des autres membres de l'équipe, installés aux premiers rangs, rejoignirent ceux déjà présents à la tribune (le plateau étroit où l'on accédait par une brève volée de marches et qui, courant sur presque toute la largeur de la salle, formait un renfoncement à la verticale duquel, désormais vierge, ivoirine, majestueuse, se dressait la toile de l'écran, emboîtée dans un encadrement rectangulaire noir, épuré, qui n'était pas sans évoquer certains de ceux, de moindre dimension, à l'intérieur desquels on pouvait habituellement trouver enchâssés des tableaux, des œuvres picturales anciennes ou contemporaines telles que celles, innombrables, conservées dans les collections qu'abritaient à foison les palais voisins, qu'accueillaient les multiples musées dont la cité regorge, qu'exposaient saisonnièrement les pavillons de la Biennale ou les cimaises de l'Arsenal, comme si l'on avait sciemment ménagé ici un effet de rappel, un écho morphologique propre à faire lever dans l'esprit du spectateur un climat visuel, un répertoire subliminal rattachant le septième art, qu'on célébrait en ces lieux, à la grande tradition artistique représentée partout ailleurs à travers la ville, dans d'autres espèces de temples, inscrivant ainsi le cinéma dans la continuité de cette geste patrimoniale et glorieuse) et ils s'alignèrent à leurs côtés, en rang d'oignons, pour adresser quelques joyeux saluts vers la salle et désigner unanimement, le bras tendu dans sa direction, du plat de la main ouverte, comme pour lui attribuer tous les mérites véritables aux yeux de la foule enthousiaste, le documentariste, lequel leur rendait des révérences similaires, en un mouvement circulaire d'entre-congratulations.

Parmi eux, avec sa haute taille et sa barbe de patriarche hipsterisé, malgré sa pondération, son humble effacement au milieu (au profit) des personnes qui l'entouraient, on reconnaissait évidemment tout de suite le cinéaste multioscarisé, qui apparaissait plusieurs fois dans le film en qualité de témoin, à la fois simple amoureux des océans accablé par leur pollution et spécialiste émérite de leur exploration, metteur en scène de leurs beautés inquiétantes et chantre de leurs gouffres, c'est-à-dire mieux placé que quiconque pour alerter sur les dangers menaçant l'univers marin et sensibiliser l'immense public qui, au cours de sa longue et prolixe carrière émaillée de multiples records au box-office, avait vibré devant ses productions, à commencer par celle qui lui avait valu, déjà près de quatre décennies plus tôt, pensa-t-il non sans un certain frémissement nostalgique (un fulgurant vertige devant l'ampleur du temps écoulé), de figurer au programme du festival international qui se déroulait invariablement, aux derniers jours de l'été, depuis les années trente, à cet endroit même, dans ce Palazzo del Cinema, splendide modèle architectural du pur style rationaliste en vogue sous Mussolini, jouxtant le casino du Lido et bâti exactement au même moment que lui sur le fin cordon de terre enserré en étau entre les eaux de la lagune et de l'Adriatique, en face des imposants palaces d'époque, des anciennes villégiatures d'aristocrates et de célébrités où les festivaliers prenaient leurs quartiers.

Il n'était pourtant pas venu alors, se souvenait-il, pour présenter l'une de ses réalisations dont les personnages se retrouvaient à devoir plonger sous les mers, dans les abysses hostiles et mystérieux des plus profondes fosses, ni même pour sa monumentale fresque contant l'histoire du paquebot maudit et de sa désastreuse navigation vers la catastrophe, mais pour un film de science-fiction horrifique où l'on voyait, sur une planète sèche et minérale, dénuée de vie et battue par les vents, vers quoi l'Humanité avait envoyé une colonie de quelques familles dans le but d'y lancer un projet de terraformation (y créer une atmosphère artificielle, un climat respirable, afin de rendre le caillou stellaire habitable et de pouvoir s'y exporter), une étrange créature prédatrice capturer les corps des pauvres *sapiens* égarés et, non pas les dévorer, mais les ingérer, les agréger à son propre organisme et pondre ses œufs dans leurs bouches, croître dans leurs ventres, autrement dit coloniser le colon, lui faire quitter sa communauté générique et le forcer à en intégrer une autre, commensale, monstrueuse, pleine de mâchoires proéminentes aux longues dents d'acier effilées comme des piques à glace, aux gros tentacules noirs enlaçant les êtres et les choses pour se les approprier, se fondre en eux, offrant à l'image une grandiose chorégraphie *dark*, une palette d'effets spéciaux impressionnants, terrifiants, et qui aujourd'hui encore n'avaient pas tellement vieilli, contrairement à la plupart des créations similaires de l'époque qui accusaient leur âge, démodées par l'avènement des images de synthèse et des traitements numériques.

Cette histoire d'affreuses bébêtes tapies dans les sombres confins galactiques et prenant pour hôte leur visiteur, envahissant l'envahisseur, illustrait en somme, à sa façon, la vieille pensée pascalienne, ayant tourné à l'adage à force d'être reprise et répétée, selon laquelle tout le malheur des hommes viendrait de ne pas savoir demeurer en repos, dans une chambre : c'était en colonisant de nouvelles planètes, en voulant s'approprier des espaces étrangers, qu'on y rencontrait un mal inconnu ; la soif d'expansion nous exposait à des dangers nouveaux, des formes inédites d'effroi : là où croît la convoitise croît aussi ce qui nous décime. Et si le spectacle se poursuivait par les niaiseries scénaristiques habituelles à haut potentiel lacrymal, les lourdes grosses ficelles usées, où il s'agit de sauver une petite orpheline blonde à doudou et où l'héroïne, incarnée par une superstar, échappe in extremis aux pièges que la créature malfaisante (et même plus que la créature : une espèce entière de monstres cruels lancée à ses trousses) lui a tendus et qui manquent (d'un cheveu) de se refermer sur elle, s'en tirant à la faveur d'une épique course poursuite, d'un véritable parcours de la combattante où la chance et la dextérité, en un mot le destin, lui permettent d'en sortir vivante, victorieuse et accompagnée par l'adorable blondinette désormais hors d'atteinte de l'infernale créature, saine et sauve, indemne et innocente, qui peut enfin, à côté d'elle dans le vaisseau spatial les reconduisant à bon port (jusqu'au refuge douillet et consolateur de la patrie terrestre et de l'Humanité mère à quoi les forces chaotiques du Mal ont essayé en vain de les arracher), se remettre à faire ce que font les enfants, téter son pouce et l'oreille boulochée de son inséparable ourson de peluche, il n'y en avait pas moins, au début du film, un plan dont le cinéaste multioscarisé se souvenait très distinctement et dont, encore aujourd'hui, il était assez fier, celui où l'on voyait se superposer, dans un bel effet de miroitement et de surimpression, le visage de l'héroïne endormie et un morceau renflé de la Terre qui en épousait parfaitement la courbure comme pour signifier l'appartenance de cet être humain, sommeillant à bord d'une base spatiale stationnée quelque part en un point lointain du vaste univers, à son arche originelle et singulière dont la forme même correspondait harmonieusement à celle des lignes de son visage (l'arrondi de la joue poursuivi par le galbe du front), littéralement *englobé*, c'est-à-dire enrobé par le bombement matriciel du globe terrestre.

Cette vision n'était pas sans faire un écho volontaire à cette autre icône moderne, tout aussi marquante et symbolique, sur laquelle se refermait l'inoubliable opéra cosmico-métaphysique de Stanley Kubrick (auquel ce dernier avait cru bon de donner pour titre une date qui semblait alors futuriste, chargée de promesses et de craintes par anticipation, mais que nous avions dépassée depuis des lustres, si bien que nous vivions après ce futur fantasmé et non advenu, comme invalidé par l'Histoire concrète ; et quant à la date de l'an 2001, elle avait pris, hélas, dans nos mémoires de tout autres et sinistres résonances, et pour d'autres raisons que celles qu'entendait lui associer l'imagination fantastique de Kubrick), où l'on voyait un petit d'homme au stade fœtal tardif flotter dans l'espace, enveloppé d'une bulle transparente, baigné d'une lumière lactescente, et observer à partir de ce giron céleste, en face à face dans la même image et de la même taille que lui, la planète Terre comme si l'Humanité encore à naître (ou perpétuellement naissante) s'était détachée de son creuset, de son nid, et le considérait de l'extérieur, dissociée de lui, et le dominant par le regard même dont elle était douée et qu'elle dardait sur lui. Et la réponse qu'avait proposée à cela le barbu à Oscars, la contre-vision qu'il avait inventée, le renversement opéré, c'était de montrer que la bulle où reposait le spécimen humain (l'héroïne qui bientôt se réveillerait pour s'en aller braver ses haletantes péripéties) n'était pas distincte du globe terrestre, que les deux sphères ne formaient pas dans le cosmos des entités séparées mais des corps consubstantiels dont les figures étaient jumelles, les destinées scellées, et unis par une condition commune, tel un œuf avec la progéniture qu'il enferme et nourrit, comme si, de Kubrick à lui, en deux images, à deux décennies d'écart à peine, on pouvait pressentir que ce n'était pas seulement la position que nous nous octroyions dans l'univers (dont nous nous sentions dignes et même, sans doute, dont nous considérions que l'univers nous était redevable) qui avait changé, mais avec elle une part de notre conscience qui était en train de muter. Du temps où elle n'était encore que secondaire dans les esprits et le débat public, il avait rendu cette nouvelle conscience visible, il l'avait traduite en une image.

Aussi le cinéaste aimait-il à penser qu'il avait été quelque peu précurseur en certaines idées qui, depuis, avaient fait florès et qui, en soutien à l'urgence climatico-écologique, irriguaient autant la pensée des néoactivistes du "vivant" et des théoriciens qui les fournissaient en outils conceptuels que, au-delà d'eux, d'une part de plus en plus étendue de la population, convaincue que l'attitude de notre espèce pillarde et destructrice à l'encontre de la nature nous avait exposés de conserve à de graves dangers, et que nous devions par conséquent, d'attitude, en changer au plus tôt, radicalement, impérativement, pour renouer et cultiver à présent notre lien fondamental avec la Terre, ainsi que le cinéaste l'avait exemplairement illustré.

Au milieu de la foule (des quelques centaines de personnes invitées) qui, dans un bruissement de voix basses ponctué par des rires de circonstance et une bonne humeur démonstrative, s'ébranlait, quittait les rangées pour converger tranquillement vers les sorties de la *sala grande* (dont on avait, remarqua-t-il, fait condamner le balcon afin de regrouper le public à l'orchestre et donner ainsi une plus forte impression de remplissage) et, au fur et à mesure que cette foule vidait les lieux, laissait vacants derrière elle les alignements de fauteuils revêtus de ce velours d'une belle couleur doré mat, caractéristique de la salle historique de la Mostra et lui insufflant sa tonalité typiquement vénitienne, le réalisateur hollywoodien se sentait en quelque sorte rasséréné, sa prestation dans le documentaire (quoi qu'il ait pu penser de la faiblesse naïve et touchante, presque amateure, de la mise en scène du Scandinave qui, certes, n'avait pas bénéficié des budgets pharaoniques à quoi, lui, il était habitué (et plus qu'habitué : qu'il considérait comme un prérequis indispensable à la matérialisation des époustouflantes visions qu'il portait en lui) ni des équipes techniques pléthoriques dont il disposait et pour lesquelles, de fait, il représentait quelque chose comme un pharaon, les dirigeant avec l'autorité, le prestige et, par-dessus tout, la charge de modeler le monde à sa guise qu'on attribuait traditionnellement au souverain absolu), sa présence parmi les convives, la sollicitation même dont la fondation l'avait gratifié en vue de sa promotion, tout ceci attestant son appartenance à cette nouvelle avant-garde écologiste, le gotha de la biosphère, le gratin du vivant ici rassemblé, et à quoi il préférait maintenant être assimilé plutôt qu'à la confrérie des explorateurs sous-marins où ses propres plongées en hauts-fonds, en sus de ses films emblématiques en la matière, lui avaient longtemps réservé une place de choix.

À propos de cette ancienne connivence (celle unissant des passionnés ayant en commun l'objet de leur passion), il aimait mieux dorénavant rester discret, après le tragique accident qui avait défrayé la chronique, comme on dit, quelque temps auparavant, au cours duquel avait péri l'équipage d'un sous-marin de poche spécialisé dans les expéditions autour (au plus près) de l'épave du *Titanic*, cinq personnes parmi lesquelles le PDG de l'entreprise organisatrice lui-même, un dénommé Rush qui avait pris son nom au sérieux, choisissant de se ruer dans la vie, de la vivre à pleine vitesse, ayant goût dès le jeune âge pour les fusées et les avions supersoniques, pour ce qui va à toute berzingue, et qui s'était rêvé d'abord en astronaute, comme son père, avant de se trouver recalé en raison de sa myopie et, à défaut de voyager dans l'espace, de décider d'aller cheminer sous les mers : puisqu'il n'y voyait pas assez clair pour monter très haut, il plongerait très bas, éclairé dans la ténèbre des gouffres aquatiques par les faisceaux des projecteurs ; puisqu'on lui déniait les altitudes supérieures, il irait dans les plus grandes altitudes négatives ; puisqu'il ne pouvait filer à travers les airs, il troquerait la berzingue contre la lente descente jusqu'à des prouesses de profondeur. Et il avait créé sa société de "tourisme sous-marin" proposant, entre autres excursions possibles, de rendre une visite, dans son cimetière abyssal, au fameux paquebot englouti avec lequel il avait personnellement un lien particulier (ou qu'il considérait comme tel, en quoi il voyait d'ailleurs probablement une espèce de prédestination) car sa propre femme n'était autre qu'une descendante de deux passagers parmi les plus célèbres, de ceux qui avaient laissé dans les mémoires l'une des traces les plus indélébiles et bouleversantes, ce couple de New-Yorkais arrivés, chacun de son côté, encore quasi-gamins d'Europe (de petites cités proprettes et falotes de Hesse et du Palatinat, presque voisines l'une de l'autre, et qu'ils avaient fuies en famille), qui s'étaient rencontrés et épousés dans le Nouveau Monde en 1871, l'année même où, de l'autre côté de l'océan, était proclamé l'Empire allemand au sein de quoi se fédéraient le royaume et le grand-duché où ils avaient vu le jour, et dont le mari était devenu copropriétaire (autant dire patron, richissime de surcroît) d'une des principales enseignes commerciales de Manhattan, l'un de ces "grands magasins" dont le développement s'était confondu avec celui de la ville et de son peuple, de son mode de vie et de son modèle consumériste, si bien que lorsqu'il s'était agi d'aller fêter quelque part le quarante et unième anniversaire de leurs noces, pour marquer le coup ils étaient repartis vers le vieux continent, non dans l'Empire mais sur la Côte d'Azur, d'où ils s'en revenaient par le transatlantique flambant neuf dont c'était la première traversée et qui devait être le clou de leur voyage lorsqu'ils avaient été pris par le naufrage et que, dans la cohue générale, la confusion terrorisée, devant l'horrible vue des canots décrochés à la hâte et s'éloignant du paquebot en train de sombrer avant même d'être remplis, de ceux qui s'y précipitaient et de ceux dont on comprenait déjà que, malgré la précipitation, ils n'y trouveraient pas leur place, ils avaient choisi (les deux vieux amoureux) de ne pas céder à la panique, de se tenir la main et de mourir ainsi, stoïques, impassibles, inflexibles dans leur tendresse réciproque, emportés par la même vague selon les témoins oculaires survivants qui le racontèrent par la suite, allongés côte à côte sur le lit de leur cabine en attendant que celle-ci soit envahie par les flots selon la version du pharaon barbu qui n'avait pas oublié, dans son film, de mettre en scène le couple dont, finalement, lors des recherches en mer consécutives au drame, quoique mari et femme fussent morts ensemble, de leurs deux corps soumis aux tocades des courants peu enclins, eux, au romantisme, seul celui de l'homme fut pourtant repêché et ramené à New York où il repose, dans un cimetière du Bronx, dans un impressionnant mausolée familial au milieu duquel se trouve un monument funéraire en hommage aux époux naufragés, un sarcophage en pierre surmonté d'un navire sculpté rappelant l'arche de Noé, au revers duquel est gravé un verset du Cantique des cantiques : "Les grandes eaux ne peuvent éteindre l'amour, et les fleuves ne le submergeraient pas" ; et quant à elle, l'épouse dont jamais on ne retrouva la dépouille, pour symboliser sa présence auprès des siens, on ramena dans une urne de l'eau prélevée sur le site de la catastrophe et on l'installa dans sa tombe.

Rush était donc l'héritier par alliance de cette histoire poignante, et au nom de cet héritage il s'était fait gardien du temple englouti dont les ruines gisaient à moins quatre mille mètres, de ce Parthénon de la civilisation occidentale pré-Première Guerre mondiale calcifié et rongé par les microbes aquatiques, autour duquel il permettait à ses clients de descendre faire un tour moyennant la somme de deux cent cinquante mille dollars par tête, les accompagnant, les guidant parfois en personne. Avec lui, le jour de l'accident, se trouvait un Français que le cinéaste (le pharaon hipster) avait considéré comme un ami, chasseur d'épaves et de boîtes noires d'avions abîmés dans la mer, adhérent du même club sélect et très officiel d'explorateurs distingués que Rush, et surtout spécialiste patenté du *Titanic*, de ceux, rares, qui le connaissaient comme leur poche, ayant mené déjà pas moins de trente-quatre missions auprès de lui (ce serait la trente-cinquième), et dont la présence était censée apporter un surplus de science et de fiabilité morale aux autres membres de l'excursion, parmi lesquels un businessman londonien rompu lui aussi à la berzingue et qui s'était constitué, au fil du temps, une sorte de palmarès insolite de baroudeur multicarte (il avait battu le record du tour du monde en avion dans le sens longitudinal (bouclant sa circumnavigation aérienne en quarante-six heures quarante minutes après avoir franchi les deux pôles), avait également participé à des vols suborbitaux à bord d'une capsule aux fenêtres panoramiques, arrimée à une fusée permettant de monter jusqu'à une centaine de kilomètres dans l'espace (d'aller voir sur place à quoi ressemblent les frontières entre mésosphère et thermosphère, et la planète bleue de là-haut), puis il avait plongé, en compagnie d'un investisseur texan, fondateur d'une société de *private equity*, non moins agité ni féru d'impressions fortes que lui, au fond du fin fond de la fosse des Mariannes, à onze mille mètres sous la surface, établissant de fait un autre record en atteignant le point le plus extrême jamais mesuré), en somme une sorte de Phileas Fogg contemporain, version multimillionnaire du casse-cou s'adonnant à des passe-temps extravagants qui demandaient sans doute moins le goût du risque, de témérité ou d'aptitudes physiques particulières que l'argent pour les assouvir.

Les deux derniers passagers étaient un père et son fils, un homme d'affaires et philanthrope pakistanais, héritier d'un des principaux groupes industriels du pays, spécialisé dans l'exploitation pétrolière, les produits chimiques, les engrais et l'agriculture, finançant par ailleurs des programmes de lutte contre l'analphabétisme et de protection de l'environnement, qui avait très romantiquement offert à sa femme le billet pour venir, au jour de la fête des Pères, voir avec lui le *Titanic* dans son linceul océanique, mais celle-ci avait cru préférable, puisqu'après tout c'était le lien filial que ce jour célébrait, de céder sa place (ce cadeau somptuaire) à leur garçon de dix-neuf ans, le futur héritier supposé du même groupe industriel, dont on apprendrait par la suite que, s'il avait accepté de traverser le monde pour venir s'embarquer vers la descente fatale, c'était uniquement pour faire plaisir à ses parents, honorer leur générosité, mais que pour sa part il n'avait pas envie d'y aller.

Toujours est-il qu'un matin, ils étaient partis tous les cinq de Saint-Jean de Terre-Neuve, et ils avaient pu, en sortant du port, admirer la petite cité enclavée dans son anse naturelle, avec ses maisons colorées accrochées à flanc de colline, tandis que le brise-glace canadien affrété pour l'occasion, confortablement aménagé pour leur croisière qui devait durer huit jours et les mener, à sept cents kilomètres de là, sur l'emplacement où se trouvait l'épave, franchissait la passe et s'orientait vers la haute mer, remorquant la plateforme qui transportait le sous-marin de poche grâce à quoi les candidats au plongeon pourraient approcher la carcasse du paquebot, un appareil à peine plus gros qu'un véhicule utilitaire routier – une camionnette de livraison –, qui pesait une dizaine de tonnes et affectait une forme bâtarde, entre l'insecte et l'obus, pourvu d'un unique hublot globuleux recouvrant tout l'hémisphère avant et qui ressemblait à l'œil démesuré d'une mouche cyclope. De l'extérieur, ainsi posé sur sa barge équilibrée par des flotteurs en boudins blancs, derrière le volumineux navire qui le tractait, on eût presque dit un gadget miniature, un jouet pour enfants, que l'on commandait d'ailleurs, au-dedans, à l'aide d'une manette calquée sur le modèle de celles des consoles de jeux vidéo.

Lorsque le submersible avait été mis à la mer avec les touristes et leur hôte à son bord, sa plongée vers l'épave, aller-retour, devait durer sept heures. Mais avant même d'arriver au terme de la deuxième heure, le brise-glace avait perdu le contact avec lui, restant d'abord dans le silence et l'attente, le guet fébrile et attentif de n'importe quelle indication remontée des profondeurs, laissant s'écouler le temps présumé de l'expédition et retenant l'inquiétude encore confinée à l'intérieur de la salle de commande, avant que, la carapace blanche ne refaisant toujours pas surface et n'émettant aucun signal au-delà du délai prévu, l'alerte ne soit donnée puis aussitôt les secours mis en branle et, avec eux, l'annonce propagée, diffusée au même instant par tous les médias possibles, relayée sur tous les réseaux, sur la planète entière, jusqu'à faire l'objet de fils de discussion et d'information particuliers, transformant l'angoisse, les hypothèses et l'avancée des recherches en une sorte de feuilleton en temps réel dont nous pouvions suivre, heure après heure, le développement, la mise à jour permanente de son évolution déceptive, apprenant des détails plus précis, disposant de plus amples éléments afin de raconter la scène, d'expliquer le contexte, de connaître l'identité des passagers, les données techniques des engins impliqués, mais sans aucune nouvelle des cinq hommes perdus au fond de l'océan dont on savait seulement qu'ils disposaient, dans leur coquille, d'une autonomie en oxygène évaluée à quatre jours (ces quatre-vingt-seize heures respirables, ce chiffre répété, le compte à rebours qu'il supposait, revenaient tel un mantra rythmant les bulletins d'information) et que, par conséquent, plus le temps passait, pendant que les bateaux s'acheminaient sur les lieux, que les avions, les hélicoptères tournaient en rond au-dessus de la zone dont le brise-glace canadien marquait le centre, que d'autres submersibles de plusieurs nationalités (des robots inhabités, ceux-là, qui faisaient en quelque sorte ici le même office que ces chiens que l'on met à renifler les décombres en quête de survivants après les éboulements, les bombardements, les explosions, les tremblements de terre ou les avalanches) étaient convoyés jusqu'aux parages de l'épave, explorant la colonne d'eau à sa verticale, sillonnant les abysses alentour, et plus les chances s'amenuisaient de retrouver les passagers sains et saufs, si bien qu'on les imaginait (nous qui regardions sur nos tablettes, nos ordinateurs, nos écrans de télévision, les chaînes et les sites qui rendaient compte de l'événement) déjà suffocants, les uns rendus fous par la claustration et la raréfaction de l'oxygène, les autres tentant dans un dernier sursaut, une suprême pulsion de vie, de rassembler le peu de forces mentales et corporelles subsistantes pour déloger la solution, le père inventant tous les stratagèmes possibles pour sauver son enfant, faire le geste, activer la fonction qui relancerait l'appareil vers la surface, le ferait remonter à l'air libre et réapparaître enfin sous les yeux et les ovations des secouristes qui n'oseraient jamais avouer à quiconque qu'ils n'y croyaient plus (soupirs de soulagement, larmes de joie, prières pleines de gratitude, tasses de thé brûlant et couvertures chauffantes enroulées autour des épaules des rescapés héroïques), puis (on les imaginait encore, un peu plus tard) vivant courageusement leurs inéluctables derniers instants, résignés à leur sort, emplis de la sagesse ultime de celui qui acquiesce à la mort imminente, suçotant du bout des lèvres les dernières particules d'air viable en attendant l'asphyxie, allongés en chien de fusil, en position fœtale ou en croix sur le sol de la minuscule cabine, le père et le fils blottis l'un contre l'autre, stoïques, dignes du vieux couple enlacé du paquebot qui les avait précédés de plus d'un siècle dans le désastre (ça ferait un beau film triste), jusqu'à ce qu'on n'ait plus à les imaginer ; que l'imagination se fût, contrainte et forcée, inclinée devant la vérité, la preuve scientifique ; que la possibilité même qu'ils aient pu survivre dans la mer fût totalement anéantie, les espoirs complètement taris, les opérations devenues inutiles, et que l'annonce solennelle de leur disparition fût communiquée lors d'une conférence de presse donnée par la garde côtière terre-neuvienne, la marine américaine dévoilant alors, de son côté, que ses radars espions avaient décelé, dès le moment précis où le navire canadien avait perdu la trace du submersible, moins de deux heures après son départ donc, un bruit qu'elle avait tout de suite analysé comme étant celui (et si, aussitôt, les services américains l'avaient signalé aux équipes de secours, longtemps ces dernières avaient refusé de s'y résigner, arguant que les grandes oreilles sous-marines états-uniennes avaient pu se tromper, entendre autre chose, qu'il fallait chercher malgré tout, avant de, comme on dit, se rendre à l'évidence et d'admettre que le son capté venait bien du sous-marin, et qu'il était bien ce qu'on leur avait décrit et annoncé) non d'une déflagration qui serait survenue à bord mais d'une implosion, autrement dit d'une rupture de la coque ou de la paroi du hublot sous la pression extérieure, qui avait entraîné la désagrégation immédiate de l'appareil, en un souffle, causant de fait la mort instantanée des passagers qui selon toute vraisemblance n'avaient même pas eu le temps de se rendre compte que tout craquait autour d'eux avant d'être broyés sur le coup, de sorte que tout le temps où on les avait crus en danger, où nous avions suivi en imagination, au rythme des dépêches, le récit de leur survivance puis de leur agonie, ils étaient déjà morts.

Il n'y avait pas de mystère, pas de disparition douteuse, juste l'absolue et navrante certitude que la tragédie avait bel et bien eu lieu. Ou plutôt, si un mystère devait demeurer qui, lui, resterait indéfiniment entier, irrésolu, c'était ce qui, chez les multimillionnaires crashés comme chez bien d'autres de leur espèce, motivait leur désir ; ce qui prédominait dans leur appétence forcenée pour le grand plongeon, entre la volonté d'approcher la légende, le vertige de voir de ses propres yeux, presque à le toucher, un vrai morceau d'Histoire et de conte scellé, dissimulé au commun des mortels – et dont l'aura mythologique n'en prend que plus de lustre à cause même de cette inaccessibilité –, ou le plaisir de contempler ce qui a provoqué la mort, la pulsion morbide, la fascination pour la catastrophe qui trouve à s'assouvir en regardant les traces, les ruines que celle-ci a laissées et qui en témoignent, ou encore le fait de disposer de suffisamment d'argent pour se permettre ce caprice, pour être en mesure de se le payer et jouir de ce pouvoir, à moins que ces trois choses n'en soient en réalité qu'une seule : le fait de disposer d'assez d'argent pour avoir le privilège de satisfaire, et quel qu'en soit le prix, la fascination morbide que l'on éprouve envers le mythe déchu (celui dont la déchéance même est devenue mythique).

Après le drame, le pharaon hollywoodien avait rendu un hommage appuyé à son ami français, le vieux compagnon de route, le briscard des hauts-fonds qui, finalement, inévitablement peut-être, voulait-il croire, avait donné sa vie pour l'épave après lui en avoir consacré la majeure partie. Le cinéaste avait été personnellement affecté, non seulement parce qu'il éprouvait envers le disparu une admiration et un attachement sincères, mais parce que, sans se l'avouer probablement (comme une sorte de courant de pensée subreptice qui se serait mû en lui sans émerger jusqu'à sa conscience), il concevait un sentiment de culpabilité nébuleux à propos de sa mort et de celle des plongeurs millionnaires. Car si le fameux Rush avait eu l'idée de monter sa petite entreprise d'excursions sous-marines, de faire du *Titanic* une destination touristique, une attraction pour vacanciers fortunés, il avait spéculé sur un engouement où le blockbuster du réalisateur, avec son succès mondial, n'était sans doute pas pour rien – non qu'il en eût l'entière responsabilité, car de l'épave émanait depuis son naufrage même un magnétisme particulier, mais il avait contribué à sa façon à l'alimenter, voire à le remettre au goût du jour. S'il n'avait pas fait son film, l'expédition fatale aurait-elle seulement eu lieu ? Il ne pouvait s'empêcher de se poser la question.

Dans le documentaire, il avait pu parler de son amour des océans sans faire une seule fois référence au paquebot et, ne serait-ce que pour ça, pensait-il en grattant sa barbe blanche, passant entre les piliers cylindriques qui soutenaient la mezzanine dans le foyer du Palazzo, il avait bien fait d'accepter d'y figurer, bien fait aussi d'avoir prévu, en chemin vers son domicile néo-zélandais (son palais du cinéma personnel installé en sous-sol et dans lequel il trônait sous l'affiche du *Mépris*), au retour de Californie où il était allé négocier les conditions de son prochain long métrage, ce petit crochet pour venir assister à la première, à cette fête vénitienne, et se joindre à l'élégante foule bigarrée qui sortait sur le parvis, se répandant, coulée humaine, devant la façade crayeuse du Palazzo sur quoi tombait le doux soleil d'un printemps encore neuf, dans la senteur mêlée du parfum des femmes, des arbres et des fleurs de saison, et les remontées de cette vague odeur de vase et d'eau croupie, marécageuse, sempiternelle, qui fait l'arrière-fond olfactif de la lagune.

Accoudé à la rambarde du belvédère, de l'autre côté de l'avenue, Victor Lanquais, l'ex-ministre français de l'Écologie, fumait une pipe à gros foyer qui dans sa petite main semblait énorme et, rapportée à la dimension de sa tête, paraissait tout à fait mesurée. Seul, dans son costume de velours côtelé, la veste ouverte sur une marinière rayée bleu outremer ajustée à son torse mince, il regardait le flot des spectateurs rendus à l'air libre s'étendre sur la dalle commune entre les deux palais, celui du cinéma et celui du casino, les groupes s'agréger, se distendre et se reformer au gré des affinités électives et des obligations mondaines, des bavardages et des salutations de circonstance, selon les normes banales et attendues d'un jeu social qu'il faisait mine non de mépriser, mais de considérer en observateur extérieur, en retrait, avec à la fois l'œil affûté et la réserve due à son statut d'écrivain susceptible d'utiliser, dans un livre futur, toute situation significative, cocasse ou ordinaire. S'il avait été sollicité pour être associé à la fondation et intervenir dans son film promotionnel, s'il était ici aujourd'hui pour son inauguration, c'était d'ailleurs moins, voulait-il croire, en sa qualité d'ancien ministre d'une vieille démocratie européenne qu'en poète et témoin du siècle, reconnu pour sa sensibilité à la nature, qu'il exaltait dans ses œuvres (et dont il ne cessait de déplorer que l'individu lambda contemporain – le petit démocrate de bonne volonté, spirituellement déboussolé, pétri de matérialisme et de conscience de classe – ait perdu le lien privilégié, panthéiste, païen, protochrétien qu'il entretenait avec elle au temps des origines de notre culture) et pour les talents de façonnier du verbe qu'il mettait à cette exaltation, lui qui s'était fait d'abord remarquer comme journaliste et aventurier de l'humanitaire, un peu cosaque, un peu cow-boy, un peu moine missionnaire, et dont les lyriques récits de voyage jouaient sur cette savante et très artiste ambiguïté qui rendait impossible de définir ce qui, de l'écriture ou de l'expérience personnelle, était premier – si ses aventures étaient écrites parce qu'elles avaient été vécues, ou bien vécues pour être écrites. Il avait commencé par suivre (et il en avait rapporté chaque fois un livre combiné à un documentaire invariablement diffusé à la télévision la semaine précédant la parution de l'ouvrage) les pas de l'écrivain-voyageur tutélaire suisse Nicolas Bouvier, puis ceux du père Charles de Foucault, enfin de Lawrence d'Arabie, mais il avait vite compris que celui qui suit les traces d'un autre ne laisse pas de traces lui-même, que placer ses pas dans ceux d'illustres prédécesseurs vous condamnait à n'être jamais qu'un faire-valoir en second : à rester sous l'aile des géants, on ne peut déployer les siennes propres ni devenir à son tour le géant qu'on porte en soi ("on ne fait pas la biographie des biographes", disait-il souvent). Aussi s'était-il trouvé un territoire singulier à arpenter, et rendait-il deux mois par an visite aux berceaux exotiques de la civilisation européenne, en Asie centrale, en Asie Mineure, en Russie, dans le Caucase ou le Grand Nord, là d'où étaient venus les peuples, les sagas, les mythologies aux noms rudes, là où demeuraient des vestiges grecs et latins, là où les conditions de vie extrêmes, les beautés farouches du paysage, la menace animale et la proximité de l'inconnu nous rappelaient à la nécessité fondamentale de faire corps avec le monde naturel, de passer avec lui "un contrat qui est un contact. Car la souche de l'être se dévoile dans l'harmonie avec les lacs et les forêts. Et elle se revivifie. Près d'eux", avait-il écrit quelque part.

Là-bas, il s'isolait pendant quelques semaines dans un ermitage, une cabane en rondins, il marchait en Moon Boots enveloppées de guêtres en peau sur des chemins de neige, à la jumelle scrutait les cieux et les cimes en quête de rapaces et de fauves, fumait sa pipe au bord d'une rivière prise dans les glaces, assis sur un tronc d'arbre couché par une vieille tempête ou la hache d'un bûcheron autochtone ; il se faisait photographier dans sa hutte, lisant à la bougie, écrivant emmitouflé dans un gros manteau, la tête couverte d'une casquette écossaise ou d'une chapka, à une table de bois grossier, devant une fenêtre au carreau rafistolé d'où versait une lumière pâle, sur un cahier rustre au stylo à bille, et toujours sa pipe au bec, devenue pour le public sa touche personnelle, son cachet, immédiatement reconnaissable (comme pour d'autres un toupet orange, une chemise blanche au col ouvert ou une écharpe fuchsia) dans les magazines, en illustration des reportages qui rendaient compte de sa solitude.

Stylistiquement aussi, il s'était forgé une manière qu'il voulait bien à lui, convaincu qu'il y a des auteurs "qu'on reconnaît en une phrase", ce en quoi il pensait que résidait non le génie (car sait-on jamais seulement en quoi réside le génie ?) mais ce qui, au plus grand nombre, y fait croire, et désireux donc d'appartenir à cette engeance distinguée : comme il professait que "tout auteur a ses tics qui sont l'expression spontanée de son caractère", il faisait en sorte d'en avoir et de les faire entendre, plaçait souvent, par exemple, les pronoms antéposés à leur antécédent, ou assumait une ponctuation arbitraire, qui mettait certains termes en valeur : "Ils la font comme ça. Les Tatars, la galette de seigle. Dans une poêle, sur le brasier ardent de leurs traditions. Ils pétrissent le Temps et la Mémoire dans la même gamelle que leur pâte de grain. Ils la travaillent et la chérissent. La mémoire." Lorsqu'il parlait de son écriture, il appelait ces effets "ma scansion" et, en claquant des doigts comme un zazou amateur de jazz marquait le swing dans une cave germanopratine des années quarante, affirmait : "le rythme, il n'y a que ça, la musique".

De temps en temps, il se permettait un peu d'érotisme cru, ayant remarqué, en analysant les raisons de plusieurs succès de librairie concurrents aux siens, qu'un épisode de sexe bien senti, judicieusement installé à certains points du récit et assorti d'une vulgarité bon enfant, d'une épicurienne grivoiserie rustique, relançait l'intérêt du lecteur et instillait une tension opportune, une attente recommencée, tout en accréditant le portrait de l'auteur en mâle aventureux qui n'a pas froid aux yeux et, à l'occasion, ne rechigne pas à l'exultation mutuelle des corps, ne se laissant pas effaroucher, au gré des voyages et des rencontres indigènes, par une bonne partie de jambes en l'air : "Elle tend sa croupe qu'elle a menue. L'attente de son plaisir est une plainte insoutenable et délicieuse. Je l'entends gémir. Délicieusement, se plaindre de l'attente. Je le lui mets. Mon dard.", lignes qui avaient été, avec quelques autres du même acabit, ressorties par la presse et moquées par les ennemis politiques du gouvernement lorsque Victor Lanquais était devenu ministre de l'Écologie, mais dont il n'avait jamais cessé de dire, même au cœur de la tourmente, au cours de sa brève expérience ministérielle conclue par une démission aussi prématurée qu'inattendue (et consécutive à de tout autres raisons), qu'il s'en enorgueillissait, rejetant sur les lazzis et leurs auteurs une suspicion larvée, les taxant indirectement de mauvaise foi, voire, ce qui était sans doute pire, de mauvais goût, les faisant implicitement passer pour un tas d'ignares crasses et bourrins prisonniers de mesquins calculs de couloir, incapables d'apprécier les mots et la vie qu'ils enchantent, insensibles à la beauté du monde, un troupeau bêtement bêlant, un ramassis de partisans bornés qui ne comprenaient rien à la musique.

Pendant la projection, puisqu'il avait déjà vu le film de la fondation et qu'il n'avait pas été convié parmi les trois orateurs qui prendraient la parole à l'issue de la séance, il avait préféré s'éclipser discrètement pour aller, de son côté, se promener le long de la plage, arpenter les petites rues du Lido bordées de villas anciennes et de constructions modernes, suivre le *lungomare*, l'avenue du front de mer encore presque déserte à cette saison, et marcher jusqu'au grand hôtel rendu célèbre (à moins qu'il n'eût été célèbre avant cela et que le livre ait profité de cette renommée pour y situer son action) par le roman de Thomas Mann, puis par l'adaptation cinématographique que Luchino Visconti en avait tirée, dont il savait qu'il était fermé depuis quelques années et dont il voulait voir dans quel état il se trouvait à présent, si des signes de sa réfection, d'une réouverture possible se faisaient jour, ou si au contraire il restait suspendu dans l'inertie durable d'une fermeture provisoire.

Sur toute sa longueur, derrière une épaisse haie bien entretenue taillée à hauteur de ceinture d'homme et qui la séparait du trottoir, une grande palissade de tôle ondulée anthracite cernait l'hôtel, à de rares endroits prise, sur quelques mètres, par du lierre qui montait depuis l'intérieur, et partout ailleurs dépliant ses vagues uniformes, sévères et aveugles, au-dessus desquelles on pouvait voir seulement les étages supérieurs du bâtiment en sommeil, haut bloc spectral dans sa majesté décatie, tous ses volets fermés (leur peinture vert crasseux s'écaillant, et dont on discernait d'ici s'abîmer les persiennes), avec ses loggias et leurs robustes balustrades à croisillons perclus de moisissures, le revêtement lépreux de sa façade qui, par plaques, se détachait, laissant apparaître par en dessous sa structure de petites briques rouges similaires à celles dont sont bâties la plupart des maisons vénitiennes, comme si des morceaux vaporeux de la vieille ville s'étaient transportés par les airs, insinués dans les brumes à travers la lagune et fussent venus se déposer sur les murs du bel immeuble début vingtième, profiter de l'abandon à quoi la modernité avait relégué l'édifice pour reprendre ses droits sur lui, l'absorber à cet état latent de corruption croupissante qui fermente en Venise.

Dans cette barrière continue d'aluminium qui obstruait autant la vue que l'accès à l'hôtel, l'ancien emplacement de l'entrée faisait une soudaine encoche dégagée, avec sa grille de ferronnerie fine, close par une grosse chaîne gainée d'une sorte d'intestin plastifié noir et cadenassée, entre les tiges de laquelle Victor Lanquais passa le nez, contempla les marches qui montaient vers les portes en surplomb de quoi se déployait en bandeau le nom *Hôtel des Bains* et qui, curieusement (ces portes), semblaient en parfait état, leurs battants de bois encore impeccablement vernis, leurs panneaux de verre intacts, au point que l'ex-ministre se serait attendu à les voir s'ouvrir à tout moment et en sortir du personnel en livrée, des clients en habit. Et cherchant à deviner dans l'obscurité, au-delà de ce seuil qu'avait franchi une myriade d'hôtes prestigieux, de plaisanciers de haute bohème et de têtes couronnées, l'ameublement du hall, comme s'il suffisait de se rendre sur un lieu, de se déplacer dans l'espace pour voyager dans le temps, en esprit il jouait à superposer au réel figé, à ce cadre décevant, des images recréées, faisant devant ses yeux s'animer une époque révolue qui lui serait ainsi restituée.

Il verrait apparaître Tadzio, l'adolescent polonais qui passerait ici un séjour en famille avec ses sœurs nombreuses et sa jolie maman, l'éphèbe malgré lui dont la beauté est telle, l'apparition si sublime, qu'elle foudroie l'écrivain vieillissant, le double reconnaissable de Thomas Mann, et se met à le hanter, l'ensorceler, le torturer, l'incitant à sans cesse rechercher sa présence, à guetter le garçon, à l'épier de manière obsessionnelle, admirative et presque démente (on ne pourrait plus écrire ça aujourd'hui, pensa-t-il), à le suivre dans l'hôtel et ses alentours, jusque dans Venise déserte que les touristes ont fuie à cause d'un mystérieux miasme qui empuantit la cité, secrètement décime ses habitants, et que le vieil auteur consacré, à qui l'Empereur a même octroyé une particule ennoblissant son nom en récompense de ses écrits, alerté pourtant du mal qui flue le long des canaux, refuse contre tout bon sens de quitter, obstiné dans son adoration au péril de sa propre santé déjà fragile, préférant rester là tant que reste le jeune Tadzio dont le portrait, en tout cas dans le souvenir qu'en avait Victor Lanquais, n'était jamais vraiment, par Thomas Mann ni dans le regard que portait sur lui son personnage d'honorable écrivain, sexualisé, l'adolescent à la beauté parfaite devenant l'objet, de sa part, moins du désir, d'une concupiscence, que d'une espèce supérieure de fascination, pour ainsi dire d'un culte, honteux, contrarié et néanmoins impérieux : il ne veut pas le posséder mais l'admirer, le contempler *absolument* (se l'approprier par la contemplation) comme on le ferait d'une œuvre d'art ; son vice est celui de l'esthète, qui se flétrit à mesure qu'il s'émerveille et ne peut pour autant s'y arracher, prêt à risquer sa vie pour cette ferveur exclusive, cette jouissance maladive de la grande beauté, en quoi il laisse se perdre et se dissoudre toutes les forces qui dépérissent en lui, jusqu'à s'anéantir. Il était bien, pensait l'ex-ministre, l'expression de la langueur européenne, de cette mollesse chichiteuse cause de l'affaiblissement d'une civilisation suicidaire, engluée dans sa culture savante, ses codes mondains et son malaise moral, coupée du monde sauvage au profit du milieu social, niant son environnement naturel, sa propre essence primitive, terrassée par la beauté même, la sophistication inouïe, pathologique, de ses plus remarquables créations, et dont la fébrilité l'exposait à tous les retours de la sauvagerie par d'autres moyens : coupable indolence mortifère, symbole du crépuscule de la grande bourgeoisie cosmopolite qui, de cette société dégénérée à force de finesse, était le nectar, le condensé huppé dont Thomas Mann avait brossé la lucide, impitoyable et touchante chronique.

Il n'était en définitive pas étonnant que l'hôtel mortifère soit abandonné, s'était dit l'ex-ministre en poursuivant son chemin pour aller voir un peu plus loin, jusqu'au bout de la palissade, ce qui s'y trouvait, avisant, presque à l'angle du terrain condamné, un large portail en acier blindé pareil à une entrée de bunker, qui semblait avoir été ménagé dans la clôture en prévision d'un éventuel chantier à quoi l'on avait finalement renoncé, et décoré d'un graffiti (pas un graff coloré exubérant qui aurait profité de toute la surface disponible pour la recouvrir et s'y imposer : plutôt une timide intervention n'occupant qu'une partie limitée du vantail, presque économe d'elle-même, du vandalisme petit bras, comme si l'on avait tenu du bout des doigts la bombe aérosol pour peindre vite fait les lettres rondes et pataudes composant (s'il lisait bien les formes enflées et tordues, mais il n'en était pas très sûr) le mot (probablement) ZIA, en noir cerné d'un nimbe blanc lui-même entouré par un trait vert, avec, au milieu, le symbole $ tagué vert sur fond grisâtre écaillé), dont l'aspect fruste contrastait avec la mosaïque dorée, mi-byzantine, mi-Art déco, apposée à mi-hauteur sur la tour d'angle du bâtiment, où l'inscription *Hôtel des Bains* se répétait.

Une camionnette vide et poussiéreuse était garée à deux mètres devant le portail, qui paraissait attendre en vain que celui-ci s'ouvre et dont on eût dit qu'elle pouvait être stationnée ici, dans la même position, depuis les plus de douze ans que l'établissement était fermé : l'ex-ministre avait regardé par la vitre, en quête d'un indice pouvant le renseigner sur la fonction de l'utilitaire (l'aventure gît dans les détails), mais il n'avait rien distingué à l'intérieur de l'habitacle qu'une lampe torche qui dépassait du vide-poche.

Il avait alors traversé l'avenue, surpris de constater que si l'hôtel était à l'abandon, le club balnéaire, lui, était encore ouvert et continuait sa vie autonome, dissocié du palace dont il portait pourtant le nom. Après un portillon, il était descendu en direction de la plage par quelques marches bitumées continuées, en guise de caillebotis, par une allée de dalles de béton bancales et mal jointes, passant entre les alignements de cabines à toit de chaume toutes fermées et les bouquets de parasols mis en réserve ; puis il avait escaladé en trois foulées une sorte de dune miniature, barrière de sable rassemblée sur tout le long de la plage (sans doute en attendant d'être répandue, étalée aux beaux jours, quand commenceraient à arriver les estivants et que les cabanes, disposées en fronton face à la mer, ouvriraient leur auvent pour abriter les baigneurs entre deux trempettes), et s'était avancé jusqu'à l'eau.

La mer était sombre, d'une couleur mal définie ; des porte-conteneurs, des navires-citernes passaient au large en direction de Trieste ou, immobiles, patientaient avant d'entrer dans la lagune par la passe de Pellestrina afin de gagner la zone industrielle de Marghera ; une odeur fétide de vase et d'hydrocarbures stagnait derrière la brise saline, des vaguelettes venaient s'épuiser sans force, comme prises de lassitude aussitôt qu'elles touchaient le rivage, et Victor Lanquais avait les semelles qui clapotaient dans du gros sable gris, presque caillouteux. Il essayait d'imaginer Tadzio en costume de bain, dirigeant tel un ingénieur en herbe une bande de gamins qui construisaient une forteresse de sable, ensuite courant avec son meilleur camarade se jeter à l'eau, mais cet exercice mental de superposition, qu'il avait réussi tout à l'heure devant les portes du palace, lui paraissait impossible ici ; la plage était trop moche pour l'ado délicat, de sorte que l'ex-ministre, l'espace d'un instant, en vint presque à douter d'être au bon endroit et se retourna pour se situer par rapport à l'*Hôtel des Bains*, s'assurer qu'il se trouvait bien en face, là où le jouvenceau polonais jouait et se baignait, là où le vieil écrivain décadent observait en rêvassant la perfection sculpturale de son corps. Aucun doute, c'était bien là, cela ne pouvait pas être ailleurs.

Tout fout le camp vraiment, grommela l'ex-ministre.

Et il se dit qu'il tirerait peut-être de cette promenade, une fois de retour à Paris, il avait le temps d'y penser dans l'avion, un petit récit vif, incisif et sensible (ou alors une tribune ?), un pamphlet anti-Venise anticonformiste et qui ferait l'unanimité, où il se fierait à sa triade rhétorique habituelle et bien rodée, dont l'efficacité n'était plus à démontrer – sa dialectique personnelle qui, invariablement, consistait en trois temps (trois modes) : louer, pourfendre et déplorer. Il rappellerait d'abord l'éclat passé de cette Mecque du commerce occidental qui avait régné sur les mers, cette république solide, ferme dans ses principes et prompte à s'adapter à tous les défis, qui avait administré un empire et dont le régime avait duré mille ans, cette cité improbable qui avait offert au monde l'un de ses plus grandioses spectacles ("un sommet de merveilles", il faudrait qu'il retienne la formule qui venait de lui traverser l'esprit) et à l'Humanité une manifestation inégalable de son génie, avant d'attaquer (au vitriol ! pensa-t-il) le tourisme de masse, l'inculture épouvantable de ces ressortissants de tous les pays qui, en suivant des guides mécaniquement, cochant des cases dans un programme imposé, se faisaient traîner de site en site comme vers les attractions d'un parc à thème, ignoraient ce qu'ils voyaient et ne savaient même pas l'apprécier, sans oublier évidemment de condamner le laisser-aller climatique, le criminel aveuglement volontaire qui, avec la montée du niveau des mers, avait conduit au risque de voir la ville tout bonnement engloutie. Enfin, il conclurait en regrettant le temps béni ("Le sublime alors n'était pas une marchandise") où le voyageur découvrait en arrivant, du bateau, le panorama des dômes et des campaniles avec un œil vierge, pas encore saturé de représentations et de recommandations ; où il saluait la Salute d'une prière en accostant devant le palais des Doges ; où il n'était pas pris pour une vache à lait par des Vénitiens traditionnellement âpres au gain qui, à défaut du négoce des esclaves, des soieries et des épices (il enlèverait quand même les esclaves de son énumération, se dit-il), arnaquaient désormais sans complexe le visiteur consentant en lui fourguant des masques de carnaval fabriqués en Chine et des plats de pâtes cuisinés à la chaîne par des Pakis cloîtrés en cuisine (il trouverait plus tard des arguments plus précis).

Il intitulerait cela "Oublier Venise". Ou bien "Venise n'est plus Venise". Ou alors, non, il garderait "Venise n'est plus Venise" pour en faire sa dernière phrase. "Un balcon sur l'Adriatique", cela sonnait bien également, mais il y entendait plutôt un titre de chapitre, pourquoi pas celui d'un livre de voyage et d'humeur consacré à un chapelet de ces grandes cités de "l'Europe aux anciens parapets", comme il disait toujours, dont le rayonnement s'était tari, où il irait passer quelques jours et en rapporterait un récit impressionniste et sans concession – il pourrait y avoir par exemple Vienne, Grenade, Saint-Pétersbourg, Istanbul (*touchy*, Istanbul), et puis Paris qu'il mettrait par provocation dans la liste et dont il décrirait le désordre, la pollution, la saleté rampante, l'insécurité galopante, les politiques municipales déplorables, les travaux perpétuels, en somme l'extinction en cours des feux de la Ville lumière (Paris n'est plus Paris), s'assurant ainsi dans les médias nationaux l'une de ces controverses, l'un de ces demi-scandales orchestrés par attachés de presse interposés qui fomentent une discorde où tout le monde est d'accord pour donner son avis, et qui garantissent le succès d'un bouquin. Lanquais (et cela n'avait pas été sans influence, bien sûr, sur sa nomination au gouvernement) avait compris comment manœuvrer pour que son discours séduise en même temps la droite et la gauche : la droite par son déclinisme, ses déplorations nostalgiques, ses semonces réactionnaires sur notre identité diluée, assiégée, et la perte des vraies valeurs ; la gauche par ses admonestations contre les excès du grand capital et l'artificialité de nos modes de vie, sa critique de la société de consommation, ses professions de foi écologistes, et le retour aux vraies valeurs. Il savait également doser ses différentes interventions selon les supports et les interlocuteurs, dans les médias mainstream proclamer des évidences consensuelles avec une conviction totale, puis ménager dans des médias secondaires des prises de position plus polémiques, qui circulaient par les réseaux, auprès de publics plus clivés, enclins à la castagne et dont il nourrissait ainsi habilement, par petites pincées appropriées, la foire d'empoigne tout en faisant mine de ne pas y condescendre, n'y intervenant jamais directement, puisqu'il n'avait même pas de page à son nom ni de compte personnel. Dans un article récent, son goût de l'aphorisme, son talent pour la formule lui avaient valu d'être qualifié de "hussard vert", et il devait avouer que c'était bien vu ; qu'il se reconnaissait dans ce terme qui sentait bon la France éternelle et le grand air, la cavalcade sabre au poing, le swing langagier des auteurs insolents, l'odeur des sous-bois au printemps et le courage de ses opinions. "Les écrivains sont des lanceurs d'alerte", répétait-il souvent, avec cet aplomb de ceux qui s'approprient comme s'ils en étaient les uniques détenteurs, voire les inventeurs, une idée déjà commise à toutes les sauces ; et le rôle lui convenait en effet, pensait-il, de lancer l'alerte comme on lance l'assaut, gaillardement, férocement, vertement, *à la hussarde*.

Tout en songeant ainsi à ses projets d'écriture, l'ex-ministre avait commencé à remonter en direction du casino (le film n'allait pas tarder à se terminer, il lui faudrait bientôt rejoindre le gros de la troupe) lorsqu'au beau milieu de la plage, de loin, il avait vu une forme inerte, allongée, un gros animal échoué dont il peinait à discerner l'espèce, et dont la masse obscure, étalée dans le sable, fit monter en lui une angoisse, une sorte de nausée par anticipation – toujours, les charognes lui soulevaient le cœur ; instinctivement il s'était mis à respirer plus fort, comme pour déceler dans l'air, parvenues jusqu'à lui, les premières exhalaisons de la chair faisandée qui s'annonçait. C'était trop petit pour être un dauphin ; trop long pour être un thon ; trop filiforme pour être un calamar ; ç'aurait pu être un espadon, il y en a sur ces côtes, et l'ex-ministre croyait déjà percevoir un fumet de poiscaille éviscéré qui se proposait à ses sinus.

À mesure qu'il avançait, la forme se précisait cependant, et, bientôt, il avait pu reconnaître un gros bout de bois, fragment de tronc éclaté dont le départ d'une branche brisée s'attachait au côté et traînait dans le sable, pareille à une nageoire désolante et sèche ; et l'on se demandait (on ne pouvait pas ne pas se demander) comment il avait pu arriver là, qui ou quoi l'avait charrié jusqu'ici, à plusieurs mètres du rivage et plus éloigné encore des premiers arbres qui bordaient l'avenue, de l'autre côté des barrières délimitant l'espace balnéaire – tombé du ciel ou poussé du sol, isolé dans l'indifférence, relief incongru dans un paysage triste.

Passant auprès de cette inexplicable présence, l'ex-ministre en avait éprouvé un sentiment, à la fois, de soulagement et de dégoût, et il s'était éloigné d'un pas rapide, longeant encore la berge sur quelques dizaines de mètres sans se retourner, avant de remonter dès qu'il l'avait pu – lorsqu'il avait aperçu un peu plus loin une sortie accessible, un portillon ouvert – vers l'avenue puis de gagner le terre-plein, le belvédère où il n'avait guère eu à attendre que quelques minutes avant de voir la foule émerger du Palazzo, et parmi elle Sylvain, l'assistant de la conseillère Zeuchter, qui, en l'apercevant tout seul, debout contre la rambarde avec derrière lui en toile de fond le lavis terne, vert-glauque de l'Adriatique, s'était dirigé à sa rencontre, affichant un sourire radieux, comme s'il retrouvait enfin une vieille connaissance qu'il aurait cherchée partout.

Ils avaient suivi le mouvement, la lente procession désaccordée des invités empruntant peu à peu, par petits groupes, la rampe de béton blanc qui descend en pente douce entre le cinéma et le casino, et mène sur l'arrière à un canal discret, assez large pour y manœuvrer, qu'on dirait avoir été expressément creusé, dragué, à l'intention des festivaliers et des joueurs (pour déposer en saison et livrer à leur vice les addicts au black-jack, à la roulette ou au poker, leur permettre d'arriver au plus près du lieu de leur perdition, les poches pleines, d'entrer d'un saut dans le casino et d'en repartir aussi vite à la fin de leur nuit, une fois délestés – plumés par la banque et les congénères plus en veine –, ivres de cocktails, de fatigue et de malchance, emportés sur les eaux noires vers leur logis vénitien, leur résidence éphémère, par quelque navette affrétée par leur hôtel ou par un bateau-taxi, l'un de ces luxueux et véloces *motoscafi* aux parements de bois, identiques aux élégantes embarcations, toutes revêtues du même acajou lustré aux sensuelles teintes rougeoyantes, aux reflets satinés, qui attendaient patiemment par dizaines, en file indienne, à touche-touche, les convives de la fondation) et d'où ceux-ci, une fois montés à bord des canots, repartaient en naviguant lentement.

On quittait un premier bassin par un coude en angle droit aux rebords bardés de gros pneus liés entre eux par des cordages et pendus, comme dans le virage d'un circuit automobile, aux parois en guise de protection contre d'éventuelles embardées malheureuses, on voguait ensuite entre des berges de pierre qui s'élevaient en plans inclinés vers des pelouses bien tondues, des bosquets d'arbustes entretenus, puis on glissait sous une arche – celle du pont où passe la route principale qui coupe le Lido sur toute sa longueur ; après quoi le canal se continuait au milieu de jardinets coquets, calme et régulier comme l'allée d'un parc, jalonné de courts pontons (deux pieux, quelques planches et des chaînettes d'amarrage) sous quoi flottaient les petites embarcations particulières des riverains, jusqu'à l'embouchure qui s'ouvrait dans la lagune.

Alors, devant les yeux des passagers se dévoilait l'immense plaine aquatique, étendue de part en part et respirant d'une vibration discrète, d'une onduleuse pulsation, comme sous l'effet du vent une lande rase où sinuent des souffles à peine perceptibles, et çà et là les îlots qui se dressaient, projetant leurs cyprès, leurs cloches de pins maritimes, leurs campaniles en flèches qui pointaient le ciel au-dessus d'enceintes de brique et de leur amas rouge, villages minuscules disséminés, posés au hasard sur cette campagne horizontale et fluide. Et sur la droite, au fond, la ville stupéfiante, désirable et fantomatique comme un fantasme, reprenait à son compte toutes ces formes dont les îlots figuraient des échantillons, des tentatives éparses, pour les rassembler, les reproduire et les remodeler, les agréger et les magnifier en un ensemble achevé, complet, plus vaste, plus haut, plus majestueux, qui attirait le regard avec la même souveraine autorité constante qu'un pôle magnétique.

Mais au lieu de se diriger vers elle (la ville), les canots, les uns après les autres, viraient à bâbord, contournaient une signalétique sibylline de pieux marquant le tracé des voies navigables et, une fois qu'ils s'étaient placés dans le chenal, faisaient donner leur moteur, gagnaient en vitesse ; la bourrasque se mettait alors à battre les visages des passagers dont certaines et certains se réfugiaient à l'intérieur des cabines, s'affalaient sur des banquettes de cuir crème, tandis que les autres, tenant bon, agrippés au bastingage, malgré l'étiquette exigée par la réception à laquelle ils se rendaient, acceptaient de s'exposer au décoiffage, et admiraient le paysage, les cheveux dans le vent.

C'était un problème (les cheveux dans le vent) contre quoi le directeur de cabinet du président, au moins, se croyait prémuni, qui venait d'embarquer, pour sa part, à bord d'un *motoscafo* d'un modèle similaire, dont le chauffeur (le pilote) l'attendait depuis quelques minutes au pied du palais seizième siècle converti en hôtel où il était descendu en toute discrétion, réservé par les soins de la république à laquelle il avait réussi à gratter (ainsi qu'à l'agenda du président), en marge de l'inauguration de la fondation, deux jours de rab (en réalité une journée et demie), pour ainsi dire des grandes vacances qu'il avait mises à profit, depuis le matin, en compagnie de sa femme qui avait également pu profiter du voyage, pour aller voir des tombeaux. Non qu'ils aient résolument voulu donner à leur séjour une tonalité funéraire, ni qu'ils aient eu tous les deux une appétence spécifique (une petite fibre gothique cachée peut-être, peu appréciable à première vue dans les sobres habitudes vestimentaires de l'énarque (ses costumes gris passe-partout, adaptés à l'ensemble du spectre des lieux et des cénacles que ses activités l'amenaient à fréquenter) et guère plus dans celles de Madame Courbevoie, plutôt adepte quant à elle du tailleur coloré en ville et du combo pantalon-pull-mocassins souples en touriste (et un carré Hermès autour du cou)) pour les morts et leurs demeures, les frissons vampiriques et les messes noires, mais, entre l'île-cimetière de San Michele et les deux basiliques des Frari et des saints Giovanni e Paolo, ils avaient effectivement pu admirer une impressionnante collection de sépultures, serties dans leurs prodigieux écrins architecturaux, spirituels et historiques, éprouvant ainsi, à déambuler dans la paix solennelle des allées, sous les cyprès, entre les blocs de marbre de la nécropole insulaire, et encore sur le pavement marmoréen des travées des églises, un sentiment de calme et de sérénité par rapport à quoi (même si le téléphone du dircab, coincé sur mode silencieux, avait continué de s'illuminer sans cesse au fond de sa poche, comme il pouvait le constater chaque fois qu'il le prenait en main pour effectuer des recherches sur les personnalités dont, côte à côte, méditativement, sa femme et lui contemplaient les cénotaphes, sépulcres ou catafalques) toute l'agitation perpétuelle au milieu de laquelle leur vie, d'ordinaire, se coulait (avec laquelle, souvent, elle se confondait) leur avait paru fantastiquement lointaine et (dussent-ils ne pas se l'avouer mutuellement, tous deux pour la même raison, qui était de prendre soin de ne pas minorer l'importance du rôle éminent que Monsieur Courbevoie occupait dans les hautes sphères de la république (et de ne pas rabaisser de la sorte la république elle-même)) quelque peu dérisoire, considérée depuis ces havres monumentaux habités par les siècles, ces refuges intemporels du Temps.

En observant comment les rayons de lumière tombés des vitraux basilicaux jouaient sur les statues représentant d'anciens notables médiévaux, des doges et des aristocrates, pour la plupart de riches marchands devenus les seigneurs de l'oligarchie lagunaire, les conducteurs de la république maritime dont la puissance, plus que militaire, démographique ou terrienne, avait été par-dessus tout commerciale (qui couché, gisant en sommeil sur son sarcophage, qui en buste vissé au-dessus de son urne, qui encore triomphant sur son cheval guerrier, qui debout dans sa simple souveraineté et tançant de sa hauteur, grandeur nature, la nation parmi laquelle il s'était distingué et les générations qui lui avaient succédé), ils avaient eu la sensation de s'immiscer dans les arcanes d'une mémoire qui n'était pas la leur et où ils étaient accueillis en témoins d'un secret à la fois pétrifié et vivant (vivant du fait même de cette pétrification : actif dans le ressouvenir perpétuel que soulevait sa présence sculpturale) ; et Courbevoie, en errant à travers ce panthéon vénitien, lisant parmi les inscriptions funéraires tous ces noms de grandes familles et de doges, ces noms gravés qui se commémoraient dans le marbre et dont les lettres se déposaient en reliques d'un pouvoir immortalisé, Courbevoie ne pouvait s'empêcher de se demander où étaient enterrés les hommes qui leur avaient servi de conseillers.

Pour monter sur le bateau, le directeur de cabinet avait tendu la main à sa femme "Juliette, viens par là" en un geste de galanterie complice qu'au fil de leur vie quotidienne il n'était pas souvent amené à montrer, et elle l'en avait remercié d'un beau sourire à la fois amusé et mutin, tendre, souligné par un rouge à lèvres mat qui renforçait, avait-il pensé, l'élégance conjuguée de sa robe de soirée couleur terre cuite et du collier de perles qu'elle avait ressorti à dessein, *pour lui*, en clin d'œil intime à la première fois, c'était à la fin des années soixante-dix, qu'ils étaient venus ensemble à Venise, alors que Courbevoie n'avait même pas encore intégré l'ENA (s'apprêtait à le faire à la rentrée suivante), et qu'il lui avait offert ce bijou splendide pour leur troisième anniversaire de mariage, en préambule à leur lune de miel qu'après leurs noces ils avaient longtemps dû différer à cause du concours d'entrée à Sciences-Po, du bûchage et du rabâchage qui s'étaient ensuivis, et dont, désormais que la voie royale de la haute administration publique s'était officiellement ouverte devant lui, ils avaient jugé qu'il était grand temps de profiter ; qu'ils l'avaient amplement mérité, lui par son travail acharné, elle par son soutien inconditionnel, son attente obstinée, c'est-à-dire son travail aussi bien ; qu'ils prendraient plusieurs semaines, iraient voir Venise, Vérone et Florence, et Rome, et Naples, et même Capri ; et de leur vie commune à ce jour ç'avaient été leurs plus longues vacances : il croyait les revoir, dans leur jeunesse émue, à l'arrivée du train de nuit s'avançant lentement sur la passerelle au ras de l'eau qui relie la terre ferme à l'île, enlacés devant la fenêtre abaissée dans sa glissière, découvrant l'enchanteur tableau des *fondamente*, des barques de pêcheurs qui traînaient dans la lagune et des bancs d'oiseaux par milliers.

À l'époque, des cheveux, il en avait encore, et même d'un beau brun. Il y repensait sans nostalgie, comme d'un atour inutile dont il s'était allégé à mesure que venaient les responsabilités, les titres de la belle carrière ; et quand le hors-bord chic aux boiseries vernissées, par l'étroit *rio* sur lequel donnait l'embarcadère de l'hôtel, sortit dans le Grand Canal et, petit à petit, accéléra, pendant que Juliette Courbevoie se pliait en deux pour abriter son carré auburn, lui restait droit comme un I et le visage fièrement tendu vers l'avant, dans la ligne de l'étrave, quelques fines gouttelettes volantes déposées sur les verres de ses lunettes, et sentant sur son crâne nu filer le vent, sans se rendre compte que ce dernier soulevait une touffe indocile du peu de cheveux qui lui restaient sur les côtés, hérissant un épi horizontal et vibratile.

Ils passèrent sous le pont de l'Accademia, après quoi, au bout de l'enfilade ininterrompue des palais, le Canale Grande s'évase pour s'aboucher au canal de la Giudecca qu'ils traversèrent en biais, laissant sur leur droite la pointe de la Douane de mer et sa tourelle au-dessus de laquelle deux atlantes courbés portent sur leurs épaules (le poids du monde) un globe en or surmonté d'une girouette à forme humaine symbolisant la Fortune ; puis le bateau se glissa dans l'étroit corridor dit "de la Grâce", qui passe entre les flancs de la Giudecca et de l'île voisine, celle-ci bordée par un long mur de brique ceinturant le siège d'une fondation culturelle créée en l'honneur de son fils, décédé dans un accident d'avion, par un comte ferrarais qui fut, au vingtième siècle, l'un des principaux magnats de la finance italiens et vénitien d'adoption, s'étant donné pour but (pour vocation à une partie de son capital) de reconstruire l'ancien monastère bénédictin attenant à la basilique San Giorgio Maggiore, ravagé jadis par les troupes de Bonaparte puis par un siècle et demi d'occupation militaire autrichienne, mais également d'en faire (avec son inspirant jardin paradisiaque agrémenté d'un théâtre de verdure, d'un labyrinthe végétal baptisé Borges en hommage à l'écrivain argentin et de petites chapelles éparses sous les arbres que des architectes contemporains avaient été invités à bâtir, chacun dans son style) à la fois un lieu de recueillement spirituel, un foyer d'études et d'activités multiples, comprenant un musée, un institut de conservation d'archives historiques, artistiques et musicales, un centre universitaire dédié aux recherches sur la civilisation vénitienne, une bibliothèque et un club nautique, et où, se rappelait Courbevoie, s'étaient tenues plusieurs réunions du G7 dans les années quatre-vingt.

Après l'avoir contourné, le canot retrouva, en virant sur la gauche, le chenal principal qui, un peu plus loin, double l'île de la Grazia où s'étaient succédé, en mille ans, une déchèterie municipale, un hospice pour les pèlerins en partance vers la Terre sainte, un couvent de capucines et un sanatorium pour les tuberculeux, avant qu'elle ne soit achetée récemment par une marque de prêt-à-porter féminin qui l'utilisait pour ses séminaires et les congés de ses employés. Il longea ensuite le mur d'enceinte de San Clemente, qui fut au cours des siècles une étape pour les croisés en partance vers la Terre sainte, un monastère de camaldules, un repaire à l'écart de la ville dévolu aux fêtes en plein air données par le doge et ses congénères patriciens, et un célèbre asile d'aliénées, désormais réhabilité en hôtel de luxe.

Courbevoie, en tournant la tête de l'autre côté, depuis son poste d'observation sur le pont du *motoscafo*, pouvait voir la bande du Lido se dérouler avec devant elle, ici et là, d'autres îlots dont les histoires cousines se faisaient écho les unes aux autres et retraçaient, en abrégé, une part des vicissitudes, des croyances et des peurs de la peuplade lagunaire, le monastère des Arméniens, et le vieux lazaret (longtemps, les îlots isolés avaient été traditionnellement dévolus à ces deux genres de claustration, celle, volontaire, des moines épousés aux règles de leur ordre et reclus dans la prière, dans les rythmes invariables, la scansion stable des jours ordonnés, et celle, imposée par les précautions sanitaires qui régissaient la lagune (et sans doute aussi par la volonté du peuple vénitien d'instituer un seuil symbolique, astreignant pour l'étranger, entre la cité et son dehors – l'ensemble du monde maritime connu sur quoi elle étendait sa domination), exigeant que les équipages des navires à leur arrivée fussent soumis à une période de quarantaine dans un des nombreux lazarets fortifiés, fermés sur eux-mêmes, que comptait alors la république – où l'on se figurait toute cette populace hétéroclite, peut-être pesteuse, rétractée dans des cachots collectifs, des dortoirs à même le sol, des réfectoires où l'on servait une bouillie infecte, pour ceux qui n'étaient pas porteurs du bacille attendant de pouvoir entrer dans la ville et mener leurs commerces, échanger des esclaves et des épices contre des miroirs et des orfèvreries, des tissus, des soies contre des peaux (fourrures, cuirs et force de travail), et pour ceux qui en étaient effectivement infectés finissant de crever à l'écart de la ville sans la voir jamais, enterrés par centaines, par milliers certainement dans les bois de Poveglia, dans les bourbes marécageuses du Lazzaretto Nuovo au nord, ou, ici, sous les pelouses du Lazzaretto Vecchio) au-delà duquel le bateau rejoignit la cohorte de ceux venus du Lido et qui empruntaient le chenal, à respectable distance les uns des autres et à vitesse mesurée, composant sur la lagune un imposant cortège qui convergeait, d'un même mouvement, vers Poveglia.

L'île hantée se profilait devant eux, avec son campanile, son bout de forêt dont les cimes moussaient et d'où dépassait une silhouette en quoi Courbevoie, à mesure que le canot approchait, reconnut la forme d'une citerne surélevée – un château d'eau à la cuve cylindrique qu'on aurait dit sorti droit d'un western. Le chenal faisait un crochet autour de l'île, passait par l'espace resserré qui, du côté est, la sépare du cordon du Lido, et de là s'engageait dans un bref canal où était aménagé un véritable petit port, avec son quai, son auvent pour abriter le débarcadère, et le bâtiment où les convives étaient accueillis. Au moment d'entrer dans le bassin pour y accoster à leur tour, le directeur de cabinet sentit son cœur faire un saut dans sa poitrine, un tressaillement lui courir le long de l'échine ; par réflexe il sortit de sa poche sa peau de chamois, s'en nettoya les lunettes entre le pouce et l'index. Sur une large plaque de carrare scellée dans le rivage, suspendue au-dessus de la surface des eaux, exposée à la vue des visiteurs, incisée en belles lettres noires dans le marbre ouateux, on lisait l'inscription :

EUGÉNIE & SACHA VALIER FOUNDATION

Les invités, une fois qu'ils avaient débarqué, prenaient une allée de pavés qui menait vers l'entrée du *palazzo* (le corps de bâtiment principal, à l'intérieur duquel une exposition sur la faune sous-marine, des tirages photographiques gigantesques qui pendaient du plafond au bout de longues chaînettes, occupait une nef colossale, dégagée de l'étage qui en avait jadis occupé la partie supérieure et offrant ainsi deux niveaux de fenêtres parallèles) qu'il fallait traverser pour, sur l'autre côté du bâtiment, accéder au parc où, à présent, les salons de plein air, le kiosque et les pelouses s'étaient remplis, tandis qu'entre les regroupements de personnes (les confréries spontanées qui se créaient parmi les hôtes au gré des connaissances et des présentations) naviguait une escouade de serveurs habillés d'un élégant blazer de lin bleu ciel et distribuant, un plateau posé sur le plat de la main, du champagne, du Bellini, du Negroni, des cocktails softs au concombre et divers mets à base d'algues.

Régulièrement, Sylvain Manin venait chercher quelques convives pour les inciter à se déplacer au sein du complexe, les guider jusqu'aux autres édifices attenants au palais, leur faire arpenter les bureaux de la fondation qui se logeaient dans une aile située dans le prolongement de celui-ci (et dont la superficie lui était en réalité supérieure), les amener jusqu'au pavillon de style gothico-byzantin restauré au fond du jardin et déjà suffisamment vaste en lui-même pour héberger toute une administration, que l'on avait réservé aux hôtes de marque, aux artistes et aux scientifiques qui viendraient en résidence. Un peu plus loin, à l'écart dans le parc, avec leurs toits pentus coulés entre les arbres et leurs amples ouvertures d'origine reconstituées en baies vitrées, se trouvaient les anciennes dépendances, où étaient les appartements des membres de "l'équipe" (comme disait Sylvain, et il fallait entendre par là, aussi bien, les responsables du lieu que les nombreux employés dévoués à son entretien) ; au-delà continuait la forêt puis, après un étroit canal presque caché qui coupait l'île en deux morceaux et que franchissait une unique arche de briques, une seconde partie plus étendue que la précédente, entièrement couverte de bois et complètement déserte.

On avait décidé de laisser cette portion en l'état ; de l'entretenir, la protéger et la débroussailler, sans lui affecter d'autre utilité que celle d'une sorte de forêt publique à quoi l'on donnerait libre accès pour les Vénitiens qui pourraient venir s'y promener, à condition encore qu'ils veuillent bien surmonter leurs peurs ancestrales, les vieilles légendes attachées à l'île, et qui la prétendaient plusieurs fois maudite à travers les âges ; d'abord parce que des centaines, peut-être des milliers de victimes de la peste y seraient mortes et y auraient été enterrées sans sépulture du temps que celle-ci était utilisée comme lazaret ; ensuite parce que, lorsqu'elle fut devenue un hôpital psychiatrique, un certain médecin sadique y aurait exercé d'épouvantables expériences sur ses patients, dont les âmes mutilées et vengeresses aujourd'hui encore se promèneraient autour des bâtiments – ce qui, somme toute, faisait beaucoup de spectres, d'esprits et de malédictions à rôder dans les sous-bois, si bien que l'on s'imaginait d'étranges sabbats secrets où des revenants tournaient ensemble dans la nuit en vouant aux gémonies les psychiatres, les Vénitiens et leurs descendances, et que l'on n'avait guère envie, même si personne n'avait jamais raconté avoir croisé l'un de ces fantômes à la tombée du jour, de tomber nez à nez avec eux.

Derrière le château d'eau, on avait abattu et extrait quelques arbres, nettoyé les souches et les racines, apporté de la bonne terre fertile des propriétés agricoles du continent (celles-là mêmes que dirigeaient autrefois les familles patriciennes insulaires qui avaient leurs villas et leurs domaines à leur nom sur la *terraferma*), dégagé une parcelle sur laquelle on avait installé un poulailler, planté un verger, un potager et à quelques pas de là, dissimulé par une haie, un champ de panneaux photovoltaïques, tous les moyens garantissant l'autonomie de la fondation.

Quand on revenait vers les bâtiments, dans une série de caissons lumineux à la Jeff Wall abrités par un toit de tuiles à deux versants qui courait tout le long de l'installation, des photos des cinq océans alternaient avec une présentation pédagogique du mécanisme des courants marins, des *trash vortex* et des opérations de nettoyage que les flottilles de la fondation y mèneraient. Au pied du campanile, une immense terrasse avait été construite, aménagée comme une *piazzetta*, sur laquelle la plupart des convives (hormis quelques flâneurs qui s'attardaient encore dans les espaces d'exposition ou au bord de l'eau), après s'être égaillés à l'intérieur des différentes bâtisses, avoir fait le tour du parc, buvaient maintenant des cocktails en s'extasiant devant la réussite des architectes (on venait régulièrement féliciter Mira Stanic et Philippe Urbach, qui discutaient avec de nombreux mécènes, un promoteur immobilier allemand ou la codirectrice d'une maison de ventes parisienne), la hauteur sous plafond des salles, l'harmonie des rampes de béton brut coulées dans un environnement de brique et de stucs reconstitué, la simplicité du jardin où, vraiment, de l'avis de tous, on se sentait bien, ainsi qu'en témoignait d'ailleurs le brouhaha bon enfant qui circulait entre tout ce petit monde élu, à quoi se mêlaient quelques professionnels du pince-fesses et autres pique-assiettes d'élite conviés pour faire nombre, et au milieu duquel la capitaine Muirhead s'entretenait avec une militante de l'association de défense de Poveglia tandis que, non loin d'elle, sa pipe dans une main, un cocktail au concombre dans l'autre, l'ex-ministre de l'Écologie opinait aux propos d'un important mécène breton (un de ses lecteurs admiratifs, s'était-il présenté) qui lui vantait les bienfaits de l'iode armoricain contre la mélancolie. Sans en avoir l'air, Lanquais pivotait sur lui-même de manière à tourner soigneusement le dos au directeur du cabinet du président qu'il avait entraperçu et qui pour sa part, ayant lui aussi repéré l'auteur réac-écolo, veillait à s'en tenir le plus éloigné possible, afin de ne pas avoir à saluer *ce gros connard qui leur avait chié dans les bottes lorsqu'il avait quitté le gouvernement*, et gardait en même temps un œil sur la consommation en Bellini de Juliette Courbevoie, non qu'il eût envers elle les prérogatives du mâle alpha qui se doit de couver madame de sa virile égide et brider ses élans (en bons démocrates soucieux des évolutions de la société, ils avaient depuis un bail dépassé ce type de répartition genrée) mais parce qu'il craignait, connaissant la piètre résistance de ses enzymes, qu'elle ne soit pompette trop tôt.

La conseillère venait juste d'arriver, qui s'était discrètement absentée après la projection, le temps de se rendre en ville pour un rendez-vous au *palazzo* Grassi en vue d'une vente aux enchères où Iouri Kouritchev désirait placer une œuvre de sa collection personnelle. Elle baladait son sourire et sa poignée de main de groupe en groupe, avec un mot attentionné pour toutes et tous, et cherchait quelqu'un du regard en s'appliquant à ne pas le laisser percevoir à son interlocuteur : son assistant Sylvain la rejoignit, lui aussi souriant, potentiellement déjà un peu pompette à son tour (mais sous contrôle), et il lui glissa quelques mots à l'oreille qui ne provoquèrent aucune réaction immédiate, comme si la conseillère attendait qu'ils infusent en elle, s'y effacent peut-être, avant d'en éprouver les effets ; et, en s'excusant de devoir fausser compagnie au couple autrichien qu'elle était en train de remercier d'avoir fait le voyage, elle se dirigea, d'un pas léger sur ses talons hauts, assez vaporeuse dans sa robe crème rehaussée d'une étole imprimée (en échangeant au passage une plaisanterie, un salut avec les personnes qu'elle croisait, se laissant en apparence porter par le mouvement naturel, le flux des corps dans l'espace, plutôt que de trancher celui-ci d'une allure trop vive et décidée qui l'eût démarquée au milieu de la foule), jusqu'à un carré de pelouse situé un peu à l'écart, rencogné derrière un bosquet d'arbustes – un échantillon d'essences méditerranéennes, propre à vous donner envie de vous asseoir sous un olivier pour lire les présocratiques.

Sacha Valier était là, dans un élégant costume pâle, fumant une cigarette en compagnie de Kouritchev père et fils sous la discrète surveillance d'Igor et Malo qui, à une dizaine de mètres en retrait, eux aussi fumaient, l'un à côté de l'autre et probablement en pleine conversation presque dissimulée, leurs lèvres ne se desserrant, leur visage ne s'animant (d'un sourire, d'une lueur joyeuse qui passait dans leurs yeux) que par salves de quelques mots parcimonieuses et brèves, espacées les unes des autres, masquant leur plaisir de se retrouver sous une mine à la fois concernée et distante, comme il sied aux agents de sécurité dont la présence doit être immédiatement détectable sans que jamais elle n'empiète ni sur l'intimité de leurs protégés, ni sur l'humeur du moment.

Entre Kouritchev et Valier, la discussion semblait lancinante, elle était une attente partagée plus qu'un échange, l'oligarque supportant patiemment son squelette scoliotique et ses petites lunettes rondes en hochant la tête et en lâchant, ici et là, une sentence bien calibrée, son fils absorbé quant à lui dans les profondeurs occultes de son smartphone, et Sacha Valier, qui regardait entre ses doigts se consumer sa clope dont l'extrémité incandescente paraissait susciter en lui de grandes perplexités, dispensant des considérations creuses de circonstance, des commentaires sur le beau temps. Pourtant, la conseillère Zeuchter, qui marqua un court instant d'arrêt pour observer le tableau avant de s'y joindre, savait que bien des idées, bien des deals décisifs naissaient de ces instants mornes et sans importance, et que souvent les partenariats les plus féconds se scellaient ainsi, sans les formes, dans la confidence oblique et la confiance impromptue d'un moment d'ennui commun ; et elle se demanda ce qui était préférable, le plus intéressant pour elle, entre interrompre tout de suite l'attente ou la laisser se prolonger encore un peu dans l'espoir qu'une étincelle jaillirait de cette friction lente, qu'un accord inédit naîtrait dans les interstices du dialogue lacunaire entre l'oligarque et l'héritier contrarié, et surtout si l'affaire lui serait favorable, à elle (si, cette affaire, elle l'inclurait ou, pour le moins, donnerait à la fondation quelque nouvelle perspective lucrative, ou alors si elle se ferait ailleurs, avec d'autres partenaires, dans d'autres domaines, sans elle) qui s'avança finalement vers eux gracieusement affairée, genre speed mais décontractée, et, tout en remarquant les émanations d'herbes aromatiques dont on avait planté un parterre derrière des pieds de lauriers-roses, commença par leur demander si tout allait bien, se déroulait comme prévu – ce genre de phrases toutes faites, de purs égards, qui servent de préliminaires oratoires avant une requête précise. Et se tournant vers Valier, elle dit d'un ton douceâtre, prévenant : "Sacha, s'il vous plaît, on va devoir y aller", en retour de quoi celui-ci eut un geste avenant de la main, l'air de répondre : "En avant, je vous suis, je vous attendais." "Le soleil commence à descendre", ajouta-t-elle, comme pour justifier son empressement et signifier que l'on se conformait à un plan minutieusement établi, avec lequel on était parfaitement synchronisé.

Le petit groupe sortit de sa coulisse de verdure (son paravent végétal) et apparut aux yeux de la foule, se dirigeant sans hâte, avec une apparente décontraction débonnaire qui épousait l'ambiance générale de la soirée, vers un espace dégagé où l'on avait installé un micro sur pied derrière lequel, seul, se plaça Sacha Valier à qui il revenait, en sa qualité de président de la fondation qui portait son nom et celui de sa mère, de l'inaugurer officiellement : Hélène Zeuchter et une poignée de personnalités choisies l'encadraient, dont, au plus près de lui, la capitaine Muirhead et l'ex-vice-président de la plus grande démocratie du monde formaient les têtes de file. D'un regard circulaire, Sacha balaya alors les invités de marque puis la totalité de l'assemblée, tout à coup hésitant, intimidé ; d'une voix fébrile il salua *Bonsoir à toutes et à tous* et après s'être raclé la gorge (ainsi qu'il ne se rappela sans doute pas avoir vu un jour son grand-père le faire, juste avant la fameuse allocution qu'il avait prononcée pour ses trois quarts de siècle), il entonna *Je voudrais dire ma profonde gratitude* la série des remerciements d'usage avant de s'excuser du fait qu'il n'était *ni un grand bavard, ni un grand orateur*, de prévenir qu'il ne dirait *que quelques mots*, et de prendre une longue inspiration.

— Mes pensées vont d'abord naturellement à mon grand-père, André Valier, qui a forgé avec une exceptionnelle réussite une entreprise devenue un acteur majeur de la vie économique de son époque. Elles vont ensuite à sa fille, ma mère Eugénie, ma maman qui vit aujourd'hui même des heures difficiles (un voile sombre passa alors devant son regard). Comme vous le savez tous, ma mère a fait le choix de ne pas poursuivre l'aventure industrielle que mon grand-père avait lancée. Elle a préféré prendre une autre voie, initier une nouvelle aventure plus en phase avec notre époque. Elle a entendu les urgences de notre temps, les réparations et les modifications que réclame notre planète. C'est toute la valeur du groupe Valier qui a changé de vocation. Elle s'est portée vers cette fondation, et elle s'est donné ce but formidable, nettoyer les océans. Oh, bien sûr, mon grand-père n'aurait jamais imaginé que la maison qu'il avait construite servirait à une telle cause. Mais je veux croire qu'il en aurait été fier, et qu'il aurait donné raison à sa fille Eugénie. Lui qui avait, mieux que personne, su saisir les mutations dont il était le contemporain pour en devenir l'un des moteurs, il aurait compris les intuitions de ma mère. Il aurait approuvé ses ambitions. Cette fondation (dit-il en désignant d'un grand geste tout ce qui l'entourait, les êtres, les choses, les bâtiments, et jusqu'au ciel où la lumière commençait à décroître), c'est ce que ma mère a voulu. Il nous revient d'assumer son héritage. À moi, mais aussi à vous, à ceux qui donnent et à ceux qui font, à tous ceux qui ont œuvré et qui œuvreront pour la fondation Valier. Je suis fier et heureux d'être le premier président de cette organisation, j'ai conscience que cette responsabilité m'oblige, et j'espère me montrer au niveau, digne de la mémoire de ma mère et de mon grand-père, digne surtout de l'immense défi qui nous attend.

Une fois qu'il fut applaudi, que des Américains l'eurent gratifié d'un *hug* fraternel et des Européens d'une chaleureuse poignée de main, voire d'une paire de bises émues, de nouveau les convives se mélangèrent, s'éparpillèrent dans le jardin et reprirent leurs conversations, vaquant à leur enivrement, s'abandonnant au plaisir de la soirée printanière qui s'annonçait. Mais déjà, par-delà la lagune, du côté de la terre ferme, les montagnes s'étaient rendues indistinctes, calfeutrées derrière un voile de gaze poudreux, et quelques nuages traînants étiraient leurs linéaments roses et mauves, si bien que, sans que personne ne sût qui, le premier, avait initié le mouvement, une impulsion anonyme, inorganisée, fit les convives se déplacer peu à peu, en groupes, vers les quais qui donnaient à l'ouest (au milieu de cette transhumance vespérale, l'ex-ministre Lanquais manqua de peu – il s'en aperçut in extremis, ralentissant soudain le pas pour prendre son tabac dans sa poche et bourrer sa pipe, en bavardant toujours avec son mécène d'admirateur breton – de coudoyer Courbevoie et madame, lesquels, eux, cheminaient en compagnie d'un couple de parlementaires italiens et de l'ancien maire de Venise) ; et tandis qu'au loin, tout à fait sur leur droite, les cheminées du port de Marghera, les cuves à hydrocarbures et la grande arche qui domine la zone industrielle dessinaient sur la ligne d'horizon une étrange cité futuriste et flottante, ils s'installèrent pour contempler tous ensemble le soleil rougeoyant au-dessus des marais, des landes à fleur d'eau tels des morceaux d'écorce étendus à la surface de la mer et générés par elle au cours d'un lent processus de coagulation, les visiteurs bientôt répandus, disposés tout le long du rivage au bord du remblai de brique et de sa margelle en pierre d'Istrie, près du ponton d'annexe en lattes de bois gris, dégainant de concert, presque tous, leur smartphone pour s'approprier ce spectacle de carte postale, ces instantanés instagrammables, formant ainsi une ligne d'écrans rose et bleu qui miroitaient comme un ruban de lucioles chamarrées dans la pénombre progressive, leur intensité lumineuse se substituant à celle du jour qui déclinait, certains prenant des selfies, d'autres priant leur voisin de faire une photo sur laquelle ils souriaient à plusieurs, de sorte qu'il ne fallut pas plus de quelques secondes pour voir apparaître sur les réseaux des images taguées, hashtaguées #valierfoundation #poveglia #openingvalier #eugenie&sachavalier ou #venicesunset.

Dans cette surenchère de couleurs et de solennité festive programmée, cette belle orchestration censée donner aux participants le sentiment de vivre une heure privilégiée, d'accompagner la naissance non pas seulement d'une œuvre caritative louable mais, véritablement, d'une entité politique nouvelle, une organisation transnationale contribuant à rendre le monde mieux vivable, alors que l'orbe du soleil s'apprêtait à toucher les reliefs terrestres, soudain pénétra dans leur champ de vision, venu du sud (du côté inverse à celui par lequel ils étaient tous arrivés), le plus grand des catamarans bâtis pour la fondation par les chantiers navals détenus par Iouri Kouritchev, exclusivement destiné, celui-ci, à promener ses quarante-huit mètres et ses deux mâts de port en port, partout à travers le monde, en servant de navire-exposition itinérant chargé de porter la bonne parole à un large public et d'appâter les bienfaiteurs potentiels – les navires amiraux de la flotte nettoyeuse des cinq océans, ceux qui coordonneraient in situ l'ensemble des opérations, étant quant à eux à peine plus petits mais, surtout, équipés de manière totalement différente, en véritables plateformes logistiques et stations scientifiques bondées à ras bord de technologie de pointe.

En une lente et souveraine parade silencieuse, avec ses voiles blanches ornées du logo de la fondation, déployées devant les irisations du ciel, et ses longues coques noires glissant délicatement sur les flots obscurcis, le voilier contourna la partie de l'île où les spectateurs s'étaient regroupés en les surplombant de toute l'impressionnante hauteur de ses mâts, puis vint doucement s'immobiliser près de l'entrée du port, au bord du chenal, comme pour veiller, en vigie, sur les allées et venues qui dorénavant rythmeraient l'activité de l'île hantée, pour laquelle cette joyeuse soirée, en lui redonnant une vie et une vocation, en y accueillant des visiteurs sollicités par autre chose que la mise au ban et la réclusion, en permettant à une autre communauté que celle des fantômes d'y passer un bout de nuit, tenait en quelque sorte lieu d'exorcisme.

Dès que le soleil eut totalement disparu, son ultime frange absorbée par le paysage, on entendit se propager les basses d'une sono à travers l'île comme pour sonner le rappel des invités vers les bâtiments principaux et la terrasse où, entre-temps, de nouveaux buffets avaient été dressés, chargés de victuailles locales, carpaccios de Saint-Jacques et de seiche, risotto *alla buranella* aux petits poissons de la lagune, ceviches de dorade et de bar de l'Adriatique, verrines de crabe et d'araignée de mer, légumes des fermes de Sant'Erasmo, et du prosecco, du vin du Veneto, les classiques Spritz et Bellini, et toujours ces cocktails au concombre que l'ex-ministre Lanquais paraissait apprécier particulièrement, sa main gauche (à l'auriculaire de laquelle s'enroulait une chevalière d'aristocrate en argent qu'il avait chinée chez un antiquaire près du Louvre, et par quoi il entendait symboliser son attachement, non à un lignage familial, car il ignorait sa généalogie au-delà de la quatrième génération, mais à une certaine idée de la culture européenne, immémoriale, antérévolutionnaire, chevaleresque) ne se départant pas d'un verre à la surface de quoi une fine tranche verdâtre flottait, ce qui malheureusement l'amena à commettre l'impair fatidique qu'il avait jusqu'ici soigneusement évité, baissant trop longtemps les yeux afin de regarder son breuvage et d'y tremper les lèvres, et ne les relevant qu'au pire moment, juste pour tomber face à face et sans plus aucune solution de repli avec le directeur de cabinet du président, lui aussi pris de court, fâcheusement relâché dans ses intentions d'évitement, qui n'avait pas remarqué en s'approchant, occulté par un corps non identifié, planqué derrière un individu quelconque, l'ex-ministre de l'Écologie, et qui ne pouvait décemment plus, de là où il était (c'était trop tard), feindre d'ignorer *le gros connard* à qui, en affectant un sourire générique de pure mondanité huileuse pour bien lui signifier, si besoin était, qu'il n'y mettait aucune sincère considération, aucune espèce de sentiment personnel, mais se contentait de répondre à une stricte bienséance, une politesse élémentaire, il tendit une main que l'autre prit et serra, au contraire, d'une poigne affirmée, exagérant sa pression dans l'espoir de contrecarrer l'ironie molle, de la retourner en un agrément de gentilshommes, un respect mutuel énergique exprimé entre pairs, beaux joueurs que leur statut d'adversaire n'empêche pas de reconnaître ni d'honorer leurs qualités respectives ; et plus Lanquais gardait la main de Courbevoie dans la sienne en voulant que celle-ci s'affermisse, qu'elle réagisse à son injonction tactile, et plus la main de Courbevoie était flasque.

Mais on dansait sur la terrasse. Et le DJ italien, qui avait l'habitude d'animer, en été, des soirées sur les rooftops des hôtels, poussait un peu le son, enchaînant des remix électros de Raffaella Carrà, des tubes mondiaux dont les premières notes arrachaient des exclamations à l'assemblée, et quelques raretés relatives, issues de sa collection (sa *touch* propre). Une vieille dame aux cheveux bouclés, en robe pailletée, se déhanchait langoureusement avec un petit chien dans les bras ; la capitaine Muirhead sautillait en rond avec des militantes de l'association Poveglia per il secolo.

Le couple autrichien, qui avait connu les clubs berlinois du début du vingt et unième siècle avant d'arrêter les ecstas et les nuits illimitées, de quitter Berlin pour un village au bord d'un lac près de Salzbourg et de lancer la start-up qui avait fait la fortune qu'aujourd'hui il se plaisait à investir dans les causes vertes, le couple de quadragénaires retrouvait les gestes, les rythmes à la fois dionysiaques et mécaniques de la danse électronique.

Sur un pan du mur extérieur du *palazzo*, éclairée par des spots spécialement fixés dans la paroi, l'œuvre d'un artiste conceptuel londonien modélisait en équations mathématiques sobrement stylisées les flux des principaux courants marins et les coordonnées géographiques des grands gyres océaniques, dont la série de chiffres et de symboles revêtait, sous cette lumière vibrante au milieu de la nuit, l'aspect cryptique, impénétrable d'une formule magique, d'un appel à des puissances occultes ; et l'artiste lui-même, à quelques pas de sa réalisation, en bordure de dancefloor sur lequel il hésitait à entrer se mêler aux danseurs, regardait les corps se mouvoir tout en discutant avec un galeriste milanais barbu qui s'enquillait des Negroni méthodiquement en arguant que l'art conceptuel c'était fini, que maintenant c'était la peinture qui était de retour, que tout le monde peignait, que personne n'échappait à l'irrésistible désir de peindre, tout le monde ne faisait plus que de la peinture (ce qui était vrai, mais quinze ans plus tôt, se disait l'artiste).

Depuis déjà plus d'une heure, du côté du port, le ballet des *motoscafi* s'était intensifié, emportant peu à peu les convives en partance vers la ville et d'autres réjouissances, dîners prévus, pyjamas convoités, et sur le quai, après avoir salué l'ex-vice-président qui s'était éclipsé parmi les premiers en compagnie du cinéaste hollywoodien, tandis que les Courbevoie embarquaient discrètement d'un autre ponton (ils avaient réservé dans un bon restaurant pour leur dernière soirée, avant de rentrer à Paris le lendemain matin dès potron-minet), Hélène Zeuchter et Sacha Valier virent venir à eux les Kouritchev qui, à leur tour, s'apprêtaient à prendre leur bateau, le fils à papa, pensait

Sacha, voguant probablement vers quelque partie de poker privée dans un palazzo somptueux où il rejoindrait des rejetons de bonne famille vénitienne (car pour quelle raison, sinon, serait-il venu jusqu'ici ?), et le père vers ce pensif repli, cette impénétrable concentration morne qu'il semblait ne quitter qu'à regret (ou plutôt non, pas à regret : seulement par épisodes mesurés, concertés, consacrés aux plaisirs futiles de la vie mondaine, aux exigences des à-côtés des affaires, au shopping dans les beaux quartiers avec sa deuxième femme et son plus jeune garçon, à acquérir un tableau de maître ou assister à des matchs de foot dans les loges VIP des stades de ses équipes favorites, comme des exutoires stratégiques, des récréations nécessaires, qu'il s'accordait et qui participaient justement, en lui permettant de s'en détacher un temps, de ce retrait en lui-même que, fort de ces incartades revigorantes, de ces frivolités régénératrices, il pouvait reprendre à volonté) et retrouver toujours, comme si elle était la sphère véritable dans laquelle il évoluait et d'où l'on aurait dit qu'étaient issues toutes les idées, toutes les décisions qui avaient dirigé son existence, présidé à ses succès, et sans qu'il fût possible de savoir ce qu'il (de cet itinéraire, de ces réussites) en éprouvait réellement, comment il les ressentait, les interprétait, ni s'il n'avait pas finalement l'impression, depuis toujours, au milieu des bouleversements dont il avait été, sinon l'acteur, du moins le contemporain, de se contenter de jouer du mieux possible avec des règles qu'il n'avait pas édictées, de suivre des lois sauvages dont il n'était ni le juge ni l'instigateur et sur quoi il ne professait aucune espèce d'opinion, qu'il prenait comme un fait, un ensemble de données objectives avec lesquelles il fallait composer ou mourir, ou alors se résoudre à n'être personne, autrement dit à ne pas faire partie du jeu ; et si ces règles demandaient que l'on pactise avec un tyran, que l'on élimine physiquement un adversaire, qu'on laisse s'écrouler sur des ouvriers le plafond d'une mine ou que l'on accepte une disgrâce, se réfugie dans le désert ou dans la montagne en attendant un retour de fortune, une nouvelle chance, eh bien il fallait les accepter comme telles, garder sa concentration et réfléchir aux coups d'après.

Au fond, ces nouveaux Russes dont il avait fait partie n'avaient pas grand-chose de nouveau, sinon le contexte qui permettait leur émergence, l'improbable conjonction de structures, de conditions et d'événements qui l'avait déterminée, les métamorphoses de l'Histoire qui avaient précisément défini les règles du jeu à quoi ils s'étaient tenus, car pour le reste, ils étaient plutôt des hommes très anciens, qui se référaient à une idée élémentaire de la vie selon laquelle celle-ci consiste à croître et multiplier, autrement dit survivre et s'enrichir, vieillir et accumuler – c'était le but du jeu, mais c'était un but sans fin, un peu comme dans ce célèbre jeu vidéo (inventé en Union soviétique, du temps où Kouritchev et ses futurs condisciples oligarques étaient encore de tout jeunes gens, pour ainsi dire des enfants, par un ingénieur en informatique, lui-même fils d'un philosophe dissident et d'une critique de cinéma, et chercheur en reconnaissance automatique de la parole, qui avait programmé pour s'amuser son petit logiciel rudimentaire, tout bête, presque primitif dans sa simplicité, sur les ordinateurs de l'Académie des sciences de l'URSS où il menait par ailleurs ses très savantes prospections professionnelles et où nombre de ses collègues, les autres académiciens, s'étaient rapidement transformés en utilisateurs forcenés, compulsifs du programme, cobayes consentants d'une expérience ludique d'addiction dure, avant que le jeu soit adapté, développé d'abord dans tout le bloc de l'Est, puis, passant les frontières, les rideaux de fer déjà poreux, ne se dissémine de par le monde et devienne un divertissement planétaire sur lequel des *gamers* de toutes les nationalités consumaient leur temps, accrochés à leur console japonaise ou à des bornes d'arcade) qui consiste à emboîter depuis le bas de l'écran, telles les pièces d'un puzzle en constante modification, des motifs géométriques constitués de petits carrés ajointés selon un nombre restreint de combinaisons, et qui tombent et se succèdent de plus en plus vite, dans un emballement incessant, d'abord facile, abordable à n'importe qui, puis demandant de plus en plus de dextérité et d'esprit de logique instantanée (une sorte de calcul mental projeté dans un espace en deux dimensions), au point qu'absolument jamais personne, pendant près d'un demi-siècle, n'était arrivé à son terme, jusqu'à ce que, récemment, un adolescent américain de treize ans, un de ces *nerds* blondinets à lunettes qu'on dirait déjà sans âge parce que tout dans leur visage, dans les culs-de-bouteille qui le recouvrent à moitié, dans leur coiffure informe et filasse, laisse à penser qu'ils garderont ad vitam la même physionomie, parvienne au bout du jeu et soit ainsi le premier être humain à découvrir ce qu'il se passait lorsqu'on remportait une partie, c'est-à-dire rien : il n'y avait pas de fin programmée dans le système, pas de "game over annoncé", aucun dénouement triomphal, pas de célébration de la victoire par de jolies animations graphiques portant aux nues le pseudonyme du joueur, juste un écran figé, frappé de glaciation, comme si la machine elle-même était prise de stupeur et de court devant la prouesse du joueur prodige, et n'avait pas prévu sa propre défaite : la seule manière d'aller au bout du jeu, c'était de faire planter le jeu ; il n'y avait pas d'autre fin que le bug, la paralysie dans l'état définitif des choses. Il n'y avait plus qu'à prendre une photo, une capture d'écran pour conserver la mémoire de cette victoire ; plus qu'à tout éteindre, déconnecter.

L'oligarque serra la main de Sacha Valier en accompagnant son geste de cette légère inclinaison asiate de la nuque par quoi il marquait toujours ses saluts, et il eut alors, à travers les cercles de ses lunettes, un regard intense sur le fils de son amie Eugénie – cette amie à qui il devait tant, ou plutôt à qui il avait tant dû –, comme s'il cherchait à graver ses traits dans son esprit, ou peut-être à reconnaître les traits de la mère en ceux du fils avant de s'en aller. Kouritchev junior, lui, eut la poignée de main expéditive, distraite (cette main déjà pressée sans doute de tripoter les cartes qu'on lui distribuerait tout à l'heure), tandis qu'à quelques mètres de là, Igor et Malo échangeaient un salut militaire, les doigts aux tempes, rapide et d'une rigidité un peu outrée, théâtrale et doucement ironique (d'une ironie que les deux anciens légionnaires seuls pouvaient percevoir et dont ils étaient, l'un à l'autre, les uniques destinataires : ce salut venait de loin, de toute une histoire commune, chargé de sous-entendus et de nostalgie), l'air de se donner rendez-vous pour plus tard ; et aussitôt que les Russes et leur chaperon furent à son bord, le bateau partit en mettant pleins gaz, sa loupiote rouge en poupe s'éloignant rapidement dans la nuit, pendant que la conseillère Zeuchter et le président Valier s'en retournaient tranquillement, en silence, le long de l'allée bordée de lanternes de Murano, vers les festivités qui perduraient, bien que les troupes eussent commencé à se clairsemer, les promeneurs détachés aux alentours, dans les salles d'exposition, les jardins, à la lisière de la forêt, à se raréfier, les danseurs seuls gardant le même allant, sans faiblir, quoique leurs mouvements se fussent faits plus désordonnés, au milieu desquels à présent on remarquait l'ex-ministre Victor Lanquais qui bondissait en levant les bras comme si toute l'élasticité de son petit corps, tous ses ressorts articulatoires s'évertuaient à projeter sa grosse tête le plus haut possible en l'air dans une démonstrative euphorie car, même s'il désapprouvait par principe les musiques technoïdes auxquelles il préférait les chanteurs à texte, les *Variations Goldberg* ou la *Tétralogie* (mais il n'avait encore jamais entendu de remix techno de Wagner satisfaisant), il mettait un point d'honneur à démontrer en toutes circonstances qu'il était un grand vivant.

La capitaine Muirhead et ses camarades étaient toujours là, et paraissaient pouvoir continuer indéfiniment à passer ainsi d'un morceau à l'autre en adaptant leur chorégraphie spontanée, variant les rythmes sur lesquels elles bougeaient, sans marquer de préférence particulière ni de discrimination envers tel ou tel son jugé moins à leur goût ; près d'elles, une grande brune en robe noire échancrée, aux cheveux rassemblés en une tresse roide qui lui descendait jusqu'aux fesses, dansait seule et comme en transe, les bras en croix, les mains au ciel, les épaules tressautant, les pieds nus, les paupières closes peintes en violet. Debout sous un réverbère un peu à l'écart de la piste, Sylvain, dont les petits yeux fatigués s'étaient injectés de filaments rouges, envoyait des SMS à Marianne ; des gens se filmaient avec leur téléphone dont l'écran brillait dans la nuit, halo bleuté qui se superposait à la scène. Et à l'instant où retentit *Cerco un centro di gravità permanente* la voix sicilienne haut perchée de Franco Battiato avec ses syncopes synthétiques *Che non mi faccia mai cambiare idea sulle cose sulla gente*, sa ligne de sax crade et ses riffs parodiques de grosse guitare électrique revenue des années quatre-vingt, la conseillère Zeuchter, elle aussi, entra sur le dancefloor et se mit à danser.

Par une étroite passerelle de métal arquée au-dessus du canal, en s'éloignant derrière le petit port où les canots attendaient les fêtards attardés, on accédait à une petite partie de l'île que l'on aurait dit détachée du reste, comme si l'on en avait découpé géométriquement un morceau et qu'on l'eût tiré quelques mètres à l'écart, formant un médaillon d'une configuration octogonale parfaite, rappelant ces éléments de fortification secondaires qui verrouillent les citadelles à la Vauban, avant-poste esseulé au milieu de l'eau, et dont le plateau avait été laissé tel quel, nu et ras, semé de gazon, sans autre installation qu'un unique réverbère au bout de la passerelle (un de ces modèles en fer ouvragé à trois lanternes qu'on voit sur les places de Venise et qui diffusait une mince lueur rosâtre) et qu'un banc tourné, au bord du rivage, en direction du nord, où Sacha Valier s'assit pendant que, à quelques pas de lui, en arrière, un peu sur le côté de manière à avoir la vision périphérique, de profil, la plus large possible, dressé dans la nuit au milieu du terre-plein désert, discrètement, muettement, Igor gardait à l'œil la silhouette sombre et immobile en quoi consistait à présent son patron (maintenant que Madame Valier avait sombré dans un coma dont il était acquis qu'elle ne sortirait plus jamais – même si bien sûr personne ne le disait (ne s'autorisait à le dire), et surtout pas Sacha lui-même –, ce dernier avait proposé à l'ancien légionnaire, puisqu'il ne pourrait plus faire office de majordome ni de garde du corps auprès de la mère, de passer à son service) dont il distingua les bras qui amorçaient un mouvement, les mains qui paraissaient fouiller les poches de sa veste à la recherche de quelque chose ; il vit briller un objet métallique qui, l'espace d'un instant, aiguisa son attention, puis il y eut un petit frottement, une flamme, et le minuscule cercle rouge d'un bout de cigarette apparut.

Sacha Valier s'était penché en avant, les coudes sur ses cuisses, sa cigarette coincée entre les doigts et inclinée vers le sol ; et il songeait au discours qu'il avait prononcé tout à l'heure, dans lequel il se rappelait que quelque chose, au moment même où il l'avait exprimé, l'avait chiffonné ; quelque chose qu'il avait aussitôt dû oublier, parce que, après son allocution, il lui avait fallu donner le change, recevoir les compliments et les retourner, porter ailleurs son attention, si bien qu'il n'avait pas eu le moindre temps d'y revenir, d'y repenser depuis, sans que, toutefois, une gêne persistante, légère et obstinée ne l'abandonnât, qui toute la soirée était restée sous-jacente dans un coin de son esprit et l'avait pour ainsi dire accompagné. Et tout à coup il se souvint : c'était à la toute fin, dans les derniers mots. Il avait déclaré, oui : "j'espère me montrer au niveau, *digne de la mémoire de ma mère et de mon grand-père*", et il tiqua encore une fois, en se les repassant en tête, sur les mêmes termes. Il comprit que c'étaient eux qui l'avaient mis mal à l'aise, laissé avec le sentiment un peu pâteux, amer, embarrassé, d'avoir commis une incongruité maladroite lorsqu'ils avaient jailli de sa propre bouche ; mais, plus encore, il sut alors qu'ils avaient trahi sa pensée et que, de sa part, dire à cet instant-là, précisément, "la mémoire de ma mère" comme si celle-ci était en effet déjà morte et enterrée, logée à la même enseigne mémorielle que le grand-père André Valier, rangée dans le même rayon funéraire que lui, revenait exactement à faire cela : l'enterrer.

Et sans doute cet empressement disait-il la vérité ; non que Sacha eût en lui le vœu profond et inavouable de la savoir morte (aussi bête que cela puisse être à dire, il aimait sa mère, il était *certain* de l'aimer, il pleurerait sa disparition, il fleurirait sa tombe, il honorerait son souvenir), mais, entre ses obsessions apocalyptiques, sa maladie réelle et sa volonté de liquidation générale, toute cette monomanie de la fin qu'elle professait et qui l'entourait, il avait l'impression qu'elle était déjà, elle, depuis longtemps *passée du côté de la mort* ; que la mort lui était ce refuge, ce lieu chéri fascinant et accort qu'elle avait porté, choyé en elle au cours de ces dernières années, ces dernières décennies peut-être ; et que l'état intermédiaire figé où elle était maintenant, ce coma dont tous savaient qu'elle ne reviendrait que pour entrer dans l'état définitif du décès, était en quelque sorte le sien de longue date. Elle s'était précédée de beaucoup dans la mort, pensait Sacha Valier en fumant sa cigarette, et tout à l'heure je n'ai rien dit d'autre, rien dit de plus, pensait-il, je n'avais pas attendu cela, le coma ni l'absence, non, ce que j'ai attendu moi toute ma vie c'était la vie elle-même, et cette attente même était la vie nue, je crois, et ici, dans le lieu qu'elle a choisi, cette île maudite, cette avant-garde de fin du monde cette citadelle abandonnée ce cimetière aux esprits, pour y faire sa vitrine le siège de sa fondation, ici donc les choses continuent, pendant que maman est déjà morte les gens dansent et les bateaux s'en vont, ça n'en finit pas, maman, pensait-il, ton cher Iouri Kouritchev rachète des médias qui t'appartenaient et son fils relance à sa table de poker et je ne sais pas de tout cela ce qui disparaîtra, si nous disparaissons. Nous ne sommes pas ces défunts en sursis, pensait Sacha Valier, ces derniers hommes à quoi tu croyais mordicus, maman, ton extinction dure comme fer, tu n'avais que cela à la bouche mais ce n'est pas à toi d'en décider, maman, tu ne peux pas tout effacer tout annihiler par la seule grâce de ton unique volonté, maintenant je suis là, et je ne sais pas si je suis à ta place ou à la mienne, à ma propre place, mais je suis vivant, maman, je regarde la mer, les lumières là-bas du Lido, le nimbe éclairé que fait plus loin le cœur de la ville, et ce ciel de printemps plein d'étoiles, non, en dépit de tes élucubrations, maman, il me semble à moi impossible que plus personne un jour ne soit là pour voir ça, je ne peux pas imaginer qu'il n'y ait un jour plus personne, d'autres femmes d'autres hommes pour le voir, nous allons regarder encore, et notre regard se transformera encore, nous n'allons pas mourir ma chère maman, nous sommes seulement des êtres humains dans un monde en transformation, maman, je vis et j'ai gardé ton nom, j'ai donné à ton nom une nouvelle histoire, tu ne le voulais pas mais je l'ai fait, je te continue, maman, je porte ton nom, et cette fondation aussi.

Sur sa gauche, à l'entrée du port de Poveglia, le catamaran reposait : un frêle cliquetis de mousquetons lui parvenait et par instants, de l'intérieur des cabines dont les hublots faisaient des disques de lumière jaune poinçonnés dans la coque, quelques voix enjouées surgissaient, des rires et des exclamations fusaient dans le silence.

Ou bien c'était dans le canal le bruit d'un moteur qui démarrait, et juste après Sacha voyait passer sur l'eau un *motoscafo* qui s'éloignait de l'île, rapidement prenait le large, et disparaissait dans la lagune, droit au nord vers Venise, en suivant un chemin parallèle au Lido dont le ruban sombre se déroulait dans l'obscurité, émaillé de points lumineux dont le nombre se densifiait par endroits, puis s'espaçait, puis augmentait encore, et ainsi de suite à perte de vue en remontant tout au long de la bande de terre tenue entre la lagune et l'Adriatique, jusqu'à l'endroit où se trouve la passe de San Nicolò, là même où jadis, et pendant six siècles consécutifs, s'était déroulé le rituel de la *Sensa*, la fête la plus importante du calendrier vénitien qui avait lieu le jour de l'Ascension, et au cours de laquelle le Bucentaure, un monumental vaisseau de parade consacré à cet unique événement annuel, entièrement recouvert de rouge et d'or, venait s'arrimer au Môle, devant la façade du palais ducal avec les proportions monumentales de laquelle les siennes rivalisaient (comme s'il en était une sorte de prolongement, un avatar mouvant du palais qui s'en détachait pour aller voguer sur les eaux), afin que montent à son bord le doge vêtu de sa tenue d'apparat (elle-même débordant de rouge et d'or, avec son manteau de brocart et d'hermine, son bonnet caractéristique en forme de corne dressée sur l'arrière du crâne (ou d'aileron de requin), tramé d'or et incrusté de pierres précieuses) et avec lui toute la délégation qui prenait place autour de son trône, surélevé à la poupe du navire, sous un baldaquin tendu de tissu rouge et surmonté d'un immense mât de bois rouge au bout duquel battait le pavillon rouge au lion d'or de la Sérénissime, les membres du Sénat, l'ambassadeur de France et le légat du pape, et des patriciens, et des marchands, en tout près d'une centaine de personnes, ce que la ville comptait de plus éminentes personnalités, rassemblées dans la même embarcation conduite par le grand amiral de Venise sur les épaules de qui reposaient alors non seulement la bonne tenue de la cérémonie, mais la survie d'une aristocratie entière, l'ordre complet de la république, car si le bateau en était venu à sombrer, c'est toute la classe dirigeante qui eût été noyée avec lui.

Ce jour-là, l'amiral était le gardien de ses pairs, le garant d'un monde transporté, aventuré sur les eaux ; et sa tâche en était rendue d'autant plus ardue et méritoire que le Bucentaure, dans le ventre duquel près de cent soixante-dix galériens conjuguaient leur force autour d'énormes rames de onze mètres qu'il fallait se mettre à quatre pour activer, était épouvantablement (et peut-être sciemment, à dessein : comme si l'extrême exactitude exigée pour le diriger, l'inadéquation entre le volumineux vaisseau et le trajet que le cérémonial l'obligeait à accomplir, l'espèce d'exploit naval initiatique, chaque année répété, que cela supposait, faisaient intrinsèquement partie du rituel) difficile à manœuvrer, avec son fond plat inadapté à sa masse et à sa forme, à tout type de navigation véritable autre que la pure pompe ostentatoire et immobile (le mouillage majestueux), avec la marge étroite, aussi, qu'il avait pour se glisser dans les chenaux conçus pour de plus modestes nefs.

Autour du Bucentaure, c'étaient des dizaines de barques et d'esquifs, de gondoles parées de fleurs et d'étoffes, qui s'agglutinaient et partaient à sa suite en procession sur la lagune, chargées de nobles et de citoyens, des représentants des diverses corporations, du peuple vénitien entier qui accompagnait son doge comme d'autres leur madone, dans un entrelacs de chants, de cris et d'admonestations au-dessus desquels battait le rythme lourd, lent, régulier de la chiourme communale. Certaines gondoles, équipées de cabines plaquées de feuilles d'or qui leur faisaient comme de petits appartements portatifs, ressemblaient à de luxueux carrosses flottants, conduits en guise de cochets et de chevaux par d'élégants rameurs, vêtus pour l'occasion à la manière de gentilshommes ; des gens de la terre ferme, des curieux venaient en bateau depuis le continent voir le grandiose cortège et s'y mêlaient ; on passait devant l'abbaye de San Giorgio Maggiore, on longeait le quartier du Castello où est l'Arsenal, on commençait la traversée du bassin lagunaire en direction du Lido et de la passe de San Nicolò, par où l'on entrait dans la mer, en priant pour qu'elle soit clémente.

Ici, à l'orée de l'Adriatique par quoi Venise communiquait avec toutes les mers du monde, le doge s'avançait sur le pont du Bucentaure, le peuple retenait son souffle, le silence se faisait ; et dans sa main qui s'ouvrait alors brillait un anneau d'or, que le doge solennellement lançait dans les flots en prononçant la formule immuable : "Nous t'épousons, mer, en signe de véritable et perpétuelle domination." Et une fois ces épousailles mystiques accomplies, l'alliance renouvelée entre la république et ces eaux d'où, Vénus urbaine, elle était sortie et sur lesquelles, désormais, elle régnait, dont elle avait reçu son existence, sa prospérité, et où elle étendait en retour sa puissance, un gigantesque effort de bras et de sueur faisait pivoter le Bucentaure au milieu du golfe, qui s'en retournait dans son antre lagunaire, jusqu'à la place San Marco, pour achever le rite.

Et sans doute le fils Valier ne connaissait-il pas toute l'histoire et se fichait-il pas mal, au fond, de la république millénaire, de son ascendant naval, symbolique et commercial, et même de la domination qu'elle avait prétendu imposer aux éléments (cette exubérante tendance à considérer la mer comme son territoire propre, où elle exerçait une sorte de droit naturel, voire de privilège divin) ; mais il savait en revanche ce qu'il était advenu du Bucentaure, détruit, ses ors arrachés et fondus, ses bois déboîtés, utilisés pour en faire des canonnières, en même temps que la république, onze siècles pile après l'élection du premier doge, était démantelée et mise à sac par les troupes de Bonaparte, avant d'être cédée à l'Autriche. Le président Sacha Valier, dès le lendemain après-midi, avait rendez-vous avec son homologue de la fondation Bucentaure, qui se donnait pour mission de reconstruire le bateau à l'identique, à l'intérieur même des derniers ateliers ancestraux encore en activité, survivances pour ainsi dire archéologiques où des historiens et des artisans reprenaient, reproduisaient les méthodes traditionnelles de l'époque, pérennisaient le savoir-faire des ingénieurs médiévaux et des anciens *castellani*, les ouvriers qui travaillaient là et vivaient dans le quartier voisin du temps où l'Arsenal était la plus grande usine au monde, un modèle inédit d'organisation industrielle (un spectacle qui éberluait les ambassades étrangères, et que l'on se relayait pour venir voir depuis toute l'Europe), Léviathan manufacturier crachant à la chaîne les navires à coques rondes, les galères et les galions qui s'en allaient sillonner, pour le compte et la gloire de la sérénissime thalassocratie, pour la fortune de ses marchands, les ondes du Golfe de Venise et, au-delà, de toute la Méditerranée, de Gibraltar à Beyrouth, des mers Tyrrhénienne, Ionienne et de Thrace jusqu'aux rivages de la Catalogne, de la Corne d'Or et du Pont-Euxin.

De cette fabrique tentaculaire, aujourd'hui il ne restait, derrière les bâtiments transformés en musée d'art contemporain, que quelques rares hangars, quelques machines et un peu de folklore, une persistante fascination pour les traces de la puissance de jadis, pour l'objet de son orgueil et les moyens de sa prospérité, à présent éteinte ; et même si Sacha Valier ne comprenait pas bien l'intérêt de ressusciter le Bucentaure, hormis le divertissement pour initiés, le plaisir d'amateurs ou de modélistes qu'il y aurait sans doute à construire une réplique à l'échelle 1, ou encore la fierté chauvine d'une poignée de Vénitiens passéistes, nostalgiques d'une période qu'ils n'avaient pas connue, et qui feraient du vaisseau le réceptacle de leur amour-propre, un lot de consolation envers la grandeur perdue (une sorte de doudou national), le totem, peut-être même, emblématique d'une réparation demandée à la France, un tribut mémoriel, une peccadille compensatoire pour l'incommensurable forfait que Bonaparte avait commis et qui avait consisté à rayer de la carte (à mettre fin à l'histoire de) la vénérable république maritime (récemment avait été livrée à Venise une énorme cargaison de bois d'Aquitaine, six cents troncs de chênes de Gironde et du Périgord envoyés depuis Bordeaux, qui devaient servir à la reconstruction), il ne voyait personnellement aucun inconvénient à ce que la fondation Valier contribue à ce chantier (et non qu'il se sentît le moins du monde concerné par les conneries de Napoléon, mais la conseillère Zeuchter lui avait dit qu'il serait utile de se mettre bien avec le plus grand nombre possible de ces fondations artistiques, historiques et humanitaires qui pullulent à Venise, de manière à étendre sa propre *sphère d'influence* (avait-elle dit)).

Il le ferait. Il irait au rendez-vous de l'Arsenal, il donnerait pour le Bucentaure, il assisterait à sa mise à l'eau lorsque la cérémonie aurait lieu ; il le ferait même avec plaisir, consciencieusement, et doté du sentiment que la fortune dont il avait été dépossédé et dont il se trouvait ainsi en position non de récupérer une partie, mais d'orienter l'usage, lui était par là même en quelque sorte revenue, n'en déplaise à Madame, à maman, la vieille Valier abîmée dans son irrévocable coma, perdue dans sa mort transitoire où, longtemps, elle avait vécu par anticipation dans sa pensée, et où son corps l'avait rejointe.

Le vent tourna, les parfums saumâtres de la lagune se mêlaient aux odeurs d'herbe fraîchement coupée, et Sacha entendit Igor, derrière lui, qui remuait, vérifiait peut-être tout simplement l'heure, ou recevait un message quelconque ; il se retourna et le vit, le visage levé vers le ciel, qui se versait des larmes artificielles dans les yeux, tandis que des bruits décousus, tamisés de fin de fête leur parvenaient, des départs, de la musique, de rares voix qui s'approchaient puis s'éloignaient, et encore quelques rires qui perçaient du côté du grand voilier à l'ancre, sur la coque noire duquel, en lettres phosphorescentes, presque vaporeuses, luisaient les mots EUGÉNIE & SACHA VALIER : dans la nuit de Poveglia, on achevait d'inaugurer la fondation en laquelle, désormais, les deux noms se perpétueraient ensemble, celui de la mère et celui du fils, unis dans l'avenir et dans l'amour.

TABLE

OUVRAGE RÉALISÉ
PAR NORD COMPO À VILLENEUVE-D'ASCQ
ACHEVÉ D'IMPRIMER
SUR ROTO-PAGE
EN MAI 2024
PAR L'IMPRIMERIE FLOCH
À MAYENNE
POUR LE COMPTE DES ÉDITIONS
ACTES SUD
LE MÉJAN
PLACE NINA-BERBEROVA
13200 ARLES

DÉPÔT LÉGAL
1re ÉDITION : AOÛT 2024
N° impr. : 105028
(Imprimé en France)